L'ART

EN

PHOTOGRAPHIE

AVEC LE PROCÉDÉ

AU GÉLATINO-BROMURE D'ARGENT

CORBEIL. — IMPRIMERIE CRÉTÉ.

ÉTUDE DES GRANDS BLANCS

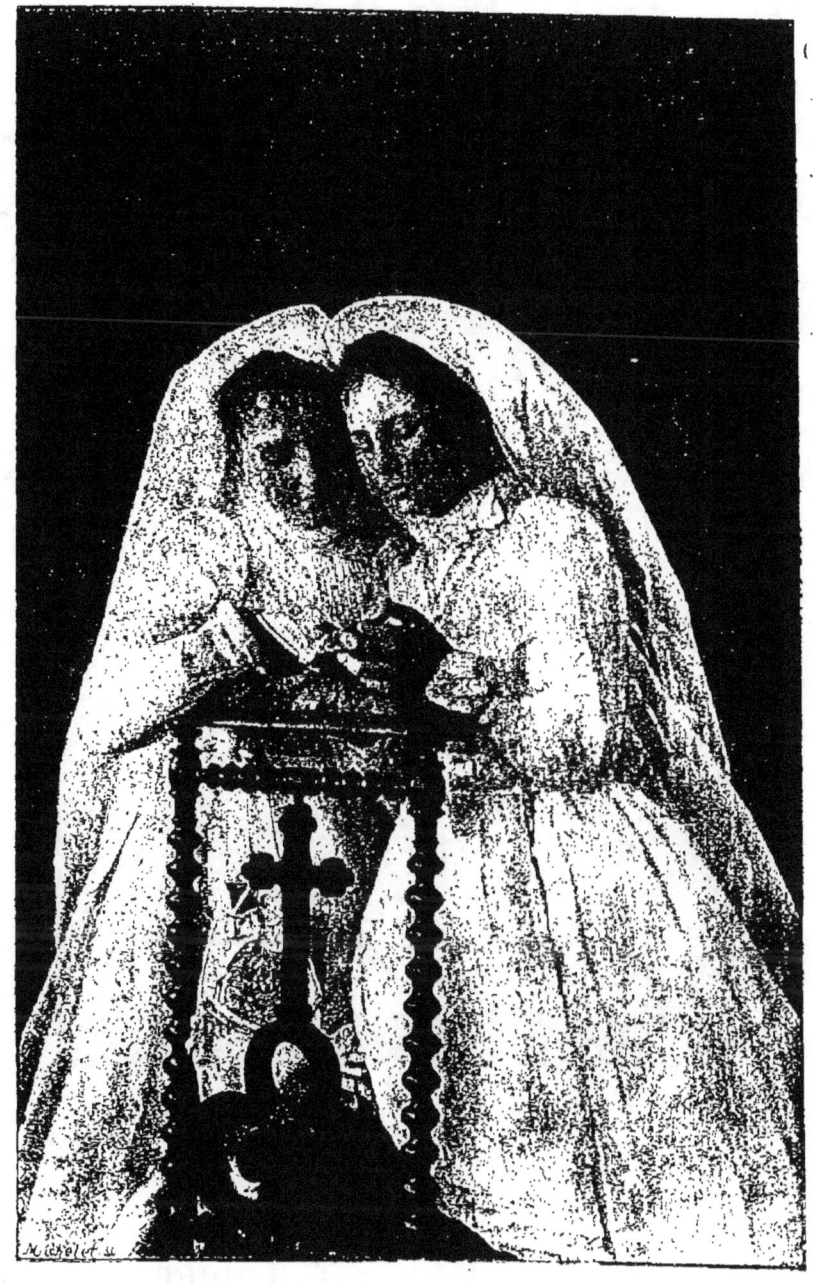

Prière en commun. (Phototype de l'auteur.)

LA THÉORIE, LA PRATIQUE ET L'ART EN PHOTOGRAPHIE

L'ART EN PHOTOGRAPHIE

AVEC LE PROCÉDÉ AU GÉLATINO-BROMURE D'ARGENT

PAR

FRÉDÉRIC DILLAYE

Ouvrage adopté par le Ministère de l'Instruction publique et des Beaux-Arts

ORNÉ DE 110 ILLUSTRATIONS DONT 31 PHOTOTYPOGRAPHIES
D'APRÈS DES PHOTOTYPES DE L'AUTEUR

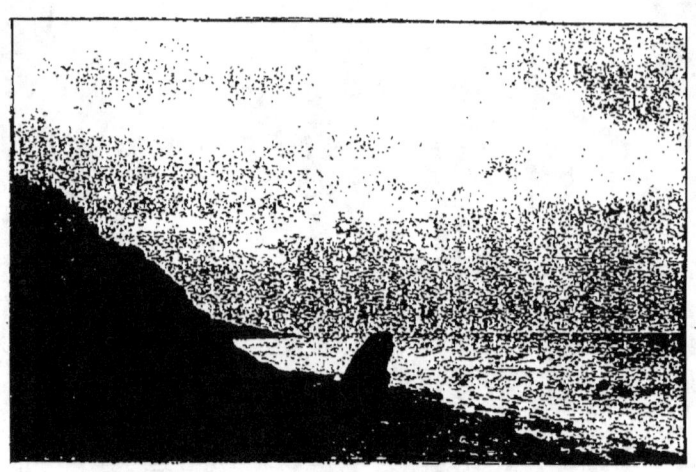

CONTRE-SOLEIL A LA POINTE D'HOULGATE. (Phototype de l'auteur.)

PARIS

Librairie Illustrée, Jules TALLANDIER, Éditeur,

75, RUE DAREAU (14ᵉ)

Vingt-et-unième mille.   Tous droits réservés

1909

A LA MÊME LIBRAIRIE

OUVRAGES DU MÊME AUTEUR

Adoptés par le Ministère de l'Instruction publique et des Beaux-Arts

LA PRATIQUE EN PHOTOGRAPHIE

Avec le procédé au gélatino-bromure d'argent.

Un très beau volume in-8, avec 280 illustrations, dont 13 phototypographies d'après les phototypes de l'auteur. Prix broché, **4** francs.

LE DÉVELOPPEMENT EN PHOTOGRAPHIE

Avec le procédé au gélatino-bromure d'argent.

Un très beau volume in-8, orné de nombreuses gravures, d'après les phototypes négatifs de l'auteur. Prix broché, **4** francs.

LE PAYSAGE ARTISTIQUE EN PHOTOGRAPHIE

Avec le procédé au gélatino-bromure d'argent.

Un très beau volume in-8, orné de très nombreuses simili-gravures d'après les phototypes de l'auteur. Prix broché, **4** francs.

LE TIRAGE DES ÉPREUVES EN PHOTOGRAPHIE

Les pigments. — Papiers : salés, albuminés, émulsionnés, au bromure, au charbon. — Platinotypie. — Ozotypie. — Gomme bichromatée. — Photo-tinte.

Un très beau volume in-8, avec nombreuses illustrations, d'après les phototypes de l'auteur. Prix broché, **4** francs.

De plus, il paraît un complément annuel à **La Pratique** et à **l'Art en Photographie**, formant chaque année un volume in-8 du prix de **2 fr. 50**, sous le titre : **Les Nouveautés photographiques**.

✽

PRÉFACE

Plus n'est besoin, à l'heure actuelle, ai-je dit dans la préface de La Pratique en Photographie, plus n'est besoin de discuter si la photographie est un art : l'Art photographique existe, et des manifestations publiques en sa faveur ont surgi, éclatantes et affirmatives.

Or, si l'Art photographique existe, l'ordonnance du sujet doit donc rester parfaitement compatible avec la photographie ; le photographe peut donc rendre absolument ce qu'il doit ; la lumière ne doit donc garder pour lui aucun de ses secrets, et si certaines épreuves photographiques continuent à présenter trop de minutie dans les détails, on le doit à une préoccupation maladroite et néfaste, qui a longtemps fait croire, à beaucoup, que la force de la photographie était dans ces détails mêmes que les autres arts graphiques ne peuvent rendre avec autant de netteté.

Ces considérations m'ont amené tout naturellement à concevoir et à écrire une esthétique de la photographie. Pour qu'elle fût complète, il était tout d'abord nécessaire d'envisager la partie métier de cet art nouveau. C'est pourquoi j'ai commencé par publier La Pratique en Photographie, afin que celui que l'Art photographique devait tenter pût avant tout faire de la photographie, et la faire aussi bien que possible. Je lui ai donné la grammaire de son art avant de lui en donner la syntaxe.

C'est cette syntaxe que je lui présente aujourd'hui sous le titre : L'Art en Photographie, *syntaxe aussi complète que possible, et qui viendra, je me plais à l'espérer, développer ses aptitudes sensorielles particulières. Car, disons-le en passant, il faut de ces aptitudes-là pour faire de l'Art photographique, comme il en faut pour comprendre n'importe quelle autre branche des Beaux-Arts, et s'y distinguer peu ou prou. On peut faire de la photographie, de la très bonne photographie même, techniquement parlant, et demeurer tout à fait incapable de faire de l'Art photographique.*

Toutefois, les aptitudes sensorielles peuvent être plus ou moins éveillées, et celui-là, dont le goût natif seul reste impuissant à le conduire à l'Art photographique, peut très bien, en étudiant préalablement et spécialement une esthétique complète de l'art auquel il aspire, finir par atteindre à cet art même.

En ce qui concerne la photographie, cette esthétique complète se trouve dans L'Art en Photographie. *J'y ai rassemblé toutes les connaissances d'art susceptibles de s'appliquer à la photographie. Je les y ai rassemblées, non en théoricien se disant que ceci pouvait être applicable à cela, non en adaptateur pliant et contournant au besoin une règle pour qu'elle semble mieux s'appliquer à l'œuvre qu'on désire voir se réaliser, mais bien en praticien soucieux de n'émettre que des théories scrupuleusement contrôlées par des expériences personnelles, et telles que celui qui voudra les appliquer soit sûr d'avance qu'elles sont applicables, par cela même que je les ai appliquées, que je les applique, et que je pourrais lui prouver cette application preuves en main.*

Afin de rendre ces connaissances esthétiques plus fructueuses, j'ai pris soin de les grouper sous trois titres spéciaux : 1° le Paysage; 2° la Figure; 3° les Moyens d'art.

Dans le Paysage, après avoir considéré les jeux de la lumière, je me suis attaché, d'une façon générale, à faire saillir les principaux caractères de la beauté, et à montrer que tous sont applicables à la photographie. J'indique au photographe quelles sont les différentes manières de faire son tableau, quelle en est la composition, quelles en sont les lois, tout en m'efforçant de lui prouver que le photographe peut les suivre avec une grande facilité relative.

J'aurais voulu, pour mieux lui montrer la véracité de ce que j'avance, lui faire passer sous les yeux mes épreuves personnelles. Malheureusement, l'auteur ne peut rester à la merci de tous ses lecteurs, ni faire accompagner son livre d'un barnum chargé d'une exhibition de ce genre. Pour réparer cette lacune, dans la mesure du possible, tout en satisfaisant aux exigences de la typographie, j'ai demandé à un procédé purement mécanique de rendre quelques-unes de mes épreuves, quoique je regrettasse que le procédé employé ne pût approcher davantage des modèles originaux.

Suivant pour la Figure la même marche que pour le Paysage, j'ai esquissé, à l'usage du photographe, l'esthétique particulière de celle-ci, traitant à part la construction de l'atelier, l'éclairage du sujet, l'ostéologie et la myologie de la face, le portrait, le groupe, le sujet de genre et les animaux.

Dans les Moyens d'art, je comprends tout ce qui a trait aux manipulations spéciales du développement artistique des instantanées et des posées pouvant très nettement conduire à l'art, à certains tirages, à l'agrandissement, aux projections et à la photostéréographie.

En un épilogue, j'indique ce moyen d'art suprême, la Couleur. *Partant de la superbe découverte de M. G. Lippmann, qui nous donne absolument, sinon encore tout à fait pratiquement, la photographie des objets avec leurs couleurs naturelles, je réunis tout ce qui a été fait dans cette voie, de façon que l'artiste, désireux de l'aborder et d'y progresser, puisse le faire en toute connaissance de cause.*

· L'Art en Photographie *se trouve donc ainsi, bien et dûment, je l'espère, une syntaxe compréhensible applicable, et par cela même utile, de cette grammaire qui a nom* La Pratique en Photographie. *S'ils forment deux ouvrages indépendants, ils constituent mieux encore deux ouvrages qui se complètent l'un l'autre.*

Je crois avoir, de la sorte, rempli le programme que je m'étais proposé : être utile à tous ceux qui se sentent la louable ambition de tenter L'Art photographique *et de réussir dans leur entreprise.*

FRÉDÉRIC DILLAYE.

L'ART EN PHOTOGRAPHIE

AVEC LE PROCÉDÉ
AU GÉLATINO-BROMURE D'ARGENT

PROLOGUE

ART ET NATURE

*Nécessité du sentiment esthétique.
Le développement cérébral. — Ce que doit être l'Art photographique.
Le net et le flou. — L'agrandissement menant à l'art. — Récupération
de la perspective exacte. — Il faut frapper à la fois les sens, la raison
et l'intelligence. — L'âme des photocopies.*

« La photographie, disait M. Janssen à l'issue du Congrès de 1889, donnera naissance à une école d'Art comme le dessin, comme la peinture, la fresque et l'huile. Ce que je conseillerais de faire, ce serait précisément de chercher à constituer cette École d'Art photographique. Mais on ne fera rien dans cette direction si l'on ne fait pas faire d'abord aux élèves des études de dessin et de peinture. Il ne faut aborder la chambre noire que quand on a déjà un sentiment esthétique développé[1]. »

Faire des études de peinture et de dessin ! Développer le sentiment esthétique ! Voilà des affirmations qui doivent sonner faux à bien des oreilles. Si elles sont faites pour ahurir le bourgeois, le *philistin*, comme on disait au beau

---

[1]. Exposition universelle de 1889. *Congrès international de Photographie*, page 169. — Paris, in-8°, Gauthier-Villars et fils, 1890.

temps du romantisme, elles ne le sont pas moins pour amener un sourire dédaigneux sur les lèvres de beaucoup de gens qui se livrent à la photographie, ou pour mettre dans leurs yeux un regard étonné. J'ajouterai : en France, surtout. La nation française, en effet, a l'orgueil de se croire douée d'un sens artistique plus grand que toute autre nation. Je suis trop Français pour ne pas partager cet orgueil-là. Toutefois, il faut bien admettre qu'entre la possession du sens artistique et la connaissance de l'art, tout un monde existe. Et M. Janssen a raison, mille fois raison. Si complètes que soient nos aptitudes sensorielles, si intense que soit notre goût à l'état natif, nous devons, pour devenir artistes, réfléchir profondément sur l'art, nous initier à ses lois, étudier ses règles. Se persuader bénévolement que nous possédons l'intuition, ou, par le seul fait de notre goût propre, la compétence la plus absolue en cette matière, est une fatuité grande contre laquelle nous ne saurions trop nous mettre en garde.

En France, il n'y a pas un bachelier qui hésite *à faire un Salon*. « Pourquoi, se dit-il, ne serais-je pas apte à comparer une représentation de la nature à la nature même ? Voilà un tableau qui prétend me représenter des objets du monde extérieur, un paysage, des fleurs, des hommes nus ou habillés, accomplissant des actes déterminés ; est-ce que, avec un peu d'attention, je ne suis pas capable de juger si les images peintes de ces choses reproduisent avec exactitude les modèles mêmes que la nature en a fournis ou du moins les souvenirs fidèles que ma mémoire a gardés de ces modèles ? Ne suffit-il pas d'avoir des yeux, de regarder et de se souvenir pour être en état de critiquer la peinture[1] ? »

Si nous écoutions loyalement la voix de notre conscience, il nous faudrait bien avouer que, tous tant que nous sommes, nous avons été un peu ce bachelier-là. Illusion naïve ! Charmante prétention de la jeunesse ! Mais combien, dans l'âge mûr, gardent encore cette prétention et cette illusion ! Ce sont deux sœurs un peu bien inséparables, sinon siamoises. Quand on épouse l'une, on se marie à l'autre. Vous

---

1. SULLY-PRUDHOMME : *L'Expression dans les Beaux-Arts*, application de la psychologie à l'étude de l'artiste et des Beaux-Arts, page 381. — Paris, in-8°, Alphonse Lemerre, 1883.

étonnerais-je beaucoup en vous affirmant que nous leur devons le plus clair de l'engouement photographique dont viennent d'être atteintes les nations civilisées ? Peut-être pas. Surtout si vous avez la réflexion rapide.

Sitôt que le gélatino-bromure d'argent fit son apparition, la photographie se trouva dégagée d'un seul coup des opérations ennuyeuses, délicates et salissantes qu'entraînait le collodionnage des plaques et leur sensibilisation. De prime saut, elle entra dans le domaine public. J'entends dans le domaine de l'homme instruit et bien élevé qui cache toujours en soi un critique d'art plus ou moins latent, qui doit à son instruction et à son éducation un développement conscient ou non de ce *sens du beau* qu'on nomme le *goût*. Comme ce bachelier, s'affirmant à soi-même qu'il peut *faire un Salon*, il se dit qu'il pourrait faire de la photographie aussi bien, sinon beaucoup mieux, que le photographe professionnel ne songeant qu'à battre monnaie avec cette nouvelle branche de l'art.

Pour contenter son goût et reproduire la nature par une œuvre personnelle, notre homme instruit et bien élevé devait apprendre, en effet, le dessin et la peinture. Tout au moins le dessin. En un mot soumettre son œil et sa main à l'obéissance du cerveau. C'était un apprentissage à faire. Apprentissage long, pénible, ne pouvant donner des résultats appréciables qu'avec des aptitudes sensorielles très réelles, jointes à une bonne dose de patience et à la possibilité d'un certain temps à dépenser. La photographie, dégagée de ses plus insipides manipulations, présentait cette facilité d'obtenir rapidement un tableau sans ces études préalables que nécessite la correspondance de la main et du cerveau. Avec un peu de soin et dix minutes d'explication, on obtenait immédiatement une image ressemblant à quelque chose.

Il en allait donc de soi que cet art attirât. Et il a attiré. On s'est, passez-moi le mot, rué sur la photographie. Du soir au lendemain nous avons possédé un art à l'état endémique. A aucune époque les chroniqueurs n'ont eu à enregistrer un engouement susceptible d'être comparé à celui-ci. A tous les étages sociaux on a rencontré la chambre noire. On la rencontre encore, mais beaucoup moins active. Un autre engouement, celui du vélocipède, tend à étouffer celui de la photographie.

C'est qu'aussi la photographie n'a pas rendu tout ce qu'on attendait d'elle, c'est-à-dire l'obtention d'une œuvre d'art sans études préalables. Tout en demeurant très enthousiasmés des résultats obtenus au début, avec une facilité quasi magique, on s'est aperçu que si la facilité restait la même, les résultats, eux aussi, restaient sensiblement les mêmes. En un mot, on ne progressait pas, ou on ne progressait guère. La première douzaine de phototypes ressemblait beaucoup trop à la dernière douzaine. On s'est lassé. On se lasse. On ne fait plus de la photographie qu'entre temps, parce que l'on possède un appareil. Ou bien on a mis définitivement la chambre noire de côté pour demander au vélocipède des plaisirs moins trompeurs, mais sans aucune relation artistique.

De là vient cet arrêt visible que subit la photographie. Quelques esprits judicieux l'ont déjà signalé. Cet arrêt démontre que si le goût est nécessaire, il n'est pas suffisant pour tenir lieu de connaissances esthétiques non acquises; il démontre que, s'il modifie nos sensations d'un sentiment agréable ou pénible, quand nous nous trouvons en présence d'un objet beau ou laid, de quelque nature qu'il soit, il ne saurait remplacer, à lui seul, les lois de l'art que nous ignorons.

Toujours le bachelier et son Salon à faire.

Pour obtenir plus et mieux au bout d'un an qu'au premier jour, pour progresser, on ne peut, on ne doit aborder la chambre noire qu'avec un sentiment esthétique déjà développé. Si la chambre noire nous enlève les ennuis d'apprendre le dessin, si elle nous permet de dessiner sans apprendre, elle exige de nous toutes les autres connaissances artistiques.

La chambre noire acquise, l'installation photographique établie plus ou moins luxueusement, suivant le budget de chacun, mais cependant nécessaire et suffisante, que se passe-t-il ?

On photographie tout ce qu'on voit : portraits de parents et d'amis, maison familiale, jardin de celui-ci, parc de celui-là, villégiature de cet autre. C'est le lieu commun dans toute la banalité de sa floraison à outrance. Au point de vue art, on n'y voit point malice. On ne soupçonne même pas l'art. On expose plaques sur plaques, on ravit le badaud par une photographie plus ou moins nette, plus ou moins dépourvue de taches, mais présentant un dessin plus fidèle et obtenu sans savoir dessiner, d'un objet quelconque faisant plaisir à quelqu'un.

Et après?

Oh après!...

Après! c'est toujours la même chose. Ou bien, si l'on veut obtenir autre chose, neuf fois sur dix, que dis-je? quatre-vingt-dix-neuf fois sur cent, on se trouve dans le cas d'un homme qui, voulant écrire, prend une belle feuille de papier blanc, une plume bien neuve et reste, plume en main et papier devant soi, sans parvenir à faire surgir la moindre idée de son cerveau. Le papier ne se noircit pas. La plume semble mauvaise. La tête étonnamment vide. Pour écrire, de quoi qu'il s'agisse, il faut une réelle activité d'esprit. Pour trouver un tableau à photographier qui sorte des banalités courantes, il faut acquérir un certain développement cérébral, une préparation commune à tous les arts, quels qu'ils soient.

C'est à la non-acquisition de cette préparation que l'Art en photographie doit de ne pas prendre et de ne pas avoir pris son essor aussi vite qu'il le devrait.

Étant le sens du beau, le goût ne peut manquer de mener à l'art. Encore, faut-il le développer. L'instruction et l'éducation aident à ce développement. Dans l'éparpillement de leur action sur diverses facultés de l'intelligence, elles ne sauraient affiner le goût beaucoup plus que les autres facultés ni lui donner ces notions justes, complètes, arrêtées, dont l'ensemble constitue l'esthétique. Quel que soit l'art auquel il voudra s'attaquer, l'homme de goût, s'il est sincère, ne manquera pas de reconnaître que son esprit demeure bien stérile encore malgré le développement de son goût.

C'est qu'aussi, quoi que nous fassions, l'esprit humain demeure un grand amateur de sommeil. Dès qu'on l'active sur un point, il s'empresse de dormir en présence des autres En d'autres termes, en touchant à tout un peu, il n'arrive à rien approfondir. Tout au moins à ne pas penser suffisamment sur ceci ou sur cela. Or pour faire de l'art, il faut beaucoup *penser sur l'art*. On n'est ni écrivain, ni peintre, pas plus qu'on n'est ni maçon, ni cordonnier, si l'on ne pense pas sur ces différents arts, si petite ou si grande que soit la pensée que réclame celui-ci ou celui-là. Néglige-t-on d'y penser? On se trouve, dès qu'on les aborde, en présence d'une grande stérilité d'esprit, d'une sécheresse absolue dans les impressions, d'un vague complet dans les idées. On ne rencontre que diffusion et lieux communs. Écheveau embrouillé, devant lequel on sue sang et eau, sans parvenir à le démêler.

De là, en ce qui nous occupe, ces photocopies déjà vues, ces sujets toujours les mêmes et sans le moindre accent, ces vues mal choisies et uniformément mal choisies, cette succession constante d'épreuves aussi constamment indifférentes. On se répète soi-même, on ne répète que les lieux communs vus dans l'album du voisin. On ne réfléchit pas. Or, ne pas réfléchir, c'est empêcher son esprit d'acquérir la pénétration par laquelle il se rendra compte de la beauté qui a été prise pour type et qui lui permettra de comparer, avec ce modèle, l'œuvre obtenue ou l'œuvre à faire. Il faut regarder sans cesse, forcer l'esprit à s'éveiller sur ce que l'œil voit, l'amener à donner naissance à des idées et tenir celles-ci en perpétuel mouvement, de façon qu'elles se heurtent, se groupent, s'associent et multiplient. « Du choc des idées naît la lumière, » dit le vieil adage. Là, comme à quoi qu'on l'applique, il garde sa vérité.

Le temps et l'habitude détruiront vite l'effort nécessaire et laborieux que cette évocation exige. Essayez. Vous serez bientôt tout étonnés de trouver vite des motifs là où vous ne les soupçonniez même pas avant ce travail intellectuel. Votre sécheresse d'impressions se transformera soudain en richesse d'impressions. En quittant la banalité qui étreignait votre œuvre, vous ressentirez une certaine émotion sur laquelle vos idées se grefferont pour mieux et plus sûrement multiplier. La délicatesse de votre goût s'affinera. La subtilité de votre jugement s'étendra. Vous toucherez à l'art sans même en connaître les règles. Et ces règles vous

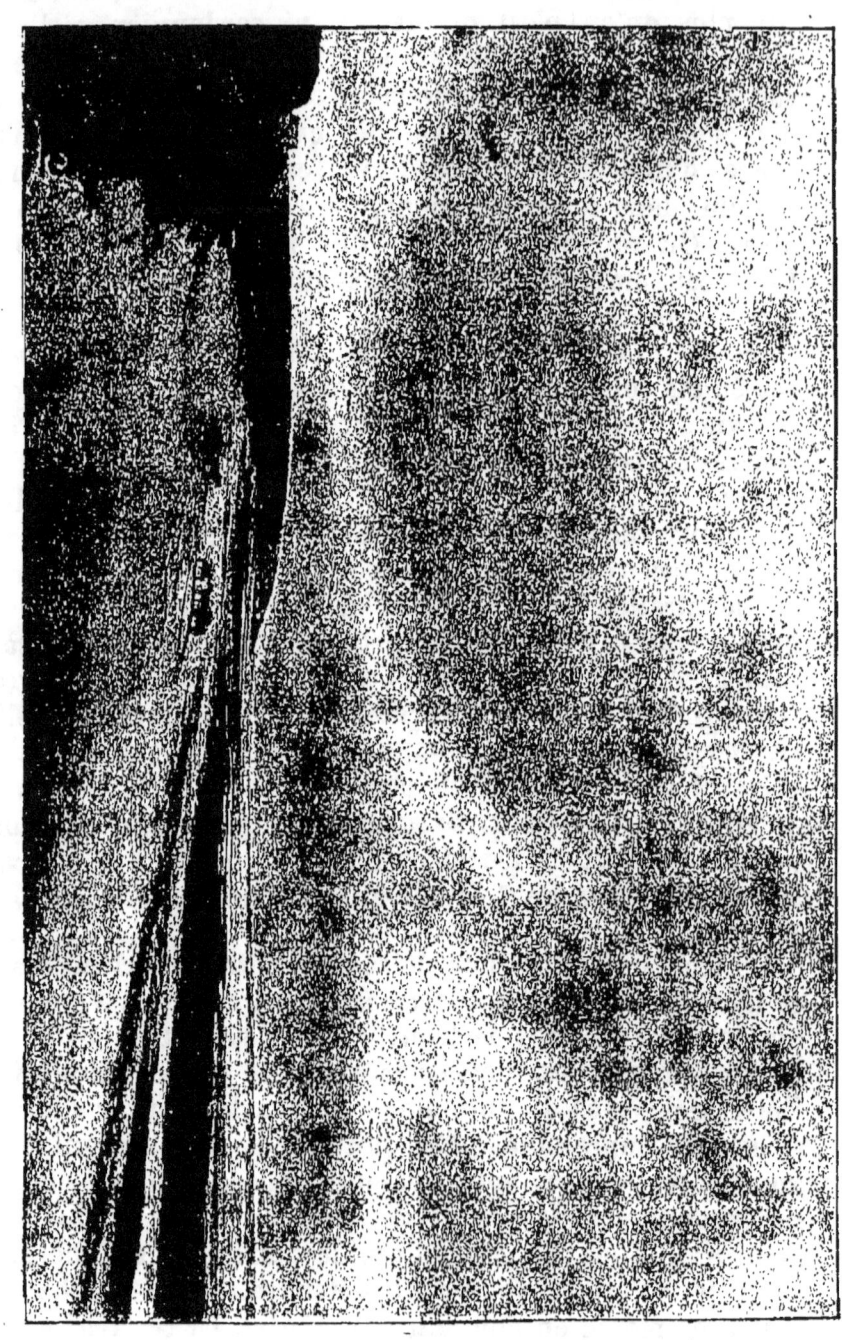

Orage montant sur la côte normande (Phototype de l'auteur).

ÉTUDE DES CIELS

les apprendrez vite parce que vous les saisirez de prime coup.

Ce développement cérébral se montre donc nécessaire pour faire de l'art. Il est nécessaire avant toute préparation spéciale, parce qu'il amène à mieux comprendre les règles de l'esthétique et qu'avec lui on est déjà bien près de l'art. La plénitude expressive d'un tableau reste l'effet naturel d'une masse d'impressions accumulées.

Mais, me direz-vous, ce développement cérébral, qui exige, en somme, la justesse de l'esprit, l'exactitude du raisonnement, sur quoi le greffer? Quel peut être son point de départ?

L'homme instruit, désireux de faire œuvre d'écrivain, trouve dans la lecture un remède certain pour combattre la stérilité d'esprit. J'entends la lecture intelligente, qui ouvre l'âme, la remplit, y laisse pénétrer le monde moral et physique, et non la lecture de laquelle on attend des formules toutes faites, des jugements tout formulés, des appréciations qu'on fera siennes, dont on se servira pour masquer son ignorance ou faire paraître son esprit en éveil lorsqu'il dort d'un sommeil profond. Les œuvres des maîtres sont la lecture du peintre et du photographe. En un mot, les premiers germes du développement cérébral éclosent sous la chaleur de la pensée des autres. Mais qu'on lise les livres d'une bibliothèque ou qu'on regarde les tableaux d'une galerie, il faut mêler à sa lecture ou à sa contemplation tout son esprit personnel, toutes ses idées propres, acquises ou natives. Il faut lutter pour comprendre ce qu'il y a de beau ou de défectueux dans telle ou telle composition. Il faut distinguer toutes les parties de l'ensemble, tous les termes des rapports. Le beau ou le défectueux perçu, et la distinction des rapports établie, on essaye de les sentir, de les critiquer, de les analyser, voire de les juger. Plus on assouplira son esprit à cette gymnastique, plus rapidement on saisira les différentes parties d'un motif, plus sûrement on les comparera entre elles, plus aisément on jugera de la convenance ou de la disconvenance des rapports qui les unissent. L'étude et l'observation amènent seules à l'appréciation de l'œuvre. Si notre bachelier du début se montre un peu bien prétentieux en se croyant apte à faire un salon en quittant les bancs du lycée, il demeure certain qu'avec de l'intelligence et un développement cérébral bien conduit, il pourra ultérieurement satisfaire sa prétention.

Lorsque, voulant faire œuvre d'art, vous développez une plaque exposée à la chambre noire, que cherchez-vous à obtenir? Un phototype dont les transparences des diverses parties soient inversement proportionnelles aux éclats des parties correspondantes de l'objet. Mais cet objet n'est pas toujours correctement en valeur, normalement éclairé. Vous vous sentez tout de suite obligé de corriger la nature. Par conséquent, de rejeter ces développements à bases déterminées et fixes, d'attaquer la plaque en douceur par le révélateur seul, auquel vous n'ajoutez que progressivement, et suivant le besoin, les doses nécessaires d'accélérateur ou de modérateur. Vous procédez, en un mot, comme l'aqua-fortiste.

Eh bien! suivez une méthode analogue pour le développement cérébral. Vous verrez que votre esprit s'en trouvera aussi bien que le phototype dont je viens de parler. Attaquez la lecture des tableaux de maîtres, ou la nature, en douceur, c'est-à-dire en n'envisageant tout d'abord que des objets simples et peu nombreux, nettement définis, vigoureusement éclairés. Le fussent-ils même d'une lumière crue. On est tellement habitué à regarder sans *voir*, qu'on aura bien de la peine au début *à voir* les choses simples bien éclairées, à comprendre l'harmonie des lignes et de l'éclairage, la justesse des rapports des parties à l'ensemble. Lorsque cette compréhension arrivera, on aura bien de la peine encore à démêler le pourquoi et le comment de cette harmonie et de cette justesse.

Une fois débrouillés, vous passerez aux objets plus complexes, plus nuancés, dans lesquels le maître a su corriger un défaut par une qualité contraire, balancer un effet voulu par un effet opposé. Imitez alors, imitez sans crainte. Quel que soit le genre auquel appartienne un chef-d'œuvre, quel que soit le nom illustre dont il est signé, soyez certain que la maîtrise vient d'imitations antérieures. Non! on n'est pas original de prime coup. On n'arrive à la maîtrise, au dégagement autorisé de son moi, qu'autant qu'on a repassé les traces des aînés, qu'on a appris ce qu'ils savaient. C'est alors qu'en faisant son point de départ de leur point d'arrêt ou peut devenir original. Vouloir être original en ignorant ce qui a été avant soi est une fatuité d'esprit paresseux. Et la fatuité n'a jamais rien donné de viable.

J'irai plus loin! Si la lecture développe le cerveau de celui qui veut écrire, la conversation aide également à ce développement. Or, si la lecture, pour nous autres photographes, consiste dans la contemplation des tableaux des maîtres, notre conversation réside dans l'examen des œuvres des camarades. Dès l'instant qu'elles sortent des banalités courantes, elles sont aptes à porter fruit. Bonnes ou mauvaises soient-elles au point de vue purement technique. L'engouement du jour : la projection, est ce qu'il y a de mieux fait pour nous conduire à la connaissance de ces œuvres.

Des séances, comme en organisent certaines sociétés photographiques et même certains groupes d'amateurs, sont, dans l'espèce, les meilleures conversations que nous puissions rêver. L'image projetée donne un corps à la pensée et la pensée se fixant sur l'image projetée amène inéluctablement au développement cérébral. Sans qu'on y pense, on a tiré l'interlocuteur du lieu commun, on lui fait parler ce qu'il sait, ce qu'il sent le mieux. Il évoque devant nous son expérience personnelle. Nous le dépouillons. De ce dépouillement, des idées ne peuvent manquer de naître. On y voit ce qu'on peut s'approprier et comment on peut se l'approprier. On cherche à imiter, à égaler, avec l'espoir secret qu'un jour on dépassera.

Voilà du véritable développement cérébral, de celui qui amènera à cette école d'Art en photographie dont parlait M. Janssen dans la conférence citée au début de ce chapitre, de ce développement cérébral qui conduira à ce sentiment esthétique sans lequel on ne saurait, on ne devrait jamais aborder la chambre noire.

Toutefois, le succès des manifestations d'Art tentées par les expositions du *Photo-Club de Paris* a prouvé surabondamment la possibilité de l'Art photographique. Plus n'est besoin, même aujourd'hui, de le soumettre aux célèbres doutances d'Hamlet.

L'Art photographique est.

Mais si l'Art photographique est, que doit être l'Art photographique?

Voilà certes une question qui a dû boucler son point d'interrogation devant l'esprit de bien des gens.

On ne se demande point ce que doivent être les autres arts. Ils poussent, fleurissent et s'affruitent depuis bon nombre de siècles. Consciemment ou inconsciemment, suivant les aptitudes sensorielles et l'éducation artistique de chacun, on se rend compte, peu ou prou, de ce que peut nous donner la peinture, la sculpture, la gravure, la poésie et la musique. Le profane, lui-même, sent plus ou moins, mais instinctivement, par une sorte de science infuse, ce qu'il est en droit d'exiger de chacun de ces arts. C'est qu'il y a dans tout esprit — si je puis m'exprimer ainsi sans une trop forte prétention — une sorte d'endosmose psychique des règles esthétiques, vulgarisées de siècle en siècle et mélangées à l'atmosphère vivifiante dans laquelle éclosent, se meuvent et pensent les nations civilisées.

Rien de tout cela n'existe pour l'Art photographique. Né d'hier, son esthétique est peu connue et encore moins affirmée. Sa vulgarisation n'a pas eu le temps de se propager : partant, l'endosmose psychique n'a pu avoir lieu. De là, l'air désorienté de beaucoup en présence d'une manifestation d'Art photographique. Désorientation qui n'a rien de déshonorant. Elle demeure tout à fait naturelle et parfaitement compréhensible. Il ne saurait en être autrement. Toutefois, par cela même qu'elle existe, il serait bon de voir, de chercher et d'établir, sommairement, dans ses grandes lignes au moins, ce que doit être l'Art photographique.

Tout d'abord, l'*Art photographique doit rester bien nettement photographique*. Ce n'est même qu'à cette condition absolue que je consens moi-même à l'admettre comme art. Toute œuvre cherchant à amener une confusion demeure bâtarde et rejetable. On ne doit point, devant un morceau d'Art photographique, se complaire à trouver qu'il imite, plus ou moins bien, un fusain, ou un crayon, ou un lavis, ou une aquatinte. Il faut qu'il soit et reste une photographie, c'est-à-dire une chose qu'on ne saurait visiblement obtenir que par des moyens purement photographiques. Si même ces moyens employés seuls conduisent à la confusion, il est sage de ne point s'en servir.

Or, quelle est la caractéristique de la photographie? Une définition complète, exacte, minutieuse même, de tous les objets. Définition que ne saurait atteindre n'importe quel autre art graphique, dût-on lui adjoindre la patience proverbiale d'un bénédictin du Moyen Age. Il faut donc tout d'abord que l'Art photographique, sous peine de ne plus être photographique, garde cette définition.

Doit-il la garder avec son absolutisme originel? Non, vraiment. L'œuvre photographique aurait alors trop de minutie et trop de sécheresse, deux qualités-défauts incompatibles avec l'art. Elle présenterait, poussée à l'extrême, cette absence d'art par trop de détails que les peintres nomment *pignochage*. C'est, entre autres raisons, parce que ceux qui ont cultivé la photographie dès son éclosion ont trop tardé à comprendre cette vérité, que les meilleurs esprits se sont refusé à reconnaître dans l'œuvre photographique les germes d'un art nouveau. Aujourd'hui on l'a compris. De cette compréhension est né spontanément l'Art photographique. Il y a eu, il y a une révolution. Comme dans toute révolution, les révoltés ont visé à l'extrême, par antithèse de réaction. Or les extrêmes n'ont jamais rien valu. Quelquefois le génie les a fait tolérer sinon admettre. Mais le génie est rare et se présente lui-même comme une exception.

Dans certains pays étrangers, où l'Art photographique a fleuri beaucoup plus tôt qu'en France, il s'est formé deux écoles : les *flouistes* et les *nettistes*.

Les premiers ne veulent rien de net dans leurs œuvres, exigent d'elles un vague insensé dans les lignes, dans les formes et dans les masses. Ce ne saurait être l'Art photographique, puisque c'est la négation de la caractéristique de la photographie. Ces fanatiques sont même allés jusqu'à répudier l'objectif. Mais l'objectif, c'est l'œil de la chambre noire! Remplacer un bon œil par un mauvais, n'est-ce pas, de gaieté de cœur, diminuer ses ressources et faire du progrès à reculons?

Sans objectif, la photographie n'est plus la photographie, parce qu'elle perd cette définition exacte des choses qui la caractérise.

Les nettistes ont tenu ce raisonnement et ils ont voulu des œuvres minutieusement détaillées dans toutes leurs parties, aussi bien dans les premiers plans que dans les plus éloignés. Ils ne s'aperçoivent point de la sécheresse ni de la platitude qu'ils donnent ainsi à leurs images. Ils ne sentent point qu'ils aggravent ainsi tous les défauts de la photographie qui, eux aussi encore, ont fait qu'on a nié jusqu'à ce jour son essence artistique.

L'Art photographique réside dans des images exactes sans sécheresse, détaillées sans minuties.

On y atteint, au plus court et au mieux, en faisant de petites épreuves aussi nettes que possible et en les agrandissant pour avoir l'œuvre finale. N'est-ce pas, au demeurant, un excellent moyen de concilier les deux écoles? Prendre un peu à chaque extrême et mélanger le tout : voilà le secret culinaire des institutions bonnes et durables.

Au surplus, voyez comme tout s'arrange!

Si la photographie est faite avec un objectif possédant un foyer inférieur à la distance de la vision normale, et un angle supérieur à celui de l'œil humain, elle ne nous représente plus les objets d'après les règles de perspective qui ont été établies. Encore un défaut qui a valu à la photographie le haro de tous les amis des arts. Or si, dans le cas d'un objectif à court foyer, l'artiste agrandit l'image obtenue dans des dimensions qu'un calcul facile lui détermine, il rétablit la perspective exacte des objets, récupère tout l'enveloppement atmosphérique de la nature. Les lignes, au lieu d'être formées par des traits secs et mesquins, deviennent larges et grasses, les masses s'estompent, et l'image, tout en restant nettement photographique, gagne en profondeur, en relief, en harmonie. On n'a donc plus à compter que sur l'erreur d'angle, avec laquelle d'ailleurs le véritable artiste n'a aucune maille à partir, parce que, pour l'obtention de l'image primaire, son goût et sa raison lui ont conseillé de n'employer qu'un objectif dont l'angle se rapproche le plus de celui de l'œil humain.

Par conséquent, on atteindra à l'Art photographique, au plus court et au mieux, en faisant de petites épreuves aussi nettes que possible et, je le répète, en les agrandissant, pour avoir l'œuvre finale, dans des dimensions minima qu'un cal-

ÉTUDE DU PLEIN AIR

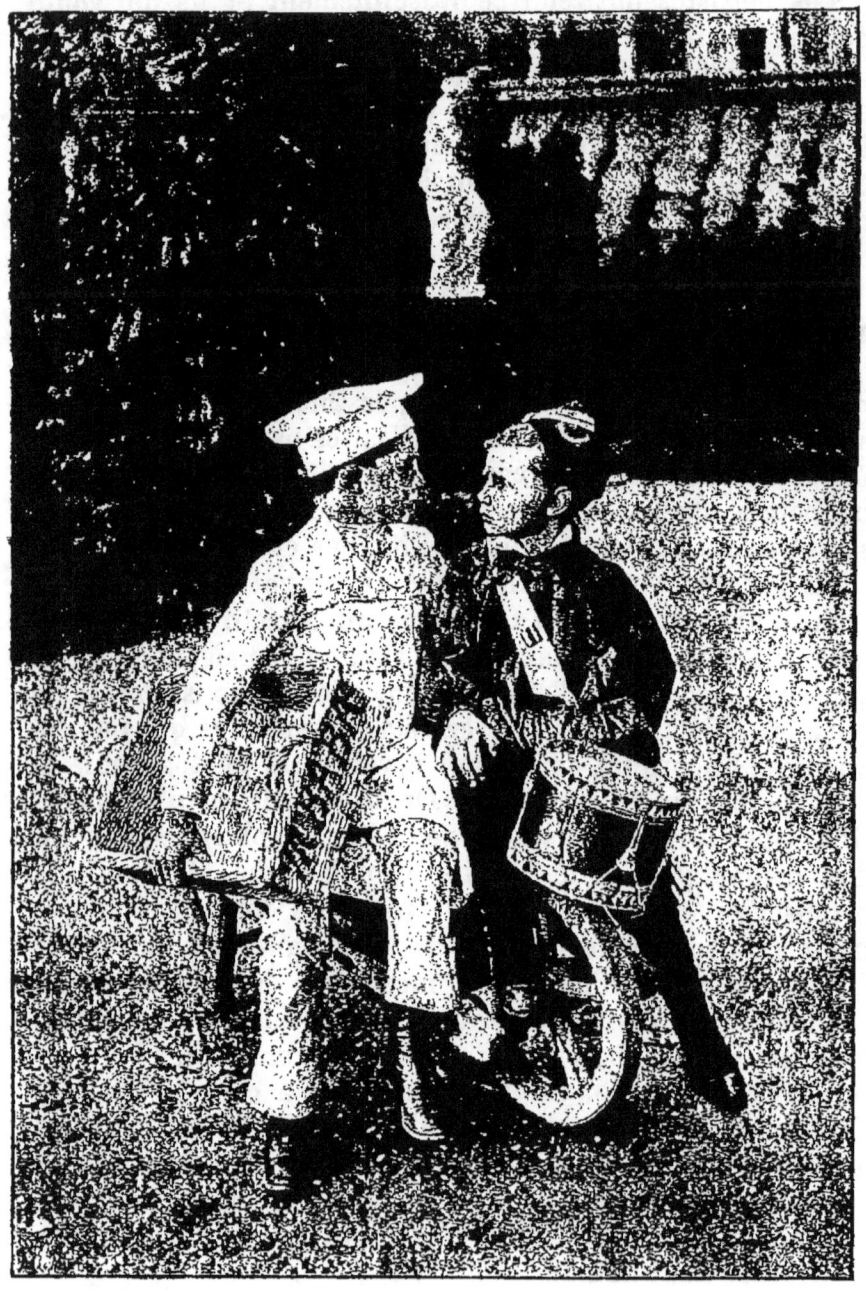

« J'TE DIS QU'SI ! — J'TE DIS QU'NON ! » (Phototype de l'auteur.)

œil facile détermine et qui, en rétablissant la perspective exacte des objets, récupère tout l'enveloppement atmosphérique de la nature.

Ce dernier point, très typique, est loin d'être donné par l'épreuve directe. La comparaison se montre aisée. Faites-la.

En ce qui est du rétablissement de la perspective exacte, je ne veux pas dire que l'image d'une petite épreuve soit déformée et que l'agrandissement corrige, jusqu'à l'annihiler, cette déformation. Au demeurant, l'image photographique ne saurait être déformée dès qu'on emploie de bons appareils et qu'on a surtout soin de mettre entre l'objectif et le sujet une distance égale à trois fois, deux fois et demie au moins la hauteur de ce sujet.

Lorsqu'elle a été obtenue dans ces conditions et avec un bon objectif, bien corrigé, l'image de la petite épreuve se montre parfaitement en perspective, mais en perspective par rapport à l'œil qui l'a vue et prise, c'est-à-dire par rapport à la distance focale de l'objectif employé. Donc, si cette distance focale, ce qui est le cas pour tous les petits appareils, reste inférieure à la distance de la vision normale, la petite épreuve ne se trouve plus pour nous exactement en perpective, à moins que nous puissions la contempler et la bien lire d'une distance égale à la distance focale de l'objectif qui l'a donnée. Or, en général, cette distance, dans les petits appareils, est de dix à onze centimètres. Donc, à moins d'être d'une myopie fâcheuse, la petite épreuve ne nous semble pas en perspective exacte. Il faut donc, au minimum, la rétablir telle que si elle avait été prise avec un objectif de distance focale égale à la distance de la vision normale.

De combien, toujours au minimum, devrons-nous agrandir l'épreuve primaire pour rétablir la perspective exacte?

Pour la facilité de la démonstration, supposons que nous ayons employé une détective à visée à hauteur de l'œil [1], possédant un objectif d'ouverture d'angle sensiblement égale à celle de l'angle de l'œil humain. Si nous considérons alors l'image primaire telle qu'elle est, séparée de notre œil de la distance focale de l'objectif, et telle qu'elle devrait être, si

---

[1] Voir : *La Pratique en photographie.*

elle était séparée de notre œil de la distance normale, nous pourrons construire deux triangles rectangles semblables dont les rapports nous ramèneront à la formule :

$$c = \frac{vD}{(D+v-d)d}$$

dans laquelle c représente le coefficient d'amplification; D correspond à la distance du motif à l'objectif, distance qu'on peut toujours estimer d'une façon suffisamment approximatif; v représente la distance de la vision normale susceptible d'embrasser tous les détails dans leur ensemble; d est la distance du *point de vue exact*, c'est-à-dire dans l'espèce, la distance qui sépare l'objectif de la plaque photographique.

Les objectifs donnant la petite image mesurent en moyenne, ai-je dit, dix centimètres de distance focale; la distance du motif à l'objectif, pour une bonne tenue perspective, mesure généralement, dans la pratique courante, cent fois le foyer, soit donc dans le cas choisi dix mètres. En réalité, cette distance doit être, comme je l'ai déjà dit, au moins égale à deux fois et demie ou trois fois la hauteur du motif. Quant à la vision normale, physiciens et physiologistes la prennent égale à trente centimètres.

Si donc, dans la formule précédente, nous remplaçons les lettres par des chiffres, nous aurons :

$$c = \frac{0{,}30 \times 10}{(10 + 0{,}30 - 0{,}10) \times 0{,}10} = \frac{3}{10{,}20 \times 0{,}10} = \frac{3}{1{,}02} = 2{,}940\ldots$$

Par conséquent, en chiffre rond, il faudra, dans les conditions que nous avons choisies, agrandir, *au minimum*, trois fois *linéairement* la petite image.

J'ai pris un cas simple, très suffisant dans la pratique. Il y en a de plus compliqués quand on fait usage d'un objectif à grand angle ou même à angle dépassant la moyenne. Je vous renvoie, pour les étudier, aux ouvrages traitant spécialement de perspective.

Donc, l'Art photographique peut être demandé à l'agrandissement des épreuves primaires, surtout si ces épreuves sont de dimensions inférieures à celles de la plaque entière 18×24, et que la distance focale de l'objectif employé soit au-dessous de trente centimètres. On obtient alors par l'agrandissement un enveloppement qui n'est plus l'indéterminé, le vague à outrance des flouistes; on obtient une image nette qui n'est plus l'image plate et un peu bien en zinc des nettistes.

Quant au choix du motif, quant à l'ordonnance des lignes, quant à la pondération des lumières et des ombres, quant à l'harmonie générale et à l'équilibre de la composition, ce sont points relevant de l'esthétique générale et communs à tous les arts graphiques, et en ce qui concerne la photographie, je vais, tout à l'heure, vous les exposer longuement. Nous sommes donc en droit d'exiger leur application complète, absolue, à toutes les œuvres qui veulent se masser sous le drapeau de l'Art photographique.

Je constaterai encore, cependant, que parmi les différents arts d'imitation je n'en vois aucun qui, plus que la photographie, puisse revendiquer le droit de ne représenter que la réalité, sans rien y ajouter, et en se contentant des variations de lignes et de forme, des jeux de lumière et d'ombre. Lignes et formes, lumières et ombres constituent, en effet, son langage propre. Il n'a de similaire que dans le dessin ou dans le camaïeu, toutefois, il différencie du langage de ces deux genres par sa précision quasi mathématique.

Au demeurant, cette précision a quelque chose qui nous plaît de prime abord. Notre regard est amusé par la représentation exacte des objets les plus insignifiants, constamment rencontrés au cours de la vie journalière. Beaucoup de gens n'en demandent pas plus aux arts d'imitation. Revoir sur une toile ou sur un papier, fort nettement défini, un objet qu'ils ont vu et reconnaissent bien, voilà tout ce qu'ils demandent à l'art qui imite. Mais les gens qui pensent ainsi n'aiment pas l'art, quelle que soit leur position sociale, quelle que soit leur intelligence. Ce sont des esprits positifs ou des esprits abstraits. Gens occupés uniquement des faits de la vie et des circonstances générales ou particulières qui peuvent en résulter; gens confinés dans la région des idées pures et dédaignant les jouissances esthétiques. Toutefois, parmi ces gens, en rencontre-t-on de moins absolus les uns que les autres. Si positif ou si abstrait que soit leur esprit, il s'y trouve une lacune, si je puis dire, qui laisse leur positivisme incomplet ou leur abstraction imparfaite. Ils aiment un art ou certains arts sans les aimer tous, et on les voit alors exiger, de ceux qu'ils aiment, plus qu'ils ne demandent aux autres. Il va donc de soi que les esprits qui ne sont ni positifs ni abstraits, mais vraiment artistes, veulent que l'art, en général, leur présente autre chose qu'une imitation mathématique de la nature.

Nous verrons, au courant de ce cours d'esthétique photographique que j'entreprends d'écrire, ce qu'il faut prendre de cette imitation pour définir, suffisamment mais nécessairement, le motif que l'on donne en but à son travail. Or, si l'art n'existe qu'avec cette netteté de définition; si l'œuvre la plus parfaite, au point de vue technique, ne saurait atteindre à l'art sans elle; si elle sert à faire voir et comprendre, de prime coup, l'œuvre achevée; si, en un mot, elle est suffisante et nécessaire pour nous surprendre, nous attirer et nous retenir tout d'abord, n'a-t-elle pas besoin d'un complément pour nous garder tout à fait?

A mon avis, l'affirmative doit répondre à cette question.

De tous les plaisirs auxquels l'homme peut goûter, le plaisir esthétique est celui qui s'adresse à lui tout entier, c'est-à-dire qui s'adresse à la fois à ses sens, à sa raison, à son intelligence. Pour ne parler que de la photographie, si l'œuvre qu'elle nous présente ne frappe pas à la fois cette trinité : sens, raison, intelligence, cette œuvre n'est et ne saurait être complètement œuvre d'art. Si le développement a été rationnellement et bien conduit; si une intelligente mise en train a permis de tirer d'un phototype négatif, déjà bon, une photocopie positive meilleure encore; si le motif défini avec soin précise nettement ce que l'auteur a voulu faire; si, en résumé, nous nous trouvons en face de qualités techniques remarquables au premier chef, nos sens, c'est-à-dire, dans l'espèce, nos yeux, seront intéressés et, par contre, notre attention sera retenue, mais sous condition limitée.

Sur quoi, en effet, se portera l'admiration naissant de cet arrêt?

Sur des choses matérielles, au fond. Nous admirerons la correction de la photocopie, la finesse de ses détails, la beauté de son virage, la bonne tenue de son ensemble, et, si vous le voulez encore, la témérité heureuse du choix du motif, la difficulté vaincue, l'habileté d'un photographe connaissant à fond la grammaire et la rhétorique de son métier. Mais la grammaire et la rhétorique ne suffisent pas à un écrivain, par exemple, pour écrire une page digne d'être tirée hors de pair et de résister à la succession des siècles. Si nos grands auteurs n'avaient fait emploi que de grammaire et de rhétorique, ils ne seraient point ces grands auteurs que nos aînés ont admirés, que nous admirons, et que nos cadets admireront. La photocopie en question n'offrira donc qu'un intérêt didactique, très considérable, je l'admets, pour des photographes, très menu pour des esprits ouverts à l'art, mais connaissant peu ou point le côté métier de l'Art photographique.

L'œuvre frappera les sens, rien que les sens, encore les frappera-t-elle avec un intérêt inégal.

Joignons à ces qualités techniques, et rien que techniques, un parfait accord dans l'ordonnance des lignes, une suprême pondération des ombres et des lumières, accord et pondération servant à mettre en relief et à faire comprendre, dans le mieux du possible, l'expression du motif présenté par la photocopie ; en un mot, joignons-y l'harmonie. Notre satisfaction, issue de l'œuvre vue, s'étendra à notre raison, car l'harmonie n'est que l'ordre rendu sensible et l'ordre est un enfant chéri de la raison. Quoi qu'elle fasse pour s'en distraire, la raison cherche l'harmonie dans les œuvres de la nature, aussi bien que dans les œuvres des hommes et que dans les sciences propres. C'est une loi de création intellectuelle. Aucune autre loi ne l'égale en puissance. Toutes les tentatives faites pour la battre en brèche demeurent vaines. En dépit des théories les plus rebelles, la raison s'arrête toute saisie devant l'œuvre où l'harmonie a mis son cachet mystérieux. Elle en ressent, bon gré mal gré, une impression d'admiration. J'irai plus loin en ajoutant : une impression de respect même lorsqu'il s'agit des œuvres de la nature. Le secret de notre premier enthousiasme devant un chef-d'œuvre, à quelque art qu'il appartienne, c'est toujours l'harmonie. Plus cette harmonie nous apparaît, plus notre enthousiasme a d'élan, plus notre raison est satisfaite.

Donc, par ses qualités techniques, par son harmonie, la photocopie envisagée parle à nos sens et à notre raison.

Des trois termes énoncés plus haut, il ne reste plus que l'intelligence à satisfaire.

L'imitation de la nature, si précise, si juste, si pleine d'harmonie qu'elle puisse être, demeure-t-elle apte à nous garder complètement, alors que de cette imitation il ne se dégage pas une idée, une impression morale quelconque, alors que le *tableau* n'incite point notre pensée, ne circonvient que notre raison et que nos yeux? Évidemment non. Notre œil, appareil organique servant à recevoir les impressions de la lumière, n'est qu'un instrument destiné à produire en nous le sentiment de la vision; notre raison n'est qu'une puissance régulatrice de nos sensations, qu'une éminente faculté de coordonner des affections et des intérêts, fort peu disposés souvent à se concilier; de les contraindre, bon gré mal gré, à céder une partie de leurs prétentions. Derrière cet instrument, derrière cette puissance, commandant à celle-ci et se servant dans ceux-ci de celui-là, se tient l'intelligence, qui a besoin de vivre et veut vivre. Si l'instrument dont elle se sert et si la puissance qu'elle commande ne donnent pas l'aliment nécessaire à sa vie, elle les dirigera vivement d'un autre côté. Il importe donc que la photocopie, après avoir satisfait l'œil et la raison, satisfasse aussi l'intelligence; qu'elle n'exprime pas tout au premier coup d'œil; qu'elle laisse, sous l'ordonnance de ses lignes, sous l'harmonie de son clair-obscur, quelque chose à deviner et à suivre, quelque chose d'immatériel que le spectateur accueille, comprend et savoure; qu'elle ait, en fin de compte, une *âme* qui parle à notre âme, comme doit avoir tout œuvre émanant d'un des arts d'imitation.

Cela est si vrai que les anciens eux-mêmes l'avaient reconnu. Parcourez l'anthologie grecque, feuilletez les discours des grands orateurs d'Athènes et de Rome, arrêtez-vous à ce qui a trait à l'art et vous verrez avec quelle abondance poëtes ou orateurs déroulent dans leurs vers ou dans leur prose les intentions enfermées dans l'œuvre d'un artiste. Ils mettent en relief ce qu'ils voient ou croient voir, ce qu'ils demandent au peintre ou au sculpteur de leur sug-

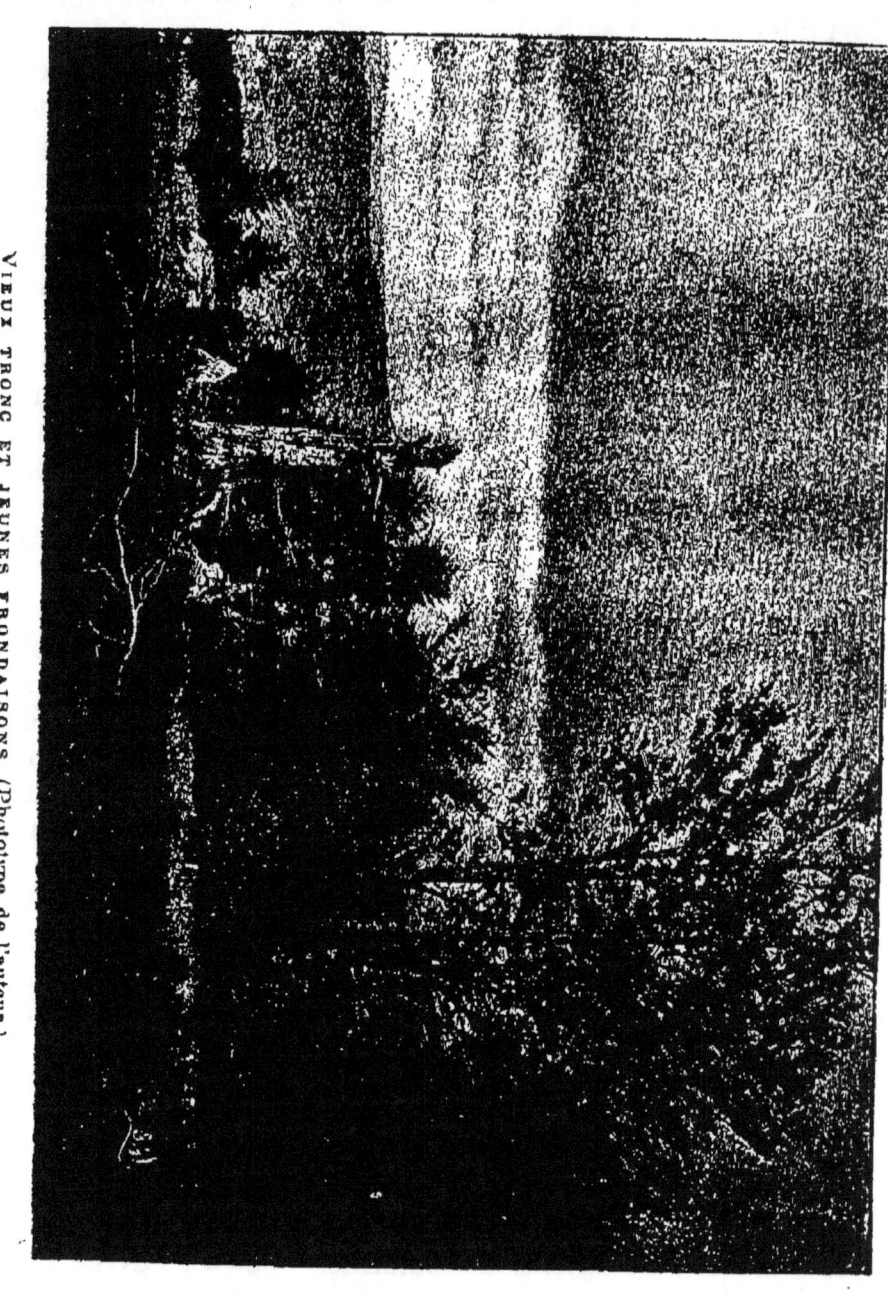

ÉTUDE DE PAYSAGE SIMPLE

Vieux tronc et jeunes frondaisons. (Phototype de l'auteur.)

gérer, prouvant ainsi que le meilleur d'une œuvre d'art n'est pas ce qu'elle montre mais bien ce qu'elle laisse deviner ; que sa forme extérieure est peu, que son âme est tout.

Donc, lorsque nous plaçons notre chambre noire devant un paysage, nous ne devons pas seulement nous préoccuper de la représentation exacte des fabriques ou des roches, des herbes ou des ramures, des bois ou des eaux. Cette représentation ne satisferait que l'œil et la raison. Nous devons, encore et surtout, nous demander si, par la nature du motif choisi, si, avec les moyens un peu bornés dont nous disposons, il se dégagera de notre œuvre une pensée. si vague soit-elle, une impression morale quelconque, s'il nous est possible enfin de lui donner une âme qui suggérera au spectateur quelque chose au delà de ce que les lignes, les lumières et les ombres peuvent exprimer. Nous devons nous persuader que l'esprit vivifie, que la lettre tue et par conséquent chercher à hausser notre sujet, à l'agrandir par la façon de le traiter.

Certes, le poète avec sa plume, le peintre avec son pinceau, possède, pour traiter son sujet, un instrument plus souple que le photographe avec sa chambre noire. Le premier, par le charme de son verbe, la musique de ses rimes et la puissance de sa rhétorique, peut admirablement allier à son œuvre les sentiments qui l'émeuvent et nous émouvoir par cela même. Le second, par sa liberté d'interprétation et par le secours des couleurs, trouve mille moyens de nous faire deviner ce qu'il n'exprime pas matériellement : frisson du vent, murmure de l'eau, chants d'oiseau, bruissement d'insectes même. Quant au photographe il reste, j'en conviens, beaucoup plus servilement soumis au réalisme de l'imitation. De prime abord, il semble ne posséder qu'une façon unique de traiter le sujet. Toutefois, en examinant soigneusement et intelligemment cette façon, on trouve que son unité n'est qu'un trompe-l'œil et qu'elle peut, en somme, se décomposer en beaucoup d'autres.

Considérons ce paysage devant lequel nous venons de placer notre chambre noire. Nous verrons, tout d'abord, que, suivant la place qu'elle occupera, nous pouvons modifier très sensiblement, sinon complètement à notre gré, l'ordonnance des lignes, la pondération des ombres et des lumières, ouvrir des perspectives fuyantes où notre esprit s'engage et où s'engagera l'esprit du spectateur. Ainsi, par des points de fuite habilement choisis, nous donnerons déjà pâture à l'imagination. Si nous arrivons, toujours par le déplacement, à arrêter les fuyantes du motif, à les laisser se perdre dans l'indéterminé, nous augmenterons encore la valeur de cette pâture. Toutes sortes de sentiments se dégageront, par exemple, d'une simple allée sinueuse, dont nous éviterons de montrer l'achèvement des détours.

Si nous travaillons le matin ou le soir, surtout le matin, à ces heures du jour où la nature a le plus de poésie, nous augmenterons encore ces sentiments en cherchant à obtenir les brumes dans lesquelles les fuyantes se noient. Avec l'emploi d'écrans colorés et de plaques orthochromatiques, avec l'emploi d'un développement rationnel et bien conduit, nous pouvons parfaitement rendre cette brume qui produit à elle seule une impression poétique. Par le fait même de cette obtention, notre photocopie prendra tout à coup une âme qui parlera à la nôtre et l'emportera dans l'au-delà des choses vues par notre œil et goûtées par notre raison.

Si nous travaillons dans le plein du jour, alors que le soleil ayant pompé la brume force notre objectif à trop bien voir et à trop bien noter les lointains, nous pouvons encore, par une judicieuse mise en train de phototype, ne donner qu'une indication vague à ces mêmes lointains et récupérer, par la perspective aérienne, l'impression poétique.

Dans le genre intérieur, la photographie, pour les profanes, semble dans l'impossibilité de parler à l'esprit. Là où le peintre se plaît à faire montre de l'habileté de son crayon et de la virtuosité de son pinceau, le photographe n'a qu'à laisser agir son appareil, pour avoir une représentation beaucoup plus fidèle, beaucoup plus nette, beaucoup plus vraie. Or, à en croire certains esprits superficiels ou grands amis du paradoxe, la peinture d'intérieurs ou la nature morte n'a rien à démêler avec le cœur où l'esprit. A plus forte raison, la photographie qui n'entraîne pas avec soi le charme ni l'illusion de la couleur, aura encore moins à démêler avec eux. Une photocopie représentant un intérieur ou une nature morte ne saurait donc avoir une âme. Erreur! Elle peut, elle doit en avoir une. De même que nous la trouvons à la vue d'un paysage, dans l'indéterminé de certaines parties; nous la trouverons à la vue d'un intérieur ou d'une nature morte, dans la grande détermination des objets représentés, du moment que leur groupement ou leur mise en valeur correspondra à une association d'idées qui éveillera en nous des sentiments intimes.

Dans un dialogue entre Socrate et Critobule, portant pour titre *l'Économique*, Xénophon, en nous démontrant l'importance de bien administrer sa maison, manifeste un très vif sentiment de la beauté, de l'ordre et de l'harmonie dans les intérieurs et la nature morte. « La belle chose, s'écrie-t-il, que des vases d'airain, la belle chose que des ustensiles de table, la belle chose enfin, malgré le ridicule qu'y trouverait un écervelé, la belle chose que de voir des marmites rangées avec intelligence et symétrie. »

Oui, vraiment, la belle chose quand ces objets sont groupés de façon à éveiller notre esprit, qui se complaira alors à évoquer les vertus domestiques, l'aisance du riche, les désirs du pauvre, les appétits d'un gourmet, les joies d'un collectionneur. Les curiosités de tous et de chacun suivant son état, ses aptitudes ou ses propres aspirations.

Passons maintenant au sujet de genre. Non à celui que nous procurent les hasards de la photographie instantanée, qui reste le plus souvent ainsi un croquis anecdotique, qui ne saurait toucher à l'art que par de très heureuses coïncidences et à la condition encore de le tenir dans certaines limites, mais du sujet de genre conçu à l'avance, longuement médité, posé avec goût, éclairé avec intelligence, exécuté avec soin. Où se trouvera l'âme d'une photocopie représentant un tel sujet? Encore et toujours dans l'au-delà de la chose représentée, dans la discrétion du motif, dans le sous-entendu de l'exécution, dans ce qui ne se voit pas, en un mot, mais existe suffisamment à l'état latent pour nous contraindre à découvrir des choses que les lignes, les ombres et les lumières ne nous montrent point. Or, puisque, comme je l'ai dit, nous sommes et serons longtemps encore obligés de nous reporter aux maîtres de la peinture pour nous guider sur leur exemple, nous pouvons apprendre beaucoup, en ce sens, des peintres hollandais. Par le fini qu'ils apportent à rendre les plus menus détails, ils confinent à la netteté donnée par l'objectif photographique. Pour un visiteur affairé, qui passe dans un musée afin de dire qu'il l'a visité et qu'il le connaît, ces tableaux lui apparaissent comme de véritables photocopies très minutieusement et très habilement coloriées. Ce n'est pourtant point à cette gloire que les Hollandais ont visé. Ils ont pu tirer vanité de leur virtuosité de pinceau et de leur finesse de touche ; mais ce qu'ils ont cherché surtout dans le détaillé étonnant de leurs figurines, c'est de caractériser celles-ci au mieux du possible, de les condenser en types vivants, attirant nos yeux et s'imposant à notre esprit. Les détails correspondent à cette netteté du motif dont nous aurons à parler, et sont là surtout et avant tout pour nous révéler, comme le dit fort bien M. Victor Cherbuliez en parlant d'eux : « Les mœurs, les habitudes, les sentiments, le génie d'un peuple libre et heureux de l'être, industrieux, travailleur et sensuel, unissant les gros goûts à l'esprit d'ordre, de ménage, de minutie, très appliqué aux petites choses, les faisant avec réflexion, avec gravité, et s'abandonnant dans ses fêtes à une joie folle et tumultueuse comme pour prendre une revanche sur son flegme et se venger de sa sagesse. »

C'est donc en caractérisant les figures en types que le sujet de genre parle le mieux à notre esprit. Pour que la photocopie du sujet de genre possède une âme, il nous faudra, par conséquent, chercher à faire des types de nos personnages. Le pouvons-nous ? Oui, certes. Le choix du modèle nous y aidera beaucoup déjà. Viendront ensuite la façon de l'habiller, la façon de le grimer au besoin, la façon de l'éclairer, la façon de l'encadrer dans un milieu aidant encore à le caractériser.

Sans qu'il me soit besoin de m'étendre davantage, vous comprenez de reste, n'est-ce pas, que tout ce qui est susceptible d'accuser l'âme de la photocopie d'un sujet de genre s'applique également à la photocopie d'un groupe, d'un portrait ou d'une tête d'étude. Dans le cas de cette dernière, la tête prenant une importance capitale, le choix du modèle sera pour beaucoup dans l'excellence de votre exécution. Plus son intelligence sera affinée, mieux il comprendra ce que vous voulez faire, plus vite et plus sûrement il vous rendra l'expression que vous rêvez. Quant au portrait, même le plus banal, vous lui donnerez toujours une âme, si vous soignez surtout son regard.

Il résulte de tout ceci que l'âme d'une photocopie doit être, et que nous affirmerons son existence en sachant mettre de la discrétion dans la netteté du motif, des sous-entendus dans l'œuvre exprimée.

Donc la photographie peut et doit, comme tout œuvre d'art, frapper à la fois cette trinité qui règne en nous : sens, raison, intelligence. Voyons maintenant à établir les règles qui lui permettront d'arriver sûrement à frapper cette trinité.

LIVRE PREMIER

LE PAYSAGE

I

LES JEUX DE LA LUMIÈRE

Définition de l'art. — Le camaïeu et la photographie. La photographie reste un art au sens moderne du mot. — La dissémination. — La réflexion. — La réfraction. — Quel est celui de ces trois phénomènes qui prouve la vision. — Les points brillants. — L'œil humain n'est qu'une chambre noire perfectionnée. — La perspective aérienne. — Les meilleures heures pour le photographe paysagiste. — La couleur sans couleurs.

La peinture, a-t-on dit pendant longtemps, consiste dans l'imitation de la nature. Définition mauvaise confondant le moyen avec le but.

La nature, en effet, n'est pas seulement un modèle à imiter, mais un thème à interpréter. Le jour où cette science du sentiment que l'on nomme esthétique se dégagea du cerveau humain, on comprit qu'un art graphique présentait autre chose qu'une simple imitation. Devant cette question : qu'est-ce que l'art? on dut répondre avec Bacon : c'est l'homme s'ajoutant à la nature, *homo additus naturæ*.

La peinture, dans son sens le plus général, représente les choses, soit à l'aide de la variété des couleurs, soit en se servant simplement des seules nuances d'une teinte unique. Dans ce dernier cas, elle se borne à rendre les clairs et les ombres, plus ou moins complètement, avec leurs forces ou valeurs différentes.

On lui donne alors le nom tout particulier de peinture en camaïeu, si l'artiste s'est servi d'un pinceau et de couleur; ou celui de dessin, si l'estompe et le crayon ont remplacé le pinceau et la couleur.

Ce genre de représentation en camaïeu est celui que nous donne la photographie. Sans tenir compte, pour l'instant,

ÉTUDE DE LA PERSPECTIVE AÉRIENNE

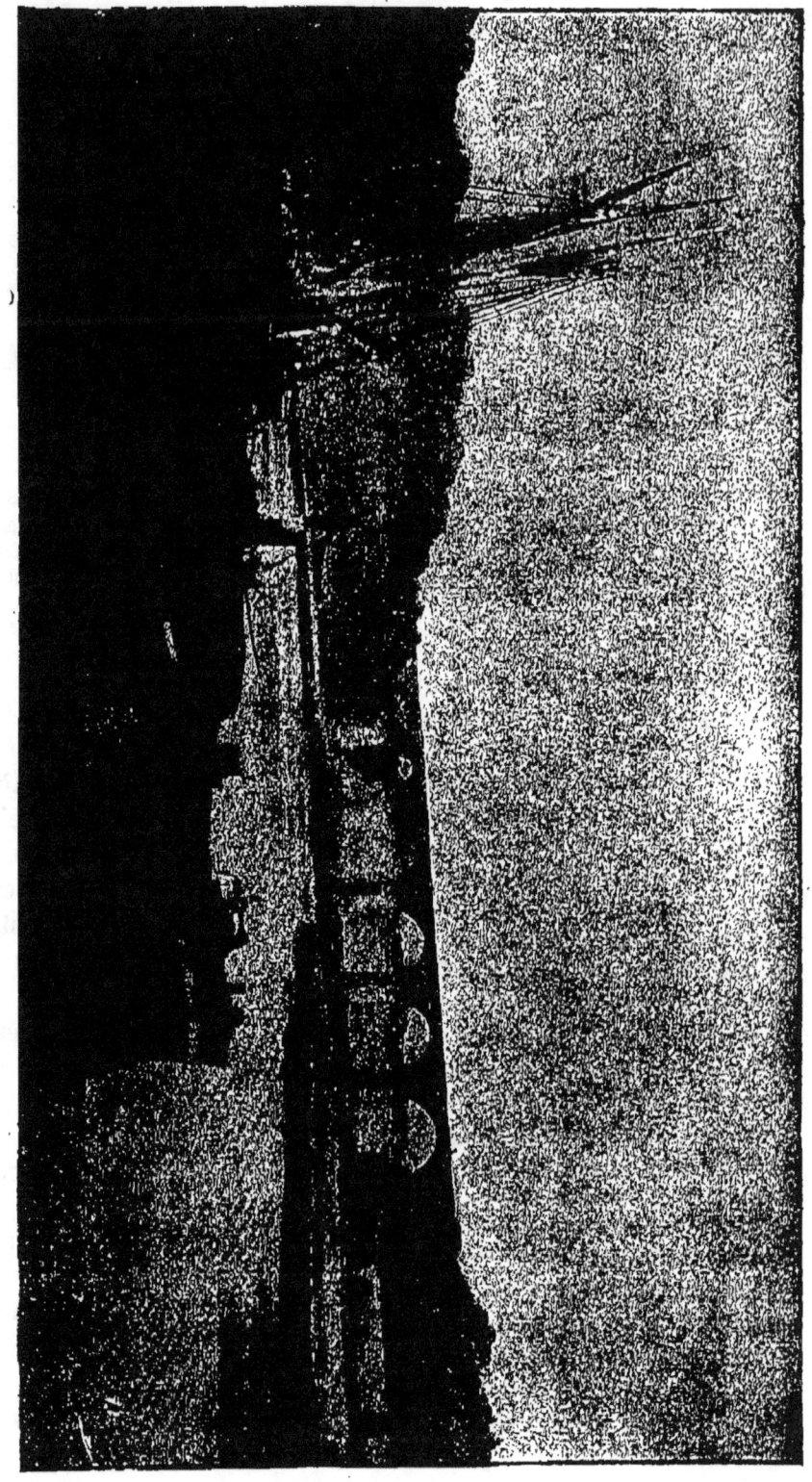

Le viaduc d'Hennebont. (Phototype de l'auteur.)

des procédés d'obtention, nous pouvons donc dire que l'épreuve photographique est une peinture. A ce titre elle a droit à la qualification d'art. Surtout si nous laissons à l'art son ancienne définition : l'imitation de la nature. Mais tel n'est pas mon avis.

J'estime que, dans la photographie, l'homme peut fort bien s'ajouter à la nature dans une certaine mesure, et que, par conséquent, la photographie reste un art au sens moderne du mot.

Tout d'abord, si nous reprenons le rapprochement que j'ai fait entre le camaïeu et la photographie, nous remarquerons que l'apparence optique qui produit sur une surface plane l'image bien en relief d'un objet provient de la reproduction exacte de la façon dont la lumière nuance cet objet.

Nous devons donc commencer par étudier la lumière et les différents phénomènes lumineux, puisque nous ne pouvons guère demander qu'à eux seuls tous nos effets, en tant que coloration.

S'il n'est lumineux, un objet ne peut être visible. C'est presque une vérité de La Palisse. Mais il existe peu de corps lumineux par eux-mêmes, c'est-à-dire envoyant à notre œil une lumière directe qui leur soit propre. Pourtant bien d'autres corps sont visibles.

Pourquoi ?

Parce qu'ils sont momentanément lumineux par dissémination, par réflexion ou par réfraction.

Je m'explique.

Présentons aux rayons d'un corps lumineux par lui-même : soleil, bougie ou lampe, un morceau de bois ou une pierre brute, par exemple. Que verrons-nous ? Le rayon paraîtra s'absorber dans ce corps qui le renverra à notre vue. En d'autres termes, il deviendra lumineux par *dissémination*. C'est ainsi qu'apparaissent à notre regard toutes les substances dites *opaques*.

Mettons, maintenant, sous le rayon lumineux, de l'acier poli, un miroir ou toute autre substance analogue. Le rayon semblera rebondir sur la surface de ce corps et reviendra à notre œil sans altération sensible. Le corps paraîtra lumineux par lui-même, alors qu'il ne le sera, en réalité, que par *réflexion*. Ainsi apparaîtront lumineux les corps dits *réfléchissants*.

Substituons à ce corps poli une substance translucide : eau, verre, ou quelque chose de semblable. Le rayon traversera d'abord ce corps et se brisera, déviant de la ligne droite, qui est en physique la trajectoire de propagation de la lumière dans un milieu homogène. Le corps apparaîtra lumineux par *transparence* et cette transparence sera l'effet de la *réfraction*.

De ces trois phénomènes, le plus important, sans contredit, est celui de la dissémination, car on comprend qu'il affecte dans une certaine mesure tous les corps opaques, polis ou transparents et que c'est lui, par conséquent, qui nous procure la vision. Mais, au point de vue photographique, le second phénomène mérite une attention particulière.

En effet, si le corps réfléchissant ne présente qu'un poli relatif, le rayon qui le frappera, rencontrant l'infinie multitude des diverses facettes des aspérités du corps, se subdivisera en autant de petits rayons et sera renvoyé, en cette infinie division, suivant des directions diverses commandées par les inclinaisons des facettes moléculaires rencontrées.

Ce genre de réflexion rentrera dans le phénomène de la dissémination, mais si le corps présente un poli extrême, le rayon qui le frappe, nommé rayon incident, se réfléchira dans sa presque totalité suivant une direction unique, qu'on désigne, en physique, sous le nom d'angle de réflexion. Or, si cet angle de réflexion rencontre l'œil du spectateur, celui-ci, au lieu et place de l'objet, ne percevra qu'un point lumineux qui sera l'image du point lumineux d'où dérive le rayon incident, parce que ce point brillant aura tant d'éclat qu'il empêchera pour ainsi dire l'arrivée de la lumière disséminée, émanant des autres points du corps.

Si donc, dans le sujet que l'on considère, il existe un ou plusieurs points brillants de cette nature, l'œil du spectateur se trouvera douloureusement affecté et ébloui.

Cet éblouissement est un guide sûr pour le photographe, au point de vue du sujet à prendre.

Qu'est l'œil, en effet? Qu'est le phénomène de la vision? Sans entrer ici dans des détails appartenant à la physiologie pure, l'œil se présente à nous comme une sorte de globe percé d'un trou unique, la pupille, qui se distend ou se resserre à volonté. En arrière de ce trou est posé le cristallin. Les rayons extérieurs, émanant des objets, pénètrent par ce trou, traversent le cristallin qui joue le rôle d'une lentille, et l'image de ces objets vient se peindre au fond du globe oculaire, sur une manière d'écran qu'on nomme rétine.

C'est donc, au demeurant, une petite chambre noire dont la rétine est le verre dépoli, le cristallin l'objectif et la pupille le diaphragme. Diaphragme éminemment perfectionné puisqu'il change de lui-même le diamètre de son ouverture.

La rétine se couvre d'une substance particulière, connue sous le nom de *pourpre rétinien*, sur laquelle se fixe l'image. Cette fixation donne lieu au phénomène de la vision, phénomène qui, comme on le voit, se produit par impression et non par réception. La rétine sert donc de support à la substance sensible, tout comme le verre sert de support au gélatino-bromure d'argent, et l'œil représente exactement l'outil du photographe.

Si donc l'œil reste ébloui par un objet, il en distingue mal les effets et les contours. Devant le même objet la plaque de la chambre noire sera également *éblouie*. Le résultat obtenu consistera dans une image mal venue, informe, papillotante, nulle en un mot.

Toutefois, dans certains cas spéciaux que nous aurons occasion d'examiner au cours de cette étude, l'artiste pourra tenter l'obtention d'un sujet si, en face de ce sujet, sa vision ne subit qu'une légère irritation, et cela en se servant de la méthode de surexposition [1]. Elle reste, à mon sens, le plus puissant auxiliaire dont on puisse se servir dans l'Art en photographie.

Quoi qu'il en soit, le photographe devra, comme le peintre, éviter dans son œuvre une dominante de points brillants dont l'effet, le moins mauvais, se traduirait encore par un papillottement. Il doit avant tout, se rendre compte des effets réels et apparents de la lumière à la surface des corps

---

1. Voir : *La Pratique en photographie.*

et de la façon dont ces effets nous font juger de la forme, de la place, de la substance même de ces corps.

Les effets réels proviennent directement de la source de lumière; les effets apparents de la réfraction de cette lumière dans le fluide atmosphérique, réfraction qui modifie toujours, peu ou prou, l'effet réel et donne lieu au phénomène connu sous le nom de perspective aérienne. L'exacte reproduction de celle-ci constitue le plus grand charme du camaïeu, partant de la photographie.

Le photographe devra, en conséquence, apporter tous ses soins à l'obtention de ce phénomène et rejeter, dès le début, tout ce qui pourrait amoindrir cet effet, par une précision trop grande dans les détails des lointains. C'est-à-dire qu'il devra se méfier des objectifs d'une très grande profondeur de foyer, donnant à l'image une netteté remarquable à tous les plans et éviter l'emploi des petits diaphragmes, qui transmettent cette propriété aux objectifs ordinaires et de plus, détruisent impitoyablement tout sentiment de relief[1].

En principe, et sans formuler une règle absolue, un diaphragme de F/24 avec objectif double sera toujours la plus petite ouverture très suffisante pour obtenir un paysage avec un premier plan net et convenablement détaillé, tout en conservant la perspective aérienne de l'ensemble. D'ailleurs, pour un sujet bien choisi, la dégradation des plans se produira d'elle-même sur la plaque lorsque la pose, comme cela se doit, est calculée sur les premiers plans puisque l'intensité de la lumière d'un corps décroît en raison du carré de la distance qui le sépare du spectateur, et que l'impression photographique est en rapport avec cette intensité.

Les jeux de la lumière sur les corps constituent donc les ombres et les clairs d'un tableau, en même temps que les reflets, émanés des molécules aériennes, modifient les intensités de ces ombres et de ces clairs pour les assourdir, les dégrader, les faire fuir. Un choix judicieux de l'éclairage et des ombres, choix qui met en relief certaines parties en noyant certaines autres, amène fatalement l'harmonie de l'épreuve et la rend susceptible de dégager d'elle-même telle ou telle expression particulière, ou qui lui est propre. Elle

---

1. Voir : *La Pratique en photographie*

atteindra encore un plus haut degré de sentiment si, tout en faisant le choix judicieux dont je viens de parler, on a tenu compte de la hauteur du soleil. En effet, plus le soleil est près de l'horizon, plus grande est l'épaisseur de la couche atmosphérique qu'il traverse, plus petite alors l'intensité des reflets aériens et par conséquent plus sensible l'accentuation de la perspective aérienne. Accentuation qu'augmente encore l'humidité de l'atmosphère.

Aussi, d'ores et déjà, peut-on établir que les meilleurs instants pour se trouver en présence d'une lumière artistique se rencontrent le matin et le soir, et aussi un peu avant ou un peu après la pluie.

En cela le photographe reste d'accord avec le peintre paysagiste.

En dehors de la question de perspective aérienne, il y a la question de longueur des ombres. Question qui peut jouer un grand rôle dans la beauté du sujet. Prenons un puits par exemple (voir page 48). Soit P le point de vue et S la position du soleil situé sur la perpendiculaire élevée en P sur la ligne d'horizon. En joignant S à différents points du puits et P aux projections verticales de ces points sur le sol, les intersections de ces lignes nous permettront de dessiner l'ombre du puits. On voit que si l'on déplace S sur la verticale, la longueur de l'ombre se trouvera modifiée. Elle grandira si S se rapproche de P ; elle diminuera si S s'en éloigne.

Tel paysage, qui ne dit absolument rien à dix heures du matin aux yeux d'un artiste en quête d'un motif, devient, à quatre heures de l'après-midi, une petite merveille.

Ce subit revirement de rien à tout est uniquement dû à la position du soleil. Alors qu'au matin le motif n'apparaissait point, par un éclairage défectueux, l'après-midi, il crève pour ainsi dire les yeux par une admirable pondération des ombres et des lumières qui accentue les plans et les met en relief. Certes, un artiste intelligent et un peu frotté de science, qui a vu ledit paysage au matin, ne partira pas sans se rendre compte de son orientation, ni sans évoquer, par un petit travail cérébral, le motif tel qu'il doit être sous un autre éclairage.

Le difficile est de préciser, je ne dirai pas exactement, mais au moins approximativement l'heure propice. Il démeure donc très commode de posséder un petit instrument, donnant le moindre effort au travail cérébral dont je viens de parler. Ce petit instrument est connu et courant : on le

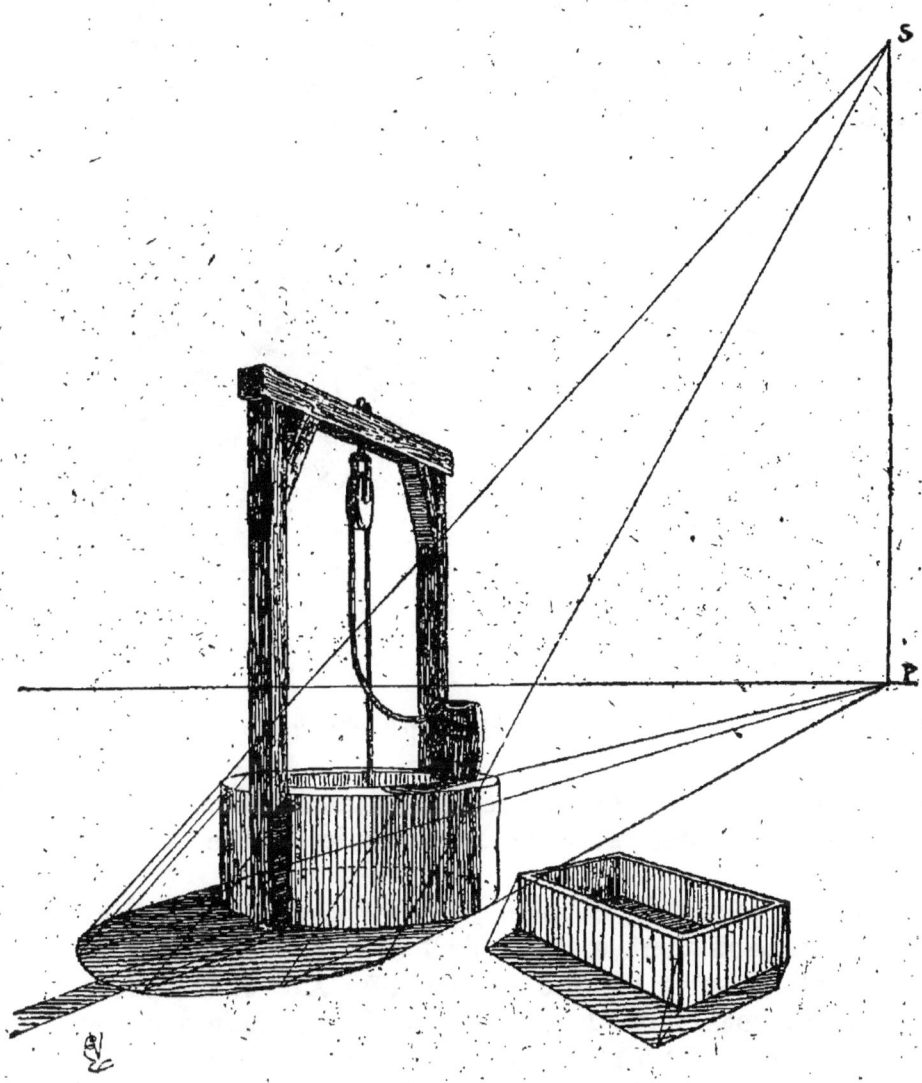

Tracé géométrique de l'ombre.

nomme boussole. Combien de breloques en sont garnies ! Toutefois, si l'on n'en possède point, il est très facile de s'en procurer une sans trop grever son budget ni charger inconsidérément son bagage.

La boussole nous donnera l'orientation, mais restera muette sur l'indication des heures. Voici un moyen très simple de remédier à ce mutisme. Il suffit de prendre un carré de carton et d'y tracer une circonférence que l'on divisera en douze parties égales. En regard de chaque division on inscrira le numéro correspondant. On constituera ainsi la représentation du cadran d'une montre. A l'aide d'un peu de colle on ajustera la petite boussole dont je

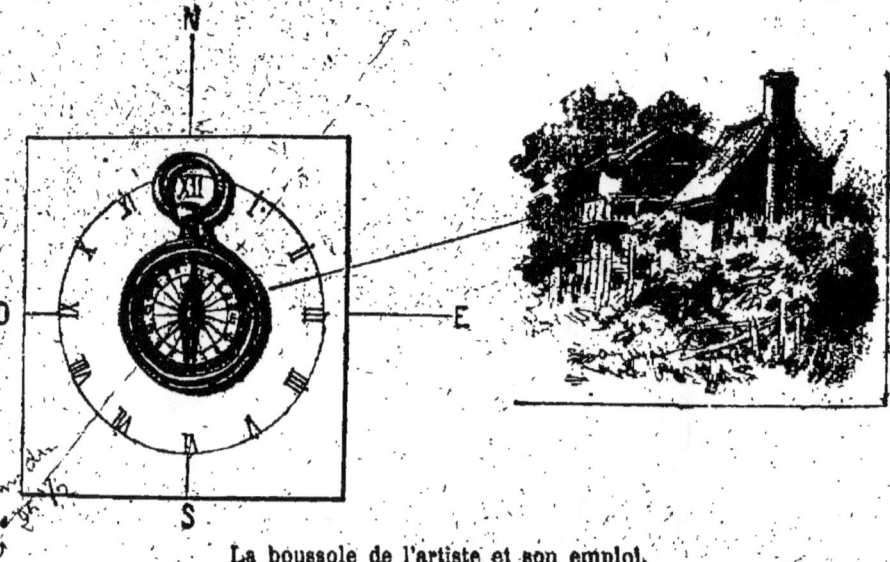

La boussole de l'artiste et son emploi.

viens de parler au centre de ce cadran, en faisant coïncider l'aiguille aimantée avec le nord et le chiffre XII du cadran.

Pour se servir de ce petit appareil devant un paysage quelconque, on tient le carton de façon que la coïncidence se rétablisse entre le nord et le chiffre XII, et l'on mène une ligne imaginaire du centre du cadran et de la boussole au centre du sujet à photographier. L'endroit où cette ligne passera indiquera l'heure à laquelle le soleil frappera en plein ce paysage. Soit deux heures et demie d'après la gravure ci-jointe. On pourra donc calculer très aisément et très approximativement l'heure et l'éclairage le plus convenables pour le maximum d'effet.

On peut, à la rigueur, se dispenser de fabriquer le petit

carton, divisé en douze parties égales, si l'on possède une montre. Il suffira, en effet, d'agir avec elle comme avec le carton en plaçant la petite boussole en son centre et dans les mêmes conditions. L'artiste se trouve ainsi en possession d'une boussole particulière qui peut lui faire trouver des motifs devant lesquels il aurait passé sans s'arrêter, vu l'heure de son passage.

Au reste, on vend dans le commerce de petits instruments permettant de se rendre compte du bon éclairage d'un paysage, d'un motif en bonne lumière.

Où il y a lumière, il y a couleur.

Ces deux choses paraissent en elles-mêmes très distinctes au premier abord. Dans l'Art photographique comme dans l'art du dessin, elles se résument cependant en une seule et même chose. C'est qu'ici, au sens vulgaire du mot, la couleur n'existe pas pour l'instant, du moins, en ce qui concerne la pratique courante. Il ne peut être question, en effet, dans les monochromies actuelles de vert, de rouge, de bleu ni de toute autre nuance.

Mais la couleur, en dehors de sa teinte propre, possède, comme ton, une valeur spéciale. C'est cette valeur qui constitue, dans l'espèce, l'acception du mot couleur.

Bien plus, je dirai qu'elle constitue son acception propre. Car des peintres, des critiques, sauront très bien vous dire en présence d'un tableau, où s'étendra les nuances les plus multiples et les plus vives de rouge, de vert ou de jaune : « ceci manque de couleur », alors qu'une statue de marbre blanc pourra avoir pour eux « de la couleur ». Il en sera de même d'un dessin ou d'une photographie.

Donc une épreuve sera d'autant plus colorée qu'elle représentera mieux les diverses intensités de ton des couleurs. Pour obtenir la valeur exacte de ces différentes intensités, le photographe semble se heurter à des difficultés de métier provenant des différents degrés de réfrangibilité des rayons colorés. Difficultés purement actiniques, indépendantes de sa volonté et qu'il ne peut par conséquent tourner.

Quelques chimistes ont tenté de donner aux photographes les moyens de réduire ces difficultés à néant en cherchant l'orthochromatisme des plaques, c'est-à-dire en rendant le gélatino-bromure d'argent susceptible de saisir la valeur des couleurs pendant une seule et même durée de pose, avec leurs intensités de ton propres et relatives.

Ceux-ci plongent l'émulsion dans une solution d'éosine ou d'érythrosine, c'est-à-dire qu'ils la colorent en rose carminé ou en rose orangé.

Ceux-là adaptent en avant de l'objectif des verres colorés qui se succèdent, pendant la pose, en demeurant devant

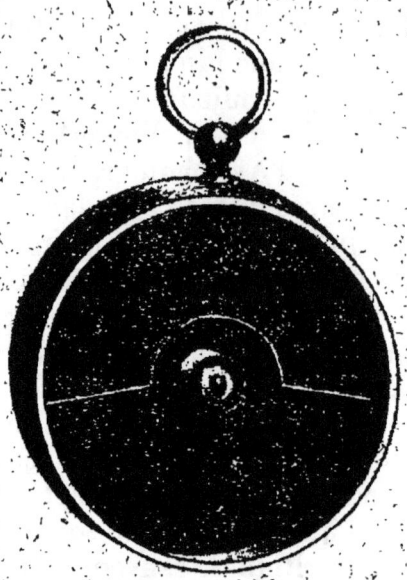

Boussole photographique.

l'objectif, durant un espace de temps proportionnel à la valeur actinique de leur nuance.

Pour moi, une surexposition bien entendue vaut tout autant que ces procédés. Que l'on compare, sans parti pris, ce que l'on obtient avec celle-ci et ceux-là, on verra que l'on arrive, à bien peu de chose près, aux mêmes résultats, et ces résultats, tout en modifiant très réellement la relation des diverses intensités de ton, n'arrivent pas à rendre cette relation *exacte*.

Est-ce à dire pour cela que le photographe ne puisse obtenir une œuvre colorée ?

Nullement.

La question de couleur touche de très près à l'harmonie générale de l'ensemble, et celle-ci, étant un choix heureux ou judicieux de la lumière et des ombres, donnera, par sa seule obtention, la couleur nécessaire au sujet photographié.

L'artiste photographe doit donc avant tout chercher l'harmonie générale du sujet à prendre et l'harmonie générale de son phototype.

Celle-ci dépend d'une pose raisonnée et d'un développement bien conduit ; celle-là d'une connaissance des lois du beau, de l'ordonnance et de l'expression.

Nous avons vu ce qu'étaient une pose raisonnée et un développement bien conduit[1].

Voyons ce que sont les lois du beau, de l'ordonnance et de l'expression.

1. Voir : *La Pratique en photographie.*

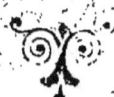

II

LE BEAU ET SES ATTRIBUTS

Définition générale du beau.
Existe-t-il deux essences différentes du beau ? — Attributs psychologiques et attributs primordiaux. — Un mot de Corot. — La simultanéité. — La liberté. — Les aptitudes sensorielles de l'artiste. — Le tempérament. — La beauté optique et la beauté poétique. — L'unité. — Les diverses dominantes. — Des motifs en hauteur et en largeur. — Les opposantes. — Le point de règle. — L'ordonnance dans le clair-obscur. — Les rappels. — Points forts et point faibles. — L'expression.

En face d'une œuvre véritablement d'art émanée d'un musicien, d'un écrivain, d'un peintre, d'un sculpteur ou de tout autre artiste, notre âme subit une impression agréable qui reste de même nature quoiqu'elle différencie de degré suivant l'œuvre envisagée.

Cette impression doit donc appartenir à une seule et même chose qui existe dans l'œuvre véritablement d'art, quelle que soit son essence.

Cette chose a reçu le nom de *beau*.

D'aucuns prétendent que le beau réside uniquement dans le sujet représenté.

D'autres soutiennent qu'il n'existe pas nécessairement dans le sujet, mais dans l'esprit de sa représentation.

Enfin, certains admettent que le beau demeure à la fois, dans le sujet et dans l'esprit de sa représentation.

Ceci nous amène tout naturellement à conclure qu'à côté du beau dans la nature peut exister le beau dans l'art, et que c'est l'alliance plus ou moins grande, plus ou moins intime, de ces deux phénomènes du beau qui différencie le degré de l'intensité d'impression subie par notre âme.

Reste à savoir si notre conclusion est bien vraie, c'est-à-dire si le beau de l'art est autre chose que la reproduction exacte du beau de la nature.

Supposons, un instant, que le beau de l'art ne soit que la reproduction du beau de la nature. Quel sera-t-il s'il ne reproduit pas le beau de la nature? Rien. Dans ce premier cas il suffit de se rendre dans un musée quelconque, de s'arrêter devant une toile réputée pour un chef-d'œuvre et de s'attacher à la contempler, à l'analyser. Neuf fois sur dix, s'il s'agit surtout d'autre chose que d'un paysage proprement dit, vous trouverez qu'en considération de la vie courante le sujet est banal, journalier, quelquefois vulgaire. Pas une fois, mais cent fois, vous l'avez rencontré à la ville, aux champs ou sur les grèves. Pourtant, il se dégage de ce sujet, déjà vu et revu, une impression pénétrante, et vous surprenez vos lèvres à murmurer : Que c'est beau!

L'artiste a donc su mettre dans son œuvre quelque chose de plus que le beau de la nature, puisque cette œuvre, belle dans la nature, n'avait pas un degré de beauté suffisant pour vous arracher ce même cri. Il a fait plus que d'égaler le beau de la nature, il l'a surpassé.

Voilà pour le premier point.

Quant au second, le chef-d'œuvre envisagé peut représenter, comme je l'ai dit, des sujets vulgaires, partant sans beauté ; l'exclamation précédente n'en sort pas moins de vos lèvres.

Donc, le beau dans l'art peut très bien surpasser le beau dans la nature, et il est essentiellement indépendant de la reproduction servile du beau dans la nature.

Ceci nous reporte à notre conclusion première.

Le beau d'une œuvre est la combinaison intime du beau de la nature et du beau de l'art. Ce qui reste en parfaite concordance avec la définition de l'art que je vous ai donnée : l'homme s'ajoutant à la nature.

Je vous entends vous écrier : la photographie étant la représentation exacte de la nature ne peut donner une œuvre belle qu'autant qu'elle représentera un sujet beau en lui-même, et rien de plus. Ce serait déjà quelque chose, avouez-le, si nous en restions à la première partie de cette proposition. Mais je veux aller plus loin, et nous verrons, dans la suite, que la photographie, à l'aide de petits moyens employés avec goût, avec art, tranchons le mot, peut s'avancer au delà de la simple représentation, et cela sans avoir recours à la retouche proprement dite, à l'emploi de vos talents particuliers de dessinateur.

Cette démonstration se fera peu à peu, tout naturellement. En attendant, nous devons nous en tenir à la représentation d'un sujet beau en soi-même et par conséquent à rechercher quels sont les attributs esthétiques qui engendrent cette qualité de beauté.

Ces attributs, pour si nombreux qu'ils soient, se résument en deux, que je nommerai primordiaux. Ce sont : l'ordonnance et l'expression.

A côté d'eux se dressent d'autres attributs, susceptibles de nous procurer la sensation du beau, mais qui restent, pour ainsi dire, purement psychologiques. Ce sont la simultanéité et la liberté.

« Pour peindre un paysage, disait le bon vieux Corot, il faut que devant un motif je sois spontanément empoigné et que je puisse m'écrier : Arrêtons-nous ici. »

Il exprimait ainsi, dans son langage bonhomme, l'acte psychologique connu sous le nom de *simultanéité*, et en vertu duquel *le tableau à faire* apparaît, à première vue, *simultanément*, d'un seul coup, et non morceau par morceau.

Quant à la *liberté*, c'est l'acte psychologique qui permet à l'artiste de modifier l'ampleur du motif choisi en le complétant ou en l'atténuant, en l'enrichissant ou en l'appauvrissant. On comprend, par la façon même dont il obtient son œuvre, que la liberté soit moindre pour le photographe que pour le peintre. Cependant elle n'en existe pas moins, comme nous le verrons en parlant du choix des sujets.

Ces attributs, par cela même qu'ils sont d'ordre purement psychologique, s'acquièrent difficilement. Ils gardent, en effet, un rapport intime avec les aptitudes sensorielles de l'artiste. Malgré cela, on peut affirmer que leur intensité prend plus de force au fur et à mesure que les aptitudes sensorielles existantes s'affirment par l'habitude de voir, par le raisonnement, par l'éducation artistique en un mot.

Si difficiles qu'ils soient à acquérir, il faut cependant arriver à les posséder. Sans eux l'artiste ne saurait être artiste, attendu que, en effet, les attributs primordiaux de la beauté dérivent, en partie, de ces attributs psychologiques. L'ordonnance et l'expression naissent, en un mot, de la liberté et de la simultanéité.

Examinons successivement ces deux attributs primordiaux.

La première condition de viabilité, pour une œuvre d'art, c'est qu'elle soit soumise aux lois de l'ordonnance. Certes, pour qu'un homme soit artiste, il lui faut posséder un sens excellent, une aptitude organique toute particulière, qui lui fasse reconnaître, contrôler, apprécier les harmonies de la nature et prédispose son attention à s'y fixer d'elle-même.

Cette aptitude, commune, au fond, à tout artiste, ne se montre pas chez tous de la même façon. Tel choisira ceci ou cela parce que son goût le porte à préférer ceci à cela. L'aptitude sensorielle de l'artiste reste donc sous la dépendance de sa propre nature et constitue ce que l'on nomme son *tempérament* artistique.

Il en résulte que l'idéal d'un artiste se trouve déterminé par son tempérament, soit qu'il reste conforme à ce tempérament, soit que, naissant du contraste, il lui soit diamétralement opposé.

En conséquence, l'artiste choisira presque inéluctablement des motifs dont les caractères correspondront à son tempérament, ou par analogie complète ou par complète opposition.

Toutefois, quel que soit le tempérament de l'artiste, la solidarité de toutes les parties de l'œuvre s'impose à lui. Cette solidarité forme l'harmonie même du motif, et si cette harmonie n'existait pas, ses sens d'artiste ne vibreraient point.

Aucune nécessité d'être grand clerc pour concevoir que chaque art, chaque catégorie d'art même, possède son verbe particulier, et que l'ordonnance d'un paysage n'est pas la même que l'ordonnance d'une symphonie ni que l'ordonnance d'un groupe.

Voyons donc, pour un paysage, ce que doit être l'ordonnance, c'est-à-dire l'art de mettre en ordre, de combiner, de disposer, de distribuer les éléments d'un tableau.

Et d'abord n'y a-t-il pas dans l'ordonnance des points fondamentaux à observer?

Oui, certes.

L'ordonnance peut plaire à nos yeux sans toucher notre âme, ou toucher notre âme sans plaire à nos yeux. De là deux choses à considérer, à observer, à concilier autant que possible, deux choses qui sont : l'une, la beauté optique; l'autre, la beauté poétique.

En photographie, la première demeure la plus importante

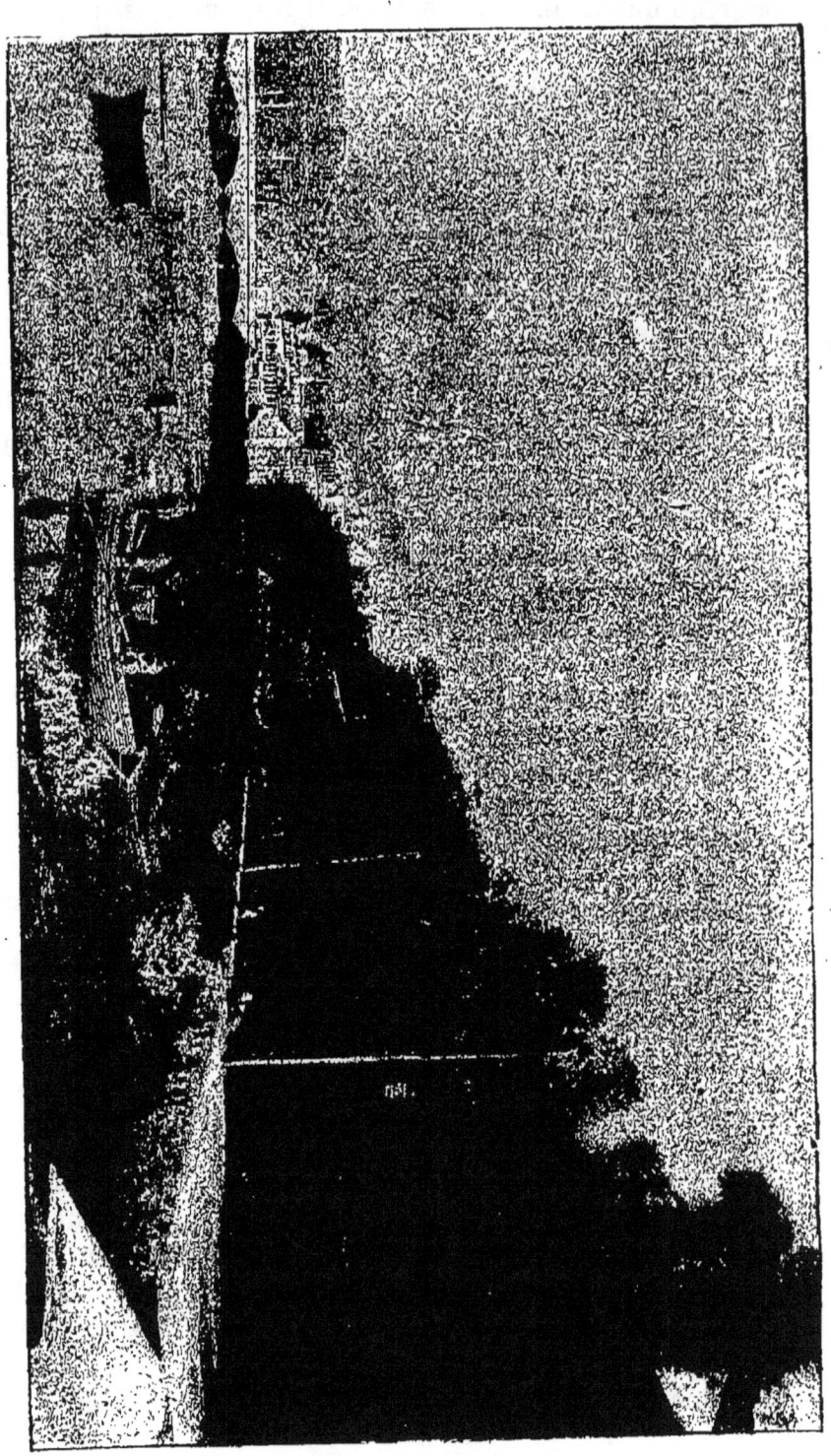

ÉTUDE DE LA COMPOSITION EN DIAGONALE

Le Blavet au-dessus d'Hennebont. (Phototype de l'auteur.)

parce qu'elle reste, sans contredit, celle que l'artiste peut le plus sûrement obtenir

La seconde, pour si difficile qu'elle soit, peut cependant être attaquée et vaincue, surtout à certaines heures du jour, par une entente habile de la pondération des lumières et des ombres.

Si la beauté optique et la beauté poétique ne nous émeuvent pas de la même manière, si elles se montrent dissemblables dans leur essence et dans les effets qu'elles produisent, elles n'en demeurent pas moins toutes les deux soumises à une seule et même loi qui se dresse comme le véritable secret d'une belle ordonnance.

J'ai nommé l'unité.

En effet, ligne, ombre, lumière, tout dans la nature présente un secret rapport avec notre sentiment, et l'unité qui doit faire sortir une dominante du choix des lignes ou des ombres, pour concourir à la beauté optique, marchera fatalement de pair avec l'unité qui doit mettre en relief le caractère moral de l'œuvre.

Je m'explique.

Lorsque vous vous trouvez sur une falaise regardant une mer tranquille avec un ciel clair vous permettant de distinguer là-bas, tout là-bas, la ligne d'horizon, la sensation qu'éprouve votre âme est un sentiment d'infinie étendue, d'apaisement, de calme. Ce sentiment est la manifestation de la beauté poétique du tableau offert à votre vue. Or, si vous considérez les grandes lignes concourant à la beauté optique de ce même tableau, vous constaterez aisément que les horizontales s'y trouvent en nombre et que le caractère dominant est l'horizontalité.

D'ores et déjà vous en concluerez que les lignes horizontales expriment le repos, la paix, l'immensité, et qu'il vous faudra employer ces lignes lorsque vous voudrez imprimer ce caractère à votre œuvre.

Donc l'unité de l'ordonnance, concourant à la beauté optique, concourt également à la beauté poétique.

Ce que je viens de dire de la dominante horizontale s'applique d'une façon analogue à tout autre dominante, qu'elle soit verticale, oblique, concave ou convexe. Pour réaliser une œuvre éveillant tel ou tel sentiment, l'artiste devra, bon gré, mal gré, ordonnancer le sujet de façon que sa dominante graphique se rapproche de la ligne susceptible de produire l'impression voulue.

Remarquons, en passant, que l'effet immédiat de la dominante dans un tableau est d'indiquer la forme de la bordure de ce tableau. Les dominantes concaves ou convexes, presque spéciales aux groupes, demanderont un encadrement concave ou convexe. Ce sont celles que le peintre, à l'imitation des Michel-Ange, des Raphaël, des Rubens et autres, emploiera nécessairement dans la décoration des caissons d'une coupole ou d'un plafond.

Pour le photographe, qui n'a rien à voir avec ce genre de travail, il devra éviter ces dominantes, et puisqu'il n'a à sa disposition qu'une plaque rectangulaire, ses dominantes ne devront être en général que des horizontales, des verticales ou des obliques.

Les obliques, suivant leur inclinaison, s'adapteront à un encadrement en largeur ou en hauteur; les verticales à l'encadrement en hauteur, les horizontales à celui en largeur.

Il est de toute nécessité que les dimensions du cadre se conforment aux dominantes. Par exemple une marine pure et simple, sans falaises de soutien, ou tout autre sujet absolument horizontal, ne saurait être placée dans un encadrement en hauteur.

De prime coup, la dominante vous indiquera donc dans quel sens vous devez monter la chambre noire.

Avec un peu d'habitude vous arriverez vite à formuler votre jugement. Toutefois vous pouvez vous servir d'un petit appareil dit *compas du photographe*, dont M. D. Fénaut a donné la description suivante :

« Quand on veut photographier, dit-il, un sujet quelconque, il faut d'abord installer devant ce sujet la chambre noire munie d'un objectif convenable, et s'assurer que l'effet produit sur le verre dépoli est bien celui qu'on désire obtenir : ce résultat n'a lieu que par tâtonnements et perte de temps très préjudiciables. Avec le compas des photographes on évite tous ces inconvénients en déterminant à l'avance, avec certitude, l'objectif, le point de distance et le point de vue le plus convenable pour éviter les déformations ou les fautes de perspective. Cet instrument est simple, pratique, toujours prêt à l'usage; son emploi est très avantageux, pour ainsi dire indispensable; ses petites dimensions, longueur $0^m,09$, largeur $0^m,07$, et son peu d'épaisseur, $0^m,003$, permettent de le renfermer dans un portefeuille. Sa forme est rectangulaire, avec une ouverture semblable dans la partie postérieure. La partie supérieure est mobile, elle forme couvercle et s'ouvre sous un angle de 70°; elle est destinée à diriger le rayon visuel dans l'axe de l'instrument et aussi à maintenir la distance invariable de l'œil à l'ouverture postérieure en l'appuyant légèrement près de l'œil. Des diaphragmes mobiles, renfermés dans l'instrument, permettent de diminuer à volonté l'ouverture postérieure. Avant de se servir de l'instrument, il faut le mettre en rapport, une fois pour toutes, avec l'objectif et la chambre qu'on possède; pour cela, il suffit de diriger la chambre noire, munie de son objectif, sur un sujet quelconque, et, après avoir examiné l'image représentée sur le verre dépoli, regarder ce même sujet au moyen du compas garni d'un diaphragme, qui laisse voir juste le sujet naturel contenu sur le verre dépoli. Dans cet état l'instrument est ajusté pour tous les cas possibles. »

C'est fort ingénieux et très susceptible en effet de rendre de très bons services aux débutants et de leur apprendre à voir.

Mais revenons au fond même de notre sujet.

Avant de quitter cette question des lignes dans l'ordonnance, je tiens à insister sur ce point : énoncer une dominante n'implique pas que toutes les lignes principales du sujet doivent suivre cette dominante. Loin de là. Une semblable dépendance produirait un effet opposé à celui que l'on désire obtenir. Ou, pour mieux parler, il n'existerait pas d'effet. La dominante doit au contraire être soutenue, balancée, pour ainsi dire, par des lignes offrant des directions franchement opposées, mais d'une importance beaucoup moindre.

Avec un peu d'habitude de voir, de goût et de tact, vous trouverez facilement ces opposantes dans la nature.

Dans le paysage, surtout, il existe une dominante oblique qui convient très bien à la composition de l'ordonnance générale. C'est la diagonale. Cependant pour ne pas produire une impression d'affaissement, de chute, elle demeure soumise à la nécessité d'une opposante, opposante de lignes ou opposante de formes, que l'on désigne, en terme d'atelier, sous le nom de *point de règle*. Ce point de règle se trouve généralement, pour ne pas dire nécessairement, à la base de la diagonale. Il la relève en forme de V, à branches inégales, ou l'arrête nettement par une horizontale solide fournie par le parapet d'un pont, une digue, une estacade, etc.

Quant à la forme pyramidale que peuvent donner les dominantes et les opposantes obliques, elles ont une application très complète dans l'ordonnance d'un groupe. C'est là que nous la retrouverons et que nous la discuterons en entier.

Si, au point de vue de la ligne, l'unité s'impose dans l'ordonnance, elle s'y impose aussi au point de vue de la répartition de l'ombre et de la lumière. En un mot, un paysage artistique ne doit présenter ni deux masses claires d'une intensité équivalente, ni deux masses d'ombres d'une vigueur semblable.

Le moyen le plus sûr de détruire un effet ne consiste-t-il pas à lui opposer un même effet de valeur égale? Deux poids égaux mis chacun dans chaque plateau d'une balance laissent l'aiguille à zéro. Il faut donc, s'il existe plusieurs masses claires, qu'il n'y en ait point d'égales entre elles et que l'une soit franchement la dominante de toutes les autres sous peine de déconcerter le regard, de le laisser infixé, de paralyser, de fatiguer l'esprit, au détriment de l'impression voulue.

Il en va de même de la masse d'ombre. Si la lumière et si l'ombre ne sont pas *uniques*, comme cela a lieu réellement dans la nature, elles n'en doivent pas moins être *unes* dans le tableau et celui-ci devra toujours présenter une masse d'ombre principale, et une masse claire dominante.

Cette ordonnance dans le clair-obscur reste le point capital de l'Art en photographie. Non seulement parce que le clair-obscur est l'essence même de la photographie, mais encore et surtout parce que celui-ci présente avec l'âme autant d'affinité qu'avec la vue. S'il nous a séduit, s'il nous attire, il nous impressionne et nous émeut également. Je dirai plus, un clair-obscur savamment ordonnancé dégage un si grand caractère de beauté, qu'il suffit presque, à lui seul, pour donner à une œuvre la vitalité et l'élévation nécessaires, la beauté optique et la beauté poétique.

Il va sans dire que l'équilibre des masses d'ombre et des masses de lumière reste soumis aux mêmes lois que l'équilibre des lignes. Les dominantes demandent des opposantes pour éviter la destruction de l'effet par la trop grande régularité de la forme.

Dans l'ombre, ayez des rappels de lumière; dans la lumière, des rappels d'ombre. Que ces rappels soient toujours visibles, mais modestes. Ne perdez jamais de vue la balance : à poids égaux, effet nul. C'est la théorie du point d'équilibre.

Nous la retrouverons au chapitre de l'*animation*.

Cette différence nécessaire dans les poids nous amène à discuter certaines questions de détail dans l'ordonnance générale. Je veux parler des *points forts* et des *points faibles*.

On comprend, en effet, que si une masse d'ombre ou de lumière perd sa valeur par la présence d'une masse de même genre qui lui soit égale, deux points particuliers perdront également leur valeur s'ils sont égaux en totalité et surtout symétriquement placés. L'œil allant de l'une à l'autre ne s'arrêtera sur aucun.

Tout paysage, quel qu'il soit, possède un centre situé à l'intersection des deux perpendiculaires médianes, c'est-à-dire des deux perpendiculaires joignant les milieux de ses quatre côtés. Ce centre constitue un point faible par excellence, car l'œil, pour arriver à ce point, parcourra de droite et de gauche, de haut en bas, des surfaces égales, et cette égalité balancera, au point de les annihiler, les effets environnants. Le point se trouvera équilibré de tous côtés d'une façon trop précise. Il ne faut donc jamais tirer l'œil sur le point du centre.

Si le regard est appelé entre le centre et la bordure, soit d'un côté de la perpendiculaire horizontale ou verticale, il ne faut pas le solliciter encore par une valeur égale symétriquement opposée à la première. Le regard, comme je le disais plus haut, ne saurait sur quelle valeur s'arrêter et l'effet serait détruit.

Il s'en suit que les points symétriques sont des points

faibles, ne pouvant convenir ni à l'ensemble du sujet ni au placement des points d'effets.

Partant de ces simples remarques on reste en droit d'admettre que les points situés à des distances inégales des bordures, ou des perpendiculaires médianes, sont des points forts. Ceci demeure vrai en principe. Mais il y a points forts et points forts. Les maîtres ont reconnu que les plus forts les points forts se rencontrent à l'intersection de verticales et d'horizontales subdivisant le champ en un nombre impair de parties égales.

Supposons un instant que vous divisiez votre champ en neuf parties. Les points d'intersection vous donneront la position de quatre points forts ; mais, comme ils sont symétriques deux par deux, par rapport aux médianes horizontale et verticale, les quatre points se réduisent à un point, tout au plus à deux points. Car si la dominante de votre tableau est la diagonale, vous pouvez, pour concourir à l'effet général, employer les deux points diagonalement situés, surtout si les valeurs placées sur ces points sont bien inégales.

J'ajouterai que celui des quatre points forts que vous choisirez pour placer votre effet ou votre sujet principal atteindra son maximum de force si la dominante du paysage passe par lui.

Si nous divisions maintenant chacun des côtés de ce même champ en 7, 11, 15 et 19 parties égales, nous aurions ainsi aux intersections des perpendiculaires verticales et horizontales joignant ces points d'autres points forts sur lesquels nous pourrions placer les différents sujets que nous voulons mettre en relief dans l'ensemble général.

Un petit moyen mécanique d'arriver vite et sûrement à déterminer les points forts consiste à employer dans la chambre noire un verre dépoli quadrillé ou, à son défaut, à le quadriller soi-même, en ayant soin que les divisions de la plaque se trouvent en nombre impair.

Si l'ordonnance reste toujours, en matière d'art, un attribut primordial du beau, elle devient capitale lorsqu'il s'agit d'un paysage. Dans l'espèce, le second attribut que nous avons nommé expression ne produit et ne peut produire qu'un effet secondaire. Le paysage, en effet, ne nous captive

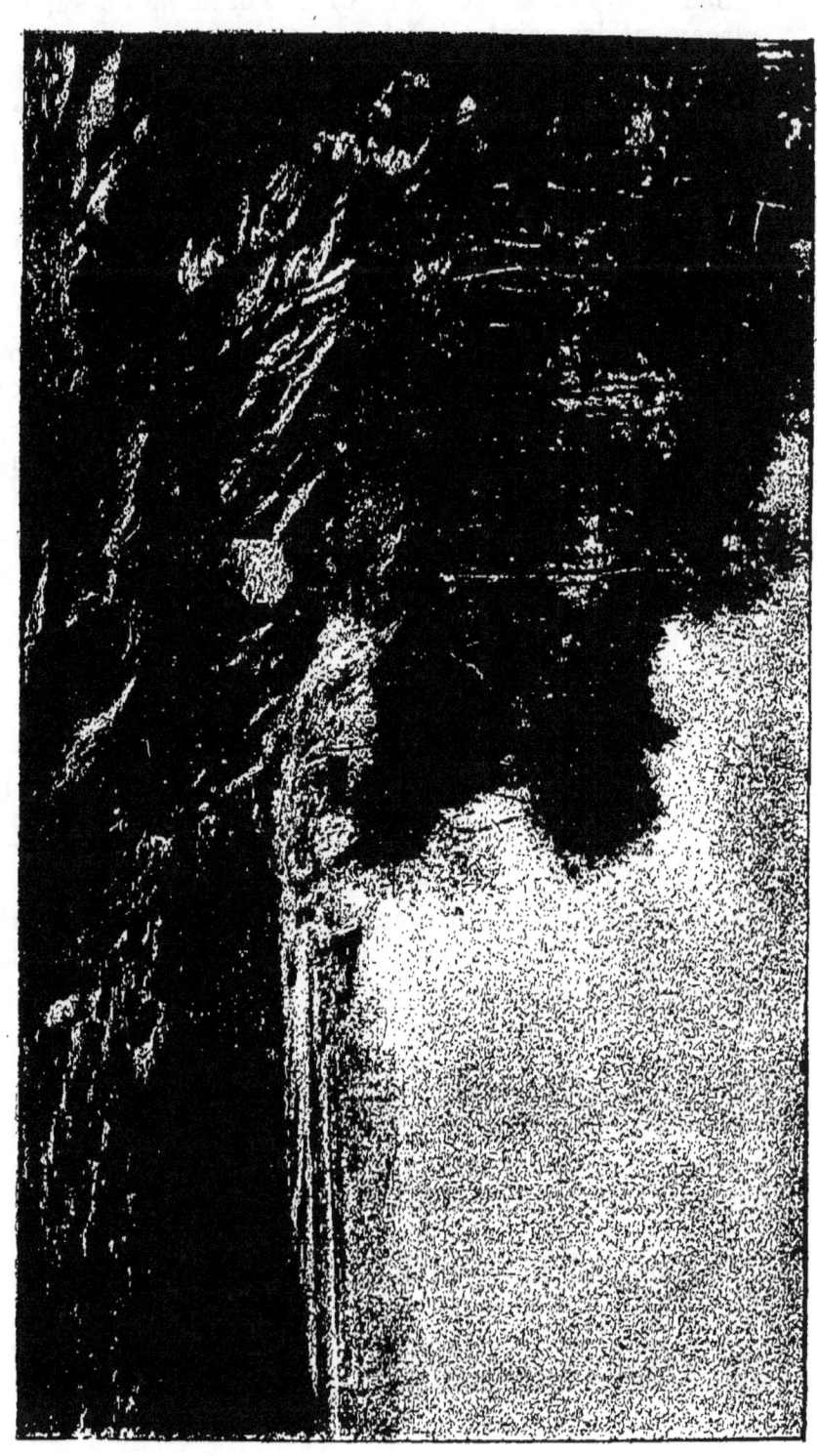

LES BORDS DU THER, A MARÉE BASSE. (Phototype de l'auteur.)

ÉTUDE DES PREMIERS PLANS

que par l'expression subjective des lignes et de la lumière qui dépendent de l'ordonnance.

Le photographe ne possède même pas cette autre expression subjective dont le peintre reste maître : celle des couleurs. L'essence intime des choses n'a rien d'aussi saillant que l'essence intime des êtres, et nous ne pouvons demander à celles-ci ni obtenir d'elles la même variété ni la même force d'expression que nous pourrions demander à ceux-ci ou obtenir d'eux.

Certes, les inclinaisons onduleuses d'une colline soulèvent en nous des pensées douces ; les directions ascensionnelles des troncs et des ramures éveillent en nous l'idée de la puissance végétative ; un chêne nous fera penser à la force ; un peuplier à la sveltesse ; un saule pleureur à la mélancolie ; la courbure d'un ruisseau à une caresse ; un amoncellement de rochers à une force surnaturelle ; une vaste étendue de mer à l'infini. Mais combien ténues demeurent ces expressions auprès de celles que peut offrir la figure humaine, par son geste, son attitude, son mouvement, mis en évidence sous l'action de la multiplicité des sentiments qui la dominent et la font agir?

Presque jamais, même dans ses sauvageries les plus inattendues, le paysage ne pourra monter son expression au violent ou à l'aigu, comme la figure humaine peut la montrer. L'expression dans le paysage agira sur nous à la manière d'une symphonie musicale, berçant notre âme, l'invitant pour ainsi dire à la quiétude en lui faisant dire qu'elle voudrait vivre là et y associer toute la vie du corps qu'elle anime. Conception douce, qui naît souvent en même temps qu'un regret.

C'est la suggestion de ce regret qui marque le *summum* que peut atteindre l'expression du paysage.

Donc, en dehors de l'ordonnance de laquelle elle dépend, comme je l'ai dit, l'expression dans le paysage photographique ne peut demander son effet qu'à la poésie de la perspective aérienne et au choix des choses qui viennent s'adjoindre, par leur essence même, à l'expression déjà définie et offerte par l'ordonnance.

Choisissez par conséquent de préférence les beaux effets de perspective aérienne, et évitez, je le répète, l'emploi de trop petits diaphragmes ou d'objectifs présentant une trop grande profondeur de foyer.

N'oubliez pas que si la photographie a été reniée en tant qu'art, c'est beaucoup à la véritable rage qu'ont eu ceux qui l'ont employée de vouloir présenter toujours et quand même une épreuve parfaitement nette dans toutes ses parties aussi bien les plus proches que les plus lointaines.

Les photographes qui travaillent ainsi peuvent produire d'excellentes, de superbes photographies au point de vue du métier.

Ils sont des photographes émérites, je n'en disconviens pas, mais je doute fort qu'ils deviennent jamais des artistes.

Entre la photographie pure et l'Art en photographie il existe de nombreux *distinguos*.

III

SUJET ET MOTIF

Proportion et harmonie. — Où est le sujet pour un paysagiste. Différence entre le sujet et le motif. — Le photographe paysagiste compose en se déplaçant. — Comment il peut inventer. — Élimination et atténuation. — L'antropomorphisme. — Le tableau. — Ce qu'on entend par horizon. — Son rôle dans le tableau. — Quelle place les maîtres lui assignent. — Le premier plan : ce qu'il doit être. — Comment on obtient le sentiment de la profondeur. — Effets produits par la perspective aérienne. — Pourquoi un petit diaphragme détruit le relief de l'image. — Les contrastes. — La répétition. — La netteté du motif.

En dehors des attributs psychologiques et primordiaux, que nous venons d'examiner, il existe encore beaucoup d'autres attributs secondaires du beau. La proportion et l'harmonie arrivent en première ligne.

La proportion découle directement de la simultanéité et de l'ordonnance. Celles-ci ne sauraient être complètes sans la proportion et resteraient nécessairement boiteuses.

De même l'harmonie découle directement de la liberté et de l'expression. Ces deux attributs secondaires, pour me servir d'un terme emprunté aux mathématiques et bien à sa place, demeurent les corollaires des propositions énoncées dans le chapitre précédent. Or les corollaires ne servent qu'à appuyer les théorèmes, qu'à donner plus de force aux raisonnements qui les démontrent.

Pourquoi nous attarder à discuter ceux-ci ou leurs sous-corollaires puisque les théorèmes dont ils dépendent me semblent suffisamment établis par tout ce qui vient d'être dit? Laissons à cette partie esthétique de la photographie la simplicité claire des grandes lignes qui est le suprême but que doit viser tout œuvre humaine. Les petits côtés, les amoncellements de détails, ne peuvent rien de plus que les grandes masses, et ne servent, le plus souvent, qu'à rendre l'œuvre confuse, illisible.

Que notre ordonnance soit parfaite, que notre expression soit bien ce qu'elle doit être, proportion, harmonie et autres attributs viendront d'eux-mêmes, comme viennent les ombres au virage quand les hautes lumières et les demi-teintes se trouvent à point.

Ceci dit, passons immédiatement, et sans calembour, à notre sujet.

Pour le paysagiste le sujet est partout. Un arbre, une allée, un ruisseau, des collines, une rue, la mer, les plages et les roches, tout sollicite l'objectif. Mais l'objectif doit-il condescendre à toutes ces sollicitations? Voilà la question dirait Hamlet, et Hamlet n'aurait pas tort.

Ce qui a jeté, ce qui jette, en tant qu'œuvre d'art, le discrédit sur les photographies, c'est que celles-ci ont été, jusqu'à ces temps derniers, plutôt les ouvrages d'habiles praticiens qui se sont toujours laissé solliciter par un sujet quelconque, que les ouvrages de véritables artistes.

Ils ont oublié, ou ignoré, que tout sujet, si attrayant qu'il puisse être, n'est pas forcément un *motif d'art,* ni surtout un *motif d'Art photographique*.

Un sujet peut convenir à un peintre, à un sculpteur, à un architecte, et pas du tout à un photographe. Ou inversement. Les idées plastiques qu'il éveille demeurent différentes, suivant le genre par lequel on doit le traduire, autrement dit la beauté qu'il possède en soi reste relative à cet art même. Cette relation est donc ce qui distingue le *sujet* du *moti*. Et si le sujet existe un peu partout pour le paysagiste, il ne serait pas vrai de dire qu'il y ait *motif* un peu partout. Tant que le photographe ne trouvera pas dans un sujet quelque chose pouvant déterminer un choix d'éléments s'ordonnant comme il faut, il n'y aura pas *motif*. Son objectif ne devra pas condescendre aux sollicitations du sujet, si charmeuses, si attirantes que soient ces sollicitations.

Le premier soin, devant un sujet, consiste donc, pour un artiste, à découvrir les harmonies exclusivement propres à son art.

Cette recherche l'amène tout naturellement à l'obligation de composer, d'ordonnancer.

Mais, objecterez-vous, comment le photographe, qui n'a point la liberté du dessin à sa disposition, peut-il ordonnancer, c'est-à-dire établir, entre les sensations choisies, un rapport susceptible de procurer une résultante harmonieuse?

A cette question, d'apparence insidieuse, s'offre cette réponse fort simple : par le déplacement. C'est en se déplaçant, que l'artiste photographe compose; en se déplaçant toujours, sans cesse, un peu, beaucoup, jusqu'à ce qu'il ait rencontré le motif qui, sans arrangements arbitraires ou insurmontables pour son art, lui donne les conditions d'ordonnance et d'expression nécessaires à l'œuvre d'art. Comme il n'a à sa disposition que les lignes et les jeux de lumière pour exprimer, il leur doit demander exclusivement ce qu'il veut exprimer.

Cette manière d'ordonnancer, loin d'être machinale, comme elle le paraît par le mouvement qu'elle nécessite, demande toutes les qualités de l'artiste tel que je l'ai défini précédemment, qualités de liberté, qualités de simultanéité, qualités d'originalité, qualités de tempérament, qualités qui toutes l'obligent à *penser en son art*.

La simultanéité lui montre le motif dans le sujet; la liberté le met à même d'inventer.

Eh! oui! Inventer! Le photographe si intimement lié d'apparence avec la réalité rigoureuse, presque brutale, des éléments naturels corroborant à son œuvre, peut inventer. Certes il n'inventera ni le ciel, ni les terrains, ni les arbres, ni les eaux; mais entre toutes les combinaisons de sensations qui constitueront l'ordonnance et l'harmonie de son sujet, il choisira invariablement celles qui se conformeront le mieux à son tempérament. Il conférera plus ou moins d'importance à tel ou tel élément du motif, il atténuera ou éliminera, dans la mesure des moyens que lui offre le procédé qu'il emploie, tel ou tel autre élément, suivant que la *tache* donnée par cet élément fera mieux ici que là, concourra ou nuiera à l'*effet* cherché, voulu, à l'harmonie générale ou à l'impression totale qu'il s'agit d'obtenir.

De sorte que, sur un même sujet, plusieurs artistes pourront mettre en relief différents motifs, correspondant chacun à leur idéal particulier, qui est l'essence propre de leur tempérament et qui formera leur *originalité*.

Quant aux moyens offerts par la photographie pour éliminer complètement ils demeurent nuls, si l'artiste ne peut, durant le choix de son motif, détruire sur la nature même l'élément qui le gêne. L'atténuation des parties d'ombre ou de lumière peut s'obtenir, au contraire, par la retouche, mais par la seule retouche que nous admettons en photographie, c'est-à-dire celle qui, restant indépendante de tout travail manuel emprunté à l'art du dessin, consiste dans la marche savante du développement ou dans l'emploi très raisonné de ce que j'ai nommé la *mise en train*[1].

Cette adaptation de notre être moral aux choses inférieures de la nature forme ce phénomène intellectuel nommé *anthropomorphisme*. Phénomène qui, quoi qu'on en ait, s'introduit spontanément et toujours dans notre manière de contempler, de *voir* la nature et par conséquent de la rendre.

Cette introduction, pour ainsi dire inéluctable, de l'anthropomorphisme dans notre manière de voir la nature, nous guide dans la disposition que nous avons à la rendre. Elle suffirait à elle seule pour prouver que la photographie est un art au sens intime du mot.

Donc, puisque la photographie est un art, nous sommes en droit d'exiger de nous-mêmes des épreuves photographiques telles que ceux qui les regarderont puissent s'écrier : « C'est un véritable tableau ! » ou bien « On dirait la photographie d'un tableau ! »

Or, qu'est-ce qu'un tableau, sinon un motif bien ordonnancé, bien éclairé, détaché du grand tout de la nature, et détaché de telle sorte qu'il forme un tout lui-même. Il faut en conséquence que l'image reçue sur le verre dépoli de notre chambre possède les éléments d'ensemble du tout de la nature. Soit un horizon bien à elle, des premiers plans qui la soutiennent dans les limites dont on l'enserre, des lointains lui laissant la sensation de l'enveloppement atmosphérique, des contrastes, et, au besoin, des répétitions.

En art, l'horizon n'est pas la ligne naturelle séparant le ciel de la terre, mais une ligne fictive, perpendiculaire au fil à plomb et passant par le milieu de l'œil du dessinateur. Il résulte nécessairement de cette définition que l'horizon d'un site change suivant l'élévation de ce dessinateur.

Celui-ci est-il couché sur un sol plat ? L'horizon se trouvera très près du sol ; il remontera si le dessinateur s'assied ; il remontera encore s'il se met debout. Se pose-t-il assis ou

---

1. Voir : *La Pratique en photographie*.

ETUDE DU POINT DE VUE

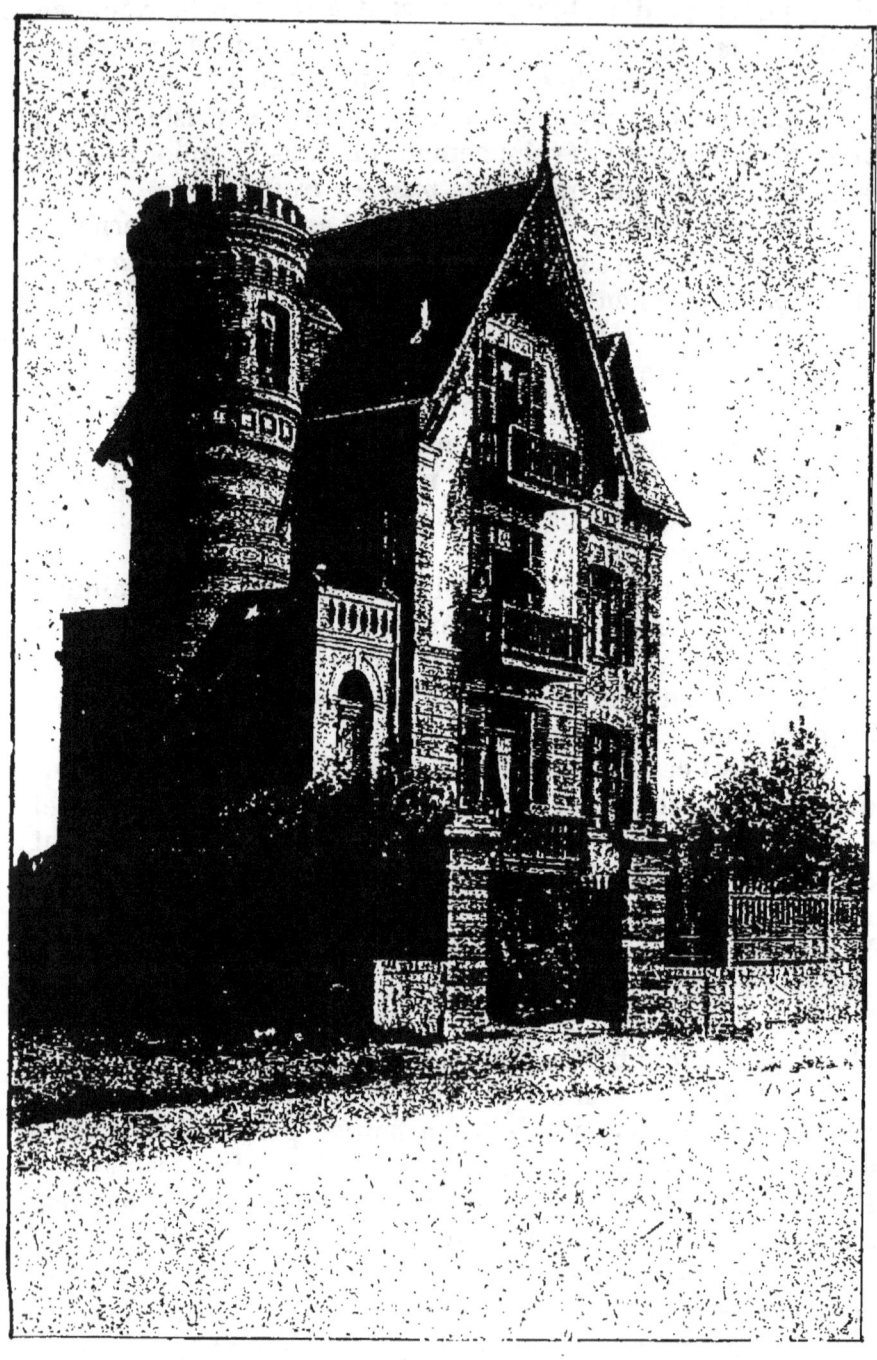

La villa Bon-Papa, a Blonville-sur-Mer. (Phototype de l'auteur.)

debout sur une éminence? L'horizon, remonté déjà par l'élévation de l'éminence, remontera encore suivant ces variations d'altitude. En photographie, l'objectif de la chambre noire remplace l'œil du dessinateur. La hauteur de l'horizon reste donc intimement liée à l'objectif.

Ceci posé, va-t-il de soi que le photographe demeure toujours absolument maître de son horizon?

Certes. Cependant dans la pratique cette maîtrise n'est

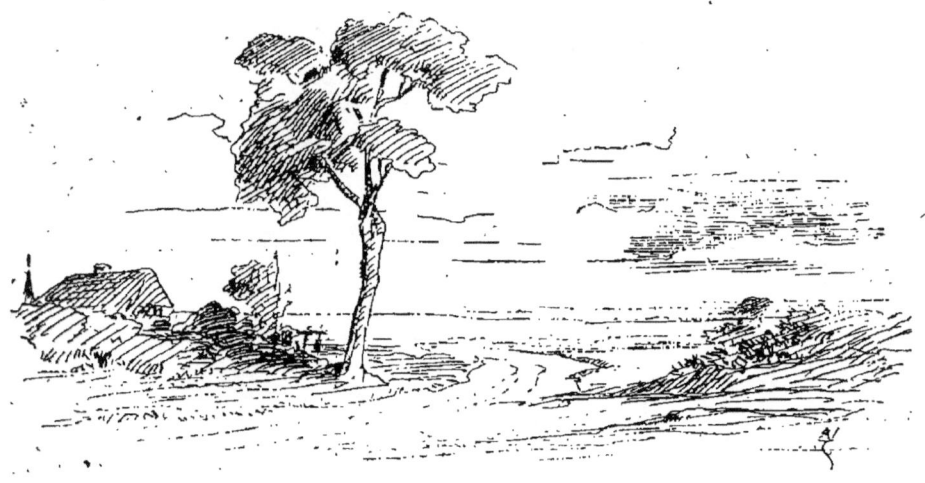

Horizon rationnel.

pas absolue, attendu que toute l'ordonnance du tableau dépend de la position de l'horizon et qu'elle change dès que celui-ci se déplace. En effet, les lignes ou les plans qui, dans la nature, ne sont pas parallèles à cette ligne d'horizon lui sont obliques ou perpendiculaires. L'horizon, par cela même, se trouve donc la limite, pour ainsi dire évanouissante, de toutes les composantes du motif choisi. Situées au-dessus de l'horizon, ces composantes paraissent descendre vers lui. Situées au-dessous, elles semblent monter pour l'atteindre. Donc, plus l'horizon sera élevé, moins les composantes supérieures descendront, plus les composantes inférieures monteront, et inversement.

On comprend alors facilement que l'aspect du motif puisse changer du tout au tout par ce simple déplacement. On comprend aussi qu'en vertu des pondérations d'effet produites, comme nous l'avons vu, par des composantes égales, l'horizon ne doive jamais se confondre avec l'hori-

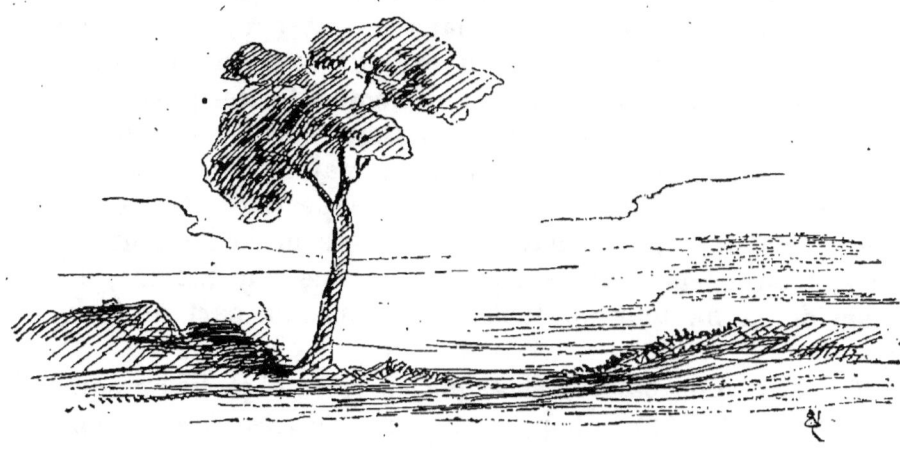

Horizon surbaissé.

zontale médiane du tableau. La nécessité de placer l'ho-

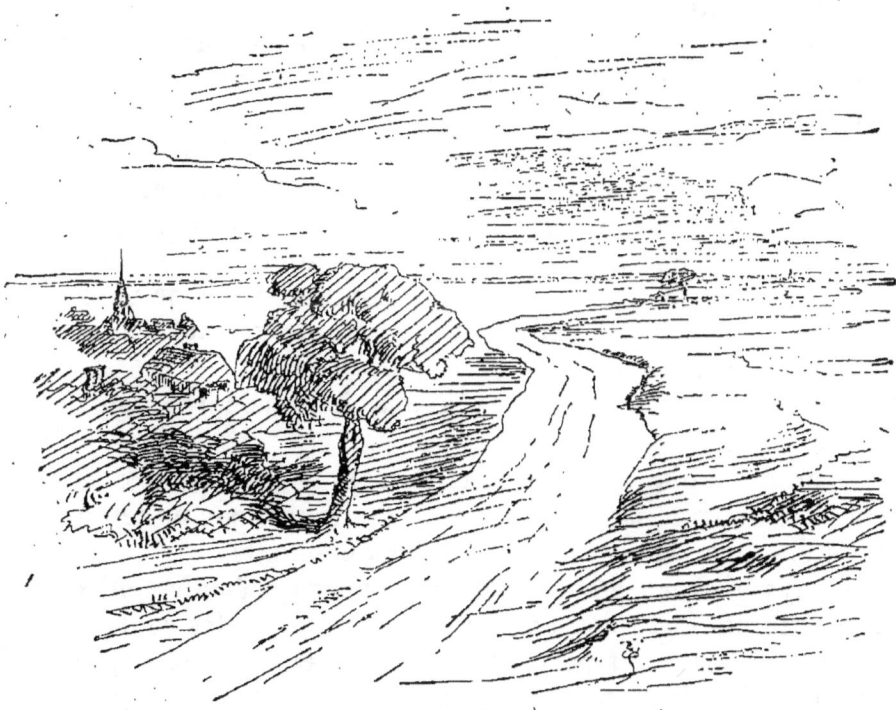

Horizon surélevé.

rizon au-dessus ou au-dessous de cette médiane s'impose donc.

Au-dessus, il donnera aux terrains du tableau un sentiment de montée ; au-dessous, un sentiment d'étendue. Comme le plus souvent c'est ce sentiment qui domine ou que l'on veut faire dominer dans le paysage, les grands maîtres en sont arrivés à tenir presque constamment l'horizon au-dessous de la médiane, et même à lui assigner deux places à peu près fixes, reconnaissant d'ailleurs que ces deux places correspondent, dans la majorité des cas, au maximum d'amplitude des lignes perspectives. Ces deux places sont : pour un paysage, au tiers de la hauteur du tableau en partant de la base ; pour une vue marine, au quart de la hauteur du tableau, toujours en partant de la base.

Rappelez-vous ces règles et placez votre objectif en conséquence. De prime coup, et à moins de très rares exceptions, votre motif, perspectivement parlant, se trouvera tout ordonnancé, puisque la perspective linéaire vous est tout particulièrement donnée par la marche des rayons dans les lentilles. Toutefois, comme l'absolutisme en matière de règles n'existe pas, vous pouvez, vous devez toujours essayer si une infraction à celles-ci ne vous conduirait pas à un meilleur résultat.

Ai-je besoin d'ajouter que déplacer l'objectif ne signifie pas déplacer la chambre ? Celle-ci, à l'aide de ses niveaux à bulles d'air, doit toujours être maintenue horizontalement. Il y a même, pour certains motifs, une importance capitale à acquérir ou à garder cette horizontale, sous peine de voir des monuments perdre leur centre de gravité comme de simples ivrognes.

Le second point que nous avons à considérer est le premier plan.

Le premier plan se présente sous plusieurs espèces. Il peut être fourni par un ensemble de lignes, par un jeu de lumière, ou par la réunion de ces deux éléments.

Le paysagiste en général, et plus encore spécialement le paysagiste photographe, qui n'a point la magie des couleurs à sa disposition, doit porter toute son attention sur le premier plan. Faible ou mal ordonnancé, il diminuera, jusqu'au point de le détruire complètement, l'effet que le tableau aurait pu avoir. Le premier plan exige avant tout de la solidité. C'est la base de votre édifice. Que les autres plans soient bien ordonnancés et d'une harmonie charmeuse, cela suffit pour eux. Mais le premier, en dehors de ces qualités, doit posséder une importance toute particulière. Cette importance, nous pouvons d'autant mieux l'exiger que, dans un motif quel qu'il soit, c'est le premier plan que le photographe peut le mieux modifier, c'est sur le premier plan qu'il peut exercer toute son habileté, toute son ingéniosité d'artiste.

Si le premier plan se trouve formé par des lignes ou un jeu de la lumière, il pourra s'opposer aux dominantes linéaires ou lumineuses du tableau en les contrastant, ou bien prendre de l'importance au point de décider lui-même du sens de ces dominantes, mettant le reste du tableau en opposition avec lui-même. S'il est formé par ces deux éléments réunis il pourra avoir, je suppose, la ligne en dominante des lignes du tableau, l'ombre ou la lumière en opposante de la dominante d'ombre ou de lumière de ce même tableau. Ou bien encore l'inverse peut avoir lieu.

Cette solidité nécessaire, exigible dans le premier plan, oblige le photographe à mettre au point sur ce premier plan et *rien que sur ce premier plan*.

Pour Dieu! n'allez pas imiter ceux qui, ne voyant que la perfection, que j'appellerai technique, de la photographie, mettent au point sur un plan médian avec un objectif très profond de foyer et se complaisent, en outre, à diaphragmer de façon que tout ce qui se trouve sur le verre dépoli soit d'une netteté irréprochable. Je l'ai dit, je le répète, je le répèterai encore : cette manière de faire est la mort de l'art. Elle le tue dans l'œuf. Nous lui devons tous les quolibets dont les artistes enveloppent et harcèlent la photographie.

Dire que le premier plan doit être solide n'est pas dire qu'il doit être le point le plus important du tableau. Loin de là. Un simple tronc d'arbre, un bateau renversé, un buisson, un instrument aratoire, ou tout autre objet peut suffire. Ce qu'on lui demande, c'est de soutenir nettement l'équilibre général, soit en s'y associant, soit en s'y opposant. Ce sera l'accessoire ou la coulisse mise sur la scène d'un théâtre pour que la toile donne l'illusion de la profondeur.

Or, cette illusion de profondeur nous avons déjà dû la donner, au moment de la composition du tableau, par l'ordonnance générale des lignes, soit en nous arrangeant pour que les dominantes passent par les points forts qui supportent les parties importantes du motif, soit en obligeant les lignes de direction, c'est-à-dire les lignes perpendiculaires à l'horizon, à conduire naturellement le regard du spectateur vers la partie principale du motif.

Or, ces lignes concourent toutes en un seul et même point situé sur la ligne d'horizon.

Le choix de ce point est d'une grande importance. Vous pouvez vous en rendre compte très simplement par l'aspect d'une maison isolée. Placez-le au centre, la maison sera vue de face, mettra sa masse compacte dans la plaque et ne dira rien qui vaille. Placez-le à droite ou à gauche de la verticale médiane, près du cadre du tableau ou en dehors de ce cadre, cette même maison, vue d'angle, aura des lignes fuyantes qui lui donneront un aspect tout autre et feront d'elle un motif artistique alors que, dans le premier cas, on n'avait qu'un sujet documentaire.

L'artiste, dans le choix du point de vue, doit donc écouter les conseils du sentiment. Dans le cas du paysage, la position du point de vue rendra, le plus souvent, de meilleurs effets en dehors du centre du tableau qu'au centre même.

Nous avons dû encore donner l'illusion de la profondeur soit par l'effet de la perspective aérienne, soit par un choix judicieux des contrastes, soit même par la répétition de certaines masses ou de certaines lignes.

La perspective aérienne produit plusieurs effets caractéristiques qui tendent spécialement à l'augmentation de la profondeur.

Elle peut diminuer les contrastes, atténuer les contours, noyer les détails. Par interposition de la couche d'air imparfaitement transparente qui les sépare de notre œil, les ombres profondes paraîtront moins obscures, les lumières moins vives, si bien qu'ombres et lumières iront, en se dégradant, vers l'horizon jusqu'au point de se marier, de se fondre ensemble.

Pour cette même raison, les lignes sembleront se couper d'une façon moins vive, les contours des masses d'arbres se silhouetteront moins crûment sur le ciel. Les petits détails, si visibles, si nets aux premiers plans, perdront de leur valeur et ne seront même plus perçus à certaine distance. Ne demandez donc pas à un petit diaphragme de vous les faire réapparaître, car vous détruiriez la perspective

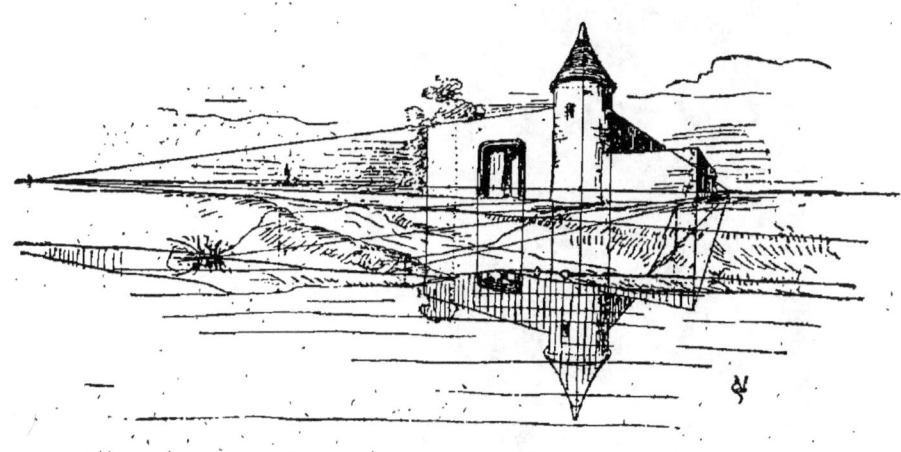

Le point de vue.

aérienne que vous pourriez avoir. De plus, je l'ai dit et je le répète, le petit diaphragme détruit tout relief. Expliquons-nous une bonne fois à ce sujet.

Lorsque vous procédez à la mise au point sur le verre dépoli d'une chambre noire, vous êtes frappé par la rondeur et le relief que possède l'image reçue, rondeur et relief que vous retrouverez considérablement diminués sur votre épreuve finale, quand encore vous les y retrouverez. Ceux qui aiment à se rendre compte du pourquoi et du comment de tous les phénomènes relatifs à leur travail ont fait sur ce sujet maintes expériences. Claudet, La Blanchère, et bien d'autres ont constaté, spécialement, en ce qui nous occupe, que si l'on diaphragme l'objectif, l'image redevient plate, à moins que le diaphragme, au lieu d'être formé d'une plaque opaque avec ouverture unique au centre le soit avec une plaque opaque présentant une ouverture à

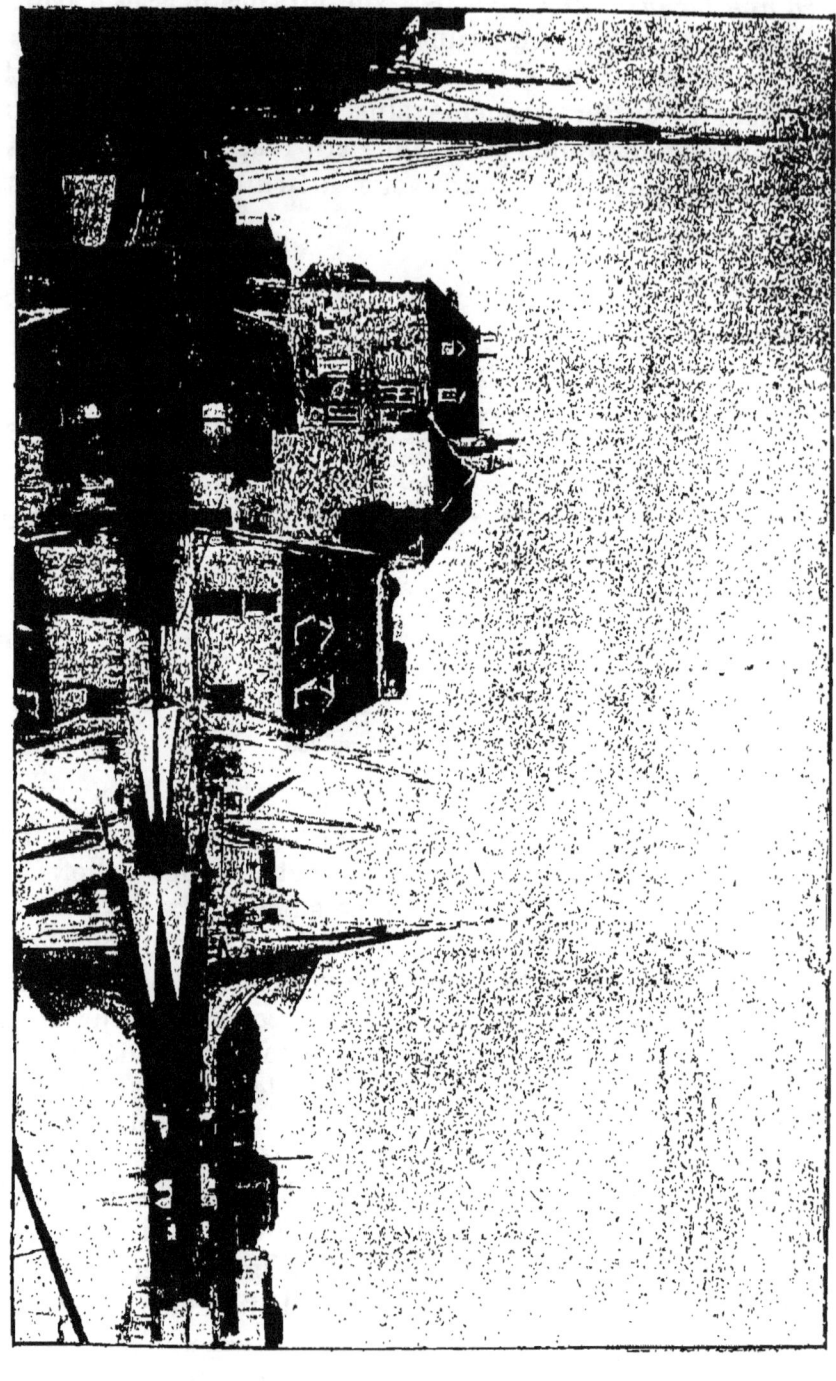

La Lieutenance et l'arrière-port a Honfleur. (Phototype de l'auteur.)

chacune des extrémités du diamètre horizontal de l'objectif. Donc, la rondeur et le relief constatés sur le verre dépoli sont dus à deux images superposées et fournies par les deux bords de l'objectif, par les rayons marginaux en un mot. Supprimer ces rayons par l'emploi d'un petit diaphragme, c'est donc détruire tout relief.

Quant aux contrastes, aidant à la profondeur, ce sera surtout aux premiers plans qu'ils agiront le mieux. Contrastez

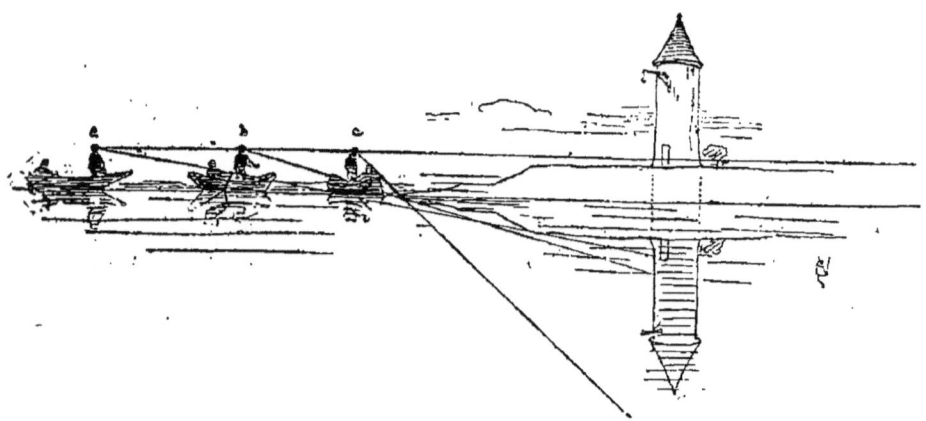

Variations dans la grandeur des reflets.

les lumières vives par des ombres profondes; les ombres profondes, par des lumières vives. A une fabrique, à un arbre de grande dimension, opposez une fabrique, un arbre rendu de dimension moindre par l'effet perspectif. Opposez la montagne à la plaine; la ligne horizontale à la ligne verticale; la platitude des eaux à l'élévation d'un monument; une masse forte à une masse faible.

Pour ce qui est de la répétition, vous la rencontrerez toujours d'une façon charmante dans un motif où une eau limpide dominera et jouera le rôle de miroir.

Cette étude des reflets, soigneusement interprétée, peut vous conduire à d'excellents résultats. Je vous la recommande surtout pour exprimer des effets de soir.

L'étendue des reflets joue un très grand rôle dans l'équilibre d'un tableau. Cette étendue dépend de la position de l'artiste. Plus il sera près de son motif, plus sera grand l'angle sous lequel il le verra, plus grand aussi sera le reflet.

Un simple croquis montre l'évidence de ce phénomène. Prenons une tourelle sur le bord d'une rivière ; montons dans un bateau et approchons-nous du motif. Selon que nous serons en A, en B ou en C, l'angle de vision s'ouvrira et le reflet gagnera en importance (voir page 83).

Déplacez, déplacez sans cesse votre chambre noire, pour inventer, composer, ordonnancer. En envisageant ce continuel déplacement, nous en arrivons à nous demander si toutes les places sont bonnes pour y fixer l'appareil. Je répondrai hardiment : Oui, du moment que, de cette place, le motif apparaît.

Cette hardiesse de ma part pourra sembler un peu osée à beaucoup.

Pour obtenir une bonne épreuve, gardez le soleil derrière la chambre noire, disait-on au début de la photographie.

On a tant et tant répété cette phrase que tous les bons auteurs qui ont écrit, ces derniers temps, sur la photographie n'ont point manqué de s'élever contre un tel préjugé et de conseiller, au contraire, de tenir le soleil à droite ou à gauche de l'objectif. D'autant mieux que, dans cette position, les lumières et les ombres prennent de l'ampleur.

Je vais plus loin et je vous dis : Ne vous inquiétez pas du soleil. Choisissez votre motif, voyez ce qu'il donne sur la glace dépolie, et si ce qu'il donne vaut que vous vous arrêtiez, opérez, quand même le soleil luirait en face de l'objectif. Vous verrez qu'avec une pose et un développement bien raisonnés, vous obtiendrez ce que vous avez rêvé d'obtenir.

Ce sont ces audaces qui constituent l'originalité de l'artiste ; ce sont ces audaces qui le font aller, au dehors des chemins battus, vers la nouveauté ; ce sont ces audaces qui, bien étudiées, le font progresser dans son art.

Quand je tentai pour la première fois un coucher de soleil sur la mer, avec le soleil compris dans le champ de mon verre dépoli et le grand miroitement de ses rayons sur la surface de l'eau, quelques amis qui m'entouraient crièrent à l'absurde, me prédisant un voile phénoménal et un phototype nul. Mon succès leur prouva, une fois de plus, que la fortune sourit à ceux qui osent. Cet audace me permit d'étudier plus franchement certains jeux de la lumière et elle va me permettre de m'étendre aujourd'hui, en toute connaissance de cause, sur la grosse question des ciels naturels et des effets artistiques, question qui demeure, à mon sens, l'avenir de l'Art en photographie. Avant d'aborder cette question, je terminerai ce chapitre en vous faisant remarquer que le motif choisi doit présenter en plus de tout cela une netteté absolue.

En lisant ce mot et en ayant réprouvé l'emploi des petits diaphragmes, n'allez pas croire que j'aie l'intention de rompre une lance pour ou contre la vieille netteté photographique. Qu'un phototype soit plus ou moins net, c'est-à-dire offre plus ou moins de détails précis dans ses différents plans, ce n'est pas de cela qu'il importe le plus dans notre art. Bien qu'on ait disputé beaucoup sur le *nettisme* et le *flouisme*, on pourrait, je crois, reprendre la question à nouveau, non seulement au point de vue du goût, comme cela a déjà été fait si souvent, non seulement en prenant en considération l'organe de notre vision, comme l'a essayé M. A. Goderus[1], mais encore et surtout en considérant l'effet véritablement artistique de l'épreuve. Un jour, peut-être y reviendrai-je. Pour l'instant, il s'agit d'autre chose.

Qu'entend-on par *motif*?

On entend un sujet offrant, par la disposition de ses lignes et l'éclairage qu'il reçoit, des qualités artistiques au moins suffisantes pour solliciter l'attention d'un photographe toujours soucieux de réaliser un tableau dans l'épreuve qu'il prendra.

Or, c'est de la netteté de ce motif qu'il s'agit ici et non de celle du phototype.

Tous les adeptes de l'Art en photographie ne manquent jamais de feuilleter attentivement un album, dès qu'ils ont la bonne fortune d'en rencontrer un sous la main. Ils agissent en cela comme le peintre et le dessinateur qui se gardent bien de passer devant un musée sans y pénétrer ou de laisser sur son chevalet, sans l'ouvrir, un carton contenant des études. Peintre, dessinateur et photographe savent trop bien, dans l'espèce, que cet examen, en dehors de toute jouissance intellectuelle, pourra leur fournir matière à pen-

---

1. Conférence faite à l'Assemblée générale de l'Association belge de Photographie tenue à Gand le 7 juin 1891.

ser, éveiller en eux des idées endormies, révéler des aptitudes latentes, ou leur apprendre quelque chose de nouveau, au triple point de vue du goût, de l'ordonnance ou de la facture.

Or, dans ce feuilletement d'albums photographiques, combien de fois ne vous est-il pas arrivé de constater l'état flottant de votre esprit? Telle épreuve vous arrête par la vérité de son rendu, ou ses qualités techniques de *bonne photographie*, essentiellement dues à des excellences d'appareils, à des habiletés de manipulation. En dehors de cela, vous vous étonnez de n'y trouver aucun charme. Ou mieux vous y remarquez l'absence de tout sentiment de plaisir profond et durable. A telles enseignes que si l'on vous obligeait de porter un jugement sincère, vous ne sauriez loyalement le rendre qu'à l'aide d'une de ces vieilles formules évasives qui constituent l'eau bénite de la critique bien élevée. Ne pouvant, en toute conscience, rien affirmer ni rien nier, vous vous garderiez, selon l'expression populaire, une porte de derrière, qui, devant une opinion contraire ou une rebuffade un peu vive, vous faciliterait une retraite en bon ordre. Eussiez-vous, dix fois pour une, le courage de votre opinion.

C'est qu'aussi l'inscription mise au bas de ces photographies demeure bien faite pour dérouter votre esprit. La plupart des auteurs imitent la manière des Rhodiens, tombés sous la domination romaine. Vous savez combien ceux-ci aimaient les statues et combien ils les prodiguaient. Ils honoraient d'un marbre ou d'un bronze leurs guerriers et leurs magistrats. Sous la domination romaine, les magistrats se succédèrent si fréquemment que les finances de Rhodes se trouvèrent sensiblement obérées par cette multiplication de statues. Pour parer au désastre que le bronze allait faire subir à l'argent, les Rhodiens imaginèrent de couler une statue-type, une statue à *toute gloire*. Une célébrité venait-elle à mourir? Vite, on effaçait le nom inscrit sur le cartouche de la statue-type et on y engravait celui de la célébrité en allée. De guerrier, le bronze devenait civil; de civil, vieillard; de vieillard, jeune homme. Au point de vue économique, la finance rhodienne y trouvait son compte. L'art y perdait le sien. Le motif manquait de netteté.

C'est par ce manque de netteté que votre esprit se sentait tout à l'heure si dérouté en feuilletant l'album photographique. Malgré les superbes tirades que Dion Chrysostome lança aux Rhodiens au sujet de leur statue-type, et qui nous ont été transmises à travers les siècles, cette méthode choquante n'a pas cessé et ne cesse pas d'exister. On en compte des applications mémorables. Témoin cette statue de la place des Victoires présentant Louis XIV chevauchant un cheval destiné à Louis XV; témoin, bien plus et bien mieux, cette autre statue équestre piquant dans un encadrement de verdures ses blancheurs laiteuses, là-bas, tout là-bas, au bout de la pièce d'eau des Suisses, à Versailles. C'est Louis XIV, dont la tête a été remplacée par celle du sculpteur, le fameux cavalier Bernin. On a vraiment bien fait de la reléguer si loin. Ce manque de netteté dans le motif jette l'amateur ou le critique dans un désarroi complet.

Chaque année, au Salon de peinture, ne sentez-vous pas le même état flottant de votre esprit en présence de certaines études, cataloguées sous tel ou tel nom, motivé par quelque accessoire rapporté après coup? Chacune de ces études, excellente en soi, devient pitoyable par cette entorse donnée à la netteté du motif. En voulez-vous un exemple célèbre entre mille? Rappelez-vous ce petit bonhomme tout nu, qui voulait être le tambour héroïque de l'armée républicaine, le petit Bara, sous le fallacieux prétexte que le peintre avait ébauché des baguettes entre les doigts du petit cadavre. Le dessin était pur, la peinture excellente, mais la netteté du motif nulle. De là une désorientation complète du spectateur, un malaise général de son esprit, une appréciation néfaste d'une œuvre remarquable à d'autres points de vue.

Eh bien! ce manque de netteté dans le motif est plus frappant dans les photographies que partout ailleurs. On dirait même qu'en ce genre la netteté existe seulement par une heureuse coïncidence du hasard. On prend une vue, on saisit un groupe, on immobilise sur la plaque un sujet de genre, et, tout en tirant l'épreuve positive, on rêve au titre dont on pourrait bien la baptiser. Tout cela parce que le plus souvent on fait une photographie pour le plaisir de faire une photographie, ou parce que l'on s'est dit : « Il fait beau : je vais exposer aujourd'hui une demi-douzaine de plaques. »

Que cette manière de procéder ait lieu souvent, le plus souvent même en voyage, je n'y contredis pas et je veux bien l'admettre. Mais alors les épreuves ne sauraient constituer des tableaux. Elles ne seront jamais que d'agréables croquis, destinés à fixer des souvenirs plus ou moins intimes, à rappeler de bons moments ou d'agréables sensations. C'est, je n'en disconviens point, un des grands charmes de la photographie. Ce ne peut être son seul charme. La photographie est bien véritablement un art. Nous devons chercher à obtenir avec elle plus et mieux que des notes ou des croquis destinés à fournir un corps à nos souvenirs. Nous devons l'employer à la formation de tableaux, par conséquent lui appliquer tout ce que l'esthétique peut nous enseigner, la soumettre à la netteté du motif, qui reste une des causes primordiales de la valeur et du prix d'une œuvre. Sans la netteté du motif, la photographie la meilleure ne laissera pas de causer un certain déplaisir. Plus cette netteté, au contraire, sera apparente, plus elle sautera aux regards, plus l'épreuve gagnera aussi bien aux yeux des fins connaisseurs, qu'aux yeux des profanes.

« Tout l'esprit d'un auteur, dit La Bruyère, consiste à bien définir et à bien peindre [1]. » Cette maxime, relative aux ouvrages de l'esprit, s'applique admirablement aux œuvres artistiques. Définir ce que l'on veut représenter, donner de la *netteté* à son motif, voilà un des côtés suprêmes de l'art, aussi bien dans le paysage que dans le portrait ou dans le sujet de genre. Ce dernier, surtout, emprunte à la netteté du motif une condition presque *sine quâ non* de sa viabilité. C'est en le concevant qu'on doit particulièrement accumuler autour de lui tous les attributs essentiels destinés à le mettre nettement en évidence, à le rendre compréhensible à tous ; saisissable, pour ainsi dire. Il faut que les plus petits accessoires qui l'entourent, que les plus petits détails qui servent à sa composition y soient par le fait d'une habileté calculée, et non par un hasard de possession ou un caprice de primesaut. Il faut qu'ils s'y rencontrent comme un complément

---

[1] *Les Caractères ou les Mœurs de ce siècle*, t. I, p. 104 (collection Lemerre).

du motif défini. Complément nécessaire à sa définition même et duquel on ne saurait se passer sous peine de rendre cette définition moins claire, moins apparente, moins lisible.

Tous ces mille petits détails peuvent paraître inutiles au premier abord. Ils prendront dans l'ordonnance de l'ensemble un air de vérité indéniable et que reconnaîtra vite l'œil encore mal habitué aux exigences esthétiques. Ils viendront concourir non seulement à la netteté du motif, mais encore ils donneront à celui-ci une intensité de vie à nulle autre pareille.

L'Art en photographie, très réel, en somme, mais très jeune au demeurant, ne possède actuellement ni musées, ni galeries renfermant des études de maîtres que le photographe puisse consulter avec fruit. C'est donc encore, et jusqu'à bien longtemps peut-être, aux tableaux des peintres célèbres que nous devons recourir pour former notre goût et compléter notre éducation. Regardons-les au seul point de vue de cette netteté du motif. Nous resterons confondus en constatant combien les détails les plus insignifiants font corps avec l'ensemble. Combien, au lieu d'égarer les yeux, ils les ramènent inéluctablement vers le centre de l'action, tonifiant le sujet, l'éclairant, chacun un peu, de sa lumière propre pour lui donner son maximum de relief et compléter sa définition. Et cela par la rigueur même de leur exactitude, par la clarté évidente de la raison qui a décidé qu'ils fussent là, parce qu'ils doivent y être fatalement et non à l'étourdie.

Ce qui fait votre ennui, votre indifférence en feuilletant, comme je vous le disais tout à l'heure, un album photographique, c'est assurément cette absence de petits riens qui concourent à la définition générale, ce manque de netteté, alors que notre esprit a besoin quand même de netteté et sans qu'il s'en rende compte le plus souvent. Il la lui faut comme il faut un aliment à notre faim, un breuvage à notre soif. Qu'il en ait conscience ou non, il veut voir dans un motif une définition exacte et telle qu'elle s'adresse à ce motif-là à l'exclusion de tout autre.

Considérée ainsi, l'obtention d'un sujet de guerre, surtout, demande une certaine science de composition qui ne saurait, que par une multiplicité de hasards extraordinaires et tous heureux, coïncider avec la fièvre nous poussant à déclencher l'obturateur un peu partout et devant tout. Cette science reste la fille de la méditation et des aptitudes sensorielles de chacun. Aptitudes qui nous font considérer la photographie comme pouvant être plus et mieux qu'un simple jeu de petit volet battant devant un objectif.

Remarquez combien cette netteté du motif s'impose partout. Il y a quelques siècles, elle nous donnait la Renaissance ; il y a une soixantaine d'années, elle nous donnait le Romantisme ; aujourd'hui, elle nous donne le Réalisme. Toutes révolutions qui, comme les révolutions en général, ont donné ou donnent beaucoup moins que la chose promise, mais qui, comme toutes les révolutions également, répondent à une sorte de besoin de l'heure où elles naissent.

Supposons que vous veuilliez représenter un buveur de bière. Croyez-vous qu'il vous suffise de faire le portrait d'un ami quelconque, assis devant une table quelconque, savourant un bock quelconque ? Que non pas ! En agissant ainsi, vous obtiendrez le portrait de M. X... ou Y... en train de boire de la bière, mais ce ne sera pas *un buveur de bière*. On ne boit pas de la bière comme on sirote du café ou comme on sable du champagne. Quand je dis on ne boit pas, j'envisage, bien entendu, l'amateur propre à chacune de ces boissons. Celui-ci, en un mot, qui est véritablement *un buveur de bière, un buveur de café, un buveur de champagne*. Il existe, en effet, des expressions de physionomie absolument spéciales à chaque liquide ingurgité provenant des différents effets physiques que produisent ces liquides, des milieux dans lesquels on a coutume de les absorber et du rang qu'occupe dans la société celui qui les absorbe. Suivant la boisson prise, il existe une pose du corps, une attitude des membres très spéciale, très typique, qu'on ne saurait intervertir sans faire affront à la vérité, sans déséquilibrer la composition, sans nuire à la netteté du motif. Il n'est pas jusqu'au vêtement qui ne donne sa note dans l'ensemble général.

Ces remarques s'appliquent à n'importe quel autre motif. Prenez le fumeur. Attitude, physionomie, pose, tout sera changé suivant qu'il fumera une pipe, un cigare ou une cigarette. Il n'y a pas jusqu'à la manière de lancer la fumée qui ne soit tout à fait caractéristique dans l'espèce. Eh! mon Dieu! voyez un des maîtres les plus incontestés de la peinture contemporaine, celui qui a le mieux reconnu les vérités soi-disant exagérées de la perspective photographique et qui a su s'y soumettre dans une juste mesure : Meissonier, en un mot. Combien n'en a-t-il pas peints de ces buveurs et de ces fumeurs, mais combien tous sont différents! Jamais il ne vous viendra à la pensée que le maître se répète. C'est qu'aussi bien peu de peintres ont poussé à un tel point la conscience de la netteté du motif. Que ses buveurs boivent tel ou tel breuvage, que ses fumeurs fument de telle ou telle façon, que ses joueurs jouent à tel ou tel jeu, attitude, physionomie, pose, milieu même, tout est dissemblable d'un tableau à l'autre et appliqué dans chacun au motif qu'il veut représenter. Le tout avec cette science merveilleuse qui, comme je le disais, est la fille de la méditation et des aptitudes sensorielles. Voilà, pour nous autres photographes, un excellent modèle à consulter et à égaler dans le cas spécial qui nous occupe.

A chaque motif, il faut savoir trouver le genre de netteté qu'il comporte et le lui donner tout entier. C'est une sorte d'étude de psychologie esthétique à laquelle il importe de se familiariser et de se rompre. Plus cette netteté serrera de près les sentiments et les choses, plus profond et plus durable sera le plaisir que causera l'œuvre effectuée, plus près nous approcherons de l'art véritable. Car, quoi qu'on en puisse dire, la plus grande force de l'art est basée sur le plaisir qu'il procure. Or ce plaisir provenant de la netteté du motif peut être atteint au suprême degré par la photographie, grâce à sa rapidité, à son instantanéité d'impression. A l'aide de cette instantanéité, nous pouvons saisir le moment exact où notre sujet de genre, par exemple, réunira, ne serait-ce qu'une seconde, les meilleures composantes et les nuances les plus fines de sa netteté. Une simple et imperceptible pression sur la poire ou sur le propulseur et l'obturateur déclenche. Plus sûrement que tout artiste ne l'aurait pu faire, vous avez saisi quelques-unes de ces délicates expressions presque toujours dérobées, par leur fugacité, aux regards les plus pénétrants.

Durant la conception d'un tableau photographique, il ne

faut donc jamais oublier que le spectateur, le critique et nous-mêmes devons voir et comprendre de prime coup l'œuvre achevée; qu'elle peut avoir des qualités cachées demandant une pénétration lente, mais qu'avant tout elle doit surprendre, attirer et retenir. Et cette surprise ne peut être due qu'à une vérité exacte dans les moindres détails, dans les plus minime accessoires, dans les nuances les plus fugitives de l'expression, dans la netteté du motif, en un mot.

L'art n'existe qu'avec cette netteté.

Sans elle l'œuvre la plus parfaite, au point de vue technique, ne saurait atteindre à l'art.

IV

LES CIELS

Pourquoi le ciel doit occuper, en général, la plus grande partie d'un paysage. — Ce que donne un ciel parfaitement bleu. — Petits moyens employés pour simuler le ciel sur la photocopie. — Les phototypes de ciels et l'insolation combinée. — Des différentes espèces de nuages. — Soins à prendre dans le choix d'un phototype de ciel. — Le ciel naturel direct doit toujours être préféré. — Peut-on l'obtenir ? — Méthode de la double insolation. — Comment on conserve le ciel au développement. — Méthode de l'atténuation locale.

Nous avons vu que, pour obtenir la meilleure ordonnance possible d'un paysage, il fallait placer, dans la majorité des cas, la ligne d'horizon au-dessous de l'horizontale médiane du tableau.

Nous avons vu que les œuvres des grands maîtres nous amenaient même à définir presque mathématiquement cette place, en assignant aux terrains le tiers ou le quart seulement de la surface totale. Il en résulte donc que le ciel doit occuper, le plus souvent, la plus grande partie du paysage.

Ce n'est que justice.

Le ciel ne domine-t-il pas en effet l'œuvre entière ?

Ne régularise-t-il pas souverainement l'harmonie du tout ?

Les lumières et les ombres qui descendent de sa voûte, ou le mouvement de ses nuages n'aident-ils pas à l'effacement ou à la modification infinie des lignes du motif ?

Sa voussure ne contribue-t-elle pas à la profondeur du tableau ?

N'est-il pas le théâtre où la lumière jette, avec le plus de profusion, toute sa magnificence ?

N'est-ce pas la scène sur laquelle la nature semble avoir amoncelé toutes ses séductions pour charmer le regard, je ne dirai pas de l'artiste en particulier, mais de l'homme en général ?

C'est peut-être aussi pour cette dernière raison, et en dehors de la résultante harmonieuse des lignes perspectives, que les maîtres ont voulu que le ciel occupât la plus grande partie du tableau dans un paysage, et qu'il s'imposât au peintre paysagiste comme la suprême beauté de son œuvre, bien qu'elle en restât également la plus grande difficulté.

Par ces raisons mêmes, le ciel demeure donc une des constantes et des plus grandes préoccupations de l'artiste photographe.

Certes, du moment qu'il répudie, comme cela se doit, l'intervention du dessin qui pourrait lui permettre de modifier ses phototypes par le crayon ou le pinceau, intervention, que les gens de métier ont élevée, sous le nom de retouche, à la hauteur d'une profession, l'obtention du ciel paraît s'offrir à lui comme une des plus grosses difficultés que puisse présenter son art.

Est-ce une raison pour qu'il néglige cette partie de son art, qu'il la méconnaisse ou qu'il l'oublie sciemment ou inconsciemment ?

Je ne le crois pas. Je dirai plus : je prétends le contraire.

Là où il y a difficulté, l'artiste doit faire appel à toute sa volonté, à toute son ingéniosité pour la tourner. Là où un problème semble se dresser, l'homme, quel qu'il soit, s'il veut être digne de ce nom, doit mettre toutes ses forces à en tenter la solution.

Or, plus vous ferez de la photographie, plus vous progresserez dans cet art, plus vous l'étudierez en mettant à cette étude votre application doublée de votre raison, plus vous oserez oser, et plus profondément se gravera dans votre esprit cette conviction : avec le procédé au gélatino-bromure d'argent, tel qu'il existe aujourd'hui, on peut et l'on doit tout obtenir en photographie.

Pensons, travaillons, osons ! Qu'une tentative nouvelle naisse de l'insuccès récent ! Marchons toujours de l'avant vers le but entrevu, rêvé, voulu ! Nous pouvons, nous devons l'atteindre !

Malgré le peu d'années qui nous sépare de lui, nous sommes loin, bien loin du procédé au collodion humide, que quelques-uns encore, par un entêtement de routine sans doute, prétendent préférable au procédé qui sert de base à cette étude. Avec le collodion humide, demandant un temps de pose relativement très long et surtout ne présentant qu'une couche impressionnable extrêmement mince, il a presque toujours été impossible d'obtenir l'image des nuages. De là les photographies de paysages avec ces ciels parfaitement blancs. De là ce préjugé que le procédé photographique reste incompatible avec l'obtention des nuages. De là ces gens qui, imbus sans doute de ce préjugé, iront jusqu'à vous conseiller de *hausser la ligne d'horizon* dans un motif pour que l épreuve photographique présente le moins de ciel possible.

Si ce n'était navrant, ce serait risible d'entendre énoncer ce raisonnement à la Gribouille, qui consiste à déséquilibrer une œuvre tout entière, parce qu'il existe en elle une partie que l'on ne peut obtenir. Laissons ces conseilleurs se mettre à l'eau pour ne pas recevoir l'averse, et examinons en détail tout ce que l'on peut obtenir avec le procédé au gélatinobromure d'argent, en réservant bravement pour notre ciel toute la partie du tableau que lui laisse l'ordonnance de notre motif, si grande que puisse être cette partie.

Supposons que le site offert à notre objectif soit un bord de rivière avec des laveuses, des draps étendus sur les rives sous un soleil resplendissant et sous un ciel parfaitement bleu.

Si vous posez exactement le temps que vous fixera le tableau du temps de pose et que vous conduisiez judicieusement votre développement, ainsi que je vous l'ai indiqué[1], qu'arrivera-t-il?

Le ciel étant bleu sera représenté sur la photocopie par une teinte grise plus ou moins foncée; l'eau également. Les seuls points réellement blancs seront ceux qui représentent le motif lui-même, c'est-à-dire les bonnets de linge des laveuses et les draps séchant sur les berges de la rivière. Ainsi, d'ores et déjà, nous n'aurons plus cette blancheur immaculée des anciens ciels photographiques venant se confondre avec les blancheurs réelles existant dans le motif. Si votre positive représente le ciel en blanc pur, c'est que votre pose aura été insuffisante ou votre développement mal conduit. Recommencez, et vous arriverez à vous convaincre que mon dire peut acquérir la force d'une affirmation absolue.

---

1. Voir : *La Pratique en photographie.*

Si au lieu d'un ciel bleu vous avez affaire à un ciel nuageux, bien souvent, le plus souvent, l'effet définitif restera le même que dans le ciel bleu. Ici, soi-disant, la grosse difficulté de l'obtention du ciel commence.

Afin de remédier à cette non-venue du ciel sur la plaque, à cette défectuosité photographique qui provient de plusieurs causes, dont la principale réside dans la nécessité où l'on s'est trouvé de donner à l'ensemble une pose nécessaire et suffisante pour les terrains, mais beaucoup trop longue pour le ciel, on a préconisé l'emploi de petits moyens, tendant à donner un semblant d'effet de nuages au ciel en le teintant.

Pour cela, quand la photocopie est tirée à point, on cache tout le motif à l'aide d'un papier noir laissant le ciel à découvert et l'on expose, au soleil, l'épreuve ainsi à demi cachée, en donnant au papier noir un léger mouvement de va-et-vient pour empêcher que ses bords ne marquent trop nettement sur la photocopie.

On arrive par ce procédé, très élémentaire, à foncer le haut du ciel, à simuler tant bien que mal, l'enfoncement de la voussure céleste.

Un autre procédé, non moins rudimentaire, consiste à obtenir cet effet d'une manière plus irrégulière et soi-disant plus artistique, en laissant sur le ciel, pendant toute la durée de l'opération précédente, des floches de coton.

Tout primitifs que sont ces petits moyens, quelque enfantins qu'ils puissent paraître au premier abord, ils ne laissent pas cependant que de renvoyer aux œuvres d'antan les photocopies à ciel d'une blancheur immaculée. De plus, et bien que j'en répudie complètement la pratique, ils nous conduisent tout naturellement à envisager la possibilité d'une insolation composée et par conséquent la possibilité de rapporter un ciel nuageux sur une photocopie qui n'en a point, à l'aide d'un second phototype.

C'est, envisagée d'une autre façon, la théorie des caches et des contre-caches pour les encadrements naturels dont je vous ai parlé incidemment au chapitre de l'*Insolation*[1].

Je considère ce moyen comme une sorte de transition

---

1. Voir : *La Pratique en photographie*.

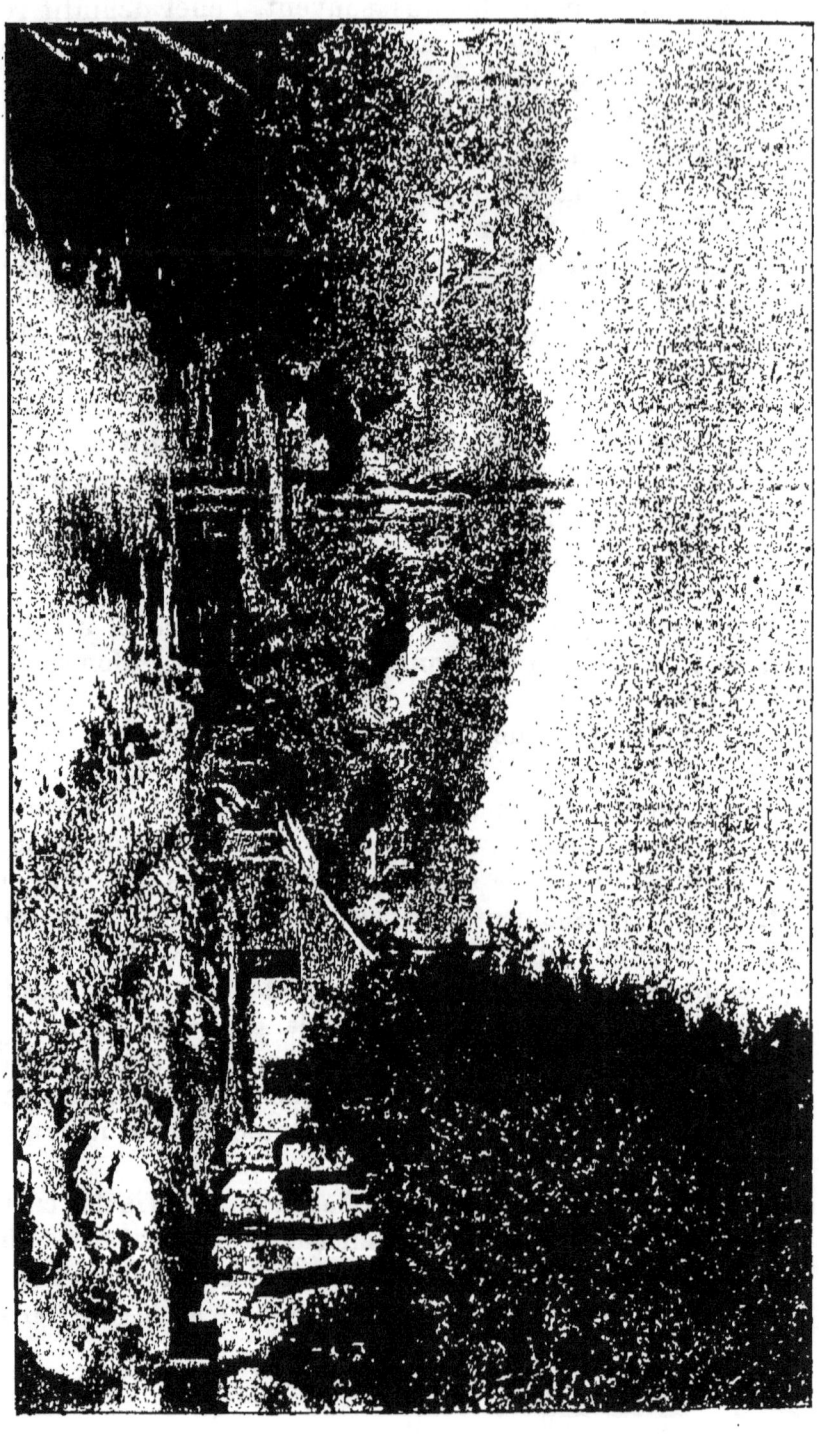

LES BORDS DE L'ELLÉ, A QUIMPERLÉ. (Phototype de l'auteur.)

entre le ciel teinté et le ciel *naturel et direct*, dont nous nous occuperons un peu plus tard. Il demande qu'on s'y arrête quelques instants, non seulement parce qu'il constitue une transition, mais encore parce qu'il peut positivement aider à la valeur artistique de la photocopie dans le cas où celle-ci gagnerait à présenter quelques nuages, balançant certains effets ou certaines formes du motif, alors que la nature nous offrait ce même motif sous un ciel uniformément bleu. Ceci sera de l'art au premier chef, puisque l'homme s'ajoutera bien réellement à la nature.

N'admet-on pas en peinture que le paysagiste reste maître de la couleur, de la forme et du mouvement du ciel?

Pourquoi ne laisserait-on pas la même liberté au photographe, du moment, bien entendu, qu'il se servira de phototypes de ciels obtenus directement sur la nature et non de ciels factices plus ou moins habilement peints à la main sur une lame de verre?

Toutefois, cette liberté de faire admise, faut-il encore que le peintre et aussi le photographe agissent avec circonspection et ne placent pas dans leurs ciels des nuages qui, météorologiquement et physiquement, ne sauraient se trouver dans le motif choisi, soit par leurs formes, soit par leur place, soit par la façon dont ils sont éclairés. Autrement, le mal naîtrait du mieux cherché. Mal d'autant plus grave qu'il tomberait sous le ridicule. Or quand le ridicule terrasse une œuvre ou un homme, ni l'œuvre ni l'homme ne parviennent à se relever.

Je crois donc qu'il demeure de première utilité pour un paysagiste, quel que soit le mode de reproduction qu'il emploie, de connaître ce que je me permettrai de nommer l'état civil des nuages. Cette utilité servira à la fois de prétexte et d'excuse à la parenthèse qu'elle m'oblige d'ouvrir.

Les nuages, d'après une classification déjà vieille et presque universellement adoptée, se rangent en trois catégories principales portant les noms de : *cumulus, stratus, cirrus;* cumulus, moutonné; stratus, strié; cirrus, bouclé.

Le *cumulus*, qui est la forme la plus commune des nuages, se rencontre généralement dans les régions médianes de l'atmosphère. Il est pour ainsi dire propre à la saison d'été. Jamais on ne le trouve dans un paysage d'hiver. Rarement on l'observe au-dessus de la pleine mer, à moins qu'il n'y ait été poussé par un vent de terre.

Le *stratus* affecte la forme de longues bandes horizontales et continues augmentant de volume de la partie inférieure

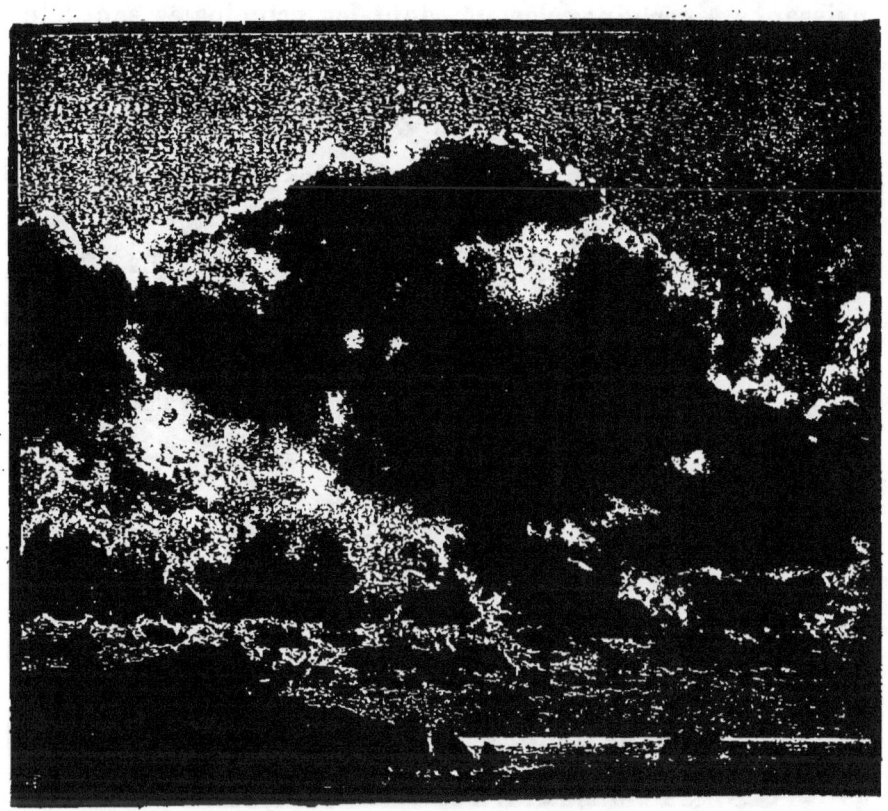

Photographie des cumulus. (Phototype de M. B. Wyles, à Southport.)

à la partie supérieure. Le plus souvent il ressemble à une sorte de brouillard ou de fumée s'élevant du sol par plans horizontaux. On le trouve situé dans les parties inférieures de l'atmosphère. Il est essentiellement particulier à la nuit, comme le cumulus l'est au jour.

Le *cirrus*, contrairement au stratus, se montre dans les régions élevées de l'atmosphère. Quelques météorologistes prétendent qu'il se compose de petits glaçons en aiguilles très ténues. Je songe d'autant moins à y contredire, que la vérité, en ce qui nous concerne, importe peu. Mieux vaut savoir, pour nous, que leur mouvement de translation suit le plus souvent une direction inverse de celle du vent régnant à la surface de la terre.

Ces trois types, combinés les uns avec les autres, donnent naissance à certaines variétés dont les principales sont : le

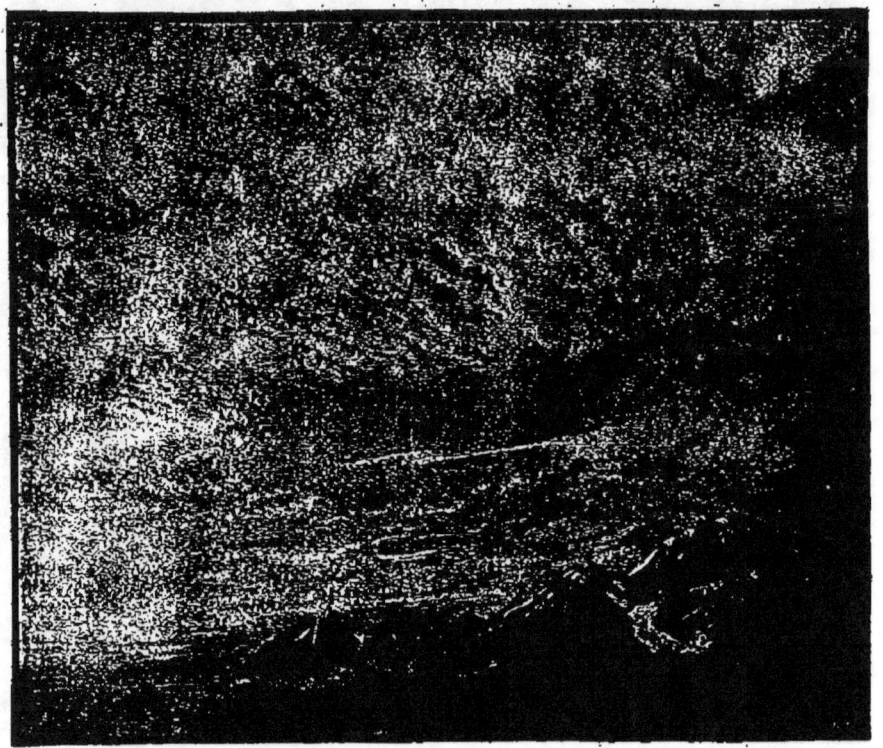

Photographie des cirrus. (Phototype de M. B. Wyles, à Southport.)

cumulo-cirro-stratus, le cumulo-stratus, le cirro-cumulus, le cirro-stratus.

Le *cumulo-cirro-stratus*, mieux connu sous le nom de *nimbus*, mélange toutes les formes, sans lui-même en affecter une nettement. Nuage essentiellement de pluie, il s'étale, pendant l'averse, en une nappe grise uniforme et se désagrège peu à peu, pour s'en aller en lambeaux effiloqués par le vent. Cet aspect déchiré constitue la caractéristique particulière de ce nuage sombre et éminemment orageux.

Le *cumulo-stratus*, qui, soit dit en passant, s'obtient très bien en photographie, couvre quelquefois tout le ciel. Il se compose de nappes horizontales, et sa partie inférieure est généralement marquée par une ligne horizontale qui le sépare nettement de la base du ciel.

Le *cirro-cumulus*, plus élevé dans l'atmosphère, communique au ciel cet aspect tiqueté connu communément sous le nom de *ciel pommelé*.

Le *cirro-stratus*, composé de couches minces qui se fondent sur les bords, se disperse en hachures dont les extrémités semblent converger vers l'horizon.

Si tous ces nuages diffèrent par la forme, ils diffèrent aussi par le mouvement. J'ai déjà dit que les uns se mouvaient en sens contraire du vent de terre. Le même phénomène existe pour tous les nuages très élevés. De plus, cette direction n'est pas parallèle à la direction du vent terrestre, mais forme avec elle un certain angle.

Quant aux stratus, aux cumulus, aux cumulo-cirro-stratus et aux cumulo-stratus, ils suivent, dans les régions relativement plates, la direction du vent de terre. Dans les régions montagneuses, ils peuvent prendre les directions circulaires des cyclones.

Ces remarques devront s'imposer à l'artiste quand il voudra introduire des nuages factices dans son œuvre.

Cette longue digression nous prouve combien nous devons faire attention au choix d'un phototype de nuages, lorsqu'il s'agira de s'en servir pour impressionner le ciel de tel ou tel motif. Elle nous prouve aussi qu'afin de pouvoir opérer de cette façon, nous devons posséder une collection considérable de phototypes de ciels représentant, dans son ensemble, des nuages photographiques à tous les angles de l'horizon, à toutes les altitudes du soleil, car si la forme, si la direction d'un nuage a son importance, son éclairage aussi doit être en parfaite harmonie avec l'éclairage de la photocopie sur laquelle on songe à l'imprimer.

Il ne faut pas qu'un même ciel serve à tous les paysages, mais que le ciel de chaque paysage soit tel que le spectateur, je dirai plus, que le météorologue le plus scrupuleux ne puisse y trouver une invraisemblance.

Le meilleur moyen consiste donc à prendre le motif avec le ciel même sous lequel il se trouve pendant la pose, et à ne se servir d'un ciel étranger que lorsque le ciel du motif se trouvait sans nuage, et que la valeur de la photocopie gagnerait à en avoir. En dehors de ce cas particulier je n'admets pas ce mode de procéder.

En un mot, je vous recommande presque exclusivement l'effet naturel direct du ciel visible au moment où vous avez pris le motif.

J'ai entendu prétendre le contraire par des esprits éclairés sous prétexte que cette exclusivité tendait à soutenir que tout paysage se montre également beau en tout temps. Pour démontrer le mal fondé de cette objection ai-je besoin de rappeler que si le motif a été choisi, c'est qu'il possédait toutes les qualités esthétiques que nous avons précédemment examinées et que le ciel *du moment* concourrait également à sa beauté? A moins que nous ayons voulu prendre une vue de souvenir et non obtenir une épreuve artistique, un tableau en un mot.

Donc si le ciel existant au moment du temps de pose se trouve dans l'harmonie générale, il faut tâcher de l'obtenir, d'avoir ce que j'ai nommé le ciel *naturel et direct* du tableau.

Peut-on l'obtenir avec le tableau lui-même?

Parfaitement oui, et non seulement quelquefois mais toujours malgré, comme je l'ai dit, que la pose nécessitée pour l'obtention des terrains se trouve trop longue pour l'obtention du ciel.

En parlant de pose j'écarte donc le cas tout particulier de l'instantanéité. Toutefois, si vous opérez avant dix heures du matin ou après quatre heures du soir votre ciel se montrera toujours sur le phototype et sans bien grand effort de votre part.

Quoi qu'il en soit, les deux cas se présentent : obtention ou non-obtention du ciel sur le phototype. Or, comme nous devons toujours aller au pire, nous admettrons un instant que le ciel ne pourra pas être développé sur le phototype de façon à s'imprimer sur la photocopie en même temps que le motif.

Que faudra-t-il faire?

Nous servir du procédé de double insolation. Par conséquent consacrer deux plaques au même motif.

L'une posée, pour le ciel; l'autre, moins posée pour les terrains. Avant d'insoler notre papier sous le phototype des terrains, nous cernerons les contours du motif, au dos du phototype, avec un pinceau trempé dans du vernis coloré en jaune ou en rouge, et avec un vernis noir, nous couvrirons toute la partie réservée au ciel. Sur la première épreuve, ainsi tirée, nous procéderons à une seconde insolation en nous servant du phototype du ciel dont les terrains auront été couverts de vernis noir.

Il ne faut pas se dissimuler que ce procédé, sans égard au temps qu'il exige, demande un soin minutieux pour qu'il n'y ait point trace de raccords et de solutions de continuité entre les lointains, le ciel et les parties du motif qui se détachent sur lui. Mieux vaudrait donc, mieux vaut donc, par un développement habile, essayer d'obtenir, de prime coup, un seul et même phototype qui ne nous oblige pas d'avoir recours à l'emploi des deux épreuves négatives alternativement superposées.

Mon expérience personnelle m'a prouvé qu'en somme le ciel se montre toujours sur le phototype. Si, avant le parfait achèvement du développement, il s'empâte de telle sorte qu'au tirage de la photocopie il devienne impossible de le faire venir sans brûler les terrains, c'est que l'on aura agi avec un développement trop brutal, un révélateur conservant mal les relations des intensités des différentes teintes.

Je le répète donc, le ciel peut s'obtenir avec les plaques au gélatino-bromure d'argent, même en posant. C'est un fait absolument certain. Il nous reste, en conséquence, à agir au développement, de façon à garder au ciel l'intensité qui lui est nécessaire pour s'imprimer sur la photocopie positive en même temps, ou presque en même temps, que le motif.

Ah! si nous pouvions, comme le fait le graveur à l'eau-forte, cacher à un moment donné certaines parties de notre plaque avec un vernis quelconque permettant à ces parties de repousser le révélateur, la difficulté se trouverait tournée du coup et la photographie ferait, du côté de l'art, un pas de géant. Avis aux infatigables chercheurs.

Pour l'instant nous n'en sommes point là, malheureusement. Cependant nous devons, nous aussi, essayer de faire *mordre* telle ou telle partie de notre plaque suivant l'intensité que nous voulons donner à la partie visée. Nous

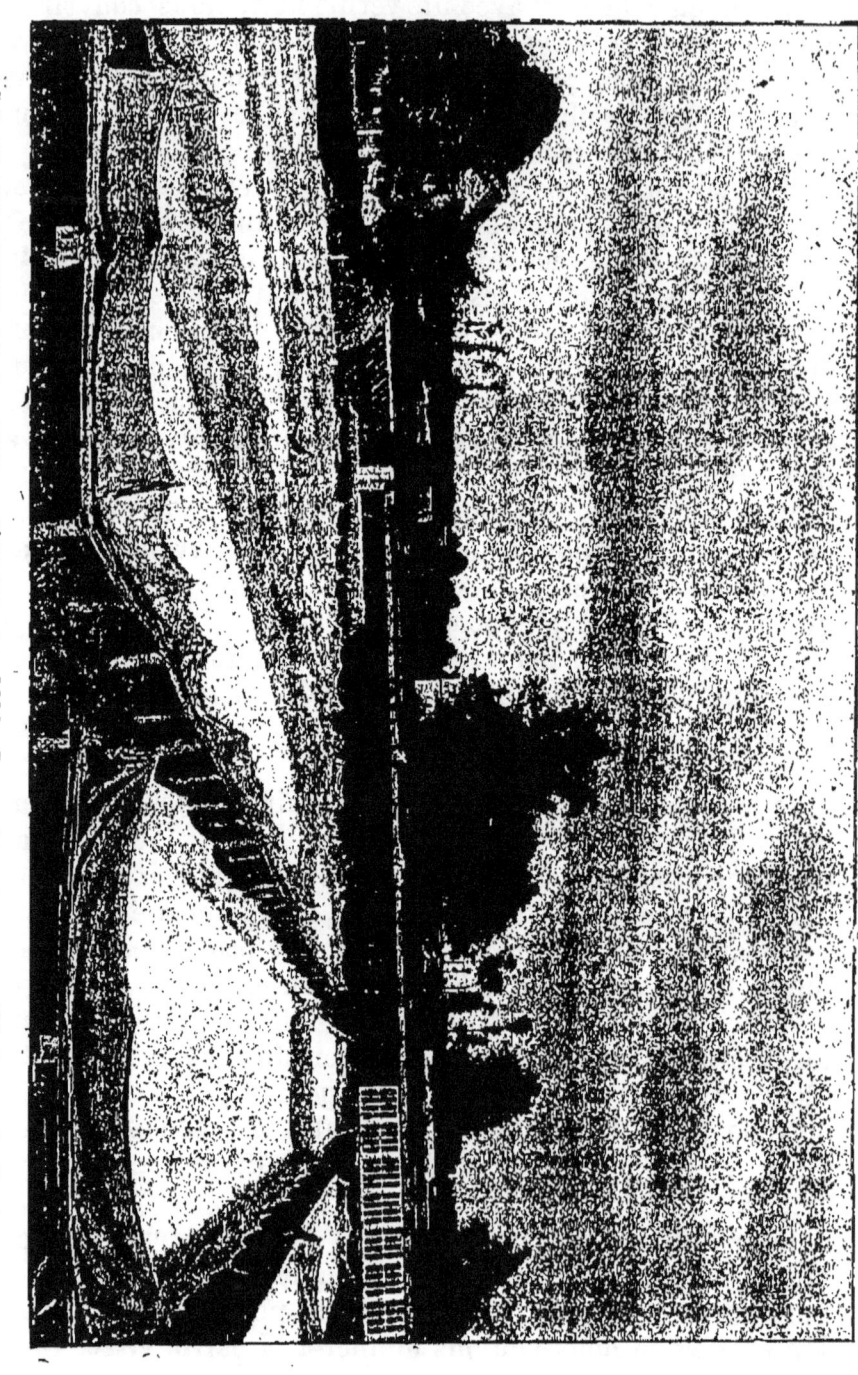

Le blanchiment de la cire a l'usine de MM. Carrière frères. (Phototype de l'auteur.)

Étude des ciels naturels et des grandes oppositions

devons, dans la mesure de nos moyens, procéder, comme procède le graveur à l'eau-forte.

L'acide pyrogallique ne se comporte-t-il pas, du reste, sur le gélatino-bromure d'argent un peu à la manière de l'acide azotique dilué sur la plaque de cuivre?

Si certains d'entre vous m'ont trouvé un peu vif dans la condamnation que j'ai portée sur les révélateurs automatiques[1], je me plais à espérer qu'ils reconnaîtront le bien fondé de mon arrêt, en envisageant la question du développement au point de vue que je viens d'indiquer.

Le révélateur, en effet, agit-il d'un seul coup et durant un temps relativement très court, il deviendra matériellement impossible de se livrer à cette sorte d'essai de morsure dont je vous parle. Au contraire, prenons-nous un révélateur, dilué, lent, présentant assez de souplesse pour être renforcé à plusieurs reprises et presque indéfiniment, il nous restera tout le temps d'agir et de tenter l'expérience proposée.

Ceci aura lieu avec le développement raisonné à l'acide pyrogallique.

Lors donc que nous avons un beau ciel dans le motif, attaquons la plaque en douceur, par un bain dilué, et voyons si le ciel vient en teinte plate ou par masses détaillées.

Dans le premier cas, qui est celui d'un motif avec ciel uniformément bleu, il n'y a qu'à continuer le développement sans s'occuper du ciel.

Dans le second, on laisse venir jusqu'au moment où le motif se silhouette sur la plaque, de façon qu'on sache nettement la place qu'il occupe.

Alors vous inclinez votre cuvette de manière que le révélateur baigne seulement les parties limitées par cette silhouette; vous agitez vivement le bain pour activer son action; vous le renforcez au besoin, toujours en laissant le ciel à découvert. Celui-ci, imprégné de révélateur, continuera à se développer sous l'action oxydante de l'air ambiant, mais cette action, si continue qu'elle soit, sera beaucoup plus lente que celle produite par le révélateur sur les parties de la plaque qu'il baigne complètement, parce que le révélateur ne sera sur le ciel qu'en très petite partie et non remué.

Voir : *La Pratique en photographie.*

Quoique cette manière de faire, en agitant le bain, ne laisse pas souvent de marques entre les deux parties de la plaque inégalement révélées, on peut encore éviter que ces marques se dessinent en passant un blaireau tout le long du bain confinant la partie de la plaque laissée à l'air libre, exactement comme si vous vouliez fondre une teinte sur les bords d'un dessin au lavis.

Il existe encore un autre procédé qui peut s'employer pendant le développement pour retarder la venue des ciels et des grandes lumières. Lorsque celles-ci apparaissent, sans qu'il y ait encore aucun détail dans les parties moins éclairées, on arrête le développement en lavant vivement le phototype. On le laisse égoutter, puis on touche les grandes lumières avec un pinceau imbibé de la solution suivante : bromure de potassium, 4 grammes ; citrate de potasse, 2 grammes ; eau, 100 c. c. On continue ensuite le développement comme d'habitude. Il y a arrêt de développement dans les parties ainsi traitées et l'on peut, par suite, pousser sans crainte les détails dans les ombres.

C'est un tour de main fort ingénieux. S'il ne donne pas des résultats complètement satisfaisants, il n'en ouvre pas moins une voie dans laquelle on peut s'engager pour tenter d'arriver à ces différences de morsures dont je parlais tout à l'heure.

En mettant toute votre intelligence et tout votre soin à un pareil développement, vous obtiendrez des nuages qui s'imprimeront sur la photocopie en même temps que le reste du motif. Si cependant l'impression des nuages n'était pas absolument ce qu'elle devrait être au moment où l'intensité de l'impression du motif exige qu'on arrête l'insolation, on pourrait cacher le motif et laisser l'insolation continuer sur le ciel.

Dans l'espèce, le meilleur, le plus simple et le plus pratique des procédés consiste à recouvrir le dos du phototype avec un collodion plus ou moins coloré, suivant les différences d'impression existant entre les terrains et le ciel, et à enlever au grattoir, ce collodion, sur toutes les parties correspondant au ciel[1].

Ce petit *truc* ne sera presque jamais nécessaire lorsque, au

---

1. Voir : *La Pratique en photographie.*

lieu d'une photocopie positive sur papier, vous voudrez obtenir une photocopie positive sur verre. Dans ce cas, en effet, le développement devant être poussé très à fond pour que l'image garde toute sa vigueur malgré la transparence, le ciel viendra avec une densité suffisante.

Si malgré tout, pour une cause ou pour une autre le développement a été mal conduit et que le ciel ait acquis une trop grande intensité pour un bon tirage il existe un moyen, *in extremis* de contre-balancer cette opacité. Il consiste à faire agir partiellement un réducteur métallique sur les parties opaques, en touchant ces parties avec un pinceau trempé dans le bain faiblisseur au ferricyanure de potassium et à l'hyposulfite de soude [1].

Ce moyen demeure encore d'un emploi fort délicat. Les faiblisseurs connus à l'heure actuelle font souvent des marques en communiquant à la partie réduite une coloration différente de la coloration générale du phototype. Mais la science photographique fait de si grands et de si rapides progrès, que nous sommes en droit d'espérer qu'un jour viendra où un réducteur nouveau nous permettra d'opérer ces atténuations locales, facilement et en toute sûreté.

Au demeurant nous n'avons pas à nous en préoccuper outre mesure pour nos ciels. Car si l'on veut se soumettre à la méthode du développement lent dont je vous entretiendrai très en détail dans le chapitre intitulé : *Développement artistique*, vous aurez *toujours* vos ciels avec une facilité remarquable.

Nous pouvons donc, d'ores et déjà, affirmer que dans l'état actuel des choses existantes les nuages *naturels* et *directs* peuvent s'obtenir en même temps que le motif. C'est à cette obtention que vous devez mettre toute votre intelligence, tous vos soins, toute votre ingéniosité, pour arriver au maximum d'intensité dans l'Art en photographie.

---

1. Voir : *La Pratique en photographie.*

V

LES EFFETS

Des effets de lumière. — Du maximum d'ampleur d'un effet.
Comment on l'obtient dans la pratique. — Encore et toujours la surexposition. — Impression de soleil sans soleil apparent. — Le soleil dans le champ du tableau. — Le soleil sous les nuages. — Le soleil dans un ciel pur. — Sous bois. — Effets de neige. — Effets de pluie. — Marines. — Effets de lune.

Avec le procédé au gélatino-bromure d'argent l'obtention d'un ciel nuageux n'est pas la seule difficulté que l'on puisse tenter de vaincre en photographie. Le paysagiste se trouve à même d'oser la reproduction de tout ce qui peut concourir, au point de vue lumineux, à la beauté d'une œuvre d'art.

J'ai nommé la plus belle ressource de l'expression artistique : les effets de lumière.

Quels qu'ils soient ils demeurent, dès maintenant, à la merci de la photographie. Vous pouvez audacieusement planter votre objectif bien en face d'eux, les forcer de se peindre sur votre plaque, les y fixer par un développement raisonné. Le soleil lui-même ne peut se soustraire à vos tentatives audacieuses. Il vous appartient, aussi bien que le premier astre venu. C'est votre esclave, c'est votre chose, demeurez-en convaincu et marchez de l'avant.

Nous voici loin, n'est-ce pas, de l'ancienne théorie assignant au soleil le derrière de l'appareil comme place à peu près immuable ? Mais aussi quel horizon infini d'effets pittoresques et frappants s'ouvre devant nous ! Nous pouvons donner à nos tableaux la sensation absolue de la lumière ! Nous pouvons y montrer la source de lumière même !

A nous ces magnifiques ombres portées qui s'allongent de l'horizon jusqu'à l'avant-plan ; à nous ces clartés et ces vibrations qui sont le triomphe et semblent être restées le secret des grands peintres luministes ; à nous le tout fait d'un rien, grâce à la beauté de l'éclairage. Laissons en arrière ceux qui se complaisent à ne voir dans la photographie que la netteté physique ou la beauté chimique d'une épreuve négative ; laissons en arrière ceux qui se refusent à tenter l'obtention d'un bel effet dans la crainte qu'un léger voile ne s'étende sur leur phototype; laissons en arrière ceux qui s'épouvantent d'un halo probable, alors que le plus souvent sa production ne provient que d'un manque de soin. Allons de l'avant, sans cesse, toujours, là où notre goût nous conduit, où nous appellent nos aptitudes sensorielles d'artiste !

Très souvent, et je me suis expliqué là-dessus, un léger voile sur l'épreuve négative ne vaut pas qu'on le compte au point de vue technique; bien plus, dans la pratique, il peut favoriser l'insolation de la photocopie positive.

Et quand bien même j'aurais tort, que sont ces difficultés à vaincre pour un artiste soucieux de son art, sinon un attrait de plus dans la production de l'œuvre qu'il a rêvée, qu'il a vue, qu'il voit ?

Existe-t-il en art quelque chose de plus ennuyeux que les sentiers battus ? Non, n'est-ce pas ?

L'artiste de tempérament s'écœure à les suivre, l'amateur se désespère de les voir sans cesse dans les œuvres qu'on lui soumet.

Examinons donc quelques effets, voyons ensemble comment nous pouvons les saisir, les garder, les rendre. Ce simple examen suffira à vous convaincre que si ces effets peuvent être pris, d'autres analogues ou dépendants pourront l'être également. Les moyens employés pour les uns nous serviront pour les autres, soit par similitude, soit par analogie, soit par opposition, soit par combinaison.

Claude Lorrain et Turner, pour ne citer que ces deux grands luministes en matière de paysage, nous enseignent par leurs œuvres mêmes que la meilleure ordonnance, pour monter un effet à sa plus grande ampleur, consiste à opposer immédiatement, ou presque immédiatement, l'ombre la plus intense à la lumière la plus vive. Nous verrons, à propos du portrait, que ce secret est aussi celui de Rembrandt, le luministe par excellence de la figure.

Si donc nous rencontrons un motif ordonnancé à souhait et présentant la masse sombre de grands arbres, ou la tache géométrique d'une voile de bateau, directement devant le soleil, nous nous trouverons dans le cas de la lumière vives opposée immédiatement à l'ombre intense, c'est-à-dire dans le cas de la plus grande ampleur de l'effet lumineux. Devons-nous, parce que le soleil, entre les ramures ou les vergues, pourra projeter ses rayons jusque dans la chambre noire, devons-nous nous priver de prendre ce motif? Nullement !

Il faut, au contraire, nous empresser de dresser notre chambre noire, de braquer notre objectif sur cet intéressant effet. En le mettant au point, si nous constatons que les rayons solaires, introduits dans la chambre, produisent ce que les romanciers décadents nommeraient une buée lumineuse, buée qui amènerait trop de manque de netteté dans la mise au point, trop de flou sur l'épreuve et un voile par trop certain et par conséquent peut-être trop intense, diaphragmons notre objectif de façon que cette buée disparaisse ou devienne presque nulle.

Puis, comme nous nous trouverons dans le cas d'une opposition violente, surexposons hardiment, c'est-à-dire que si le tableau des temps de pose nous donne cinq secondes, posons-en quinze, vingt et plus. Nous développerons ensuite d'autant plus lentement que la pose aura été plus longue avec un bain très dilué, fortement bromuré, diminué dans ses constituants, en cherchant à faire monter les détails avant, ou tout au plus en même temps que l'intensité.

La méthode, je l'avoue, est assez délicate pour un débutant. Car on peut trop poser sans arriver à surexposer, c'est-à-dire arriver au moment précis où les grandes lumières impressionnées à fond se réimpressionnent à nouveau ainsi qu'il ressort des expériences de M. Janssen dont je vous ai parlé. Mais en étudiant avec soin ce côté délicat de l'Art en photographie, vous arriverez en somme, avec un peu de pratique, à vous rendre compte du moment où opère la surexposition nécessaire et suffisante pour la bonne harmonie de votre sujet [1].

De cet effet de lumière violent que nous venons de voir, à la tentative de reproduire le soleil lui-même dans le champ du tableau il n'y a qu'un pas. Vous le franchissez d'autant plus vite que vos aptitudes sensorielles, constituant votre tempérament d'artiste, seront plus puissantes.

Si ce dernier effet présente toujours une grande curiosité, il ne faut pas en abuser ni le chercher quand même. D'abord

---

1. Voir : *La Pratique en photographie.*

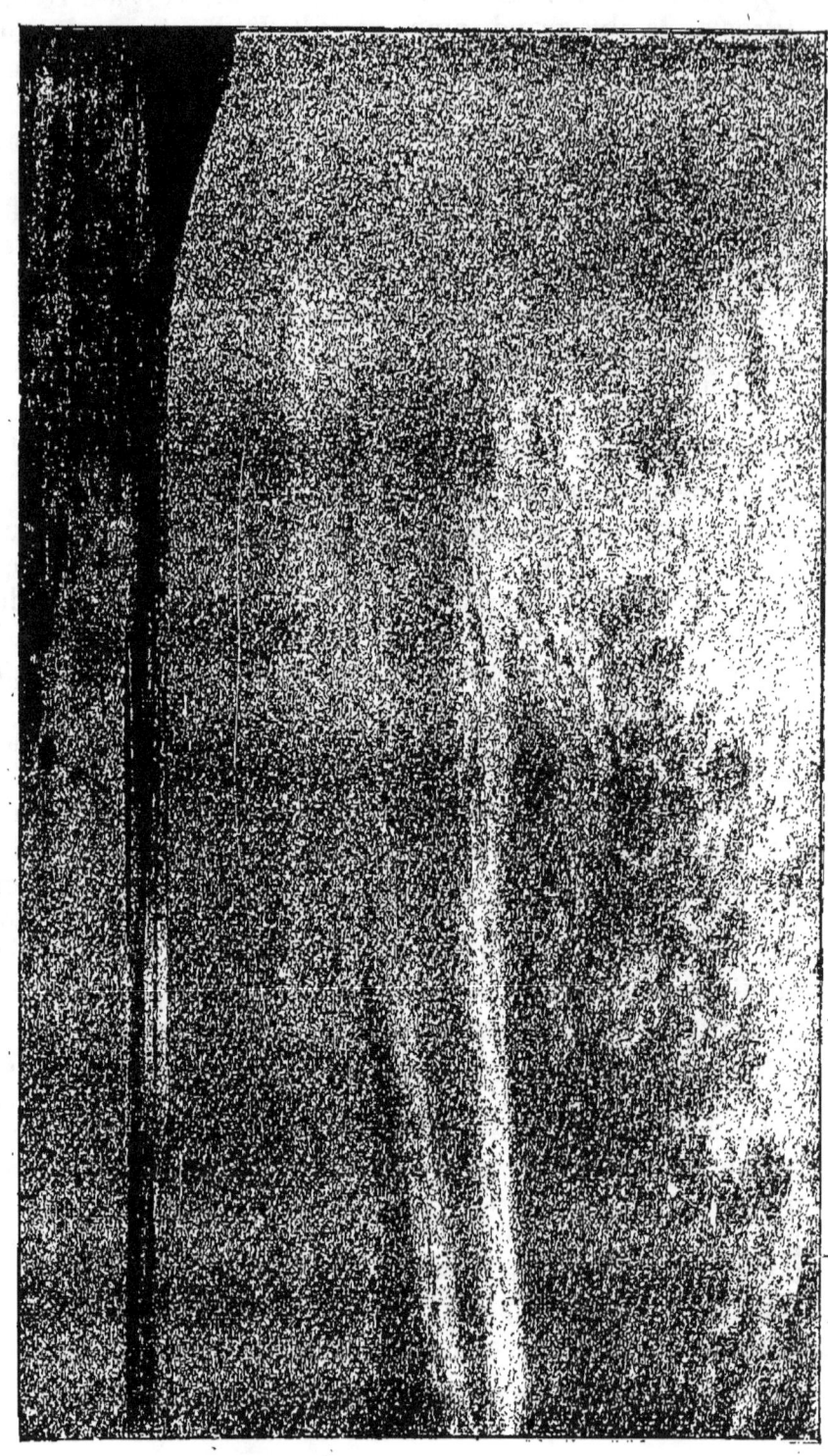

ÉTUDE DU SOLEIL DANS LE CHAMP DU TABLEAU

LE SOIR, SUR LA PLAGE DE VILLERS. (Phototype de l'auteur.)

parce que, photographiquement, il demande beaucoup de soin dans le développement, et qu'ensuite il n'est pas nécessaire que le soleil se montre dans le champ du tableau pour donner à celui-ci l'illusion du plein soleil.

Ce n'est pas en effet le soleil, au sens propre du mot, qui fait la photographie, mais la lumière émanée du soleil. La vision du soleil sans le soleil apparent dans une photocopie positive provient d'une pondération absolue de l'ombre et de la lumière, d'un groupement parfait de ces deux principes maîtres. En opposant, comme nous venons de le faire dans l'exemple précédent, une masse d'ombre à une masse de lumière, tout en tenant ces masses inégales pour que l'effet de l'une ne balance pas exactement l'effet de l'autre, et en nous servant des ombres portées comme repoussoir, nous obtiendrons un tableau visiblement ensoleillé.

Mais ce n'est pas le soleil lui-même et c'est lui que nous cherchons. Revenons-y.

Afin que mon dire reste aussi probant qu'il puisse l'être en écrit, alors que l'auteur ne peut s'adresser directement à la personne qui veut bien l'écouter, et lui mettre sous les yeux et dans les mains le résultat même de ses expériences pour appuyer ce dire par des preuves visibles et tangibles, je vais quitter les généralités et vous raconter mes débuts dans ce genre.

Deux cas se présentent lorsqu'on désire comprendre le soleil dans le champ du tableau : ou bien il se trouve légèrement sous les nuages ou émergeant des nuages, ou bien il montre nettement son disque dans un ciel pur.

Ces deux cas se rapportent au lever ou au coucher de l'astre.

Étant donné la fixité de l'objectif et le déplacement restreint de la planchette de ce même objectif, il devient compréhensible que cet effet soit plus facile à obtenir au bord de la mer que partout ailleurs. Aussi avais-je choisi l'horizon marin pour ma première expérience. Les coups d'audace comme les coups d'État constituent des dates mémorables. On s'en souvient la vie durant. Or, ma première tentative a été faite au mois de septembre sur la plage de Villers, vers six heures du soir. Une légère brume commençait à monter. En mettant au point, l'image du soleil vint nettement peindre son disque à 0ᵐ,025 environ du bord inférieur de la glace dépolie. Mais les rayons réfléchis et réfractés produisirent sur cette même glace dépolie des stries lumineuses du plus fâcheux effet. Je diaphragmai en commençant par le plus grand diaphragme, résigné à aller jusqu'à l'infiniment petit si la nécessité m'y obligeait.

Elle ne m'y obligea point.

Avec la grandeur F/24 que j'employais alors couramment pour le paysage avec un rectilinéaire ordinaire du commerce, les stries lumineuses disparurent et je me mis en devoir d'opérer. J'armai l'obturateur : une simple guillotine de bois, à chute libre, à ouverture rectangulaire, ayant pour grand côté la longueur du diamètre de l'objectif. Je m'empressai ensuite de substituer le châssis à la glace dépolie.

Bien que je misse à ces diverses opérations toute la diligence possible, la légère brume, aperçue au début, s'était condensée Le ciel, de limpide qu'il était, se trouvait maintenant couvert de petits nuages pommelés qui me cachaient la netteté du disque solaire.

J'attendis quelques secondes et, au moment où le soleil apparut entre deux nuages, plaquant une bande lumineuse sur l'horizon de la mer retirée, je déclenchai l'obturateur...

L'épreuve négative fut satisfaisante. J'avais obtenu un joli effet de crépuscule avec le soleil dans le champ du tableau. C'était fort joli, beaucoup plus joli, sans doute, que ce que je rêvais. Mais enfin, ce que je voulais, c'était le soleil nettement défini.

Le lendemain, je recommençai l'expérience à six heures du soir, avec le même diaphragme, le même obturateur. Comme le ciel resta pur, j'obtins sur l'épreuve négative le disque bien défini du soleil ; seulement, à un demi-centimètre de ses bords, se voyait un halo parfaitement marqué.

Donc le soleil, dans un ciel sans nuages, pouvait **être** pris dans une photographie.

C'était ce qu'il me fallait démontrer à moi-même.

Cette expérience, à l'extrême, prouve donc que le photographe n'a pas à tenir compte de la place du soleil par rapport à son appareil. Point important pour notre liberté

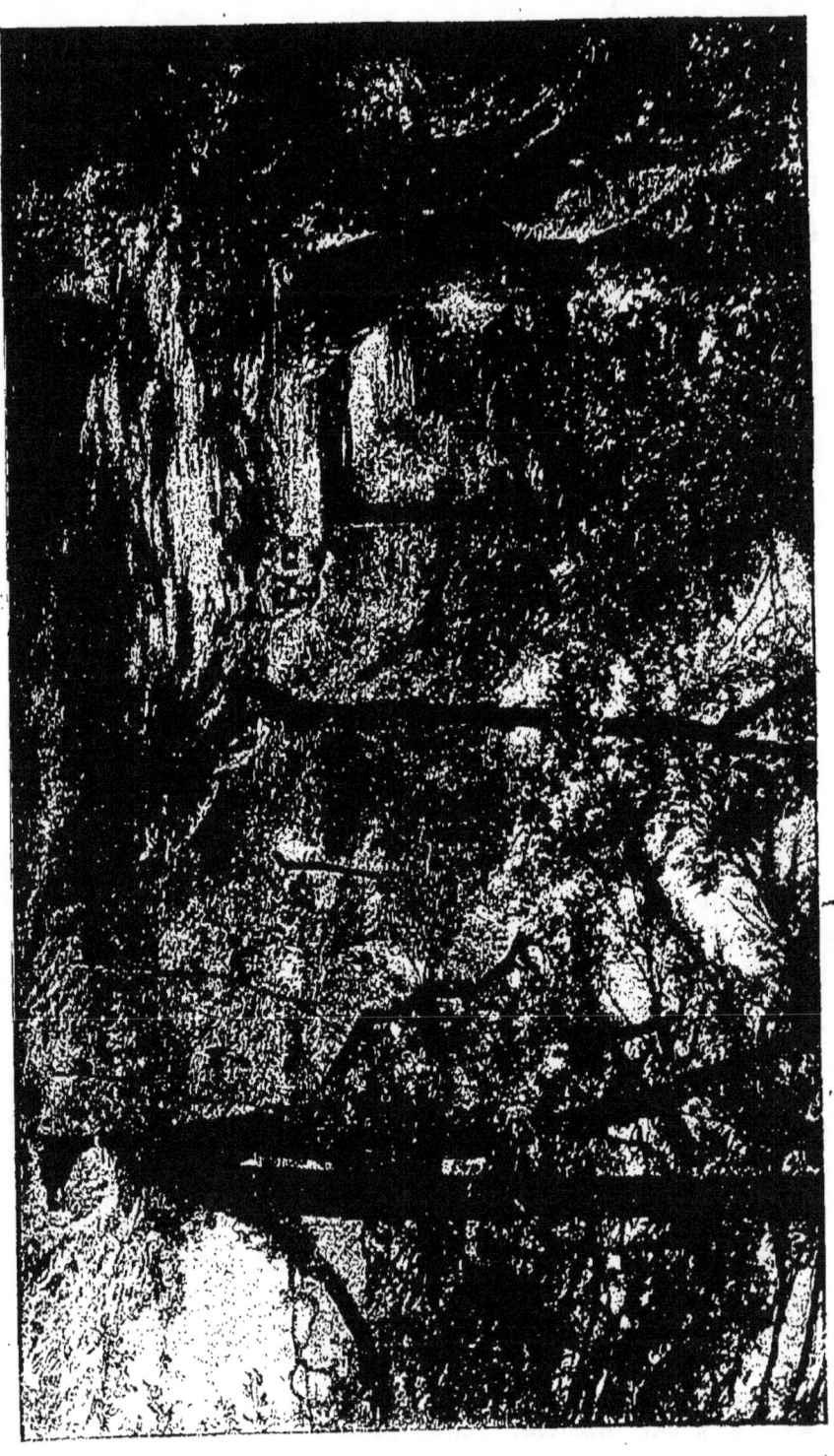

Dans les bois de Locoyarne, sur les bords du Blavet. (Phototype de l'auteur.)

Étude des grandes oppositions

d'action, et la liberté, nous l'avons vu, est un des deux attributs psychologiques du beau

Que de motifs j'ai pu prendre ainsi et que je n'aurais peut-être pas tenté de prendre sans ces expériences, me contentant, le plus souvent, de protéger l'objectif des rayons par trop directs en tenant au-dessus de lui, pendant toute la durée de la pose, mon chapeau ou une ombrelle ouverte.

Ce que je viens de dire n'est pas pour vous jeter de la poudre aux yeux ni vous faire croire que j'ai inventé quelque chose. J'ai voulu, je désire simplement vous faire comprendre, par l'exposition d'expériences dont je suis absolument certain et surabondamment prouvées depuis par ma pratique continuelle, que tout est possible en photographie. Il en demeure de cela comme de la surexposition, que je vous ai conseillée et que vous conseille vivement.

Ainsi, par un bel été, je me trouvais sur les bords du Blavet, dans les bois de Locoyarne, toujours à l'époque de mes débuts. J'avais devant moi un joli sentier tapissé d'herbe et s'enfonçant sous les frondaisons. A droite, le Blavet étendait sa nappe brillante; à gauche, des roches sombres s'amoncelaient pour former une grotte.

Il était environ deux heures de l'après-midi.

Le soleil brillait d'un vif éclat. Les eaux du Blavet étincelaient entre les arbres. Le ciel vibrait et des rayons de soleil traversant la ramée moiraient de plaques d'or les velours verts du sentier herbeux. L'effet était superbe, très opposé; terrible, par conséquent, pour le photographe, ou, du moins à cette époque, je le croyais tel, à cause des différences actiniques de ses diverses parties. De plus, l'ai-je dit? le soleil se trouvait entre le motif et mon objectif.

Renoncer à un pareil sous bois, c'eût été vraiment dommage.

Je priai un ami de tenir une ombrelle ouverte au-dessus de l'appareil, de façon à projeter sur l'objectif un cône d'ombre. Je consultai le tableau des temps de pose; il me donnait une seconde et demie.

Appelant alors à mon aide la théorie de la surexposition, je posai six secondes.

Le ciel, l'eau, les moires du soleil sur le chemin vinrent avec des tonalités différentes et harmonieuses. Je n'avais plus cette sorte d'effet de neige produit généralement par ces effets quand ils sont normalement posés et quelque soin que l'on apporte à leur développement. Le tout gardait une harmonie parfaite.

Mais c'est assez parlé de moi, n'est-ce-pas ? Revenons aux généralités un peu moins individuelles.

Toutes les fois que vous vous trouverez en présence d'un sous bois présentant surtout des allées très ensoleillées et s'en allant mourir dans le grand clair d'une plaine ; toutes les fois que vous planterez votre objectif devant un paysage de neige ; toutes les fois, en un mot, que vous aurez à prendre un motif à oppositions violentes, rappelez-vous qu'une surexposition intelligente et qu'un développement dilué, bien conduit, peuvent vous donner un phototype harmonieux, au point, par exemple, de vous montrer nettement, avec des différences de ton, des persiennes blanches sur un mur blanc, le tout en plein soleil.

C'est surtout dans les vues marines que vous trouverez motif aux plus beaux effets de lumière.

Avec sa magie, la mer peut atteindre sinon à tous à la fois, du moins à l'un des trois termes esthétiques qui s'appellent : l'agréable, le beau, le sublime.

En effet, à l'exception des êtres animés, la marine, plus que toute autre partie de la nature, représente d'une façon nettement visible ce que nous sommes nous-mêmes, c'està-dire l'alliance de deux essences opposées : la vie et la mort. Par cela même que ces essences sont opposées, l'une doit toujours dominer l'autre. Quand la mort domine, nous sommes désagréablement affectés. Si au contraire la vie garde le dessus, manie la matière à sa guise, nous éprouvons un sentiment de plaisir.

C'est cette première sensation que nous fait éprouver la vue de la mer, éternellement en lutte victorieuse contre l'inertie. C'est aussi parce que nous éprouvons cette sensation que la mer nous plaît. Et elle nous plaît dans ses deux états extrêmes : calme ou tourmentée.

Paisible, fraîche et nacrée, elle berce l'âme dans ses suavités quiètes. Elle éveille en nous le sentiment de

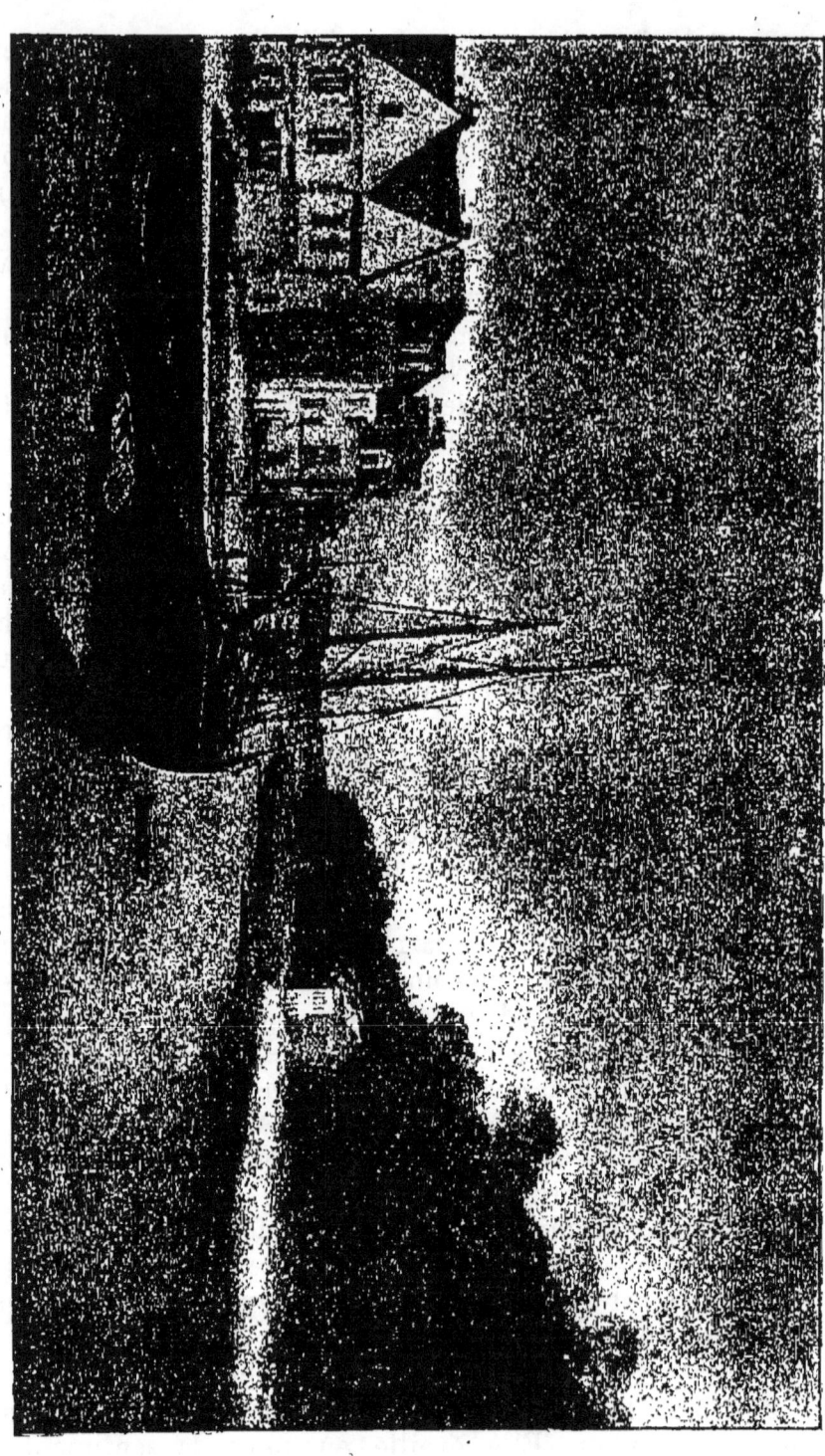

LE PORT D'AURAY, A MARÉE BASSE. (Phototype de l'auteur.)

ÉTUDE DES EFFETS DE PLUIE

l'agréable par la suscitation délicate d'une pensée de félicité pleine.

Houleuse, déchaînée et sombre, elle entraîne l'âme dans des emportements farouches, Elle évoque en nous le sentiment du sublime par l'appel violent des énergies héroïques.

Rien de plus naturel au demeurant. L'agréable et le sublime naissent du même principe : l'exubérance de vie qui nous plaît. Ils diffèrent seulement par le développement de ce principe. Tout pur qu'il est, notre plaisir se montre moindre dans l'agréable. Très vif, dans le sublime, ce plaisir s'augmente encore d'un vague sentiment de crainte, d'une humiliante sensation d'infériorité. Peut-être aussi d'une audacieuse espérance qu'un jour viendra où notre âme, dégagée de son enveloppe matérielle, égalera, que dis-je ? surpassera ce que nos yeux voient.

Quant au beau, il peut tenir à l'agréable ou au sublime, marcher de pair avec eux ou exister sans eux. Si le sublime et l'agréable s'opposent, le beau, à proprement parler, peut se présenter seul, étant à tout prendre dans un autre ordre de choses et d'idées. Il est par excellence l'harmonie, l'ordre, l'unité, c'est-à-dire qu'il renferme toutes les composantes de l'unité. Cette unité demeure son essence même. Il la lui faut parfaite. Elle peut se montrer moindre dans l'agréable et dans le sublime, qui expriment spécialement le triomphe de la vie à deux degrés différents. L'agréable donne un plaisir pur ; le sublime un plaisir mêlé ; le beau, l'idéal rêvé.

De tous les dérivés du paysage, la marine ai-je dit, reste le plus apte à nous procurer l'un de ces trois plaisirs.

En effet, dès qu'un site, quel qu'il soit, éloigne l'horizon de notre œil, il élargit le ciel, augmente l'étendue de l'espace et laisse à notre pensée un champ plus grand à parcourir. Or, l'âme humaine, aspirant à cette pleine satisfaction qu'on nomme le bonheur, doit donc préférer, à tout, l'infini des plaines de l'Océan, lui présentant toujours quelque chose d'indéterminé.

Comme d'aucuns voudraient le faire croire, la mer n'est pas immuablement la mer. Chaque mer, comme chaque essence d'arbres, possède sa forme propre, sa coloration particulière, adéquate, typique. A telles enseignes qu'on peut, même sur une photographie, reconnaître telle ou telle mer.

Sans quitter la France, qu'avons-nous? La Méditerranée, l'Atlantique, la Manche.

La Méditerranée possède une petite vague courte, serrée, anguleuse. Clapotement agrandi. Sa coloration est d'un bleu foncé toujours, opaque souvent. L'Atlantique, en arrivant à plein horizon sur des côtes généralement rocheuses, présente des lames allongées, immenses, mesurant leurs sillons par des centaines de mètres. De plus, ses ondes roulant aux approches des rives sur des fonds rocheux, ont plus de transparence, plus de limpidité par conséquent, et se montrent, par des temps calmes, d'un vert parfait ou d'un bleu fin et délicat. La Manche, d'une profondeur minime, resserrée entre les côtes de la France et de l'Angleterre, offre moins de longueur dans ses vagues et prend, dès qu'elle est fortement secouée par la marée ou le vent, des colorations jaunâtres empruntées aux sables de ses fonds. Par des temps d'orage, et en remontant vers le détroit du Pas de Calais, ces tonalités s'accentuent encore, deviennent épaisses, presque bourbeuses.

Or, les verts, les jaunes et les bleus venant sur la plaque photographique avec des accusations très différentes, on peut donc, sur d'excellentes épreuves, prises par un temps normal, indiquer presque si l'on se trouve en présence de la Méditerranée, de l'Océan ou de la Manche. Cela en dehors des lignes particulières aux vagues de ces différentes mers.

N'insistons pas sur ces finesses délicates à l'extrême, mais puisque la marine peut nous offrir le beau, l'agréable ou le sublime, allons résolument à elle.

Certes, si l'obtention du ciel en photographie est une difficulté, dans la marine, où tous les sujets, même par un temps de brume, en été, peuvent être obtenus à la guillotine avec un diaphragme F/24, la venue du ciel sur le phototype reste chose possible même pour le débutant.

Je dirai qu'il doit toujours la tenter. Le véritable artiste doit laisser reposer son appareil les jours où le ciel se présente uniformément bleu, et se mettre en route dès que la brise et la tempête amoncellent les nuages au-dessus

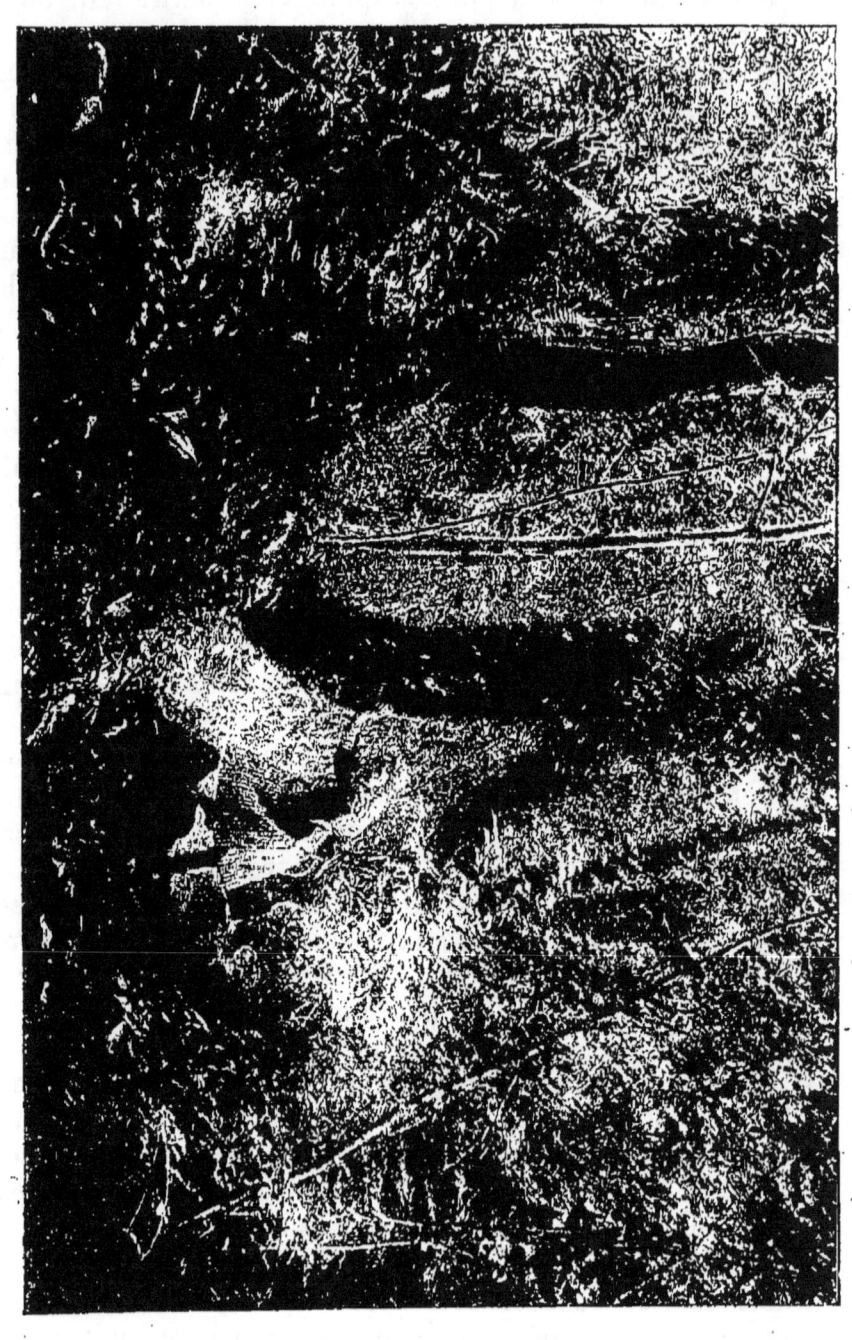

ÉTUDE DES SOUS BOIS A CONTRE LUMIÈRE

LA PETITE ONDINE DU RAVIN DE VILLERS-SUR-MER. (Phototype de l'auteur).

des eaux. Il n'a rien à redouter du vent, puisque l'instantanéité nécessaire, et éminemment facile à la mer, lui permet de travailler avec une chambre à main.

Donc lorsque la saison de la marine battra son plein, attachez-vous aux effets de lumière. Au point de vue artistique pur, ils vous donneront des satisfactions beaucoup plus grandes, beaucoup plus intenses, que les scènes, si charmantes soient-elles, rencontrées à tout moment le long des côtes.

Quand, ce qui arrive souvent au cours d'une période de beau temps, le soleil se lève ou se couche dans un ciel sans nuages, vous pouvez encore tenter de beaux effets de lumière, en composant votre tableau de telle sorte qu'un morceau de falaise, ou qu'une voile déployée, teinte de goudron ou de roucou, vienne masquer l'astre du jour. Ce ne sont certes pas là des motifs de photographie courante, mais lorsqu'on désire aller à l'art, il faut y aller franchement, hardiment. Qu'importent quelques insuccès, si de-ci de-là un bon phototype vient vous payer de vos déboires! Pour atteindre à la victoire, le général ne compte pas les morts qu'il laissera sur le champ de bataille.

Toutefois, il ne faut pas oublier qu'un effet, si bien rendu qu'il soit, n'arrive à son maximum d'intensité qu'autant qu'il fait partie de la composition, qu'il est, en un mot, bien équilibré dans la plaque. Combien de belles épreuves sont reproduites un peu partout par des procédés photocollographiques. Combien plus belles elles seraient, si leurs auteurs avaient suivi les règles esthétiques, si simples, de la pondération des masses, du jeu des points forts et des points faibles.

La marine se prête admirablement à la composition photographique. Pour composer, ordonnancer son œuvre, le photographe doit agir par déplacements successifs de sa chambre noire. Est-il un endroit plus propice au déplacement qu'une grève? En général, le champ dans lequel l'opérateur peut se mouvoir est pour ainsi dire infini dans tous les sens. Les premiers plans le gênent rarement, et quand ils le gênent, ils sont le plus souvent faciles à déplacer. Il lui est donc toujours loisible de bien déterminer la pondération de ses masses et les positions de ses points forts et de ses points faibles. Aux masses de lumières opposez des masses d'ombres, en ayant soin toutefois qu'il n'y ait jamais égalité de volume entre les masses opposées. Aux lignes horizontales opposez les lignes verticales ou obliques, ou réciproquement, de telle façon cependant qu'il reste toujours une dominante franchement accusée. Cherchez dans la lumière des rappels d'ombre; dans l'ombre, des rappels de lumière. Usez des reflets qui peuvent vous offrir des points de soutien remarquables, mais pénétrez-vous bien de ceci : le reflet viendra sur votre épreuve avec beaucoup plus de vigueur que l'objet reflété lui-même, attendu qu'il n'est point entouré d'une atmosphère lumineuse, mais d'une masse d'eau beaucoup moins photogénique et présentant toujours une coloration quelconque. Dans la marine, cette juste appréciation des reflets pourra vous conduire à des effets de premier plan très soutenus, bien qu'ils ne reposeront sur aucune base offrant une solidité matérielle.

En dehors des grands effets de lumière : levers et couchers de soleil, grandes ombres projetées par les nuages sur la mer, coups de tempête, coulées de lumière sous le grain, vous trouvez sur les côtes des bateaux échoués, des lignes pittoresques de falaises, des pêcheurs à la besogne, des marins au travail, des enfants à leurs jeux, des citadins en villégiature balnéaire, toute nature, tout personnel et toutes actions se prêtant aux mille combinaisons de votre fantaisie, de votre originalité d'artiste.

Profitez-en. Tentez de tout un peu. Que la marine soit pour vous une école de composition, d'animation et par-dessus tout d'effets de lumière.

Mais ces effets de lumière obtenus en plein jour, peut-on les obtenir au clair de lune?

A quel photographe cette question n'a pas été posée?

Quel photographe ne se l'est pas posée à lui-même?

Eh! mon Dieu, pourquoi, si le cœur vous en dit, n'essayeriez-vous pas? La grosse difficulté gît dans le temps de pose et dans l'état du ciel. Ce temps devant être forcément très long, exige une nuit de pleine lune et un ciel sans nuage.

Or, parmi les auteurs compétents en cette matière, les uns prétendent que la lumière de la pleine lune est environ

1/6000 de l'intensité moyenne de la lumière diffuse d'un jour d'hiver à midi; d'autres, qu'un paysage éclairé par la lumière de la lune doit recevoir au moins 300,000 fois plus de pose que s'il était éclairé par la lumière solaire ; d'autres, enfin, qu'une pose de cinq heures donne des résultats excellents.

Voyez, jugez, calculez, combinez, je vous livre ce que je sais. Dans l'espèce, je ne puis vous renseigner par ma propre expérience. Je n'ai pas encore osé affronter cinq heures de pose. D'autant plus que je n'ai, peut-être à tort, qu'une confiance médiocre dans l'obtention d'un motif dont l'éclairage a si largement le temps de se déplacer.

VI

L'ANIMATION

Ce qu'on entend par animation.
Ses divers éléments et ceux dont l'artiste est le plus maître. — De l'importance que doivent avoir les personnages. — Points d'équilibre. — Petites règles simples. — Ce que devient, quand on l'anime, un paysage naturellement beau sans animation. — Ce que devient, quand on l'anime, un paysage absolument nul sans animation. — Où l'on peut le mieux se livrer aux études de l'animation. — Ressources de l'instantanéité pour l'animation mouvementée. — Limitation des instantanées.

Animation, au sens propre du mot, veut dire action d'animer, de donner de la vie. Or, en dehors des effets de lumière, dont les vibrations engendrent jusqu'à un certain point l'animation du paysage, celui-ci peut s'animer et vivre d'une vie plus intense, soit par la mise en mouvement des parties qui le constituent, soit par l'introduction d'êtres animés dans le décor qu'il forme.

Les flots de l'Océan soulevés par le mouvement des marées; les eaux tombant en chute de roche en roche; les arbres courbés sous les rudes poussées des vents d'orage; les nuages mêmes qui s'effiloquent sous la tempête en projetant sur la terre des ombres et des lumières errantes, qui mettent, par exemple, les premiers plans dans l'obscurité et les lointains en pleine lumière, ou qui plaquent sur l'immensité de la mer des taches fantastiques de forme; tous ces effets sont autant d'éléments d'animation, de vie propre au paysage et que l'invention du procédé au gélatino-bromure d'argent permet d'obtenir, plus ou moins artistiquement, suivant que l'instantanéité nécessaire à leur obtention sera plus ou moins rapide.

Toutefois, à part la mer et les grands effets de lumière, cette animation demeure assez restreinte. Le paysagiste, non sans raison, préfère donner de la vie à son œuvre, en y introduisant des êtres animés. Non seulement la nature est plutôt calme qu'agitée au point de donner, par reproduction, la sensation du mouvement, mais encore l'artiste reste bien plus maître des éléments d'animation donnés par des êtres que de ceux donnés par les choses. Sans compter que les êtres se plieront beaucoup mieux que les choses en mouvement à un temps de pose défini, avec lequel l'Art en photographie est relativement plus facile d'obtention qu'avec l'instantanéité, qui exige un développement plus savant encore que le posé.

La seule difficulté, mais aussi la grosse difficulté dans l'espèce, consiste à bien mettre les personnages à leur place, à bien les adapter au motif dans lequel on les incorpore. Il faudrait, en considérant l'œuvre terminée, que l'on pût se dire que ces personnages ne pourraient être ailleurs que là où ils sont et que s'ils n'y étaient pas le motif perdrait de son ampleur, de son charme, de sa force. Il ne suffit pas que l'animation soit *dans* le motif, il faut qu'elle soit *du* motif, qu'elle fasse corps avec lui d'une manière presque absolue, que motif et personnages soient, en un mot, indissolublement liés ensemble.

Le meilleur moyen pour arriver à ce but n'est pas de donner une importance démesurée aux personnages. Ceci imprimerait à l'œuvre entière le caractère du sujet de genre, alors qu'elle doit garder les caractéristiques du paysage.

Ce qu'il faut, c'est de les mettre suffisamment en valeur pour qu'ils ne paraissent pas être un accident, mais une nécessité de la stabilité de l'ordonnance générale.

En parlant de la beauté et de ses attributs nous avons vu que toutes les dominantes : lignes, masses d'ombres ou masses de lumières doivent avoir, en plus d'une opposante, des rappels de lignes, d'ombres, ou de lumières similaires. Ces opposantes et ces rappels, du moment qu'ils ne sont que d'une grandeur ou que d'un volume relativement petit, par rapport à la surface du champ du tableau, forment des *points d'équilibre*. Points tels que leur suppression déséquilibrerait l'ordonnance du motif, la rendrait chancelante, tels enfin que leur présence semble absolument exigée par l'ordonnance elle-même pour concourir à sa stabilité.

Les points d'équilibre varient à l'infini, ils peuvent être partout, excepté sur les points faibles ; partout et surtout sur les points forts.

Un personnage debout, si vous lui donnez une certaine importance, peut presque, à lui seul, balancer toute une composition en diagonale. Mais c'est plus principalement par tache que par ligne que l'être animé agit en tant que point d'équilibre.

Dans une masse sombre, vous le mettrez en clair pour équilibrer la lumière; dans une masse claire, vous le mettrez en sombre pour équilibrer l'ombre.

Ces règles, très simples, n'en demeurent pas moins absolues. Si absolues même que le véritable artiste les applique, sans cesse, presque sans se douter qu'il les applique, par une sorte de faculté instinctive née de ses aptitudes sensorielles et complètement dépendante de ces aptitudes mêmes.

Certes, un paysage peut, de lui-même, présenter par son ordonnance, son harmonie, son expression, sa couleur et son unité un caractère de beauté tel qu'il n'ait besoin nécessairement ni d'un effet spécial, ni d'animation. Il est bien rare cependant que l'animation employée avec tact ne vienne pas augmenter ce caractère de beauté. Et l'on peut dire qu'ils sont d'une rareté extrême les motifs qui perdent de leur valeur par l'addition de personnages. Les marines, malgré l'animation propre à la mer, malgré l'impression d'infini que donnent ses lointains indéfinis se noyant dans le ciel, gagnent presque toujours en expression par l'introduction de personnages, bien en valeur comme ton et comme dimensions.

Par un beau soleil d'été, étincelant dans l'atmosphère limpide d'une chaude après-midi, alors que l'azur d'un ciel sans nuages et la mer au plain vibrent d'une lumière intense, atténuant les reliefs violents et solides d'une côte rocheuse, si vous dressez votre appareil sur la plage et que vous ordonnancez ce motif en formant le premier plan avec un coin de falaise dans l'ombre, vous aurez un tableau qui, tel quel, rendra l'impression de ce qui est dans la nature : grand calme, lumière ardente, chaleur même. L'œuvre possédera des qualités suffisantes de beauté.

Cependant si, dans cette ombre fraîche et reposante du premier plan, vous placez une jeune femme attentive à la lecture d'un livre, si, sur les roches s'avançant dans la mer et en pleine lumière, vous mettez des enfants cherchant des algues ou se redressant devant cette perspective infinie qui

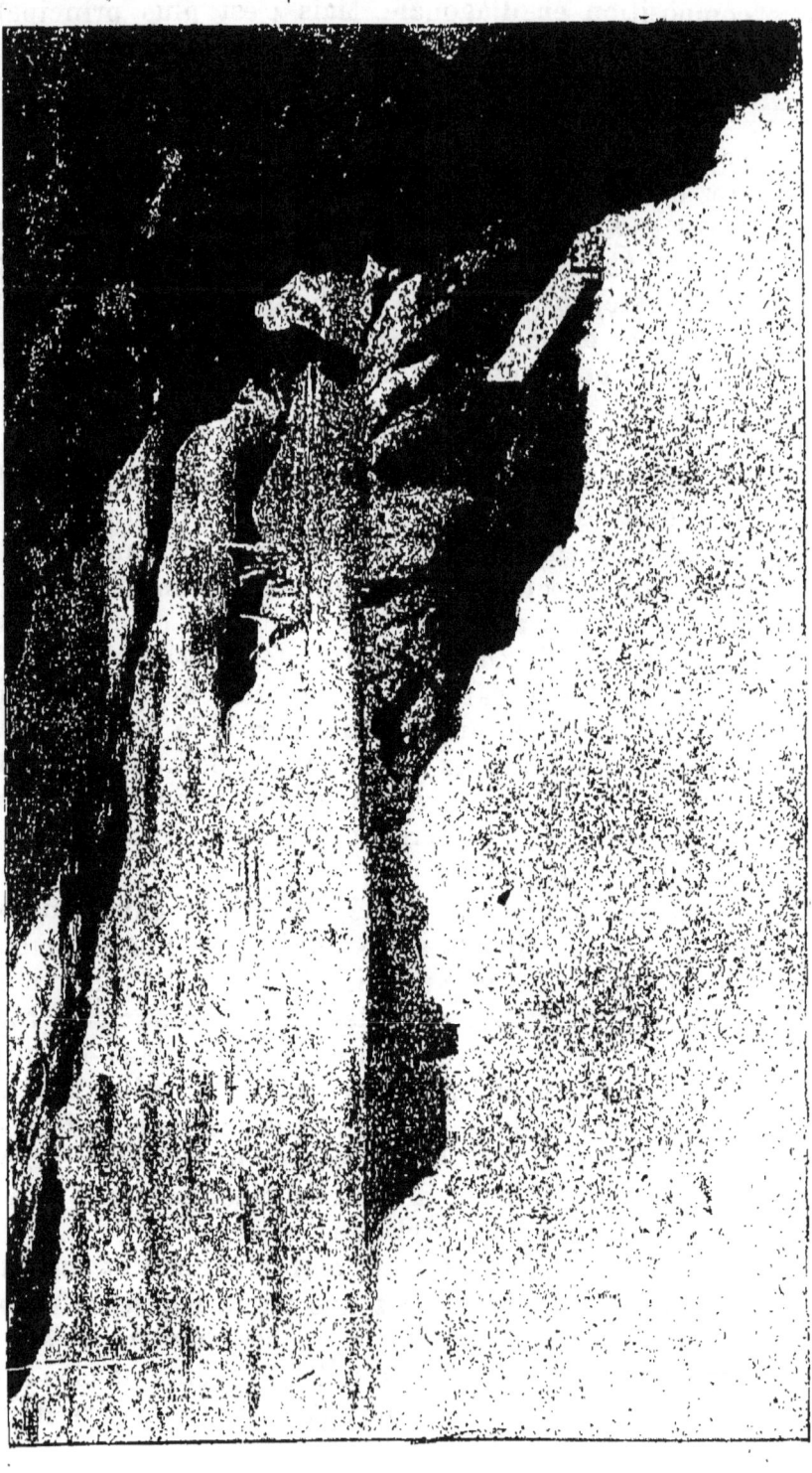

Dans la baie du Gros-Rocher, a Belle-Isle-en-Mer. (Phototype de l'auteur.)

ÉTUDE DE L'ANIMATION DANS LE PAYSAGE

s'ouvre au delà de leur rocher, si toutes ces figures, par leurs silhouettes ou par les taches qu'elles forment dans le tableau servent de points d'équilibre, aux lignes, aux ombres, aux lumières, vous renforcerez certainement la valeur artistique de l'œuvre. La tranquillité de la maman et le mouvement des enfants viendront soit par similitude soit par opposition compléter et agrandir l'impression première qui était : grand calme, lumière ardente, chaleur même.

L'introduction des personnages n'aura pas nui à la valeur artistique du motif beau en lui-même. Au contraire.

Mais si l'animation tend plutôt à augmenter qu'à diminuer la valeur artistique d'un motif beau en lui-même, elle peut donner à un motif, sans grande valeur, banal au possible, un caractère de beauté que l'imagination la plus vive ne lui soupçonnait pas sans l'animation.

Montez un instant, par exemple, sur la plate-forme d'une de ces digues qui se dressent au pied des nombreuses villas balnéaires élevées sur la côte normande. Le sol est plat; du côté de la villa, le terrain remonte en terrasse; du côté de la mer, une balustrade simple ou bien ouvrée déploie l'uniformité rigide de ses lignes droites, ou la monotonie de ses courbes semblables, maintes et maintes fois répétées. Mais en face de vous le tableau superbe de la mer vous immobilise ; à droite, à gauche, le déroulement des lignes sinueuses de la grève caresse votre regard.

Eh bien! mettez-vous à l'une des extrémités de cette digue, de façon à saisir ces lointains qui caressent votre vue, cette mer qui vous porte à l'extase. Le tableau que vous obtiendrez sera d'une nullité sans pareille. Que dis-je? un rapide coup d'œil jeté sur la glace dépolie suffira pour vous convaincre qu'il n'y a pas de motif dans ce sujet et que ce serait une véritable aberration que de perdre une plaque pour si peu de chose.

Viennent sur cette digue les habitants de la villa. Tout changera.

Laissez-les se grouper à leur guise, dans le grand clair du soleil levant; laissez-les dessiner, causer, travailler, s'appuyer contre la balustrade, s'asseoir qui sur les marches de l'escalier, qui sur des pliants et tout à coup un motif se lira dans ce sujet monotone. Motif de genre, que nous garderons par le peu de grandeur des personnages, motif de paysage puisque c'est un paysage que nous voulons faire.

Inutile, n'est-ce pas, de multiplier les exemples ?

Ceux-ci suffisent à montrer combien, par l'animation, on peut rehausser la valeur d'un tableau, soit en renforçant son effet réel, soit en créant un effet là où il semblait n'en point exister.

Dans des premiers plans peu solides, comme le sont les grèves ou les prairies, l'animation joue un rôle prépondérant. Elle permet de donner à ces premiers plans la solidité qui leur manque. Par conséquent et surtout, elle permet à l'artiste de saisir des motifs qu'il aurait abandonnés à regret faute de solidité à l'avant-plan.

La rapidité des plaques au gélatino-bromure d'argent laisse, au point de vue de l'animation, une liberté très grande au photographe, à telles enseignes qu'il peut imposer à ses personnages toutes les attitudes qu'il lui plaît ou qu'il juge nécessaires, quand bien même ces attitudes ne sauraient être longtemps gardées sans fatigue.

Toutefois, si l'animation demeure presque nécessaire dans la platitude des grèves, on peut dire aussi que nulle part ailleurs on ne trouve autant d'occasions d'animer son motif. A l'époque des bains de mer surtout, les enfants en cherchant des coquillages, en pataugeant dans les mares, en mettant leur bateau à flot ou en creusant des trous, viennent encore augmenter et diversifier les motifs fournis par les pêcheurs et par les marins.

Aussi est-ce au bord de la mer que je vous engage, comme je vous y engageais tout à l'heure pour les grands effets de lumière, à étudier à fond toutes les ressources que peut donner à l'artiste l'introduction des figures dans le paysage.

Je ne saurais nier que pour l'introduction des figures dans le paysage l'instantanéité ne soit d'un grand secours. Grand nombre de sujets ne sauraient être pris sans elle ; et combien peu, par conséquent, en prendrions-nous si nous ne l'avions pas à notre disposition. Aussi loin de décroître, l'instantanéité, malgré ses difficultés réelles, tourne à la passion. Il n'est pas de mois qu'un fabricant ne mette une détective nouvelle en circulation. Cette production incessante contribue beaucoup à augmenter l'engouement pour les sujets

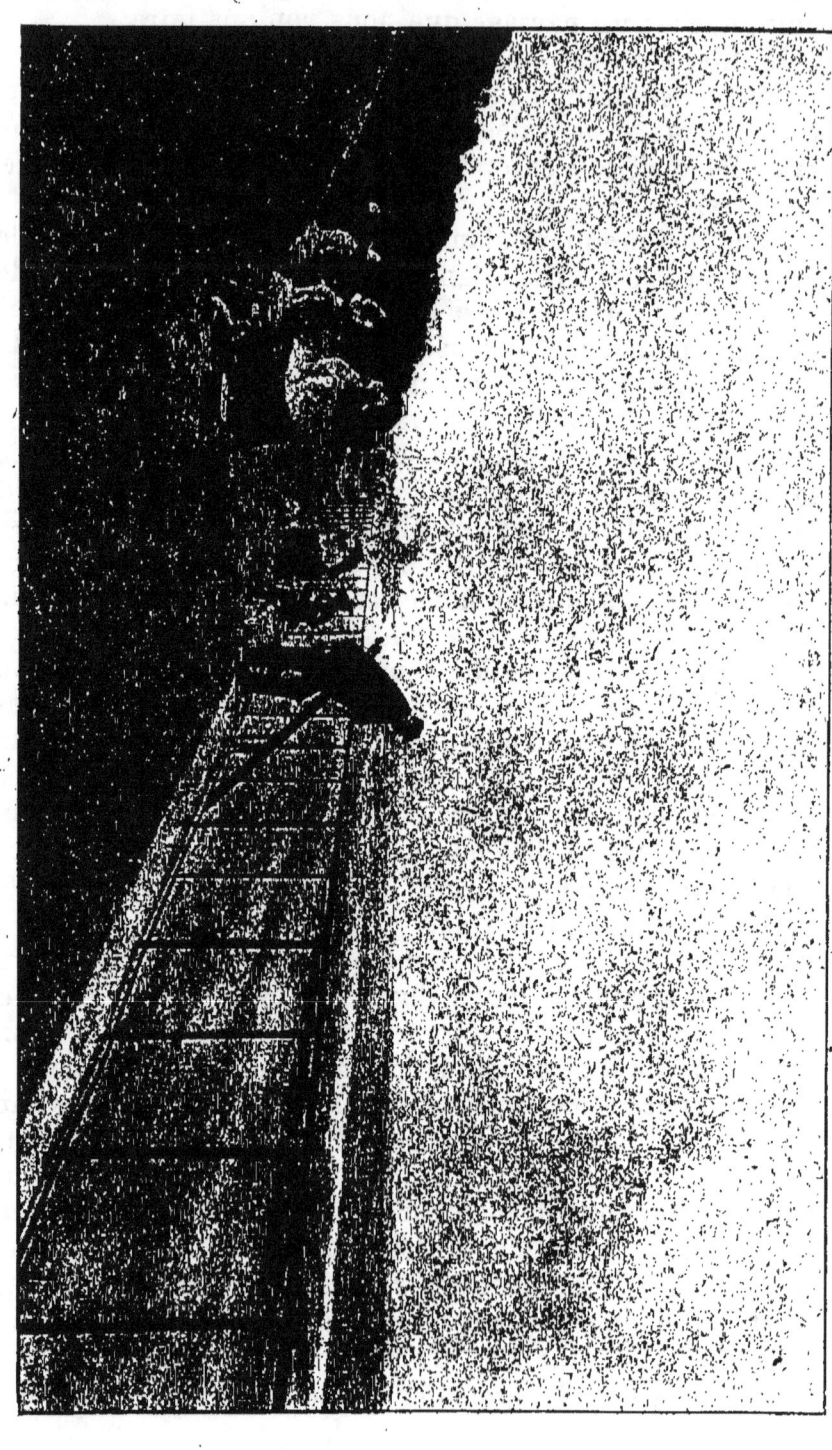

Sur la terrasse de la villa du Ricoquet. (Phototype de l'auteur.)

ÉTUDE DE L'ANIMATION DANS LE PAYSAGE

saisis en plein mouvement. Au demeurant, que cet engouement vienne de ceci ou de cela, peu importe. Il existe. Donc il s'impose à notre examen.

Au point de vue esthétique, il est grand temps déjà de crier : holà ! La manie d'une mise au point absolue de tous les plans d'un sujet a jeté, dès le début, un grand discrédit sur la photographie. On lui a nié, à bon droit, la possibilité d'être un art. Aujourd'hui on est revenu de cette erreur. On peut et l'on sait faire œuvre d'art avec la photographie. Cependant, pour peu que cela continue, l'instantanéité détruira cette conquête. Elle la détruira par son abus, alors qu'elle pourrait l'agrandir, au contraire, par sa limitation.

« Dans le monde plastique comme dans le monde moral, écrit très justement M. Robert de La Sizeranne, le mot « Nature » est un splendide pavillon qui couvre des marchandises de bien des sortes. La nature prise en bloc et sans discernement aucun — c'est le cas de la chronophotographie — contient tout : le meilleur et le pire, le significatif et le banal, le sable d'or et le minerai de fer, ce dont l'art ne saurait se passer et ce qu'il doit éviter à tout prix. Elle a des fleurs pour toutes les hyperboles, des fruits pour tous les appétits, les plus nobles comme les plus gracieux. C'est pour cela qu'elle est si passionnante, si poursuivie par les esthètes ; pour cela, qu'à toute heure ils l'observent, ils l'épient, ils la dévorent des yeux, se demandant jusqu'à quelles limites il faudra croire en elle, l'aimer et lui obéir...

« Il faut lui obéir toujours, disent les réalistes. Courbet, peignant dans les champs avec ses camarades, prétendait ne pas choisir sa place : « C'est toujours la nature, disait-il, « donc c'est beau ! » C'est la vérité mathématique, répètent les chronophotographes ; donc l'art ne peut que gagner à la suivre. D'ailleurs, ajoutent-ils, si certaines attitudes, certaines formes, révélées par la science, vous paraissent disgracieuses, c'est qu'elles sont nouvelles. Introduisez-les dans les représentations plastiques, dans les tableaux, dans les statues, laissez l'œil se familiariser avec elles et vous verrez qu'on les estimera bientôt à l'égal des poses antiques les plus vantées. De sorte que le beau serait, d'après ces logiciens, ce qu'on a coutume de voir tous les jours, et le laid, ce qui frappe, ce qui étonne, ce qu'en un mot on voit rarement. Voilà bien le plus étrange paradoxe qu'on puisse proférer sur l'esthétique[1] ! »

Oui, c'est bien là, en effet, un paradoxe étrange ! Ceux qui ne le profèrent pas en des théories parlées ou écrites nous le rendent saisissable par l'accumulation des épreuves instantanées dans leurs albums. Ils ne cherchent point à savoir ce qu'il y a de contraire ou de conforme à l'art dans chacune de ces épreuves. Elles sont instantanées, cela suffit. Leur excellence doit inéluctablement découler de cette suffisance. Eh bien ! non, mille fois non ! L'excellence, loin de découler de cette suffisance, se trouve noyée par elle. On ne saurait décemment admettre qu'un album d'art contînt n'importe qu'elle épreuve instantanée. Beaucoup n'ont rien d'artistique, sont anti-artistiques même. Très curieuses, très intéressantes, en tant que documents concernant la physiologie du mouvement, elles demeurent nulles ou compromettantes pour l'esthétique du mouvement. Il faut une limitation. Il faut de la récolte de la journée anéantir impitoyablement ou classer dans un album, n'ayant rien à voir avec l'art, tout ce qui n'est que vérité mathématique.

Avec sa virtuosité de dessinateur, Ingres se permettait des tours de force étonnants. D'un coup de crayon net et alerte, il enlevait l'esquisse d'un modèle placé dans une attitude bizarre, impossible à conserver. Fort de cette virtuosité, il voulait qu'un peintre pût tracer les lignes principales du mouvement d'un couvreur tombant du toit d'une maison élevée[1]. L'objectif du photographe donne plus et mieux. Œil idéal braqué sur le corps en chute, il l'embrasse d'un regard parfait, susceptible de retenir l'image du corps entier et dans les différentes positions qu'il peut prendre entre le toit et le sol de la rue. Il nous en donne même les grandes ombres et les grandes lumières, sinon encore le modelé parfait. Ressuscitant en cette fin de siècle, Ingres serait certainement ravi. En va-t-il de là qu'il accueillerait tous ces mouvements pour des impressions d'art ? Que non ! Il en choisirait un ou deux. Peut-être aucun. Sa qualité de dessinateur lui permettant d'interpréter, il établirait un mouvement intermédiaire, présentant toutes les qualités esthétiques dési-

---

1. *La Photographie et l'Artiste.* « Revue des Deux Mondes » du 15 février 1893.
2. Amaury-Duval : *Souvenirs de l'atelier d'Ingres.*

rables, et dont le rythme lui serait révélé par la série des attitudes données par la photographie. Dans ses cartons, pour la figure de la *Source*, ne trouve-t-on pas d'innombrables esquisses du même motif tendant à l'expression la plus parfaite des lignes, à la représentation la plus artistique de l'œuvre rêvée?

En ce sens, le photographe ne peut interpréter. Ses moyens de production le condamnent à choisir dans la série obtenue. Encore doit-il choisir et non tout présenter.

Par défi, bravade, ou beaucoup mieux par soif de réclame, désir d'attirer quand même sur soi l'attention, quelques peintres se plaisent à représenter des chevaux dans une pose invraisemblable et pourtant donnée par la chronophotographie. Épreuves en main, ils nous prouveront la vérité de ces attitudes. En dépit de cette vérité, l'amateur d'art ne pourra s'empêcher de sourire. Toutes les preuves accumulées ne parviendront pas à détruire dans son esprit le sentiment de grotesque que la bravade du peintre y a éveillé. Rien ne lui paraîtra plus faux que cette vérité technique, parce qu'elle le forcera à voir ce qui n'est pas dans l'accoutumance de sa vision et ne saurait y être par la nature même de son organe visuel. Pourtant les perceptions données par celui-ci se présentent d'autant plus complexes qu'elles sont inconsciemment accompagnées et du mouvement de nos yeux et des déplacements de notre corps. Ce mouvement et ces déplacements demeurent en parfait désaccord avec la vision photographique. L'objectif, cet œil de la chambre noire, qui voit l'image, la saisit et la retient, reste immuable. Si donc nous voulons étudier le mouvement au point de vue de la photographie, nous devons, tout d'abord, en supposant l'œil humain parfaitement immobile, nous devons nous rendre compte de ce que devient la perception du mouvement dans cette condition absolue.

L'exactitude de cette perception dépendra évidemment : de la localisation des sensations visuelles, de leur acuité, de leur persistance.

La localisation des sensations visuelles reste nettement déterminée, lorsque notre œil, immobile, acquiert le sentiment de la position respective de tous les objets manifestant simultanément leur impression sur notre œil. Il en résulte une conséquence : nous ne pouvons percevoir le mouvement d'un objet qu'autant que nous possédons au moins deux points de repère.

En ce qui concerne l'acuité, les images rétiniennes ne nous apparaissent jamais absolument nettes. Si perfectionné qu'il soit, notre œil se trouve dans l'impossiblité de rassembler sur un seul endroit de la rétine tous les rayons émanés d'un même point lumineux. Ce point, au lieu de se fixer en un point géométrique, s'affirme par un cercle de diffusion s'étendant sur plusieurs éléments rétiniens à la fois. Donc tout mouvement, surtout lent et continu, se constate par une série d'obervations montrant, par rapport aux objets voisins, les diverses positions dans l'espace de l'objet en mouvement. Ce sera la réunion constante de ces différentes positions qui nous donnera même l'illusion du mouvement. Les fixer et les saisir chacune, les décomposer, c'est détruire le mouvement. Rien de plus pernicieux pour l'art que la trop grande vérité. Quand je dis art, je m'adresse à tous les arts. Prenons un exemple en dehors des arts du dessin. Considérons, en littérature, les romans dits psychologiques. Les maîtres incontestés du genre nous y décrivent, avec une minutie étonnante qui tient de la magie, toutes les attitudes de l'âme. La lecture finie, quelle impression nous reste-t-il? Nous avons la perception des plus infimes mouvements de l'âme, mais nous cherchons vainement l'âme elle-même. A vouloir trop montrer, l'auteur n'a plus rien montré du tout.

Il en va de même des peintres. Une exécution trop poussée du mouvement ne rend plus le mouvement. Voilà pourquoi les véritables amateurs préfèrent souvent les esquisses aux tableaux.

« Nous en avons vu, il y a quelques années, un exemple bien frappant, dit M. Eugène Véron dans son *Esthétique*. La *Gazette des Beaux-Arts* avait publié le fac-similé d'un certain nombre des esquisses de M. Paul Baudry pour le grand foyer de l'Opéra. Il y avait là une animation, une vie qui ont en grande partie disparu dans l'œuvre peinte. Les gestes ne manquent pourtant pas dans les figures de M. Baudry ; on peut même dire qu'ils y sont prodigués, et cela ne remue pas. Tous ces personnages, malgré leurs grands bras, leurs jambes écartées, sont fixés dans une immobilité d'autant plus désagréable qu'elle est en contradiction avec les mouvements. A quoi tient cette transformation désastreuse? A ceci, que dans les esquisses, les gestes sont vaguement indiqués par une multiplicité de traits voisins, qui, par ce voisinage même, animent la figure en marquant plusieurs moments, c'est-à-dire plusieurs attitudes successives simultanément perçues dans un même mouvement, tandis que ce mélange de succession et de simultanéité manque dans le trait unique et précis de l'attitude définitive. »

Ce qui vient à l'appui de notre acuité visuelle, acuité ne nous donnant jamais avec une netteté absolue les images rétiniennes et cela en supposant à ces images la même durée que l'impression lumineuse qui les produit. Or, ce ne peut être cependant qu'une hypothèse. Nous devons encore compter avec le troisième phénomène d'où dépend l'exactitude de la perception du mouvement : la persistance des images rétiniennes. Si rapide que soit la reconstitution du pourpre rétinien, sur lequel l'image s'imprime au fond de notre œil, elle ne peut lutter avec l'instantanéité d'une impression lumineuse. L'image formée, reçue et vue persiste dans notre œil d'une façon encore appréciable. Pendant un trentième de seconde, au moins, la décroissance de l'image paraît insensible. Donc des impressions lumineuses, renouvelées trente fois à la seconde, produiront sur notre vision une sensation continue. Le fait est connu. De petites expériences de physique amusante l'ont vulgarisé. Il n'en demeure pas moins d'une importance capitale dans la vision. Cela explique pourquoi l'image du mouvement même, présentée par la photographie instantanée, nous donne rarement la notion du mouvement. En dehors de la grâce, manquant souvent aux instantanées, nous nous trouvons en présence d'une vérité mensongère. Alliance de mots contradictoires. Alliance réelle pourtant : l'instantanéité nous montrant le plus souvent le mouvement autrement que nous le voyons dans la nature.

Donc, pour qu'une instantanée reproduise le mouvement même, il faut qu'elle nous en donne au moins l'équivalent optique. Par conséquent, toute instantanée n'offrant pas cet équivalent doit être impitoyablement rejetée d'un album destiné à contenir des sujets d'art.

Pour beaucoup de bons esprits cet équivalent semblera impossible à atteindre. Le déclenchement de l'obturateur correspondant à une impression rapide, non renouvelée, donnera forcément naissance à une image nettement délimitée. Si cette image est la représentation d'un mouvement brusque, ou d'une décomposition quelconque d'un mouvement complexe, elle gênera notre regard, trop imparfait pour saisir ce mouvement ou dissocier cette partie de l'ensemble général ; elle déconcertera notre esprit qui l'ignorait. Ce mouvement arrêté, cette image figée, ne nous laissant aucun souvenir de celui qui l'a précédé, ne nous suscitant aucun pressentiment de celui qui va suivre, sera la négation même du mouvement. Parmi les artistes, les mieux disposés à se laisser gagner à la cause de l'Art en photographie ne peuvent se défendre de l'effet désagréable et antiartistique de nos instantanées. Ils en prennent thème pour consolider leurs hésitations dernières. Je ne puis vraiment leur en tenir rigueur. En âme et conscience, je leur donne mon approbation. Ou, tout au moins, la leur donnerai-je tant qu'on ne voudra pas limiter les instantanées.

Pour atteindre à cette limitation, il faut tout d'abord, comme je l'ai dit, reléguer dans les curiosités scientifiques ou briser sans pitié tous les phototypes représentant ces mouvements bizarres et disgracieux dont notre œil n'a pas l'accoutumance. Nous nous éviterons des hécatombes trop nombreuses en choisissant plus particulièrement des mouvements lents ou rythmés, susceptibles de ne jamais choquer le regard ni désorienter l'esprit.

Ceci fait, nous avons à considérer les moyens dont nous disposons pour arriver aux meilleurs résultats artistiques. A mon avis, j'en vois au moins deux, d'ordre tout mécanique, par conséquent très applicables. Je veux parler de l'obturation et de l'agrandissement.

Ce que nous cherchons avant tout dans la photographie instantanée, c'est un obturateur à grande vitesse. Cette recherche admissible, nécessaire pour la photographie documentaire, devient erronée pour la photographie artistique. Avec cette rapidité extrême, nous arrivons à obtenir des

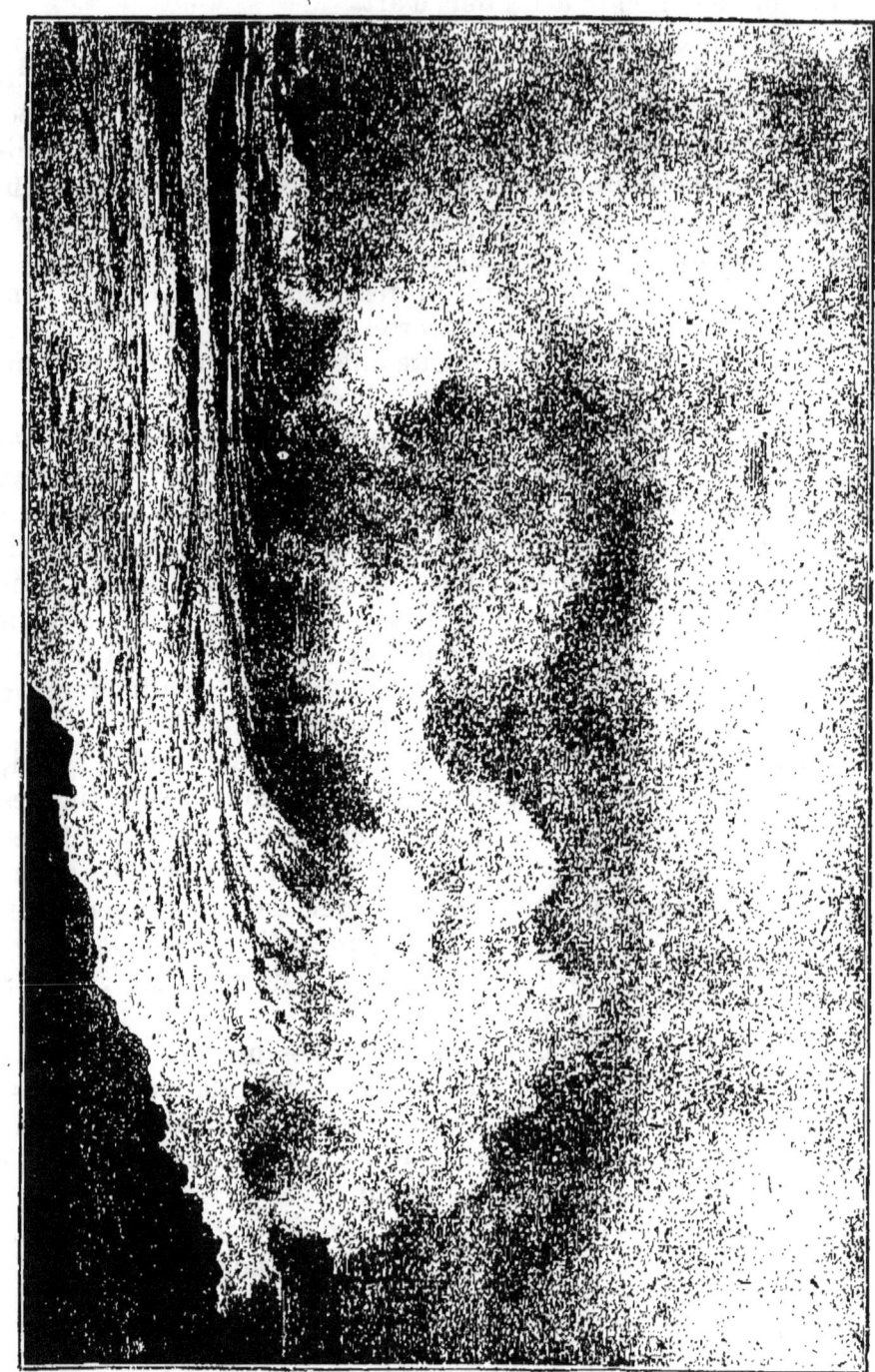

ÉTUDE DES INSTANTANÉES

Coup de vent a la marée montante.

résultats inattendus, mais mauvais, neuf cent quatre-vingt-dix-neuf fois sur mille. Coureurs, cyclistes, hommes en marche même, ne nous offrent plus l'image du mouvement, mais bien celle d'une immobilité complète dans un équilibre plus ou moins stable, généralement moins que plus. Image raide, sans caractère aucun, parlant encore aux yeux par ses qualités techniques de bonne photographie, mais absolument muette pour l'esprit. Or, l'œuvre d'art doit toujours parler à l'esprit et aux yeux; plus encore à l'esprit qu'aux yeux. Le summum de l'esthétique coïncide avec le maximum d'intensité produit sur notre sentiment.

Prenons une mer montant sa marée. Si, pour en obtenir une image, nous nous servons d'un obturateur à très grande vitesse, les ondulations des vagues présenteront des arêtes trop arrêtées. Nous aurons une mer en zinc, imparfaite à nous rendre ce remuement gigantesque de l'eau, cette lutte ardente de la vie contre l'inertie. Au lieu de la mer, prenons de grands arbres fouettés par la rafale. Notre œil perçoit distinctement tous les détails des troncs, il saisit moins nettement les grosses ramures ; quant aux feuilles et aux brindilles, il les entrevoit dans un fouillis confus. Déclenchons un obturateur dont le ressort est tendu à son maximum. Feuilles, brindilles, ramures et troncs, apparaîtront sur le phototype avec la même netteté. Ce seront des arbres contournés, bizarres de forme, et non pas des arbres secoués par la tempête. Moins d'instantanéité, au contraire, nous donnerait l'effet cherché: netteté des troncs, demi-netteté des ramures, flou des feuilles et des brindilles. Nous aurions, en un mot, l'équivalent optique du grand mouvement qui impressionne notre rétine.

Cependant, avec un obturateur à grande vitesse, si nos instantanées sont prises dans un petit format, et que nous les agrandissions, nous constaterons l'effet du mouvement, nous en acquerrons l'équivalent optique. L'épreuve agrandie d'une image obtenue avec une obturation rapide se rapprochera, en ce sens, de l'image directe obtenue avec une obturation lente ou moyenne. L'emploi des appareils à main dont la photo-jumelle Carpentier[1] et son châssis amplifica-

---

1. Voir : *La Pratique en photographie.*

teur sont le prototype permettent à tous de constater couramment ce phénomène.

Donc, par l'agrandissement, nous détruisons l'effet désagréable de l'instantanéité. Cette seconde méthode me semble, par conséquent, préférable à la première. Nous pouvons, dès lors, nous permettre, en service courant, l'obturateur à grande vitesse, à condition d'agrandir toutes les images jugées dignes de figurer dans l'album d'art, c'est-à-dire les instantanées aux formes gracieuses, aux représentations plastiques, conformes aux lignes dont notre œil et notre esprit ont l'accoutumance. Les autres resteront, en épreuves directes, documents scientifiques avec leur netteté suffisante et nécessaire.

Ceci milite encore en faveur de l'agrandissement dont nous étudierons le procédé dans ce volume et qui, dans de certaines dimensions, je ne saurais trop le répéter, s'offre comme un des plus sûrs et plus rapides chemins conduisant à l'Art en photographie.

VII

NATURE MORTE ET ORTHOCHROMATISME

Le subjectif et l'objectif.
Ce qu'enseigne la nature morte. — L'isochromatisme et l'orthochromatisme. Le système rationnel et systématique d'un jeu de verres colorés. — Les plaques à l'éosine. — Emploi combiné d'un verre jaune et de plaques à l'azaline. — Les plaques à l'érythrosine. — Les écrans colorés.

Avant de clore l'étude du paysage, je crois utile de consacrer quelques mots à la nature morte, c'est-à-dire à l'obtention de l'image d'un modèle complètement privé de vie, soit qu'il l'ait perdue par une cause quelconque, soit qu'il ait toujours été inerte.

Dans tout ce qui précède j'ai évité autant que je l'ai pu, sinon entièrement, de me servir des deux expressions : *subjectif* et *objectif* si chères aux métaphysiciens modernes. Non qu'elles ne me semblent pas justes, loin de là, mais parce que je leur trouve un petit air de transcendance et de subtilité, susceptible de dérouter le lecteur français malgré les essais tentés par d'excellents auteurs pour vulgariser, en France, ces deux expressions. En parlant de la nature morte, je me vois, à mon grand regret, presque obligé de me servir d'elles, et par conséquent de les définir.

Par *subjectif*, les métaphysiciens entendent toute perception qui nous est propre exclusivement.

Par *objectif*, toute perception commune à nous et à ce qui n'est pas nous, c'est-à-dire toute perception qui nous manifeste le monde extérieur.

Cette simple définition suffit à nous prouver que l'expression subjective existe dans la nature morte beaucoup moins que dans un autre motif, c'est-à-dire qu'elle sollicite notre rêverie moins facilement qu'un autre motif, quelle que soit l'harmonie de sa forme, quel que soit le charme, je ne dirai pas de son coloris, puisque la photographie ne nous ne le donne pas encore, mais de la finesse de ses ombres, de ses lumières et de ses demi-teintes.

De ce chef on pourrait croire que la nature morte n'offre aucun intérêt. Pourtant, dans les arts du dessin, on la recommande parce qu'elle peut servir d'apprentissage à toutes les différentes branches de l'art, et ce n'est que justice.

La nature morte n'enseigne-t-elle pas en effet l'ordonnance des lignes, l'ordonnance des ombres et des lumières, l'harmonie des couleurs?

Pour le photographe, l'enseignement de l'harmonie des couleurs disparaît, mais les autres enseignements restent.

Cela suffit, il me semble, pour m'autoriser à comprendre la nature morte dans l'Art en photographie, mais à l'y comprendre modérément, tant que l'on n'aura pas trouvé la photographie des couleurs, puisque la couleur demeure en somme la plus grande expression de la nature morte, expression qui fait d'elle un motif essentiellement pictural.

Certes, l'artiste photographe peut ordonnancer les lignes d'une nature morte, composer avec habileté les ombres et les lumières, mais dans ce genre plus que dans tout autre il maudira ce grand défaut, qu'il faut bien reconnaître à la photographie, et qui consiste à fournir des images dans lesquelles les valeurs des couleurs sont mal rendues, déformées, souvent même renversées. Nous avons vu, qu'au point de vue du paysage, on pouvait sensiblement, presque suffisamment, combattre ce défaut par la surexposition. Ce moyen s'appliquera évidemment à la nature morte, et d'autant plus facilement que le sujet reste inerte. Mais cette inertie, en ce qu'elle permet un temps de pose aussi long qu'on le voudra, nous invite à nous servir des procédés connus sous les noms d'*isochromatisme* et d'*orthochromatisme*.

Ces procédés consistent dans l'emploi des verres colorés placés devant l'objectif ou dans celui de plaques composées de telle sorte que les couleurs s'impriment sur le phototype avec des tonalités à peu près correspondantes aux relations de ton que les couleurs conservent entre elles.

Dans une Note présentée en 1889 à l'Académie des sciences, M. G. Lippmann affirme que, de toutes les couleurs, le bleu est la plus actinique et que les autres n'impressionnent le gélatino-bromure d'argent qu'en raison de la quantité de bleu qu'elles contiennent.

Il résulte de cette remarque qu'une pose suffisante pour le

bleu reste très insuffisante pour les autres rayons colorés. En conséquence, M. G. Lippmann propose de faire usage rationnellement et systématiquement d'un jeu de verres colorés.

Pour cela, l'opérateur place un verre bleu devant l'objectif et fait poser son motif le temps nécessaire pour que les rayons bleus impressionnent la plaque. Il ferme alors l'obturateur, puis, sans déplacer l'appareil, il substitue un verre vert au verre bleu et recommence la pose pendant un temps suffisant pour qu'à leur tour les rayons verts impressionnent fortement la plaque.

Il continue à opérer semblablement avec un verre jaune et un verre rouge. Le résultat final donne une photocopie positive claire, finement nuancée et bien modelée.

J'estime que ceux qui se livrent à l'étude de la nature morte et même à toutes les études photographiques peuvent se servir de ce mode d'opération dont la complication ne saurait les arrêter puisque leur sujet, par sa nature même, ne se déplacera pas.

Le mieux, dans l'espèce, serait évidemment de trouver une matière sensible se rapprochant autant que possible de la sensibilité exquise du pourpre rétinien. On y tâche. Depuis quelques années, préparateurs et chimistes étudient cette question d'une matière sensible isochromatique. MM. Attout-Taillefer avec leurs plaques au gélatino-bromure d'argent, additionné d'éosine, ont ouvert la voie, dans laquelle se sont lancés, fort activement, MM. Vogel, Obernetter et autres.

Tout d'abord le docteur Vogel a cherché à combiner l'emploi d'un verre jaune, placé devant l'objectif, avec celui des plaques au gélatino-bromure d'argent coloré avec de l'azaline, soit au moment de l'émulsion, soit après séchage.

Ce qu'il dénomme azaline est un mélange de rouge de quinoline, découvert en 1881 par le docteur Jacobsen, et de bleu de quinoline, autrement dit cyanine. Pour l'obtenir on prépare les solutions suivantes :

Solution A.

Eau.................... 500 cm³.
Rouge de quinoline........... 1 gramme.

SOLUTION B.

Eau. . . . . 100 cm³.
Ammoniaque . . . . 1 —
Solution B. . . . . 4 —

SOLUTION C.

Alcool. . . . . 100 cm³.
Bleu de quinoline. . . . . 1 —

et l'on forme l'azaline en ajoutant à la solution B un dixième de son volume de la solution C.

Poussant plus avant leurs études MM. Vogel et Obernetter en sont arrivés à supprimer le verre jaune devant l'objectif et à tremper, préalablement, les plaques, dont on a l'habitude de se servir couramment, dans le bain suivant :

Solution d'erythrosine à 1/1000. . . . . . 25 cm³.
Solution d'azotate d'argent à 1/100. . . 25 —
Eau. . . . . 50 à 100 —

Les plaques, après une immersion d'une minute dans ce bain, sont séchées à l'étuve ou à l'air libre et se gardent pendant deux ou trois mois. La sensibilité de la couche est ralentie mais elle demeure cependant assez active pour permettre la pose des portraits et des paysages.

On trouve dans le commerce des plaques orthochromatiques, on en trouve même de panchromatiques. Elles sont toutes très sensibles aux radiations bleues et violettes. La nécessité s'impose donc de recourir à un milieu coloré doué de la propriété d'absorber ces radiations. Le jour où les plaques orthochromatiques seront rendues beaucoup moins sensibles aux radiations bleues et violettes, ce milieu, constitué par un écran transparent, pourra être supprimé. Jusque-là nous devons nous en servir, sous peine d'amoindrir, même de perdre, les qualités orthochromatiques des plaques.

Quelle doit être la couleur de cet écran ? Cette question simple est d'une résolution complexe, dans l'état actuel. Les plaques du commerce ne donnent point, en effet, et même les panchromatiques, l'orthochromatisme complet. Elles le

ÉTUDE DES REFLETS ET DE LA CONTRE-LUMIÈRE

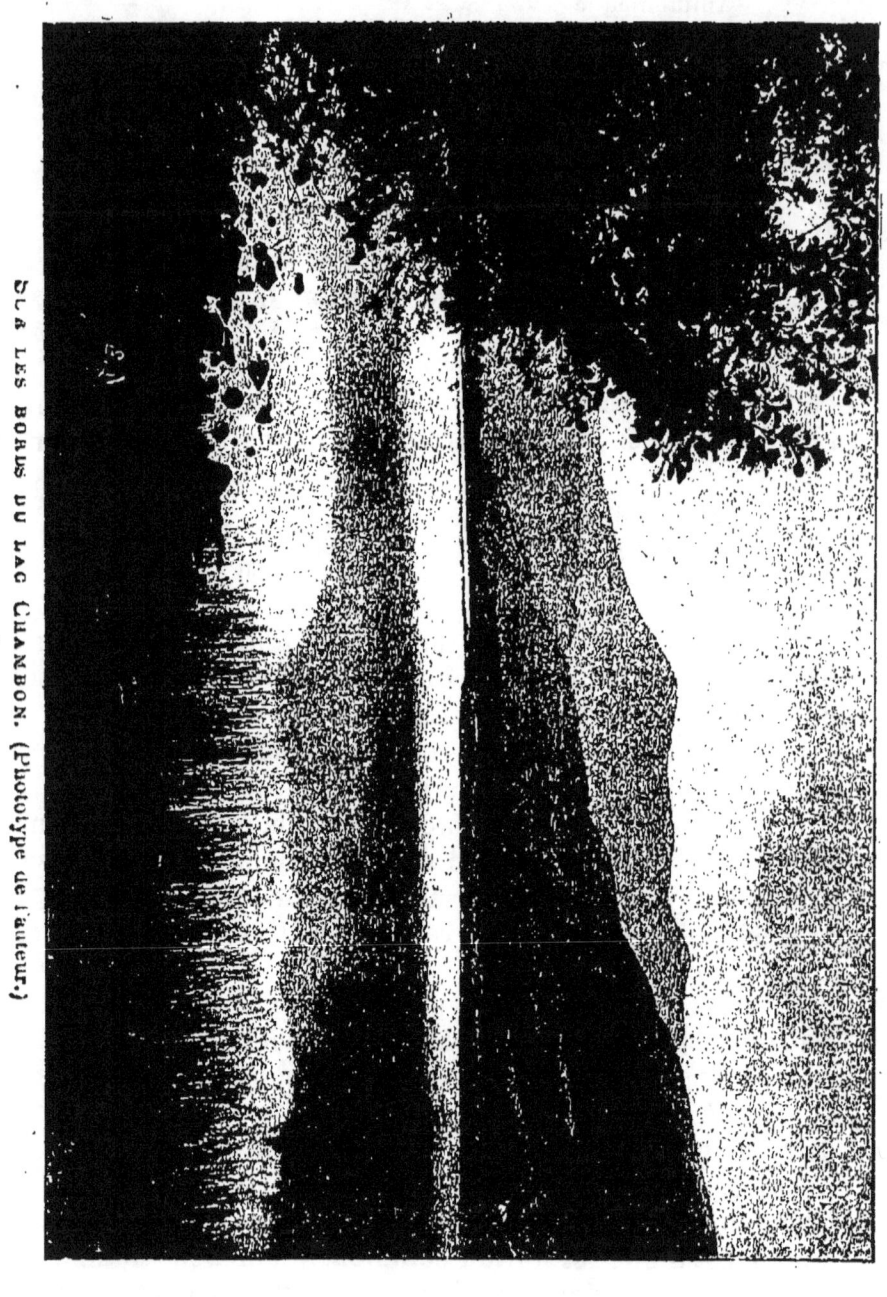

SUR LES BORDS DU LAC CHAMBON. (Phototype de l'auteur.)

présentent seulement pour certaines radiations. Il en résulte que la méthode rationnelle consisterait à faire usage d'un écran formé de zones vertes, jaunes et rouges, que l'on ferait passer devant l'objectif en maintenant chaque zone immobile pendant une durée qu'il faudrait proportionner à la sensibilité que la plaque employée montrerait pour chacune des trois radiations principales.

Malgré les qualités de l'orthochromatisme, cette complication est d'une mise en pratique peu commode. Toutefois, on arrive relativement assez bien à rétablir la gamme des tonalités en ne cherchant qu'à absorber les radiations violettes et bleues, par l'interposition d'un écran jaune.

Au bord de la mer, où tout sujet peut être pris pour ainsi dire instantanément, mais où les radiations bleues et violettes se rencontrent à leur maximum d'intensité, je vous conseillerai, même pour les plaques ordinaires, l'emploi courant d'un écran de verre jaune à l'argent. J'en dirai autant pour les montagnes et les glaciers. Vos phototypes y gagneront beaucoup. Les ciels, les lointains, les eaux et les glaces apparaîtront plus purs et plus francs. Par une belle lumière vous pourrez même obtenir, à la mer, des épreuves instantanées avec cet écran. Les vagues sont d'un mouvement lent ; l'obturateur armé au vingtième de seconde suffit amplement.

D'ailleurs nous devons nous habituer à l'usage des écrans colorés. La photographie des couleurs nous les imposera.

L'interposition d'un écran vert, nous permet de combattre très efficacement les oppositions violentes que présente une maison blanche vivement éclairée et entourée de masses de verdures sombres. Celle d'un écran jaune vous donne le moyen d'arrêter ou de diminuer les radiations bleues-violettes qui se manifestent d'une façon très intense et par conséquent très gênante dans un motif à horizon lumineux ou brumeux : soit marines, soit paysages alpestres avec des neiges ou des glaciers. Tout dernièrement, dans une remarquable séance du Camera Club de Londres, de vives discussions ont été engagées, tendant à établir, avec preuves à l'appui, que la combinaison des écrans jaunes et verts donne une échelle de modelé plus exacte que l'un des deux écrans employé séparément.

Certes aucun écran monochrome ne saurait s'approprier utilement à toutes les circonstances. Pour réussir toujours, et bien, il faut faire usage d'écrans permettant des combinaisons différentes de couleurs pour les divers sujets et spéciales à chacun d'eux. J'ai, pour ma part, assez étudié la question et, à mon avis, il n'est pas douteux que le double écran donne des résultats très efficaces. Ciel et eaux viennent d'une façon remarquable sur le phototype. J'ai bien constaté, dans les premiers essais, que le rendement de l'effet était peut-être moins accusé dans les premiers plans. Défectuosité apparente au demeurant. Elle disparaît lorsqu'on a trouvé la valeur réelle de l'écran employé, c'est-à-dire le coefficient exact par lequel il faut multiplier le temps de pose.

Parlant de ces résultats incontestables, j'ai cherché comment l'amateur pouvait faire usage couramment et surtout pratiquement des écrans colorés. Sur mes indications, M. Ch. Monti a construit un petit appareil qui n'encombre point le photographe, n'augmente pas sensiblement son matériel et lui permet cependant l'emploi de tous les jeux d'écrans.

Cet appareil n'est autre qu'une manière de boîte fixée à demeure sur la planchette porte-objectif. Comme complément, elle est accompagnée d'un écrin renfermant des verres jaunes, bleus et verts de teintes variées. A l'intérieur de la boîte se trouvent deux feuillures aussi rapprochées que possible l'une de l'autre. Dans chacune ou dans l'une seulement vous glissez l'écran choisi. Un couvercle très ingénieux ferme hermétiquement la boîte et, quand vous l'ouvrez, un ressort fait assez sensiblement émerger les écrans des bords pour permettre de les prendre et de les retirer aisément. Rien de plus simple, rien de plus commode, rien de moins encombrant. Grâce à la juxtaposition des deux feuillures et à l'emploi des verres de différentes nuances, vous pouvez varier pour ainsi dire à l'infini la tonalité de l'écran translucide. Même couleur contre même couleur, nous donnera cette couleur avec une tonalité plus intense; une couleur contre une autre couleur donnera lieu à une couleur dont la tonalité variera. Un jaune clair avec un bleu foncé par exemple vous donnera un écran vert tirant sur le bleu; inversement il vous donnera un écran vert aussi, mais tirant cette fois sur le jaune. Un jaune contre un vert jaunira le vert primitif... Les exemples pourraient être multipliés à profusion. A quoi bon! Ceux donnés suffisent à montrer tout le parti que l'on peut tirer du *porte-écrans colorés*. La planchette d'objectif de tout artiste soucieux d'obtenir de

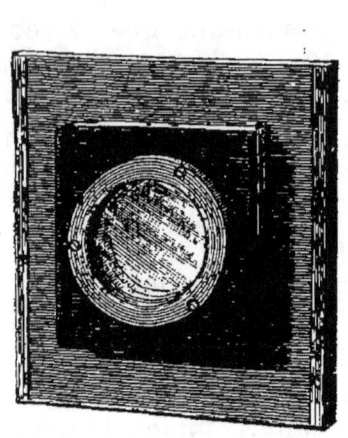 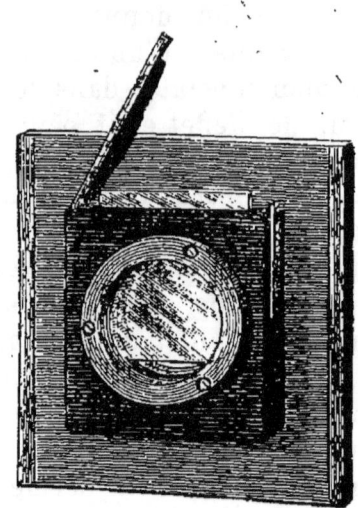

Le porte-écrans colorés.

Ferme. *Ouvert.*

bonnes épreuves et d'atteindre à l'Art photographique doit en être munie.

L'écran coloré que, à l'état jaune *très clair*, je considère presque toujours comme bien dans tout travail en plein air, *qu'il soit exécuté avec des plaques orthochromatiques ou des plaques ordinaires*, devient, à l'état plus foncé, une nécessité absolue quand on vise à obtenir surtout des nuages de toute forme et de toute lumière. Il est difficile de s'entendre sur la teinte. Aussi préfère-t-on avoir affaire à une solution titrée d'un sel quelconque. Par exemple, dans le cas du ciel : une solution de bichromate de potasse à saturation. Comme cela on est sûr de sa nuance.

Mais pour se servir d'une solution il faut une cuve. Et une cuve ne semble pas au premier abord d'un emploi facile. Voici cependant un moyen assez simple d'en placer une maniable à l'arrière de l'objectif, comme l'indique la figure 1.

La construction de la cuve est montrée dans la deuxième gravure, dans laquelle a. a' sont des verres plats et carrés,

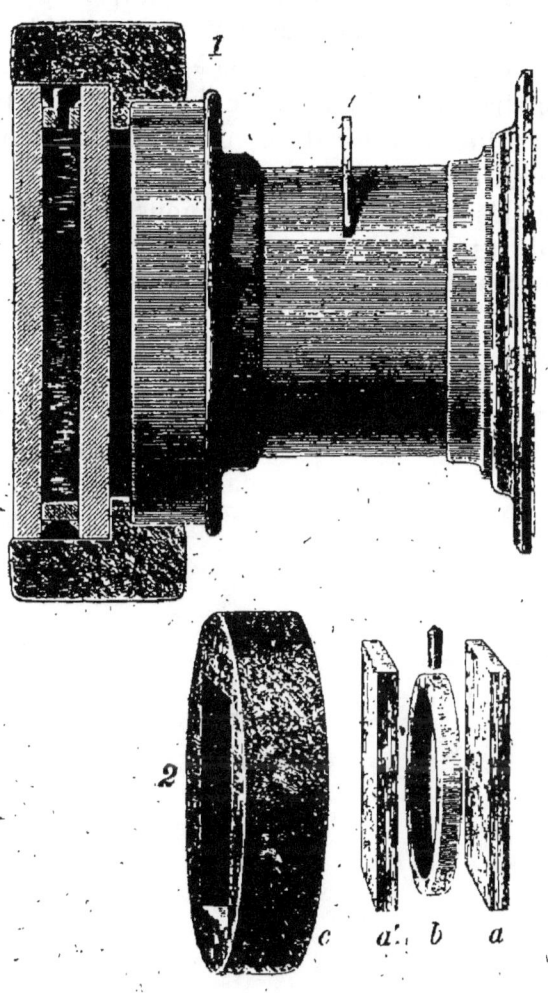

Dispositifs d'une cuve à l'arrière de l'objectif.

et b est un anneau coupé dans un tube de verre, puis poli pour rendre ses bords parallèles et lisses. Cet anneau est percé et pourvu d'un bouchon. On le cimente entre les deux verres plats avec du baume de Judée, ou tout autre ciment semblable. La solution saturée de bichromate de potasse est introduite par le trou, et la cuve ainsi préparée est insérée dans un morceau de liège *c*, lequel est fixé à l'arrière de l'objectif monté sur la chambre noire. L'ajustement approprié pour la cuve est montré dans la gravure 1. Le diamètre doit varier naturellement avec le diamètre et l'angle de l'objectif. Avec une cuve ainsi faite et remplie d'une solution à saturation de bichromate de potasse, on obtient de fort beaux ciels avec des poses de trois à quatre secondes.

Cette construction de cuve, extrêmement simple, peut être une excellente indication, puisqu'il semble qu'en fait d'orthochromatisation et de chromophotographie nous sommes appelés, comme je l'ai dit, à nous servir constamment d'écrans colorés.

En tout cas notons bien ceci : l'emploi d'un écran jaune clair avec une plaque ordinaire et une légère surexposition donnent de merveilleux résultats.

LIVRE DEUXIÈME

LA FIGURE

I

L'ATELIER

Du paysage et du portrait. — Ce que permet de tenter le procédé au gélatino-bromure d'argent. — La lumière ouverte et la lumière serrée. — La lumière d'en haut et ce qu'en pensent les femmes. Ce qu'elle est réellement. — La lumière d'en bas. — La lumière de côté. Combinaison de la lumière de côté avec la lumière d'en haut. — Le temps de pose à l'atelier. — La photographie dans une chambre. — Le soleil dans l'atelier. — De l'orientation. — De la meilleure forme à donner à un atelier photographique. — Les stores. — Le sectionnement de la lumière.

Le paysage, à mon avis, semble devoir constituer pour l'Art en photographie le thème le meilleur et le plus fécond par cette raison unique, mais primordiale, que les motifs qu'il nous offre sont facilement à la portée de tous. Pourtant, à considérer les innombrables photocopies répandues de par le monde, on croirait que le paysage n'est rien, que le portrait est tout.

Aux premiers âges de la photographie il fallait donner à la pose, même au soleil, une durée très grande. Il paraissait plus facile d'obtenir de l'homme que de la nature une immobilité presque absolue. L'homme posa; son portrait se fit. Ce fut le portrait de l'homme que visèrent, dès l'abord, ceux qui virent dans la photographie une source de lucre.

Quelle bonne invention! Portraire ses semblables, rien que par un travail machinal! Et les portraire à bon marché! Enfoncé le peintre, enfoncé le dessinateur, enfoncé...

Enfoncé rien du tout.

Le portrait, par sa difficulté même, s'élève au premier rang de tous les arts graphiques. Il doit donner, avec les traits d'un visage, l'expression propre à ce visage, le caractère moral de la personne à qui il appartient. Il doit, en un

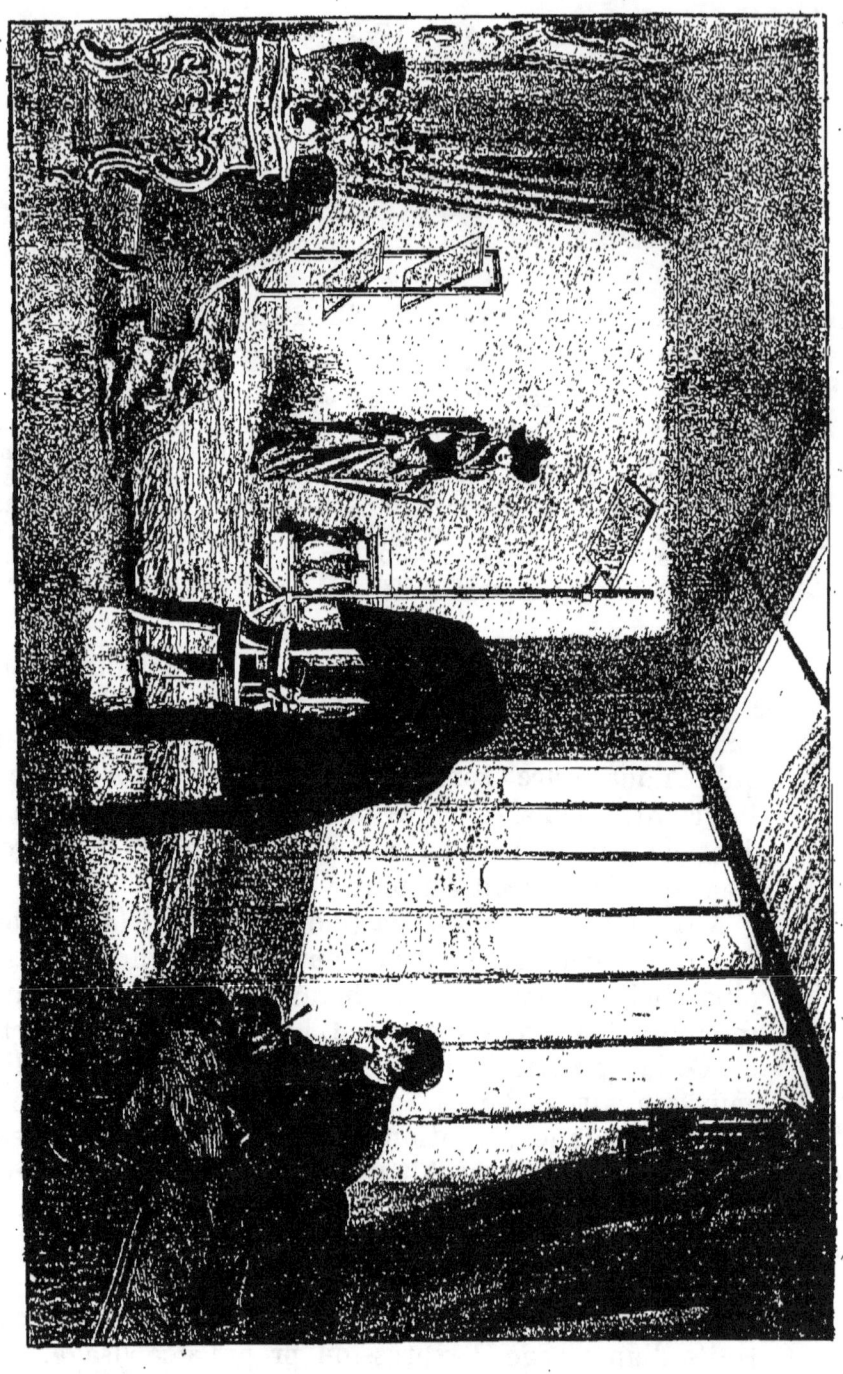

L'INSTALLATION DU PHOTOGRAPHE

Intérieur d'un atelier pour le portrait photographique.

mot. faire jaillir la flamme. Et la photographie, dit Préault, « n'est que la suie de la flamme » !

Ce mot, très exact autrefois en dépit de son amertume, a perdu beaucoup, je dirai même : toute sa vérité, avec les procédés que nous employons aujourd'hui. Si Préault existait encore, il hésiterait peut-être à le prononcer. Tout au moins à lui donner une tournure aussi sévère. Néanmoins, en perdant son aspect suie, par des commodités de manipulations dues à des progrès successifs, le portrait photographique n'a pas approché de l'art autant qu'il l'aurait pu. Cela à cause de la foule innombrable de faiseurs de portraits, à tant la douzaine. Ces industriels ont totalement faussé le goût du public en créant, avec la retouche, cette chose bâtarde tenant de la photographie et du dessin, et qui n'est ni dessin ni photographie.

Toutefois, le procédé au gélatino-bromure est si rapide déjà, qu'il peut, en attendant le progrès de demain, permettre à celui qui travaille pour soi, en aspirant à l'art, à celui qu'aucune préoccupation mercantile ne vient entraver, qu'il peut permettre, dis-je, de tenter souvent, sinon toujours, l'obtention de la fameuse flamme. C'est à lui de savoir la faire jaillir en temps opportun. C'est à lui de placer, d'éclairer et d'arranger son modèle de façon que la flamme atteigne son maximum d'éclat. Toutes choses, qu'en dehors de ses aptitudes d'artiste, il ne pourra acquérir qu'avec des connaissances spéciales, ou que dans un milieu particulier.

Ce sont ces connaissances, c'est ce milieu que nous allons examiner.

La lumière et l'ombre possèdent leur éloquence. Elles expriment les profondeurs de l'espace, les reliefs des corps qui donnent naissance aux profondeurs de notre rêverie, aux émotions de notre âme.

Jusqu'ici nous n'avons envisagé cette éloquence que dans le plein air de la campagne. Nous avions alors à notre disposition la lumière universelle, la *lumière ouverte*, qui convient mieux aux paysages et aux sujets de genre qu'au portrait lui-même. Celui-ci nous donnant tout particulièrement la figure humaine, a besoin d'un luminaire étroit ou large, diffus ou concentré, chaud ou froid mais choisi, de telle sorte que la figure humaine y soit vue de la manière la plus favorable possible. C'est l'excellence de cette lumière, relativement restreinte, de cette *lumière serrée*, qui commande à la construction de l'atelier du photographe. Non seulement elle devra être assez large pour éviter de trop allonger le temps de pose, mais encore suffisamment bien ordonnancée pour que l'incidence puisse en être dirigée selon le caractère ou le sentiment qu'on veut mettre en saillie. Le tout, au plus grand profit de la beauté du modèle et de l'épreuve

Cette incidence demeure une des grandes préoccupations de l'artiste, qu'il soit peintre ou photographe.

La lumière doit-elle venir d'en haut, d'en bas, de côté ?

Points délicats qui méritent d'être considérés chacun en soi.

De prime abord, l'éclairage d'en haut semble être l'éclairage convenant le mieux à la figure humaine. Le Créateur a bien fait ce qu'il a fait. Plus on approfondit la nature, plus cette vérité saute aux yeux. Or s'il a donné à l'homme, seul entre tous les animaux, l'attitude verticale, il estimait sans doute que, dans cette position et sous la lumière tombant des cieux, son chef-d'œuvre paraîtrait dans son plus grand avantage.

Ce raisonnement, spécieux à première vue, est absolument inné chez les femmes. Dans ses *Remarques sur l'architecture des anciens*, Winkelmann affirme que les jeunes filles de Rome, dès qu'elles ont été promises en mariage, se font voir pour la première fois, en public et à leur fiancé, dans la rotonde du Panthéon, sous prétexte que le jour n'y pénètre que par une ouverture unique, pratiquée au centre de la voûte, et que le jour d'en haut est le plus favorable à la beauté.

De fait, on ne peut le nier, sous la lumière d'en haut la figure humaine atteint à certains effets de beauté très caractéristiques. Les frontaux, par exemple, s'y modèlent avec une netteté remarquable. Sous l'arcade sourcilière, fortement ombrée, les yeux prennent un éclat tout particulier. La saillie des pommettes s'accentue. Le dessin du nez se détermine par une belle ligne de lumière soutenue par l'ombre portée de la pomme, ombre dans laquelle s'adoucit, en se perdant, la tonalité sombre des cavités nasales.

Mais à côté de ces qualités, certains défauts se présentent. La lèvre supérieure perd de son animation. Le menton s'empâte, l'enfoncement du cou se fait trop obscur. Or, si cette sorte de colonne sombre, qui soutient alors la tête, peut être admise en peinture, où la couleur vient en quelque sorte amortir l'ombre la plus intense, il n'en est pas de même dans le camaïeu, partant dans la photographie. Aussi ne suis-je pas de ceux qui portent aux nues cet éclairage à pic et n'en veulent pas d'autre.

La raison donnée de la verticalité de l'être humain me semble beaucoup plus spéculative que pratique. Un chêne, une montagne ou une colline rentrent aussi dans la verticalité. Pourtant l'éclairage d'en haut leur messied. Nous savons même, par ce qui précède, qu'un paysage n'est jamais plus intéressant que sous une lumière oblique.

Si donc l'éclairage d'en haut possède de grandes qualités, il entraîne aussi, avec lui, de graves défauts.

Quant à le renverser complètement, il n'y faut point songer. Nous connaissons tous l'effet désastreux de la rampe sur le visage des acteurs. Effet d'autant plus blessant pour notre vue qu'il est contraire à toutes nos habitudes de vision. La lumière d'en bas ne peut donc venir en aucune façon en ligne de compte. Tout au plus peut-on la classer pour la rejeter aussitôt après.

La lumière de côté ne produit pas les effets néfastes de la lumière d'en bas. Cependant elle ne vaut guère mieux lorsqu'elle se présente parfaitement horizontale. Venant dans cette direction, elle détruit presque les ombres normalement produites et par notre attitude verticale et par l'éclairage naturel tombant du ciel. Comme conséquence, les traits semblent déformés.

D'autre part, la bouche, les yeux perdent beaucoup de l'importance qu'ils doivent avoir. Ceux-ci par un manque de brillant; celle-là par un éclairage trop égal des deux lèvres et la disparition des ombres caractéristiques formées à la commissure ou au-dessus du menton.

Si, gardant l'éclairage de côté, nous quittons l'horizontale pour nous rapprocher de la verticale, nous verrons peu à peu diminuer ces défauts. Ils arriveront même à disparaître complètement pour ne plus faire place qu'à ceux de la lumière d'en haut.

Dans ce passage, il a été un moment où la lumière de côté, venant atténuer les ombres brutales de la lumière d'en haut, lui a enlevé, pour ainsi dire, ses défauts. Ce moment s'est trouvé juste à égale distance de l'horizontale et la verticale, c'est-à-dire sous une incidence de 45°. Il en faut donc conclure, ce qui d'ailleurs reste admis par tous les grands maîtres, que la lumière la plus propice à la beauté de la figure est une lumière serrée tombant suivant une incidence de 45°.

Ce principe constitue la véritable règle, autant qu'on puisse établir une règle *fixe* en pareille matière, qui doit servir à la construction d'un atelier. Je ne vois d'ailleurs pas, pour ma part, pourquoi l'artiste photographe se croit absolument obligé d'avoir une installation tout autre que celle du peintre.

Autrefois, quand il fallait des poses de cinq à dix minutes au soleil, un atelier vitré en dessus et de tous côtés se comprenait, s'imposait presque. Aujourd'hui, la pose se trouve très réduite. Nul besoin de travailler dans une serre. Toute pièce, à la rigueur, possédant ce qu'on nomme un beau jour, peut servir. Ainsi, par exemple, dans le premier livre de la première partie de cet ouvrage, je vous ai donné dans le chapitre du temps de pose et sous la rubrique *atelier*, la longueur de la pose nécessaire avec un éclairage moyen [1].

Ce temps s'applique très bien à un atelier de peintre amateur, muni d'un châssis *vertical* laissant passer la lumière par une ouverture de 5 mètres carrés, à condition toutefois de tenir le modèle à 1 mètre de cette ouverture.

Désirez-vous le placer au delà de cette limite? Il vous suffira de multiplier la pose par le carré de cette distance. N'avons-nous pas vu, en effet, que l'action photogénique de la lumière variait en raison directe de ce carré.

Placez-vous votre modèle à 2 mètres?

La pose devra être multipliée par 4; à 3 mètres, par 9, etc.

En se basant sur ce temps de pose, vous pourrez même

---

[1]. Voir: *La Pratique en photographie.*

effectuer un portrait dans une chambre, en procédant comme je vous l'ai indiqué lorsqu'il s'agit de la pose nécessitée par des diaphragmes, à ouverture plus grande ou plus petite que l'ouverture normale F/10 [1].

Avons-nous une fenêtre mesurant une ouverture de jour de 2 mètres carrés?

Nous prendrons le rapport de 2 à 5, nous élèverons ce rapport au carré et nous multiplierons notre temps de pose par le produit trouvé. Ce sera ici, comme dans le premier cas, l'application de la règle :

L'action photogénique de la lumière reste en raison inverse du carré des ouvertures,

N'allez pas inférer de ceci que je prétende qu'il suffise d'une fenêtre ou d'un atelier de peintre, à éclairage latéral, pour produire un excellent portrait. Non, je constate qu'on peut en produire, voilà tout. Je dirai même qu'on peut en produire de fort bons, surtout si l'on fait usage de stores et d'écrans réflecteurs habilement combinés, d'un développement très raisonné, et si l'on tente la surexposition.

Nous rentrons en effet, ici, dans le cas des sujets à oppositions violentes, très difficiles à contre-balancer, à modérer même par l'emploi judicieux d'écrans réflecteurs! Mieux vaut avoir recours, si vos moyens vous le permettent, à une lumière suffisante. Avec elle nous pourrons alors sinon nous passer entièrement de ces écrans réflecteurs, du moins de les utiliser de telle façon que leurs services soient réellement efficaces.

Ceci nous ramène à chercher qu'elle est la meilleure disposition à donner à un atelier de photographe.

Je ne m'attarderai point à passer ici en revue toutes les formes bizarres : tunnel, calotte sphérique, navire renversé, etc., qui ont été données à l'atelier photographique. Cette nomenclature, commentée, atteindrait des longueurs fastidieuses. De plus, elle ne présenterait guère d'intérêt, à part un très maigre intérêt de curiosité.

En somme, que devons-nous considérer?

La lumière la mieux faite pour mettre en relief les caractères de beauté de la figure humaine et les y mettre dans un

---

1. Voir : *La Pratique en photographie*.

état aussi constant que possible, afin de permettre à l'opérateur de travailler à tous les moments de la journée et la certitude que son modèle sera toujours bien éclairé quelle que soit la place qu'il occupera dans l'atelier.

Or, nous savons déjà que les caractéristiques de la beauté saillent, dans d'excellentes conditions, sous une lumière tombant avec une incidence de 45°. Quant à la possibilité de travailler à toute heure du jour, tous ceux qui ont parlé d'atelier photographique sont convenus d'admettre qu'on l'obtient en évitant la présence du soleil, par conséquent en ouvrant l'atelier du côté du nord.

Ce n'est pas du tout mon avis. Avec le soleil on peut obtenir des effets artistiques de toute beauté. Et le gélatino-bromure d'argent nous permet de les rendre parfaitement, comme il nous permet, ainsi que nous l'avons vu, de rendre les ciels et les grands effets de lumière. Je comprends qu'un photographe travaillant en vue du commerce et cherchant avant tout, dans son travail, une grande régularité, et le plus grand nombre d'heures disponibles pour cette régularité évite le soleil dans son atelier et l'oriente, par conséquent en plein nord. Il en va tout autrement d'un atelier d'artiste, travaillant pour soi-même, pour sa satisfaction personnelle et envisageant l'art pour l'art. Il doit se garder la possibilité des effets d'éclairages violents dus au soleil. Pour cela le mieux sera pour lui d'orienter son atelier au levant. Le midi lui donnerait trop de soleil; le couchant lui en donnerait autant que le levant, mais la lumière le soir est sensiblement différente de celle du matin, grâce à sa tonalité jaune.

L'orientation *du levant* choisie, voyons de quelle manière nous obtiendrons la section qui nous donnera une lumière serrée tombant à 45°.

Tout d'abord il n'est pas besoin de donner à l'atelier des dimensions exagérées.

Une salle de 8 mètres de long, sur 4 mètres de large et sur 4 mètres de haut suffira amplement.

Soit ABCD le carré présenté par la coupe de cet atelier.

Si nous traçons la bissectrice BX de l'angle droit ABC ou, ce qui revient au même, si nous traçons la diagonale BD du carré, nous aurons la direction de la lumière sous une incidence de 45°. D'autre part et pour éviter le jour d'en bas, ou le jour par trop horizontal, dont nous avons constaté les effets désastreux, nous laisserons pleine, jusqu'à une certaine distance de terre, la paroi A D.

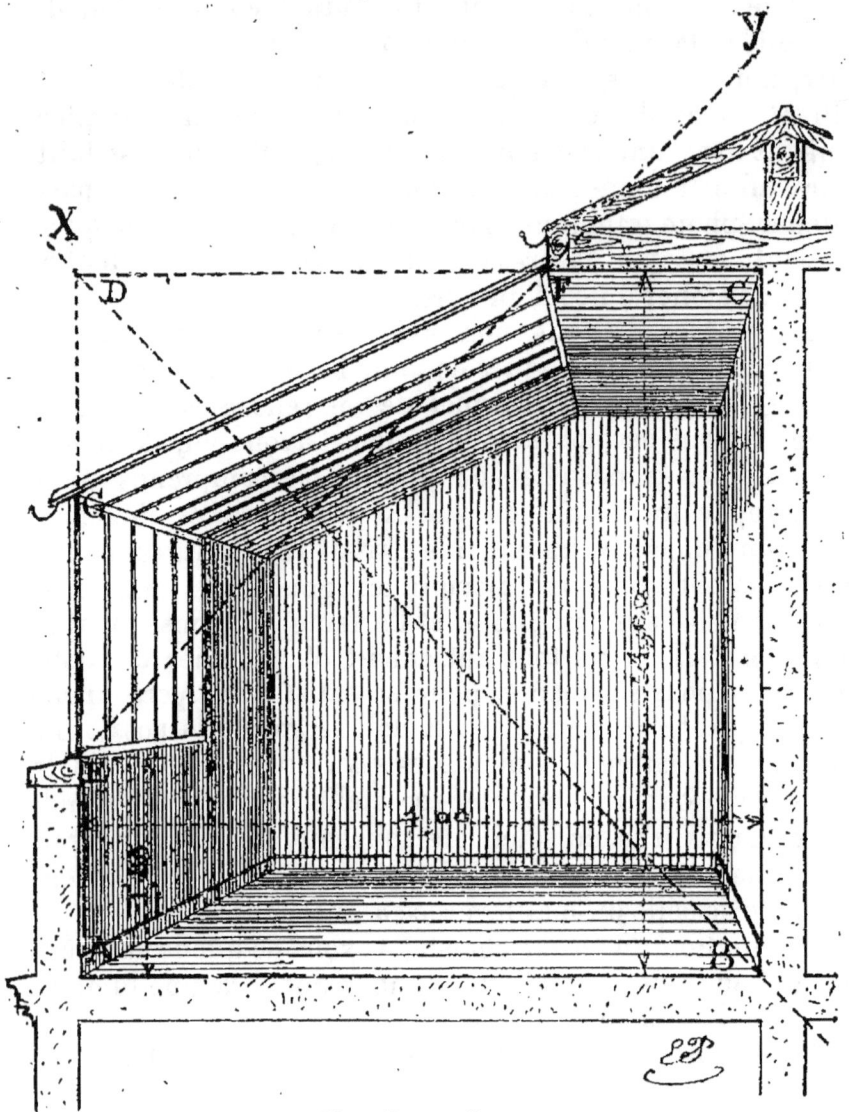

Plan d'un atelier.

Soit AE cette partie pleine à laquelle nous donnerons une hauteur moyenne égale à 1^m,25.

Menons alors du point E une perpendiculaire à BX.

Cette perpendiculaire EY coupera le plafond CD en un point F.

La partie EDF sera celle que l'on devra ouvrir pour laisser pénétrer la lumière.

Quant à la largeur à donner à cette ouverture elle sera suffisante pour tous les besoins de l'artiste, même si elle ne mesure 5 mètres.

Il sera bon de placer cette ouverture au centre de la paroi. De cette manière vous réserverez de chaque côté du châssis 1 mètre ou $1^m,50$ de partie pleine, ce qui vous permettra de faire poser vos modèles indistinctement à droite ou à gauche du châssis.

Avantage précieux, si l'on considère que dans la nature la symétrie parfaite demeure un vain mot et que certains visages, semblablement éclairés, sont beaucoup mieux à droite qu'à gauche ou vice versa.

L'emplacement ménagé pour l'entrée de la lumière, recevra un vitrage, composé de verres aussi larges que possible pour éviter les rayons provenant des méneaux que nécessite la jonction.

Ces verres seront absolument blancs. Le verre bleuté n'a pas une énorme raison d'être au point de vue de l'actinisme de la lumière. Par contre, il donne à tout l'atelier une coloration blafarde du plus fâcheux effet.

Ce vitrage suivra l'inclinaison EF du diagramme qui a servi à indiquer la section devant être faite dans l'atelier. Toutefois, on ne peut nier que cette disposition soit fort désagréable pour l'aménagement intérieur de la pièce. On pourra donc, pour rendre cet aménagement plus commode, monter le châssis vitré perpendiculairement au sol jusqu'à la hauteur jugée suffisante pour l'inclinaison qu'il faudra donner au toit à cause de l'écoulement des eaux.

Soit G cette hauteur.

Les parties EG et GF seront également vitrées.

J'ai fait construire sur ces données l'atelier dont je me sers, je puis donc affirmer, par expérience, qu'il se prête parfaitement à *tous* les besoins de l'artiste. Six larges glaces composent la façade, douze glaces *striées* forment la toiture vitrée. Cette division indique tout naturellement celle des stores et permet un excellent sectionnement de la lumière.

Ces stores vont en se dégradant et sont constitués par du

calicot gris jaunâtre. *Pas de stores bleus surtout.* L'ombre qu'ils procurent ne venant pas à sa juste valeur sur la plaque photographique, à cause de l'actinisme de la lumière bleue, on est tout étonné, lorsqu'on les emploie, de constater que le phototype n'a pas les mêmes valeurs que le modèle.

Voici comment les six stores de la façade sont disposés ; un gris foncé contre le mur, un gris plus clair, un blanc, puis encore un blanc, un gris clair et enfin un gris foncé se retrouvant contre le mur opposé. On a donc une dégradation des extrémités vers le centre permettant de faire poser dans les deux sens. Ces stores se meuvent de bas en haut. Six stores gris foncé, descendent du plafond vers la baie lumineuse, et peuvent chacun rejoindre exactement chaque store de la façade.

Vous voyez donc qu'en ouvrant ou fermant simultanément ceux du dessus et de la façade qui se correspondent on sectionne comme on veut la lumière de façon à la diriger sûrement suivant les besoins. En plus, et se mouvant de haut en bas, deux stores noir opaque peuvent remplacer les stores blancs, de façon que s'ils sont fermés et que l'on mette le modèle devant eux on puisse obtenir les effets de lumière frisante ou d'arrière.

En outre, tout le long de la façade peuvent glisser, perpendiculairement au sol, deux amples rideaux de mousseline blanche. Ils sont surtout destinés à enlever la crudité des effets obtenus avec le soleil dans l'atelier. Inutile d'essayer à établir des règles fixes de tous les éclairages. C'est à l'artiste de choisir et il peut le faire de mille manières avec ce sectionnement de l'atelier.

II

FACE ET VISAGE

Alliance des Beaux-Arts et de l'Anatomie.
Ce qu'on entend par le visage. — Ce qui le distingue de la face.
Définition du visage donnée par Shakspeare. — Des divers éléments de la face et du visage. — La physionomie passive. — L'ostéologie de la face.
Tête de mort et philosophie. — L'angle facial. — La physionomie mobile.
La myologie de la face. — Quelques aphorismes de Lavater.

« Il n'est pas, a-t-on dit, il n'est pas de Vénus ni d'Hébé qui ne cache sous des formes enchanteresses, premièrement un squelette, à la vérité parfaitement bien proportionné et bien assemblé, ensuite plusieurs couches de muscles. »

Cette alliance intime des Beaux-Arts avec l'Anatomie, alliance confirmée par les plus illustres exemples, appuyée par l'autorité des grands maîtres, m'impose, avant de traiter de la manière de faire un portrait, le devoir de parler tout d'abord de la figure au point de vue physique, anatomique et physiologique.

Certes, l'amateur éclairé, l'artiste *ad unguem* voudra toujours, en présence d'un modèle, aller au delà des formes extérieures, reconnaître intellectuellement les os et les muscles qui les soutiennent, pour arriver à donner à son œuvre la plus grande somme de beauté possible, en s'efforçant de faire saillir, dans toute sa plénitude d'expression, la physionomie des qualités de son modèle. Par sa nature même d'artiste, véritablement artiste, il pensera devant un visage aux facultés qu'énoncent les formes extérieures de ce visage même.

Mais d'abord qu'est-ce que le visage ?

Étymologiquement le mot visage dérive du latin de la décadence, *visagium*, dont la signification exacte peut se traduire par ce membre de phrase : ce qui *exerce la vue*. La chose qui représente ce mot doit donc être particulièrement expressive pour qu'on l'ait nommée ainsi.

Est-elle identique à cette autre chose que physiologiquement on désigne sous le nom de *face* ?

Nullement.

LA PHYSIONOMIE PASSIVE

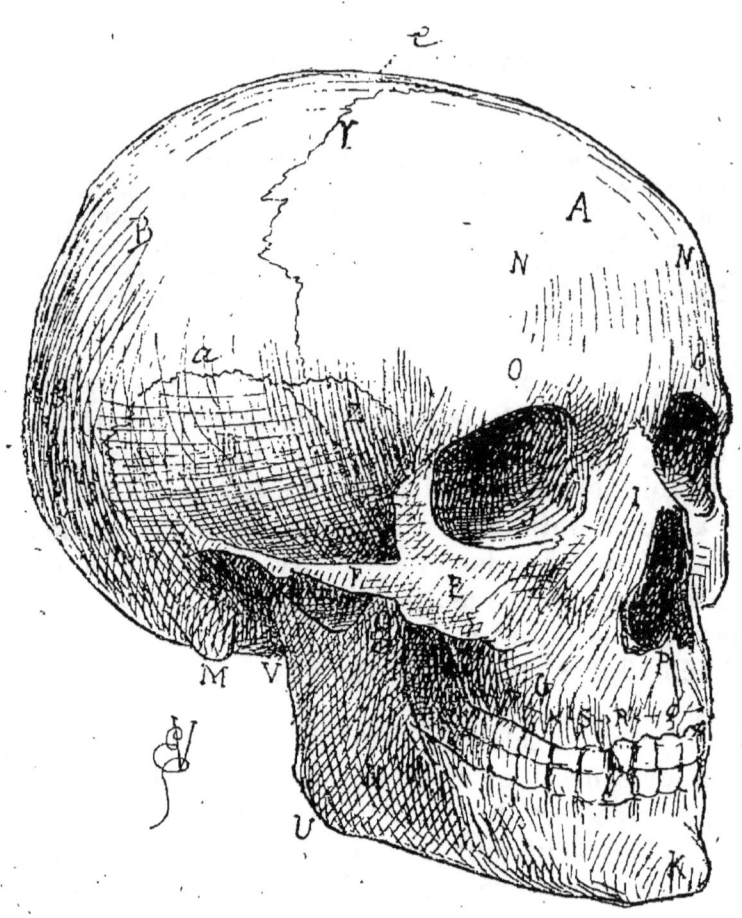

L'OSTÉOLOLOGIE DE LA FACE.

A Frontal.
B Pariétal.
C Occipital.
D Temporal.
E Os malaire ou pommette.
F Arcade zygomatique.
G Maxillaire supérieur.
H Maxillaire inférieur.
I Os du nez.
J Trou orbitaire.
K Symphyse du menton.
L Trou auditif.
M Apophyse mastoïde.
N Bosses frontales.
O Arcade sourcilière.
P Épine nasale.
Q Incisives.
R Canines.
S Petites molaires.
T Grosses molaires.
U Angle du maxillaire.
V Trou occipital.
X Condyle du maxillaire inférieur.
Y Suture coronale.
Z Écaille du sphénoïde.
a Suture temporo-pariétale.
b Suture lambdoïde.
e Suture sagittale.
g Apophyse coronoïde du maxillaire.

Face et visage demeurent parfaitement distincts et l'artiste ne doit pas ignorer cette distinction.

La face se délimite par l'implantation des cheveux, le bord inférieur et l'angle de la mâchoire. Sa forme générale tend à représenter un ovale, l'extrémité rétrécie tournée vers le bas.

Il comprend les sens de la vue, de l'ouïe, du goût et de l'odorat.

Le visage ne s'étend que des lèvres au sommet du front. Ce n'est donc pas la face, mais une partie de la face.

Et de fait cette partie, par les organes qui la composent, n'est-elle pas ce qui peut le mieux exercer la vue?

N'est-ce pas dans les yeux, autour des lèvres, sur le front. que l'on peut lire les divers états des sentiments et des pensées?

Les organes qui composent le visage ne sont-ils pas les organes les plus éloquents et les plus actifs du langage du cœur et de l'esprit?

Maladies, passions, vices, vertus opèrent sur le visage des changements très marqués.

L'on ne peut nier qu'il ne soit la partie de notre organisme qui garde le plus de rapports avec l'affection de l'âme

Cela même est si vrai, que le mot visage ne s'applique qu'à l'homme, c'est-à-dire à l'être qui possède une vie intellectuelle et une vie morale. On ne saurait se servir de cette expression en parlant des animaux. C'est qu'aussi, si grande que soit leur face, le visage s'y montre à peine et ceux qui en ont le plus sont certainement les plus intelligents.

Il résulte de tout ceci qu'il faut chercher les caractères essentiels de l'homme dans la forme de la tête en général et en particulier dans la forme du visage. Par conséquent l'on ne saurait trop étudier, par le menu, les différents éléments qui servent à la structure du visage, tout en expliquant comment il peut être aussi expressif, comment, dans le petit espace qu'il embrasse, il peut devenir, ainsi que le dit Shakespeare, un théâtre assez vaste pour que les passions s'y viennent peindre à l'envi avec toutes les nuances et toutes leurs combinaisons.

D'ailleurs les moindres éléments de cette structure ne

semblent-ils pas disposés pour favoriser les rapports du physique et du moral de l'homme? Rapports qui se manifestent par cette expression spéciale qu'on nomme physionomie.

A l'artiste de bien se pénétrer de la nature et du jeu de ces divers éléments, agissant ensemble ou séparément; à l'artiste d'apprendre la grammaire de leur langage; à l'artiste de reconnaître le caractère qu'ils prennent dans chaque émotion.

Ces divers éléments sont les os, les muscles, les vaisseaux, les nerfs et ces mille vaisseaux capillaires qui donnent à la peau souple et transparente, à cette caractéristique de la forme extérieur, à ce vêtement des chairs, sa couleur propre et la vérité des nuances dont elle se pénètre sous l'influence des sensations morales ou intellectuelles.

De là cette division de la physionomie humaine en : physionomie passive; physionomie mobile; physionomie active; physionomie expressive.

La physionomie passive comprend l'ostéologie de la face, dans les différences, plus ou moins significatives, qu'elle peut présenter.

Pour l'anatomiste, la physionomie passive demeure assez complexe, pour l'artiste elle se borne à quelques traits individuels et passagers, importants à noter à cause de leur caractère primordial : âge, race, variété nationale, tempérament, etc., etc.

Ces traits, spéciaux pour l'artiste, mais nécessaires pour lui, se résument dans la connaissance des os qui constituent particulièrement la forme du squelette du visage. En première ligne se voit L'OS FRONTAL. Il apparaît dans tout son développement lorsque le visage se montre de face, et résume la partie du crâne la plus intéressante à observer pour le portraitiste à cause des variétés de sa configuration, donnant naissance à des accentuations plus ou moins grandes *des bosses frontales,* des *bosses sourcilières*, et des *arcades sourcilières.*

Il est accosté de droite et de gauche par les *os temporaux.* Ceux-ci le relient à *l'occipital* formant la partie postérieure du crâne.

De celui-ci rien à noter pour nous. La chevelure abondante, ou clairsemée nous empêche de le percevoir. Quant aux temporaux ils se dessinent nettement sous la peau et le relief qui les détermine varie. Dans leur développement et dans leur expression, suivant le degré de force du sujet, suivant ses habitudes, sa profession, suivant surtout son tempérament et son âge, ils viennent encore contribuer à la structure de la face non seulement par la place que chacun assigne au *trou auditif*, mais encore par le prolongement concourant à former *l'arcade zygomatique*.

Immédiatement au-dessous du frontal se montrent les os du nez, dominant les *fosses nasales*. Ils se dessinent peu sous la peau. Toutefois, très rapprochés l'un de l'autre et articulés avec l'os frontal, ils forment avec celui-ci un angle. L'ouverture de cet angle, très différente dans les individus de la même espèce, l'est plus encore dans les grandes variétés de l'espèce humaine. Aussi le portraitiste doit-il la prendre très en considération. Observons en passant, que la proéminence des os du nez donne lieu à la forme aquiline, caractéristiques de certaines races.

Sous les fosses nasales, et comme enclavé dans le système osseux de la face, l'os maxillaire supérieur ne joue qu'un rôle très effacé, caché qu'il est par l'épaisseur de la lèvre. Cependant nous devons le noter. Il modifie beaucoup, en effet, l'aspect de la tête vue de profil. Nous verrons en outre, tout à l'heure, qu'il a son importance dans la détermination de l'angle facial.

Entre le maxillaire supérieur et le temporal se place, sur les côtés de la face, *l'os de la pommette* uni par une articulation très serrée à l'os maxillaire et à une saillie qui vient de l'os temporal. Il affecte une forme irrégulière, présente plus ou moins de relief, plus ou moins de longueur, plus ou moins de largeur. On comprend que l'artiste doive faire très attention à cet élément du squelette de la face. Ses différences de forme produisent des variétés constantes et fondamentales dans le visage, partant dans la physionomie.

L'os maxillaire inférieur termine la face. Beaucoup plus détaché, beaucoup plus mobile que les autres éléments, il produit, plus encore que l'os de la pommette, de nombreuses variétés dans la physionomie, suivant sa largeur, son étendue, et ses différents degrés de relief ou d'enfoncement. Plus encore que la pommette, il se dessine, s'accuse même nettement sur le bord inférieur de la face et joue un rôle considérable dans la physionomie.

Il ne me paraît pas utile de pousser plus à fond l'ostéologie de la face.

Vous vous souvenez de la superbe tirade d'Hamlet dans le cimetière?

« Cette tête avait une langue autrefois... ne pourrait-elle

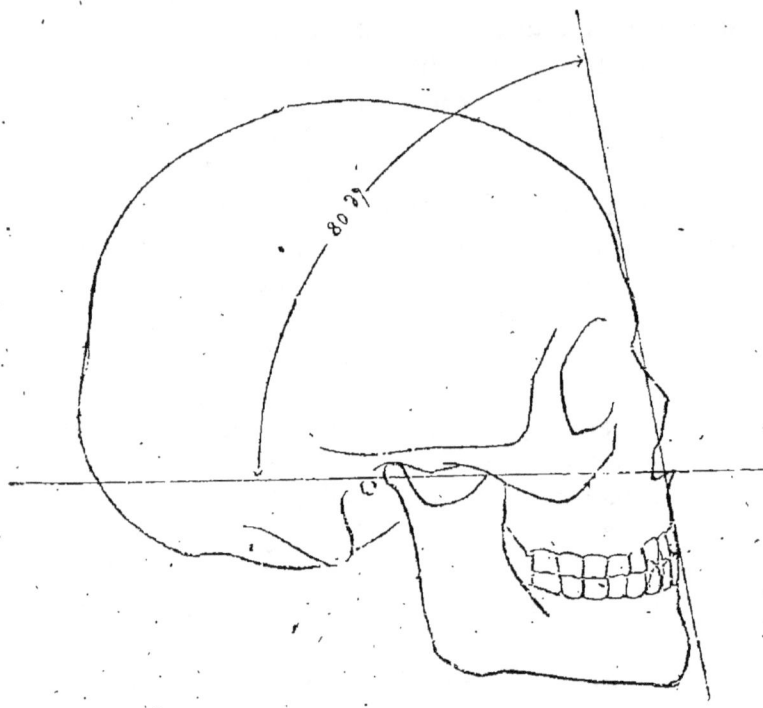

L'angle facial.

être celle d'un ministre qui, dans son orgueil, se croyait capable de tromper Dieu même?... ou d'un courtisan qui savait dire tous les matins : Bonjour, mon aimable Seigneur?...

« En voici encore une autre!

« Ne serait-ce pas le crâne d'un avocat?

« Où sont maintenant ses équivoques, ses subtilités, etc. »

Le physionomiste le plus exercé ne pourrait guère répondre avec précision aux interrogations indiscrètes du philosophe. Presque toutes les différences propres à chaque individu, dépendant de l'emploi de ses facultés, formant son caractère moral, sont bien trop délicates pour qu'il soit possible d'en reconnaître et d'en soupçonner la trace dans la physionomie passive. La science et l'art ont leurs limites. Ils ne sauraient substituer un système, plus ou moins plausible, à la vérité ni à l'observation. Nous ne devons donc prendre, dans l'ostéologie de la face, que les éléments pouvant vraiment se voir sous la peau. Mais ces éléments, pour restreints qu'ils soient, gardent leur importance. Ils la gardent surtout quand la tête humaine se présente de profil.

A les bien considérer dans cette position particulière, on reste tout d'abord frappé de la défectuosité de la méthode qui assigne à la face une forme ovale. Puis, insensiblement, on se trouve amené à constater que les différences de physionomie dans l'espèce humaine et dans les autres espèces d'animaux, proviennent des différents degrés de relief et de prolongement des maxillaires. On remarque surtout que ces différences varient suivant une certaine ligne tirée le long du front et de la lèvre supérieure, que l'on a désignée sous le nom de *ligne faciale*.

Dans le beau idéal, cette ligne conserve une direction constante et déterminée, de laquelle se sont peu écartés les anciens artistes.

Elle se rapproche de la verticale. Inclinez-la, vous arriverez au type nègre; inclinez-la encore, vous vous rapprocherez de la tête du singe; inclinez-la toujours, vous aurez des têtes de chiens, de bécasses, etc.

Le développement intellectuel semble se trouver en parfait rapport avec ces signes d'inclinaison.

« Nous ne voyons pas du moins, dit Cuvier, qu'aucun des peuples à front déprimé et à mâchoire proéminente ait jamais fourni des sujets égaux au général des Européens, par les facultés de l'âme, et nous sommes si bien accoutumés à cette liaison entre les proportions de la tête et les qualités de l'esprit, que les règles de physionomie qui s'y rapportent sont devenues un sentiment vulgaire. L'importance de cette proportion du crâne à la face ne se dément pas plus dans les diverses espèces de singes que dans les diverses races d'hommes: »

Pour mieux définir cette ligne d'inclinaison on est convenu de joindre le canal auditif à l'extrémité de la mâchoire supérieure et cette extrémité à la base de l'os frontal. On détermine ainsi un angle fictif dont les variations constituent, pour ainsi dire, les bases des traits du visage. Nous pouvons presque affirmer que plus cet angle est ouvert, plus le visage montre d'intelligence.

Ces variations de l'ouverture de l'angle facial se balancent entre 70° et 100°, dans les sept types principaux de l'espèce humaine.

Le photographe devra donc se pénétrer longuement de ces observations quand il aura à faire poser un modèle devant son objectif. Non seulement à cause des lignes mais encore pour la distribution des ombres et des clairs. Cette distribution tendra, soit à bien faire ressortir les détails caractérisant la beauté de l'angle facial, soit à atténuer, tout en les conservant, ceux qui pourraient influer en mal sur la physionomie.

Dans cette distribution, l'artiste devra surtout apporter tous ses soins à la partie de la physionomie passible dont il est le plus maître, c'est-à-dire à l'os frontal.

Je ne crois point avoir besoin d'insister pour faire comprendre que de l'éclairage dépend toute l'étendue et toute la convexité de cette partie, étendue et convexité qui annoncent le volume du cerveau et par conséquent la supériorité de l'intelligence de celui qui pose.

Le système osseux se trouve immédiatement recouvert par un appareil formé de muscles.

L'ensemble de ces muscles constitue ce qu'on a nommé l'*écorché*.

Les différents jeux de ces muscles donnent lieu à ce que j'ai nommé la *physionomie mobile*.

Ces muscles, essentiellement actifs, demeurent les principaux et pour ainsi dire les seuls organes de la physionomie en mouvement.

Leur structure, en forme de faisceaux élégants, délicats, est disposée aussi heureusement que possible. Leur entrelacement, mis au jour dans l'*écorché*, nous dévoile le secret de leurs divers degrés de flexion. Les directions variées de leurs fibres, les renflements ou les dépressions qu'ils peuvent produire lorsque la peau et la graisse les recouvrent, nous donnent l'ensemble et le merveilleux de la face. La ligne ondoyante que prend alors la figure humaine, si elle est bien modelée et mise dans une heureuse position, peut certes faire naître l'idée du beau et de l'agréable.

En présence de l'écorché, le véritable artiste ne peut s'empêcher non seulement d'admirer la structure de la physionomie mobile, mais encore de remarquer la simplicité de cet appareil qui révèle et développe, sur une surface aussi restreinte que celle du visage, tous les mouvements multiples et nécessaires qui mettent en relief nos sentiments et nos pensées.

Les constituants de l'appareil musculaire se divisent en deux classes :

1° Les muscles qui n'appartiennent pas à la vie de relation, c'est-à-dire à l'ensemble des phénomènes que comprennent les sensations, la pensée et la locomotion, et dont l'usage principal, par conséquent, contribue à la vie animale ; 2° les muscles du visage relatifs à la vie morale et intellectuelle.

Six muscles forment la première classe ; quarante-sept la seconde. Donc l'organisation totale de la face se compose de cinquante-trois muscles dont les mouvements particuliers se combinent de mille manières. Chacun se trouve plus ou moins mis au service d'un certain ordre de pensées et de sentiments. Néanmoins, je croirais dépasser le but que je me propose dans cet ouvrage, non seulement en vous donnant la nomenclature de tous ces muscles, mais encore en m'appesantissant sur l'action particulière de chacun. Ce serait un hors-d'œuvre d'une digestion assez difficile peut-être. Ce que nous voulons, ce qu'il nous faut savoir, c'est juste assez d'anatomie et de physiologie pour nous rendre compte de la chose visible et pour nous permettre de placer cette chose dans son meilleur jour.

Dans la première classe il n'y a guère que les *buccinateurs* qui méritent notre attention, parce qu'ils peuvent, dans certains cas, influer sur la forme des joues. Ainsi, par exemple, tous les individus obligés de retenir dans leur bouche une certaine quantité d'air, comme les joueurs d'instruments à vent, auront des buccinateurs très développés et dont la largeur influera sur l'état de leurs joues.

La profession met ici dans la face une empreinte profonde.

Les *masséters* peuvent aussi modifier le dessin de la face quand ils appartiennent à des individus avides, mangeant

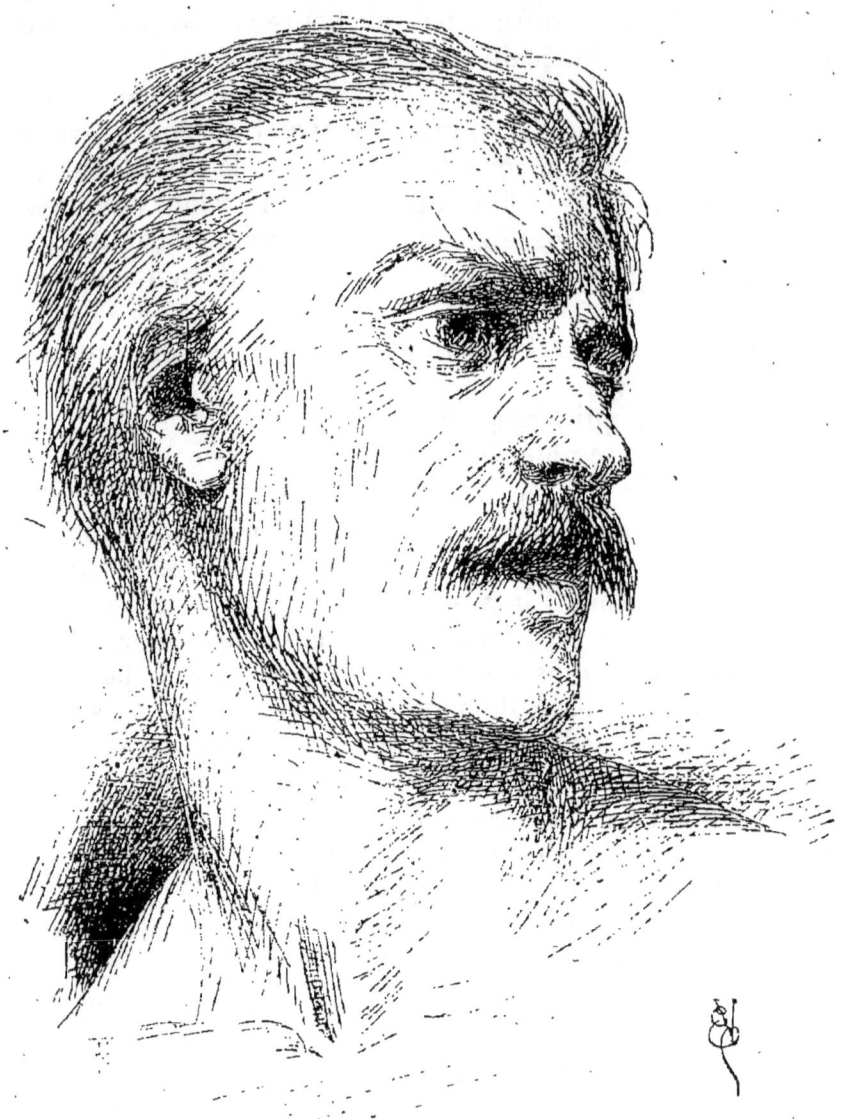

Ensemble de la Face.

beaucoup, enclins à la colère, ou à toute autre passion convulsive et cruelle. Mais ils ne sont pas, comme les muscles de la seconde classe, les organes vraiment directs, vraiment particuliers de la physionomie. Ceux-ci plus petits, plus délicats, plus élégants que les autres, donnent lieu à des combinaisons que l'artiste ne saurait trop étudier au point de vue de la physionomie.

Le *peaucier*, qui s'étend du sommet de l'épaule et de la partie supérieure de la poitrine à l'angle des lèvres et au bord extrême de la mâchoire inférieure, appartient plus au cou qu'au visage. Il mérite une attention toute spéciale. N'est-ce pas lui qui se dessine très nettement sous la peau et forme, surtout chez les individus faibles, maigres ou âgés, des reliefs si accusés, que l'artiste, en éclairant son modèle, doit mettre tous ses soins à en atténuer l'aspect dur et désagréable, à en éviter la saillie trop prononcée et provenant soit d'une pose anormale, soit d'un geste forcé.

Le *muscle frontal*, sorte de toile musculaire, se présente sous l'aspect d'un plan charnu très mince. Ses fibres sont longitudinales et elles dessinent des rides transversales et régulières en se contractant également sur tous les points. Leurs fonctions habituelles consistent à élever les sourcils et à ouvrir les paupières. Quelquefois leur contraction s'opère dans le sens vertical.

Les rides et sillons qui résultent d'un jeu habituel, en ce dernier sens, assombrissent et attristent la physionomie. L'artiste doit donc éviter de les faire disparaître dans un éclairage trop uniforme. N'imitez pas certains portraitistes de métier qui, en vue de flatter leur client, ont grand soin de les détruire complètement sous les coups de crayon d'une retouche maladroite. Vous obtiendrez un effet contraire à celui que vous devez obtenir, ou absolument en désaccord avec l'état général du modèle. Un léger aperçu sur le rôle du muscle frontal dans l'expression nous le prouvera.

Sous le coup d'une émotion brusque, tranquille, ce muscle coopère encore à l'élévation des paupières, au développement du front, à l'expansion du visage. Il y a épanouissement. C'est à peine alors s'il soulève quelques rides à la surface de la peau. Son effacement complet indique la plénitude de la sérénité d'âme. Violemment contracté, il laisse lire sur le visage toutes les nuances d'une terreur subite ou d'une épouvante. Il serait donc mauvais, inhabile, grotesque, de réduire à néant les rides profondes et rapprochées qu'il creuse vers le nez.

Ce serait, permettez-moi l'expression, museler son éloquence.

Les *muscles pyramidaux* s'attachent aux os du nez et sont, dans ce cas, les auxiliaires du muscle frontal. Ils se mettent toujours en mouvement sous la pression d'une méditation profonde et soutenue. Ils se meuvent aussi dans l'expression des passions oppressives et tristes.

Les *sourciliers,* attachés à l'articulation des os du nez et de l'os frontal, ne manquent jamais d'être très contractés dans ces états d'âme. Cette contraction constitue le symptôme le plus sûr des expressions concentrées, des sentiments sombres.

Quant aux *muscles orbiculaires* ils appartiennent plus particulièrement à l'organe de la vue, mais agissent cependant concurremment avec les sourciliers.

Ils ont, pour antagonistes, les *muscles élévateurs des paupières*. Le relâchement de ces derniers, dont les coquettes connaissent sciemment ou inconsciemment le rôle, donne à l'œil, par un abaissement de la paupière supérieure, une grande expression d'abattement, de modestie, voire de pudeur.

Suivant la nature des passions dominantes de l'individu, ou suivant ses habitudes morales, plis, lignes, attitude, direction et volume des différents muscles du front et des paupières, produisent des caractéristiques constituant des traits particuliers, absolument significatifs, qui doivent guider l'artiste dans la pose et dans l'éclairage à donner à son modèle.

Si le front ne possède pas un degré d'éloquence aussi élevé que l'œil, ni que la bouche, il n'en décèle pas moins des significations nombreuses, tranchées. On ne saurait les négliger sans nuire à la vérité et à l'harmonie. Ce n'est point sans raison que chez toutes les nations civilisées, grands poètes et grands peintres ont attribué au front une valeur de signification énorme.

Si les muscles du front et des paupières forment, pour ainsi dire, le premier appareil musculaire de la face, les muscles du nez forment le second.

Ils se composent des *releveurs communs des ailes du nez et des angles des lèvres,* des *transverses ou triangulaires* des *abaisseurs du nez.*

Bien que très bornés dans leurs mouvements, ces six muscles prennent cependant part à la physionomie. Les abaisseurs, par leur contraction, resserrent les narines ; les triangulaires aident les releveurs à les soulever et à les dilater. Or le resserrement ou la dilatation des ailes du nez a son langage particulier. L'orgueil et le dédain les dilatent et les gonflent. La contrainte, la timidité, la ruse, la sévérité les resserrent. Aussi l'artiste doit-il s'ingénier à bien mettre les narines en valeur, si menu que lui paraisse ce détail dans l'ensemble du visage.

Le troisième appareil est celui des *muscles des lèvres*. Appareil important s'il en fut. Des lèvres dérivent, en effet, des lignes ondoyantes, éminemment variables suivant l'expression et dont l'inflexion, au repos, caractérise chaque visage.

Examinons donc soigneusement les différents muscles qui composent cet appareil.

L'*orbiculaire des lèvres* ou *labial* se présente sous la forme d'un anneau ovalaire constituant la partie charnue des lèvres.

Placé entre les autres muscles de l'appareil labial, il ne possède en réalité aucun point fixe, mais résiste aux mouvements simples ou combinés de ceux-ci, modérant leurs efforts, balançant leurs effets. Ou bien encore il agit seul, en donnant de la saillie aux lèvres.

Les *muscles moteurs de la lèvre supérieure* se composent des releveurs *communs*, des releveurs *particuliers*, des *canins* et des *zygomatiques*. Ces derniers quelquefois doubles et même triples.

De tous ces muscles, les zygomatiques, fixement attachés en dehors, agissent sur la bouche entière et jouent un rôle considérable dans l'expression. Leur contraction, susceptible pour ainsi dire d'un nombre infini de degrés de force, produit aussi des variations infinies dans l'écartement des angles des lèvres. Quand les zygomatiques sont doubles, ils s'écartent sous la plus légère contraction et donnent lieu à cette *fossette* qui demeure un des plus grands charmes d'un visage souriant. On les trouve toujours en mouvement dans les grimaces aussi bien que dans les sentiments exprimant la gaieté expansive.

LA PHYSIONOMIE MOBILE

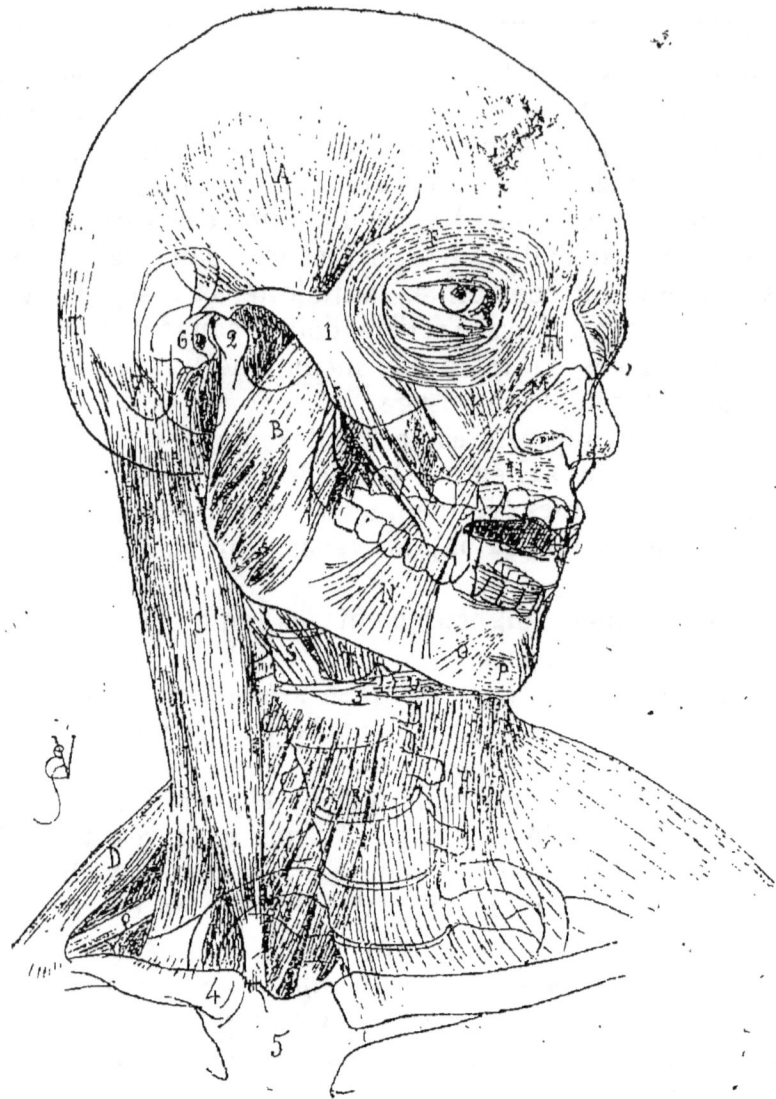

La myologie de la face

- 1 Arcade zygomatique.
- 2 Condyle du maxillaire inférieur.
- 3 Os hyoïde.
- 4 Tête de la clavicule.
- 5 Manche du sternum.
- 6 Trou auriculaire.
- 7 Apophyse mastoïde.
- A Muscle temporal.
- B Masséter.
- C Sterno-cleïdo-mastoïdien.
- D Trapèze.
- E Muscle peaucier.
- F Orbiculaire des paupières
- G Muscle frontal.
- H Orbiculaire des lèvres.
- I Grand zygomatique.
- J Petit zygomatique.
- K Élévateur de la lèvre supérieure.
- L Élévateur commun du nez et de la lèvre supérieure.
- M Triangulaire du nez.
- N Triangulaire du menton.
- O Carré du menton.
- P Houppe du menton.
- Q Omoplate hyoïdien.
- R Sterno-hyoïdien.
- S Stylo-hyoïdien.
- T Muscle occipital.
- U Digastrique.
- V Mylo-hyoïdien.

D'ailleurs, tous les muscles moteurs de la lèvre supérieure tendent à l'expression des passions expansives.

Contrairement à ceux-ci, les muscles moteurs de la lèvre inférieure contribuent surtout au langage des affections oppressives, dont ils sont, avec les sourciliers, les principaux organes.

Cette différence se comprend si l'on remarque que les premiers ont, en général, le point fixe en dehors et en haut, leur point mobile en dehors et en bas, ce qui aide à l'expansion du visage, tandis que les seconds ayant leur point fixe en bas ne peuvent contribuer à cette expansion.

Les muscles moteurs de la lèvre inférieure se composent des muscles *carrés*, des muscles *triangulaires*, des releveurs de la lèvre inférieure et de quelques fibres du sterno-cleïdo-mastoïdien.

Il résulte de tout ceci que les muscles moteurs des lèvres et des ailes du nez doivent participer à la physionomie au repos soit par une expression originelle, soit par une expression acquise dans des habitudes dominantes. Aussi pouvons-nous hardiment faire rentrer dans l'étude physiologique du visage plusieurs aphorismes physiognomoniques de Lavater, du genre de ceux-ci par exemple :

Une bouche resserrée, dont la fente court en ligne droite et où le bord des lèvres ne paraît pas, est l'indice du sang-froid, d'un esprit ami de l'ordre et de l'exactitude. L'égalité d'action chez les individus de ce caractère a, en effet, pour résultante, une sorte d'équilibre des muscles moteurs des lèvres.

Des lèvres fermées doucement, sans le moindre effort dénotent un caractère réfléchi, ferme, judicieux. Cette forme dépend évidemment d'une heureuse harmonie dans les muscles moteurs des lèvres.

La bouche serrée et remontant un peu aux extrémités annonce un fonds d'affection, de prétention, de vanités, résultat d'une contraction prédominante des muscles canins et zygomatiques.

Quand la lèvre supérieure déborde légèrement sur l'inférieure, c'est la marque distinctive de la bonté et d'une grande franchise. Cette saillie provient du relâchement des muscles moteurs de la lèvre supérieure.

Le débordement de la lèvre inférieure sur la supérieure, quand il est assez prononcé pour dépasser celle-ci, est une caractéristique de cynisme, de propension aux jouissances matérielles et d'une grande irritabilité ! Caractéristique émanant de l'action dominante et habituelle de la portion inférieure de l'orbiculaire des lèvres où commence déjà à paraître l'expression de tout ce qui tient à la vie animale.

A des individus honnêtes et sincères, appartient le plus souvent la bouche dont les deux lèvres sont également avancées. Car cette forme dépend d'un exercice et d'un volume égal des deux portions de l'orbiculaire.

La ligne centrale de la bouche, fortement tracée et se retirant d'une manière désagréable vers le haut et sur les côtés, marque l'insensibilité froide, la méchanceté, le mépris des hommes, l'absence des affaires libérales. Caractère permanent, certainement dû à la contraction habituelle de l'orbiculaire, du releveur de la lèvre supérieure, du labial et d'un resserrement fréquent des mâchoires.

Ces observations montrent jusqu'à quel point il est important, pour le portraitiste, de conserver à la bouche toute sa valeur vraie.

Pour terminer cette revue des muscles du visage, il nous resterait à parler *des muscles de l'œil*, mais ces muscles, trop cachés pour l'artiste, restent dans le domaine de la physiologie pure. Aussi les signes relatifs à la physionomie au repos, que nous pouvons tirer de l'état des yeux, présentent peu de rapports avec l'appareil musculaire de ces parties et ces rapports, par leur parcimonie même, ne sauraient être définis avec précision.

Ce à quoi surtout il faut s'attacher dans l'œil, c'est *à son regard*, indiqué par la position de la prunelle. Nous verrons, en étudiant la face en mouvement, certaines positions particulières de cette prunelle.

Pour rendre complète cette étude, il faudrait passer en revue l'appareil nerveux, l'appareil des artères et des veines, l'appareil extérieur composé de la peau, des vaisseaux capillaires et des tissus cellulaires du visage.

Ces divers appareils ont un intérêt tout particulier pour le peintre, qui peut rendre, par la couleur, les modifications qu'ils apportent dans les caractéristiques d'un visage. Elles ne sauraient avoir la même importance pour le photographe qui ne dispose pas encore des couleurs, malgré la découverte de M. Lippmann. Un jour viendra, je n'en doute pas, où il les aura.

En attendant, comme il ne peut opérer qu'en blanc et noir, je crois inutile de m'attarder à l'examen de ces différents appareils. Seul le dernier peut avoir une influence sur l'obtention d'une épreuve photographique, par cela même que les couleurs gardent entre elles de grandes différences actiniques, et que les tons jaunes ou rouges amènent la production de noirs plus ou moins accentués, susceptibles de déséquilibrer un peu l'harmonie générale.

L'orthochromatisme des plaques, l'emploi des écrans translucides jaunes et la surexposition même aideront à modifier ces effets. Jusqu'à ce jour c'est encore le véritable moyen de les corriger, bien qu'on puisse les atténuer par des habiletés de développement et d'exposition. J'appelle sur ce point qui est, il faut bien l'avouer, le point défectueux de l'art du portrait en photographie, l'attention toute spéciale des véritables artistes.

La même objection applicable au paysage est moins grave puisqu'on peut plus facilement surexposer, et que la surexposition ramène l'harmonie générale.

Il existe là une difficulté à tourner, à vaincre. Cherchez, luttez, mais par des moyens rationnels, purement photographiques, c'est-à-dire n'empruntant rien à la retouche au pinceau ni à ces trucs grossiers dans le genre de celui qui consiste à projeter, avant la pose, de la poudre de riz sur la face du modèle. Cela ne relève plus de l'art, mais bel et bien de la photographie foraine.

III

L'EXPRESSION

Le photographe doit agir comme les autres artistes.
Ce que dans les arts on entend par passions. — Les signes inconscients de l'art. — Représentation schématique des trois grandes expressions primordiales. — Les expressions convulsives. — Les expressions oppressives. Les expressions expansives. — Importance de la position de l'horizon. Facilité de la caricature.

En dehors de l'étude de la physionomie passive et de la physionomie mobile, nous avons, je l'ai dit, la physionomie active et la physionomie expressive. Elles sont, pour ainsi dire, le complément des deux premières. Elles s'imposent à l'artiste soucieux de chercher à aller plus avant dans la connaissance de la nature morale de son sujet, c'est-à-dire à l'artiste désireux d'étudier la physiologie dans sa véritable application aux arts. A lui ensuite d'analyser les traits les plus forts, les nuances les plus délicates de ces phénomènes extérieurs dans lesquels se lisent les mouvements du cœur humain. Anciens et modernes, artistes et philosophes se sont toujours et beaucoup préoccupés de ces phénomènes extérieurs de la nature morale.

Le photographe ne saurait faire moins qu'eux, s'il veut arriver à donner à son œuvre cette intensité de vie et de vérité qui fait éprouver au spectateur les émotions délicieuses toujours ressenties devant un chef-d'œuvre. L'obtention de ces phénomènes lui est d'autant plus facile qu'il tient à sa disposition des procédés rapides, instantanés, que n'ont ni le peintre ni le sculpteur. Il peut, par conséquent, saisir et fixer ces phénomènes dès qu'ils apparaissent dans toute leur plénitude.

N'est-ce pas là encore une raison majeure pour qu'il apprenne par quelles modifications correspondantes de la physionomie se traduisent ces différents états de l'âme, qu'on nomme passions?

Et, d'abord, expliquons-nous sur le mot passion. En matière d'art, l'acceptation de ce mot est des plus vastes.

Il s'applique aux impressions rapides et passagères aussi

bien qu'aux impressions profondes et durables; aux émotions accidentelles ou soudaines aussi bien qu'aux émotions habituelles. Dans ce sens étendu, la tranquillité est une passion aussi bien que la colère.

Voilà un point qu'il ne faut pas perdre de vue quand on parle de passion dans les beaux-arts.

Nous avons vu, à propos du paysage, que la dominante horizontale donnait à l'ensemble des tableaux l'expression

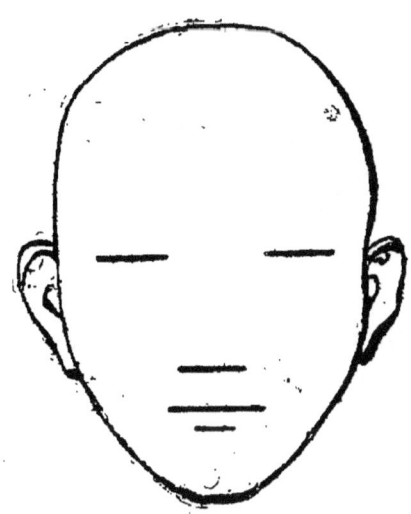

Schéma du calme.

absolue de la tranquillité, du calme, de la durée et de la grandeur; qu'au contraire les lignes obliques, dirigées vers le bas, produisaient le sentiment de l'affaissement et de la chute; tandis que celles dirigées vers le haut indiquaient l'expansion naturelle, l'élévation. A bien considérer les lignes de la face humaine et leurs attaches, par rapport à la médiane verticale partageant la face en deux parties, nous constaterons que tous les mouvements physiologiques peuvent se grouper dans trois classes correspondant aux trois dominantes linéaires du paysage.

La représentation schématique de ces trois classes forme, comme le dit Humbert de Superville, les signes inconscients de l'art.

Le schéma de la première classe donnera, dans une horizontalité parfaite, les lignes des yeux, du nez et de la bouche:

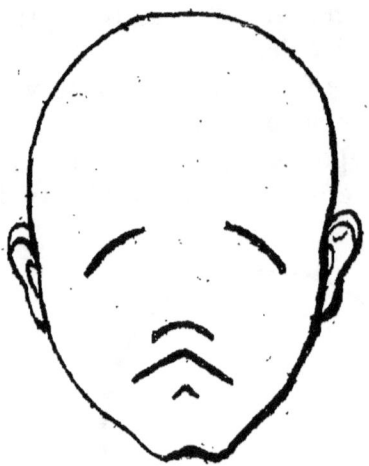

Schéma de l'affaissement.

celui de la seconde indiquera ces mêmes lignes inclinées en bas, en dehors de la médiane: celui de la troisième, tou-

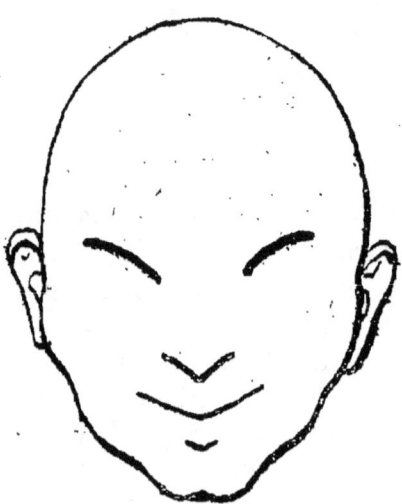

Schéma de l'expansion.

jours ces mêmes lignes, mais dirigées en haut, en dehors de la médiane.

Tous les signes simples primitifs ou involontaires des

passions, qui sont, en somme, des changements de forme des différentes parties de la face produits par la contraction des muscles, pourraient, par cette méthode schématique, être fixés plus simplement encore que ne l'a fait Lebrun dans une conférence célèbre, tellement ils sont nets pour la plupart. Cette conférence de Lebrun, à laquelle je fais allusion, demeure classique. Aussi, est-ce elle qui va me guider dans cette étude.

Il existe trois grandes sortes d'expressions : les *convulsives,* les *oppressives* et les *expansives.*

LES EXPRESSIONS CONVULSIVES.

Toutes subites, toutes violentes, elles s'étendent bien au delà des limites de la face et se manifestent en général dans tout l'être.

La colère : le front paraît tout ridé. Des plis se dessinent nettement entre les yeux. Les sourcils s'abattent ou s'élèvent également. La prunelle est égarée et brillante. Les narines s'ouvrent et s'élargissent. Les lèvres se tuméfient, se pressent l'une contre l'autre, laissant entr'ouverts les coins de la bouche.

L'horreur : sourcils surbaissés; paupière inférieure relevée et couvrant la moitié de la prunelle située au bas de l'œil; bouche serrée et dont les extrémités, tirées en arrière, amènent des plis aux joues.

La frayeur : sourcil élevé en son milieu; nez, narines et lèvres retirés vers le haut; bouche à demi ouverte; yeux fort ouverts.

Les douleurs corporelles : sourcils rapprochés l'un de l'autre, élevés vers le milieu, cachant la prunelle; narines surélevées; bouche d'autant plus ouverte que la douleur est plus vive. A l'état extrême cette ouverture paraît carrée.

Le rire : sourcils élevés en dehors de la médiane, abaissés du côté du nez; yeux presque fermés; bouche ouverte découvrant les gencives. Les joues paraissent enflées.

LES EXPRESSIONS OPPRESSIVES.

Elles correspondent à des passions généralement timides ou sombres, chagrines ou haineuses.

La tristesse : sourcil plus élevé vers le milieu du front que du côté des joues; prunelles troublées; paupières abattues et un peu enflées; bouche ouverte avec angles abaissés.

La tête penche sur une épaule.

La crainte : sourcils un peu élevés du côté du nez; prunelle située dans le milieu de l'œil; lèvre inférieure plus retirée que la lèvre supérieure; bouche plus ouverte sur ses côtés que dans son milieu.

La jalousie : front ridé; sourcil abattu et froncé; regard de travers; narines retirées en arrière; lèvre supérieure débordant l'inférieure; coins de la bouche très retirés vers les oreilles.

Le pleurer : tout le visage se ride et se fronce; toutes les lignes s'abaissent autant que possible; la lèvre inférieure déborde considérablement la lèvre supérieure dans une sorte de renversement.

Dans les passions oppressives, remarquez que les premiers rôles sont joués par les muscles sourciliers.

LES EXPRESSIONS EXPANSIVES.

Elles ont pour caractère général un épanouissement de la face par la contraction des muscles agrandissant transversalement les traits. Ce qui revient presque à dire que dans ces expressions les premiers rôles sont tenus par les muscles zygomatiques.

Le désir : narines élevées et serrées du côté des yeux; bouche entr'ouverte.

La compassion : sourcils abaissés vers le milieu; narines un peu élevées du côté du nez; bouche ouverte; lèvre supérieure élevée et avancée.

L'admiration : sourcil élevé; œil plus ouvert que dans l'état ordinaire, prunelles exactement placées entre les deux paupières; bouche entr'ouverte.

Si l'admiration se complique d'étonnement, ces mouvements sont beaucoup plus marqués.

Le ravissement : sourcils et prunelles s'élèvent directement; la bouche s'entrouve avec ses deux côtés un peu élevés. Toutes les autres parties du visage demeurent dans leur état normal. Une des caractéristiques propres à cette passion est l'inclinaison de la tête sur le côté gauche.

La tranquillité : calme et harmonie de tous les traits; prunelles à égale distance des deux paupières.

Le courage : les caractères précédents sont plus marqués et donnent à la physionomie une certaine fermeté.

L'attention : sourcils baissés et approchés du nez; bouche ouverte; lèvre supérieure élevée; tête légèrement inclinée en avant.

Je n'insisterai pas davantage sur les expressions. La con-

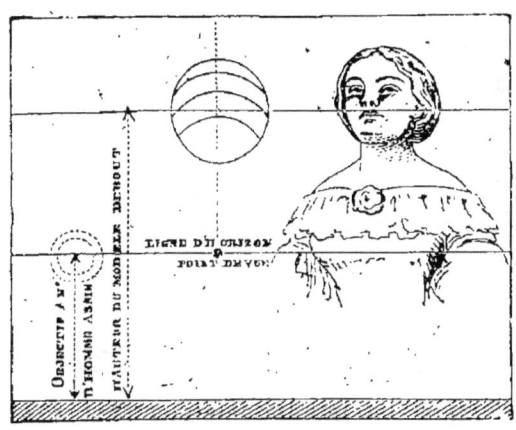

Horizon surbaissé.

naissance des quelques traits généraux que je viens de décrire suffit complètement au photographe pour l'aider à bien éclairer son modèle, lorsqu'il se trouve en présence de telle ou telle passion, ou pour l'empêcher de détruire ou de dénaturer le caractère du modèle qui s'offre à son objectif, soit par cet éclairage même, soit par la pose, la saillie de certaines lignes ou de certains plans.

Si la photographie rend le modèle avec une exactitude parfaite, il n'existe peut-être pas de moyen représentatif qui se prête mieux à une déformation presque inconsciente de ce même modèle. Un léger déplacement de la chambre entraîne, avec une facilité incroyable, une modification totale de l'objet à représenter. Une face ronde peut devenir extrêmement allongée ou une face allongée extrêmement ronde. De plus, placée au-dessus ou au-dessous de l'horizon, déterminé par l'objectif, la tête change d'aspect. On s'en rend aisément compte en plaçant au-dessus ou au-dessous de l'horizon une sphère sur laquelle on a tracé des lignes parallèles. Bien en face l'horizon ces lignes se présentent en parallèles horizontales. En dessus ou en dessous ce sont ces parallèles curvilignes descendantes ou remontantes. C'est en plaçant mal son horizon qu'on arrive à caricaturer un sujet aussi facilement qu'à le rendre dans ses proportions exactes. Circonstance d'autant plus fâcheuse que ceux qui

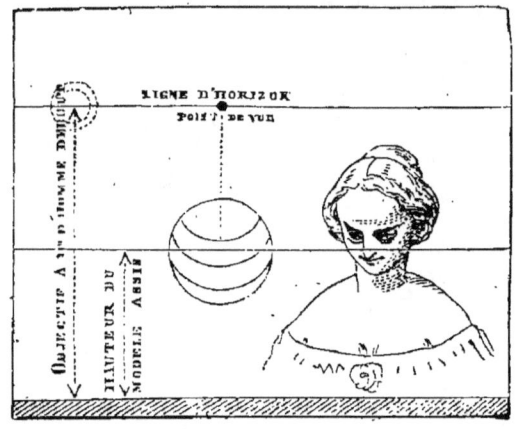

Horizon surélevé.

ne sont pas initiés à la photographie, croient fermement à l'exactitude absolue de sa représentation.

Cette remarque, je me plais à l'espérer, suffira à faire excuser la sécheresse un peu aride de ce chapitre.

IV

LE PORTRAIT

Pourquoi le portrait a tout d'abord prévalu en photographie.
Le portrait reste le dernier mot de l'art. — La symétrie parfaite de la tête n'est qu'un vain mot. — La ligne des épaules. — Volume de la tête par rapport à la plaque employée. — Petites vérités physiognomoniques. Le portrait de trois quarts en hauteur. — La suspension du mouvement. Les mains. — Les *flouistes* et les *nettistes*. — Divers écrans. — L'éclairage du modèle. — Les yeux bleus. — Le point de vision. — Le portrait en plein air. — Grâce, aisance, force, sentiments moraux. — L'optique du costume. — La simplicité dans le portrait.

L'exactitude dans la représentation photographique, que je signalais en terminant le chapitre précédent, est certainement ce qui a motivé, dès le début, l'application de la photographie au portrait. Plus tard la facilité de reproduction, à un nombre infini de fois, de l'image obtenue, a fait d'autant plus progresser cette application que beaucoup y ont vu une industrie, un commerce, un moyen d'amasser de l'argent, beaucoup d'argent.

Je ne sais ni ne veux les en blâmer. Chacun a le droit de gagner sa vie à sa guise et tous les métiers sont respectables dès qu'ils demeurent honnêtes.

Cependant il ne faut point se le dissimuler : c'est le métier qui a parlé dans l'application de la photographie au portrait. Il n'a guère été question que le portrait fût le plus noble de tous les arts graphiques. Moins encore que ce fût un art qu'on ne saurait jamais trop approfondir et qui tend toujours vers une perfection jamais atteinte.

Il ne pouvait en être autrement. La lenteur et l'insuffisance des premiers procédés photographiques ne permettaient point de penser à l'art.

Aujourd'hui que les choses en vont autrement, demandons-nous et examinons ce qu'est l'art du portrait.

Gœthe a dit :

« La présence de l'homme, son visage, sa physionomie, est le meilleur texte de tout ce qu'on peut dire de lui. »

Cette parole, dont la vérité me semble éclatante, nous indique toute l'importance de l'art du portrait, c'est-à-dire de la représentation totale ou partielle d'un individu vivant, soit par une forme, soit sous des traits parlant aux yeux. Elle nous indique aussi que chaque portrait doit constituer un tableau complet puisqu'il fait connaître les traits, l'attitude et, autant que possible, l'âme et le caractère d'un individu particulier.

Si donc l'on tient compte dans une œuvre d'art, du travail intellectuel de l'artiste, on peut affirmer que le portrait reste le dernier mot de tout art graphique que cet art soit peinture, dessin ou photographie.

« En effet, dit avec beaucoup de justesse Charles Blanc, le modèle qui en apparence nous fait la loi, qui nous impose la singularité de ses traits, l'originalité de sa coiffure, la coupe de ses habits, sa manière d'être habituelle de la tête aux pieds, le modèle, dis-je, laisse encore au peintre des libertés sans nombre. Ces traits profondément personnels, que profondément il faut accuser, il y a cent moyens d'en modifier la physionomie, d'en corriger la laideur, en choisissant la face, le profil, le trois quarts, en baissant, relevant ou retournant la tête, en adoptant une pose qui dissimule les côtés insignifiants et mette en évidence les aspects favorables, en appelant à son aide la lumière et ses douceurs, l'ombre et ses mystères, le fond et ses prestiges ! »

Et ce que dit Charles Blanc pour le peintre ne peut-il pas être dit pour le photographe ?

Certainement oui, puisque le photographe reste le maître de faire tout ce que l'auteur indique.

A celui-ci comme à celui-là, le choix de l'attitude, de la physionomie des lignes, de l'ajustement, du clair-obscur, des fonds, des accessoires et jusqu'à la proportion relative du cadre, qui demeure susceptible de rapetisser ou d'agrandir le modèle. De tous ces points communs j'extrairai cependant la physionomie. Le photographe est empêché, je l'avoue, de la rendre au même degré que le peintre. Celui-ci, devant un être qui sent et qui pense, peut sentir et penser d'autant plus à loisir que le travail manuel qu'il doit déployer pour faire son œuvre demande un temps relativement long, alors que le photographe n'a, à sa disposition, que quelques minutes, quelques secondes même. Le peintre peut ressaisir l'unité de caractère de son modèle à travers les expressions accidentelles et souvent trompeuses, qui demeurent à peu près seules à la portée du photographe.

On raconte que Van Dyck retenait ses modèles à dîner, pour mieux épier l'instant où leur physionomie véritable se trahirait, l'instant où le naturel, chassé par des convenances factices, reviendrait au galop. Certes, le photographe pour arriver à l'art pourrait employer un moyen semblable, et revenu dans l'atelier pourrait également, par un subterfuge quelconque et pendant le temps nécessaire à la pose, chercher à faire revivre sur le visage de son modèle la physionomie qu'il a jugé être sa physionomie véritable.

Ce serait, franchement, beaucoup trop demander. Cette résurrection de la physionomie vraie ne pouvant, en réalité, se faire qu'autant que le modèle est un parent, un ami ou une personne bien connue de l'artiste. Mais si le photographe ne me semble pas maître de la physionomie d'une façon absolue, il est maître du reste, et ce reste vaut bien qu'on le compte.

Il va de soi que la partie la plus importante d'un portrait est la tête. Aussi est-ce à la tête surtout que le photographe s'attaque. L'on peut affirmer, sans crainte de se tromper, que les neuf dixièmes des portraits photographiques sont des bustes. En dehors de la plus grande fidélité que semble donner ce procédé, il paraît au premier abord qu'il soit plus facile de tourner, avec une simple tête, la difficulté qui naît du choix de l'attitude.

Erreur grave.

Le choix de l'attitude d'une simple tête demande beaucoup de sagacité et d'intelligence de la part de l'artiste.

D'abord, quelque symétriques que soient les deux côtés d'un visage, ils diffèrent souvent d'une façon très essentielle par certains points. Si celui-ci se montre plus beau à gauche, celui-là se montre plus parfait à droite. De face, les deux yeux se présentent rarement de niveau; les ailes du nez ne reposent pas toujours sur la même horizontale; de même les coins de la bouche.

Aussi mieux vaut-il, dans tous les cas, quatre-vingt-dix fois sur cent, au moins, abandonner le portrait de face pour étudier celui de trois quarts ou de profil.

Il arrive même, le plus souvent, que les irrégularités de

symétrie, constatées dans les organes doubles de la face, marchent de pair. Par conséquent, leurs qualités ou leurs défauts s'harmonisent pour permettre de juger, de prime coup, le côté du visage que l'artiste doit le plus mettre en évidence. Quelques maîtres sont allés jusqu'à remarquer que dans le visage humain le côté gauche s'offrait presque toujours comme le meilleur. Je ne saurais donc trop vous recommander d'ordonnancer consciencieusement votre modèle, d'éviter les effets de nuque cassée, de torsion violente, de pendaison probable, en asseyant, aussi bien au point de vue de la grâce que de l'anatomie, la tête à représenter sur les épaules qui la supportent. Que le regard reste en harmonie parfaite avec l'ensemble des lignes du visage. Placez à droite, à gauche ou en face le regard d'une tête tournée à droite, à gauche, ou mise de face. S'il va dans un sens contraire, soyez certains qu'il prendra tout naturellement une expression d'intimidation ou d'effroi.

Quant à la ligne des épaules, elle doit équilibrer et soutenir toute la composition. Qu'elle soit horizontale, qu'elle soit oblique, il faut avant tout qu'elle demeure naturelle. Cette impression de naturel obtenue, je crois qu'il est plus artistique d'opposer cette ligne, autant que possible, à la dominante de la tête. L'art aime les contrastes. Allez dans les musées, compulsez les gravures, et vous vous rendrez compte, en étudiant les portraits des grands maîtres, de tout le parti que vous pouvez tirer de l'assiette des épaules.

Le volume d'une tête, par rapport à la plaque employée, garde une importance bien souvent méconnue, quoique primordiale pour ainsi dire. L'artiste photographe devrait se poser, comme règle absolue, que, du sommet des cheveux au menton, une tête ne peut dépasser une hauteur de 2,5 centimètres à 3 centimètres pour le format carte de visite, et 4,5 centimètres à 5 centimètres pour le format carte album.

Ces hauteurs suffisent pour lui permettre de calculer le rapport pouvant exister entre le volume d'une tête et tout autre format.

Quoi qu'il en soit, étudiez avec soin la pose de la tête. N'oubliez pas que de toutes les parties du corps humain c'est la plus noble, la plus essentielle, la plus significative. L'artiste ne saurait donc mettre trop d'attention, trop d'amour pour faire rendre à cette partie, par une pose bien comprise toute la signifiance dont elle est susceptible.

Eh, mon Dieu! sans vouloir trop chercher la petite bête, sans s'arrêter aux élucubrations plus ou moins fantaisistes des chiromanciens, des métoposcopes, il existe certaines petites connaissances physiognomoniques d'une vérité si courante, que le portraitiste doit les avoir constamment présentes à la mémoire au moment de l'arrangement du modèle.

Ces vérités peuvent se résumer ainsi :

Front. — Sa forme, sa hauteur, sa proportion, sa régularité ou son irrégularité marquent notre façon de penser et de sentir, la disposition et la mesure de nos facultés.

Yeux. — Le coin de l'œil du côté du nez présente-t-il un angle obtus?

Le visage prend quelque chose d'enfantin.

Présente-il un angle aigu?

Le visage acquiert de la finesse.

Sourcils. — Eux seuls peuvent servir à toute l'expression du visage. Il faut s'attacher à les rendre avec leur juste valeur.

Doucement arqués : physionomie simple et modeste; horizontaux : caractère mâle et vigoureux; moitié horizontaux, moitié courbés : bonté ingénue; rudes et en désordre : vivacité intraitable; épais, compacts, à poils couchés : jugement mûr et solide, sens droit et rassis; minces : flegme et faiblesse; anguleux et entrecoupés : activité d'un esprit productif; éloignés l'un de l'autre : conception aisée, âme calme et tranquille; rapprochés des yeux : caractère sérieux; se rejoignant : trouble de l'esprit et du cœur.

Nez. — Courbé à la racine : commandement, fermeté dans les projets; rapproché de la ligne droite : âme qui sait agir et souffrir avec tranquillité et énergie; épine large : facultés supérieures.

Narines. — Petites : esprit timide; dégagées : grande délicatesse de sentiment.

Joues. — Charnues : appétit sensuel; maigres et rétrécies : privation de jouissances; contours gracieux légèrement relevés vers les yeux : générosité et sensibilité.

EN PLEIN AIR

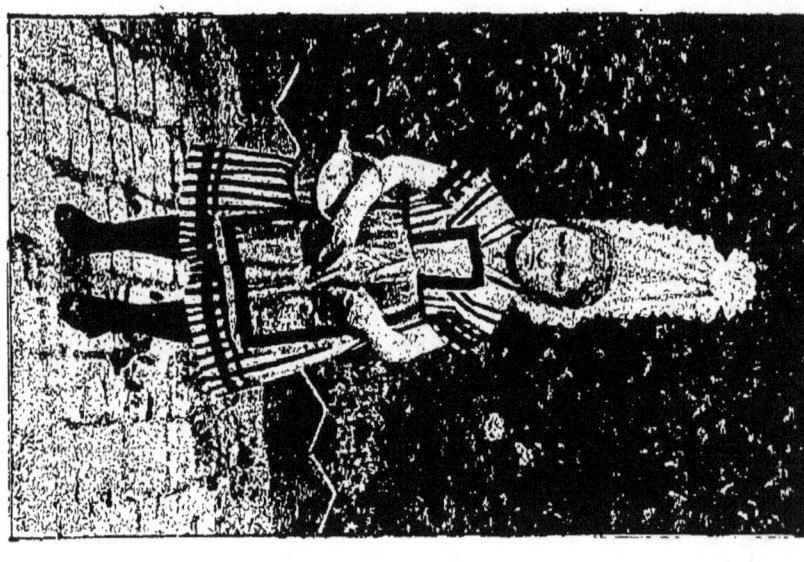

LA PETITE NORMANDE. (Phototype de l'acteur.)

LE PORTRAIT

A L'ATELIER

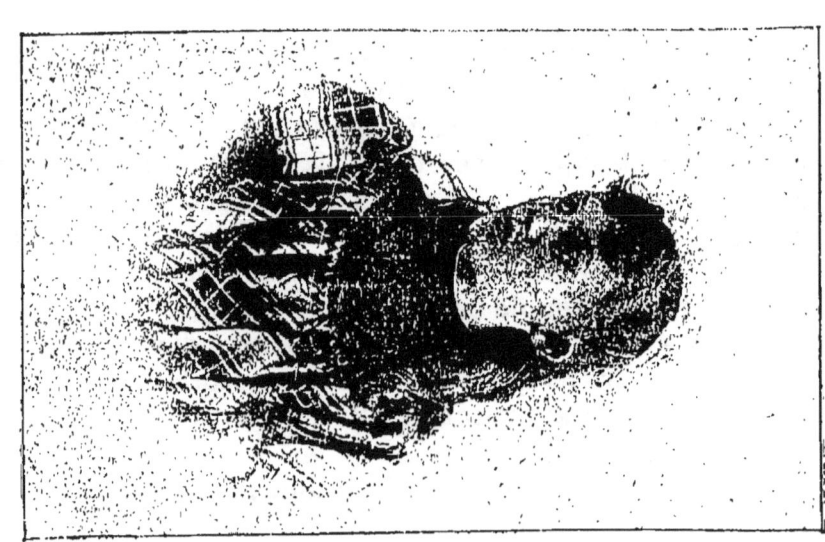

LA RÊVEUSE. (Phototype de l'auteur.)

Menton. — Avancé : esprit positif; reculé : esprit négatif; incisé au milieu : esprit judicieux, rassis et résolu; pointu : ruse ou bonté raffinée; charnu et double : sensualité; plat : froideur et sécheresse de tempérament; petit : timidité; rond avec fossette : bonté.

Bouche et lèvres. — Bouche resserrée, fendue en ligne droite, lèvres peu apparentes : sang-froid, application d'esprit, exactitude et propreté; bouche remontée aux extrémités : affection, prétention, vanité, malice; lèvres charnues : sensualité et paresse; fermées sans effort et d'un dessin correct : réflexion; entr'ouvertes : caractère plaintif.

Dents. — Petites et courtes : pénétration; grandes : force corporelle; longues : faiblesse et timidité; blanches, bien alignées, débordant quand la bouche s'entr'ouvre : politesse, honnêteté; lors de la première ouverture des lèvres, quand elles apparaissent avec leurs gencives : froideur et flegme.

Ces petites vérités physiognomoniques connues, le portraitiste, dans l'arrangement de son modèle, devra les faire saillir ou les atténuer suivant la beauté ou l'exactitude du portrait qu'il veut faire.

Certes j'entends quelques-uns de mes lecteurs, s'écrier : tout cela est-il d'une utilité absolue?

Absolue, non.

On peut fort bien faire un portrait en négligeant tous ces détails. Mais ces détails me semblent à leur place, du moment que nous traitons la question d'art. Libre à vous, après lecture, d'en prendre et d'en laisser ce qu'il vous conviendra.

Libre à vous de juger le degré d'art, le degré de ressemblance, le degré de vérité que vous désirez apporter dans votre œuvre.

Si le portrait buste demeure le plus répandu, ce n'est pourtant pas, à mon sens, celui qui donne le plus bel effet artistique. La draperie et l'attitude, qui jouent un grand rôle dans l'art, s'y trouvent en si minime partie qu'on est presque en droit de les considérer comme nulles. Aussi le portrait coupant la figure humaine à la hauteur des genoux, portrait dit de trois quarts en hauteur, présente-t-il une diversité d'effets pittoresques bien plus puissante.

Un vêtement négligé ou austère apporte sa note particulière et typique, dans un clair-obscur savamment aménagé suivant le caractère de la personne. Des accessoires, des attributs, des fonds bien appropriés à l'âge, à la toilette, aux habitudes du modèle, jettent le charme de leur diversion, de leur accentuation, de leur balancement, dans l'ensemble des lignes souples ou tourmentées, brusques ou adoucies que peut donner une pose savamment combinée.

Ce sera surtout dans les portraits de femmes qu'on rencontrera les plus grandes harmonies, les plus grands charmes de ce genre.

Tenter d'établir des règles précises au sujet de la pose me paraît aussi invraisemblable que de tenter l'impossible, tellement, tout en demeurant purement artistique, elle reste dépendante du goût de l'opérateur et de la nature du modèle qu'il a devant soi. Beaucoup plus commode vraiment serait d'indiquer les poses qu'on devrait éviter.

Cependant je ne saurais passer sous silence une pose relativement facile, et toujours d'un joli effet, lorsqu'il s'agit d'un portrait de trois quarts hauteur ou même d'un portrait en pied.

J'ai nommé la pose s'appliquant à un mouvement suspendu. Avec elle vous éviterez presque toujours les raideurs inhérentes à tout individu qui se sent épié.

Vous donnerez de plus à votre œuvre l'expression d'une action naturelle. Ce qui est un des plus grands charmes qu'elle puisse avoir. Le difficile consiste à mettre, dans cette suspension de mouvement, assez d'art pour dissimuler celui que vous avez employé pour l'obtenir.

Dans ce genre de portrait, l'attitude et le visage gardent bien certainement la première place; la seconde reste, sans contredit, aux mains. Celles-ci, aussi bien dans les arts du dessin que dans l'Art en photographie, ont de tout temps été, pour l'artiste, des écueils difficiles à doubler.

En matière d'art, la main joue un rôle considérable, non seulement au point de vue pictural, mais encore au point de vue de l'expression. Si sa pose préoccupe le peintre, elle préoccupe aussi le comédien. Celui-ci comme celui-là sait parfaitement qu'elle est, pour ainsi dire, le corollaire nécessaire de l'expression rendue par le visage ou par la parole.

Qui ne se souvient, à ce sujet, de la célèbre phrase de Montaigne?

« Quoy des mains? nous requerons, nous promettons, appelons, congédions, menaçeons, prions, supplions, nions, refusons, interrogeons, admirons, nombrons, confessons, repentons, craignons, vergoignons, doubtons, instruisons, commandons, incitons, encourageons, jurons, témoignons, accusons, condamnons, absolvons, injurions, méprisons, recommandons, exaltons, taisons, et quoy non? d'une variation et multiplication, à l'envy de la langue[1]. »

En un mot, la main, presque aussi bien que le visage, demeure l'instrument et aussi l'interprète de nos facultés. Dans le mouvement comme dans le repos, son expression ne saurait être méconnue, car elle suit inéluctablement l'impulsion que lui donne le reste du corps. Ses flexions indiquent nos actions et nos passions ; sa tranquillité concorde avec nos dispositions naturelles. Elle possède, de plus, cette caractéristique frappante que sa mobilité la trahit sans cesse et qu'il lui est à peu près impossible de dissimuler, en ce sens qu'on ne saurait altérer ni sa forme, ni ses contours, ni ses proportions, ni ses muscles.

La main contribue donc à faire connaître le caractère d'une individualité. Partant elle s'impose à l'attention du portraitiste. D'autre part, l'expérience n'a-t-elle pas démontré à tous ceux qui se sont occupés de physiologie, que plus il y a de rapports entre les visages, plus il s'en trouve entre les mains?

Gardez-vous donc de négliger cette partie du portrait, et par tout ce que je viens de vous dire et aussi parce que la main atteste la supériorité de l'homme et sa noblesse, puisque, le singe excepté, il est le seul être vivant qui possède une main véritablement bien organisée.

Ne nous dissimulons pas cependant qu'en dehors de l'importance et de la difficulté de sa pose, l'obtention de la main en photographie demeure d'une grande délicatesse pour l'artiste.

Souvent sa venue est une condamnation absolue du portrait, quelque bien rendu qu'il puisse être par ailleurs. La

---

[1]. MONTAIGNE : *Essais*, Paris, 1842, édition du Panthéon littéraire. Livre II, chapitre XII, page 243, colonne 1.

main paraît trop grande, trop massive, trop importante dans l'ensemble.

Cette apparence de défaut dans les proportions a même fait germer, dans l'idée du public, une croyance qui s'y est fortement enracinée, à savoir que la main n'est pas photographique, parce que la photographie la déforme toujours. Préjugé regrettable et absolument erroné, mais préjugé cependant compréhensible jusqu'à un certain point.

Je m'explique.

Bien que les grands maîtres connussent à fond les lois de la perspective, qui font que les objets se rapetissent très vite suivant la distance qui les sépare du dessinateur, ils se gardaient bien d'appliquer ces règles d'une façon formelle lorsqu'ils se trouvaient en présence d'un portrait à faire. Pour donner de la grâce à leur œuvre, ils *trichaient*, c'est le mot exact, en donnant aux parties du corps situées en avant du plan de la face non leurs proportions perspectivement réelles, mais celles qu'elles auraient eues si elles s'étaient trouvées dans le plan de la face. De là des mains, des pieds, des genoux beaucoup plus réduits que nature. De là aussi cette habitude pour tous de considérer comme vraies ces proportions fausses.

Lorsque la photographie vint, en rétablissant brutalement la vérité de la perspective, on se récria bien haut qu'elle produisait des effets ridicules, alors que le véritable ridicule provenait vraiment de la manière de faire des dessinateurs. Par malheur, cette manière de faire flattait l'amour-propre de chacun, et un vieux préjugé, si erroné que l'évidence le montre, est difficile, presque impossible à déraciner quand l'amour-propre s'en mêle.

Cette extraction ne se fera qu'à la longue et lorsque les artistes reconnaîtront franchement qu'ils ne doivent plus tricher, ou tricher moins. Quelques-uns déjà sont venus à composition. Je citerais facilement tels maîtres modernes qui, comprenant la leçon que leur donnait les soi-disant défauts de la photographie, ont su prendre avec justesse un moyen terme.

J'estime, pour ma part, que ce moyen terme suffit, car il existe vraiment des positions avancées des mains dans lesquelles celles-ci paraissent si grandes que, bon gré mal gré, nous verrons toujours une caricature là où se montre une trop grande vérité de rendu.

Pour arriver à ce moyen terme, qui sera, à mon sens, le vrai de l'art dans l'avenir, le photographe doit éviter toute pose tendant à projeter les mains ou toute autre partie du corps, trop à l'avant-plan. En un mot, pour éviter la dégradation perspective que l'objectif lui donne avec une rigueur mathématique, il doit chercher, pour ses modèles, des poses telles que le plan des mains se trouve le plus près possible du plan de la figure.

C'est certainement une gêne pour le choix de la pose, mais une gêne qu'avec du goût, de l'étude et de l'habileté on peut surmonter. Même avec cette gêne, les poses à choisir restent si nombreuses que le photographe se trouve encore devant un champ assez vaste pour son travail.

Toutefois, tant que la chose se pourra, laissez les mains dans leur position naturelle. Surtout prenez garde d'éveiller sur ce point l'attention du modèle. Il est si bien convenu qu'une jolie main présente un signe de race que le modèle, si son attention se trouve appelée sur sa main, cherchera quand même à la contourner pour la rendre gracieuse, naturelle.

Quatre-vingt-dix-neuf fois sur cent, il manquera son but. Dans tous les cas, quelque belle, quelque significative que soit la main, n'oubliez pas que dans un portrait elle ne doit prendre que la seconde place, en vue comme en effet. La première appartenant de droit au visage.

En plus de ces diverses qualités, lorsque vous abandonnez le portrait de trois quarts hauteur, pour la figure en pied, vous devez tenir compte plus amplement des draperies. Le peu artistique costume moderne des hommes se prête mal à l'art. Il en va différemment du costume des dames, très seyant et fort gracieux le plus souvent. Vous pouvez draper à votre aise et développer toutes vos aptitudes d'artistes dans la variété et dans le pittoresque des lignes où des masses des draperies, aussi bien que dans le groupement des accessoires environnants, des meubles ou d'un fond peint et conforme à la situation donnée au sujet.

Dans ce cas, ne cherchez pas à mettre tout exactement au point. Laissez dans un certain flou ce qui n'est pas le sujet lui-même, afin qu'il conserve son maximum de valeur. Voilà pourquoi les objectifs symétriques, quoiqu'ils puissent servir pour le portrait, ne valent pas à beaucoup près l'objectif de la forme Petzval, ainsi que je vous l'ai déjà dit en parlant des objectifs[1]. Je ne saurais trop le répéter : cette malheureuse manie du *tout exactement au point* sur la plaque photographique a été une des plus puissantes entraves qui ont retenu l'essor de l'Art en photographie.

La mise au point exacte est de toute nécessité, mais pour le sujet principal seulement. Le tout au point reste aussi pernicieux que le rien au point. N'allez donc pas, par réaction d'un excès, tomber dans un excès contraire et imiter ce qui se passe en Angleterre où une école de *flouistes* se crée par opposition à une école de *nettistes*.

Pour rendre au portrait, pour lui donner toutes les valeurs et toutes les expressions qu'il comporte, le photographe, n'ayant à sa disposition qu'une impression en blanc et noir, doit apporter à l'éclairage de son modèle tous ses soins, toute son attention, toute son intelligence, toutes ses connaissances d'artiste. C'est peut-être la partie la plus importante de l'art du portrait.

Pendant longtemps, pour régulariser la lumière dans les ateliers photographiques on ne s'est guère servi que d'un jeu de rideaux, glissant le long du châssis vitré.

Ce mode de procéder possède d'assez graves défauts, surtout lorsqu'on l'emploie dans un petit atelier. Ces défauts consistent dans l'aménagement du jeu des rideaux, dans la complication des cordes et des poulies permettant à ce jeu de se prêter au plus grand nombre possible de combinaisons.

Aussi est-ce fort compréhensible de voir les photographes s'ingénier à construire de petits appareils portatifs et destinés à concourir à un éclairage raisonné du modèle.

M. Slingsbey, de Lincoln, a recommandé un châssis vertical recouvert d'une fine mousseline, et muni, à sa partie supérieure, d'un autre châssis semblable incliné à 45°, ou suivant un plan parallèle à la pente du toit. C'est en somme l'équivalent des rideaux, avec cela d'éminemment pratique, que l'intensité de la lumière peut être d'autant mieux

---

1. Voir : *La Pratique en photographie.*

modifiée, suivant la place occupée par l'écran, que celui-ci ne présente qu'une largeur de 2 à 3 mètres.

M. Th. Prümm a proposé un simple disque de gaz lilas, de 60 centimètres de diamètre environ et suspendu au-dessus du modèle.

M. Kent a imaginé un écran carré de 90 centimètres de côté, garni d'une mousseline blanche et muni d'un manche assez long pour permettre au photographe de rester en dehors du champ de l'objectif, tout en promenant son écran autour de la tête du modèle, jusqu'à la parfaite obtention de l'effet désiré.

S'inspirant de ces divers procédés, M. Klary a imaginé de construire un écran qui porte son nom et qui se prête à toutes les combinaisons désirables d'éclairage.

C'est l'écran de Kent adapté et articulé sur un montant de bois muni de pédales. Il est d'une construction facile. Son articulation à simple charnière manœuvre à l'aide d'une corde sollicitée par un poids. De plus, cette charnière est vissée sur un tasseau pouvant glisser, à volonté, dans une rainure pratiquée dans presque toute la hauteur du montant. De cette façon l'écran prend un nombre considérable de positions. Il reste certainement jusqu'à ce jour le dispositif le plus pratique qui ait été offert aux photographes dont l'atelier est mal aménagé ou qui travaillent dans une chambre ou en plein air.

Écran de tête Klary.

Ces différents instruments tendent tous à atténuer les effets de la lumière directe, à rendre celle-ci moins vive, à balancer l'opposition brutale qui existe entre elle et la partie ombrée du modèle.

Il va de soi qu'on ait tenté l'inverse, c'est-à-dire d'éclairer, par un reflet, la partie ombrée pour la rapprocher de la valeur présentée par la partie éclairée.

On s'est d'abord servi, pour cet usage, d'un écran simple, vertical, recouvert d'un calicot blanc.

M. Luckardt a proposé de garnir cet écran de deux étoffes, l'une claire, l'autre foncée, et disposées de telle sorte que la foncée puisse se juxtaposer contre la claire ou la couvrir complètement.

Modifiant ce système, M. Angerer a divisé cet écran vertical en deux petits écrans, munis de pivots, tournant dans les montants qui les supportent et pouvant être inclinés à volonté. L'écran supérieur est garni d'une étoffe blanche ou d'une lame de métal, l'écran inférieur d'une étoffe bleutée.

Combinant ces deux systèmes en un seul, M. Klary a

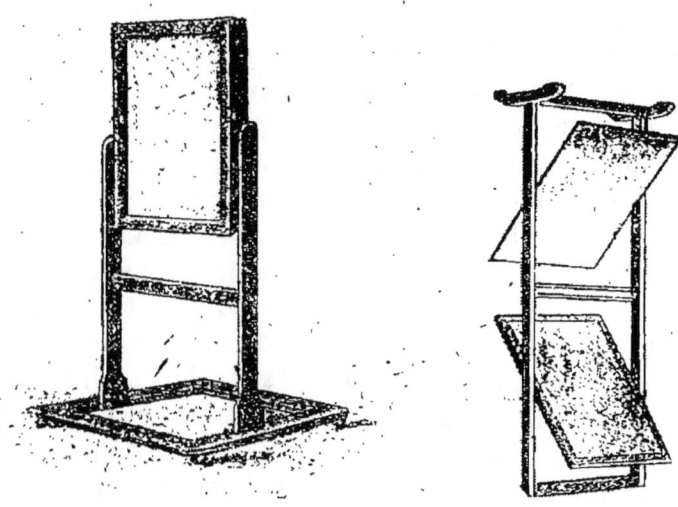

Écran simple. Écran à volets

confectionné un écran réflecteur concave, pouvant monter et descendre le long de son montant et il l'emploie concurremment avec son écran de tête.

On ne saurait nier que l'effet produit par la manœuvre simultanée de ces deux écrans ne soit d'un puissant effet. Toutefois, et tant qu'on le pourra, il vaudra toujours mieux abandonner le réflecteur, qui non seulement produit une lumière fausse, souvent réflétée d'une manière désastreuse dans le globe de l'œil, mais encore atténue les reliefs jusqu'au point de les détruire.

L'écran de tête, apposé du côté de la lumière, est beaucoup plus naturel en ce qu'il laisse les effets se produire là où ils doivent être produits et que son action est très suffisante pour obtenir un modelé parfait.

En dehors de cette importance du modelage, l'écran Klary possède encore l'avantage de ne point diminuer, comme les rideaux, la lumière ambiante. Par conséquent de permettre un temps de pose beaucoup plus court. Avantage à considérer, car plus le temps de pose sera court, plus sûrement nous obtiendrons l'expression caractéristique du modèle.

Toutefois avec un atelier construit sur les données que je vous ai indiquées, et un jeu de stores conformes comme couleur et comme disposition à ce que j'ai dit, les écrans de tête sont inutiles et presque toujours inutiles aussi les écrans réflecteurs. Avec la possibilité de sectionner à volonté la lumière on peut ébaucher le modelé par grandes masses en faisant tomber directement un faisceau lumineux sur le sujet et achever le détail de ce modelé par l'emploi de faisceaux secondaires venant d'en haut ou de côté. C'est surtout, remarquez-le bien, dans le sectionnement de l'éclairage général de l'atelier que nous trouverons les faisceaux de lumière multiples et indépendants dont nous avons besoin pour façonner notre motifs à coups d'ombres et de clartés. C'est encore aussi dans le choix de la coloration des stores. Je répète donc : pas de stores bleus à cause de l'actinisme de la lumière bleue. Des stores gris jaunâtres donneront des demi-teintes et des ombres qui conserveront leur valeur réelle sur le phototype, et aussi un ou deux sectionnements avec des stores noirs opaques permettant les jours frisants et les contre-jours quand on mettra le modèle à hauteur de ces sectionnements. Par le jeu de ces stores et le déplacement du modèle, on fera tout ce que l'on voudra, absolument tout même, si, comme je l'ai conseillé, l'atelier est orienté à l'est et qu'on puisse, par conséquent, se servir du soleil au besoin.

Il est facile de s'en convaincre.

Lorsque l'on étudie la peinture, un des premiers et des meilleurs exercices que l'on fasse faire à l'élève consiste à l'obliger de peindre, sur la toile, un buste de plâtre, jusqu'à ce qu'il soit arrivé à en bien modeler tous les effets de lumière. On pourrait conseiller une méthode analogue au photographe, pour l'amener à se rendre maître de l'éclairage.

La docilité passive de ce modèle inerte lui permettra des

études aussi longues et aussi patientes qu'il le voudra. De plus, comme sa vision ne sera pas influencée par les charmes trompeurs de la coloration du modèle vivant, il se rendra compte, beaucoup plus exactement, des effets de lumière produits véritablement par les clairs, les ombres et les reflets. L'examen de tous ces effets, dûment photographiés, familiariseront l'artiste avec les ressources infinies que l'éclairage peut lui procurer. De cette familiarité à l'application sur le modèle vivant, il ne restera qu'un pas facile à franchir.

Mais, me direz-vous, ne pourrait-on pas reconnaître à première vue qu'une tête est bien éclairée ?

Si fait, cela se peut, lorsqu'il s'agit d'un éclairage normal, c'est-à-dire d'un éclairage arrivant de côté à 45°, et un peu en avant de la face.

Dans ce cas, si le reflet de la lumière, qui se traduit par un point extrêmement lumineux piqué sur la prunelle, est de même volume et de même intensité dans chaque œil, en même temps que situé sur la partie haute des yeux et du côté le plus rapproché de la source de lumière, vous pouvez demeurer certain que la tête se trouve artistiquement éclairée.

Cette règle absolue ne saurait s'appliquer toutefois qu'à cet éclairage qui, s'il reste normal, n'est pas toujours le plus savant ni celui qui offre les plus grands effets d'art ou de pittoresque. J'en citerai un par exemple, dans lequel cette règle ne saurait s'appliquer. C'est celui où la lumière, au lieu de venir un peu en avant de la face, arrive au contraire un peu en arrière, frisant l'oreille qu'elle détache, modelant la joue de l'avant-plan, faisant saillir le nez sur tout le reste du visage qui se détache lui-même très vigoureusement, en ombre, sur un fond clair.

La suprême difficulté de cet éclairage, sa grande science, consiste à amener le modelé, modelé d'une obtention difficile, je n'en disconviens pas, par la conduite d'un développement savant, mais beaucoup plus facilement, beaucoup plus sûrement obtenu quand il existe déjà sur le modèle.

A propos de ce modelé remarquons en passant que, si éclairée qu'elle soit, la figure humaine, par la coloration de sa peau, n'offre aucune partie vraiment blanche. Par conséquent, la photocopie positive d'un portrait ne peut et ne doit offrir aucune partie d'un blanc égal en valeur à celui provenant de la blancheur d'un faux col ou d'une collerette, par exemple.

Le visage entier demande à être teinté plus ou moins. Tout au plus, en considération de la monochromie de la photographie, peut-il présenter quelques touches purement blanches sur les proéminences très accentuées, là où les maîtres, en peinture, piquent une lumière d'un blanc doré.

En général aussi, dans un bon portrait, la partie la plus éclairée du visage doit se trouver la plus rapprochée de l'œil du spectateur. Mieux vaut, en effet, pour l'équilibre de l'harmonie que le regard du spectateur aille de la lumière à l'ombre que de l'ombre à la lumière.

Cependant je me garderai bien de vous donner cette règle pour absolue. Il peut se faire qu'en certaines occasions vous obteniez de beaux effets en suivant une marche inverse. N'hésitez pas alors à tenter de les reproduire.

Je suis, comme vous avez déjà pu vous en convaincre, partisan de l'audace, toujours et quand même, quand cette audace surtout doit mener à un résultat artistique. Ces tentatives constituent le plus sûr moyen, pour un artiste, de progresser dans son art et de marquer ses œuvres d'une griffe absolument personnelle.

Être soi dans le beau et le bien, c'est toujours être quelqu'un.

Il existe encore, dans le public, un préjugé indéracinable, à savoir que les yeux bleus ne viennent pas en photographie. Erreur complète. Les yeux bleus viennent tout aussi bien que les noirs. C'est une simple question d'éclairage et aussi de reflets provenant de l'atelier et des réflecteurs.

N'oubliez pas aussi de bien recommander à votre modèle de laisser ses paupières battre naturellement, car on se heurte encore à cet autre préjugé qu'aussitôt le fatal : « ne bougeons plus » lancé, le modèle doit regarder le point qu'on lui a assigné avec une fixité immuable, ce qui donne à son regard quelque chose d'étonné, et au dessin des paupières une sécheresse de ligne désastreuse.

En même temps que je vous fais cette recommandation,

je vous engage à adapter convenablement le point de vision à la vue de votre sujet. Ainsi, par exemple, ce point devra être quelque chose de bien défini, soit un objet, soit une image de 8 à 10 centimètres de hauteur, que vous puissiez déplacer à volonté pour le rapprocher ou l'éloigner du sujet, suivant qu'il est myope ou presbyte. Il convient, en effet, que celui-ci puisse le voir nettement et sans le moindre effort d'adaptation. Autrement l'expression et la forme de l'œil en souffriraient.

Tout ce que j'ai dit, jusqu'à présent, sur le portrait, s'applique à ce genre de travail dans l'atelier, mais tout ce que j'ai dit peut s'appliquer aussi au portrait fait en dehors de l'atelier, c'est-à-dire dans une chambre ou en plein air.

Dans une chambre les choses peuvent se comporter en somme comme à l'atelier du moment que l'on tient compte, pour la pose, de la grandeur de la fenêtre dont on dispose. J'ai indiqué précédemment la manière de procéder à ce point de vue. Le portrait dans la chambre a même cela de particulier qu'il donne lieu à des effets d'ombre et de lumière parfois étonnants et dans lesquels les audaces, dont je parlais tout à l'heure, peuvent avoir une application pour ainsi dire constante. Deux belles fenêtres, sur la même paroi, séparées par un espace plein inférieur en largeur à la largeur de chaque fenêtre constituent un beau jour, très maniable, presque comparable à celui d'un bon atelier comme celui que je vous ai décrit et à coup sûr très supérieur à ces cages vitrées qui sont soi-disant nécessaires au travail du photographe.

Quant au portrait en plein air, le photographe se trouve en présence d'une telle abondance de lumière, qu'il peut, grâce à la rapidité du gélatino-bromure d'argent, opérer réellement à ciel découvert, en employant, pour modeler l'image de son modèle, la méthode que j'ai déjà si souvent indiquée de la surexposition [1] complétée par un développement approprié. Il faut simplement que le modèle soit placé de façon à ne pas cligner des yeux. Cette précaution gardée, j'estime que la lumière, peut être aussi bien la lumière diffuse que la lumière directe du soleil, et que par conséquent

---

1. Voir *La Pratique en photographie.*

on peut la prendre, venant de l'un des quatre points cardinaux.

Toutefois, si l'on désire obtenir, sur le sujet à reproduire, un modelé qui facilitera le travail du développement, il suffira de placer ce sujet face vers le nord, dans le champ délimité par un paravent à trois vantaux. Le vantail horizontal du milieu sera surmonté d'un écran pouvant se mouvoir sur des charnières. Ce vantail se trouvera, par conséquent, susceptible de prendre telle inclinaison qu'il conviendra pour adoucir ou amplifier la lumière tombant sur le sommet de la tête.

D'ailleurs le plein air, seul, sans qu'on veuille y chercher ce qu'on trouve à l'atelier, garde des effets de lumière tout particuliers, très typiques.

Mieux vaut les conserver franchement que de chercher à reproduire, avec une *lumière ouverte*, les effets spéciaux qui proviennent d'une *lumière serrée*.

Mais qu'il s'agisse du plein air, de la chambre ou de l'atelier, le portrait me suggère encore quelques réflexions générales, que je ne saurais passer sous silence dans ces considérations esthétiques ou que je tiens à développer plus amplement. Au cours de ce chapitre, j'ai écrit cette phrase : « Avec un mouvement suspendu vous éviterez presque toujours les raideurs inhérentes à tout individu qui se sent épié. Vous donnerez de plus à votre œuvre l'expression d'une action naturelle. Ce qui est un des plus grands charmes qu'elle puisse avoir. Le difficile consiste à mettre dans cette suspension de mouvement assez d'art pour dissimuler celui que vous avez employé pour l'obtenir. »

Oui, certes, il existe là une difficulté réelle et qui vaut la peine qu'on l'examine sous toutes ses faces. Elle en présente, en effet, plusieurs.

La représentation d'un mouvement, quel qu'il soit, nous amène fatalement à songer tout d'abord aux diverses sensations et émotions qui l'ont déterminé. Nous les percevons par sympathie et elles suffiraient, à elles seules, pour constituer l'expression du mouvement. Mais nous ne devons point oublier cependant que celle-ci est en même temps le résultat d'une trinité : expression de l'aisance, expression de la force, expression des sentiments moraux. Donc, pour la bien considérer dans son ensemble, il nous faut la considérer aussi dans chacune de ses parties et examiner soigneusement la part contributive de chacune à la détermination finale, c'est-à-dire à l'*expression* du mouvement qu'il ne faut pas confondre avec l'*impression* du mouvement. Celle-ci naît des émotions *personnelles* du spectateur; celle-là naît des émotions attribuées à l'*exécuteur* du mouvement, émotions objectivées formant spectacle.

Toutefois, pour ce qui est du portrait, que je prends pour thème, l'expression du mouvement qu'on exige de lui se condense tout particulièrement dans l'expression de l'aisance physique et morale. Expression définie dans notre langue par un seul mot : la grâce.

Herbert Spencer a remarqué, non sans justesse, que les mouvements gracieux sont ceux qui nécessitent la moindre dépense d'énergie. Cette remarque est applicable à la majorité des cas. Elle ne saurait suffire cependant à l'édification d'une théorie complète de la grâce. On se tromperait étrangement, en effet, en voulant réduire celle-ci à une simple question de mécanique; car on ne peut mesurer la grâce à l'économie réelle d'efforts musculaires. Voulût-on le faire? On ne considérerait que l'expression de l'aisance physique. Or, par sa définition même, nous savons que la grâce se compose non seulement de l'expression de l'aisance physique, mais encore et aussi de l'expression de l'aisance morale. Il faut donc, bon gré mal gré, tenir compte de l'aisance purement morale qui demeure un des éléments constituants et par conséquent essentiels de la grâce. Partant, l'étude complète de la grâce nous amène à envisager à la fois l'aisance physique du mouvement et l'aisance morale du mouvement. L'une et l'autre ne sont pas une; toutes les deux sont complexes. Leurs composantes mêmes se présentent avec des valeurs très inégales.

La première des composantes de l'aisance physique du mouvement, celle dont le photographe portraitiste devra se préoccuper avant tout, c'est la conformité du mouvement demandé avec les habitudes personnelles de son sujet. S'il veut faire asseoir une paysanne dans un fauteuil capitonné, la forcer à détendre ses membres et à alanguir sa pose ; s'il veut, inversement, donner comme siège à une mondaine un banc de bois dur et lui demander de se tenir le buste raide et les bras croisés sur les genoux, il y a gros à parier qu'il n'obtiendra, dans les deux cas, qu'une figure grotesque ne présentant pas la plus petite parcelle de l'aisance physique du mouvement.

Pour mieux faire saillir le contraste, j'ai pris deux cas extrêmes. Je sais bien que l'artiste intelligent ne tombera pas de ce Charybde dans ce Scylla. Mais il est un fait indiscutable : nous ne pouvons nous représenter les sentiments d'autrui que par un rapport de similitude avec nos propres sentiments. Par une sorte de prestidigitation de notre imagination, nous nous mettons en son lieu et place, nous croyons qu'il doit éprouver tout ce que nous éprouverions nous-mêmes en pareille circonstance.

Ce transfert de personnalité nous expose à bien des illusions, nous incite à commettre bien des bourdes.

Reprenons les deux cas que je viens de citer et supposons deux photographes, très habiles praticiens tous deux, mais d'une culture artistique nulle, et d'origine très différente. Le premier, fils de la campagne, aimant le paysan et resté paysan, demandera à la mondaine de prendre, sur son banc de bois, cette pose guindée et contrainte, parce qu'il sait qu'au village c'est ainsi que le paysan se trouve bien, et que cette raideur est pour lui l'expression de l'aisance physique.

Pour une raison identique, l'autre, fils de famille, élevé dans le velours, le satin et les capitons, voudra faire prendre à la paysanne une pose détendue et alanguie, parce qu'elle est également pour lui l'expression de l'aisance physique.

L'un et l'autre se seront substitués par l'imagination à leur sujet et auront commis une lourde faute. Il faut donc bien se garder, en voulant donner au modèle un mouvement conforme avec ses habitudes de le modifier pour le rendre trop conforme avec nos propres habitudes. Il est impossible que cette dernière conformité n'existe pas, mais encore faut-il qu'elle soit bien générale et fort discrète.

Du reste, on s'aperçoit qu'on force la note à la visibilité de l'effort du modèle. C'est là un avertissement, d'une valeur d'autant plus grande que dans l'aisance physique le spectateur doit constater l'absence complète d'effort visible. Cette constatation, il la relève sur le visage de son sujet.

N'est-ce pas au visage, en effet, que nous regardons l'acrobate, pour nous rendre compte du déploiement musculaire qu'il met dans ses exercices ? N'est-ce pas pour dissimuler tout effort visible, partant nous donner une haute impression d'aisance, que des clowns s'enfarinent et se maquillent ?

Le mouvement que nous donnons au sujet à portraire doit encore présenter une légèreté apparente. Pour cela, le mouvement devra sembler proportionnel au poids du sujet. Quand je dis poids, j'envisage la réalité du fait. Au fond, c'est la densité que nous devons considérer beaucoup plus que la masse totale. Le portrait parlera à nos yeux et nos yeux sont habitués à estimer d'un coup d'œil le volume des corps et leur densité mieux que leur poids. C'est l'éternelle réédition du problème posé à tous les moutards : Qui pèse plus d'un kilogramme de plume ou d'un kilogramme de plomb ? L'hésitation qui précède invariablement la réponse montre combien le volume trouble la question du poids.

Pour rendre la légèreté plus apparente, amener le mouvement à son maximum d'aise et de grâce, il est bon que le point d'appui soit solide ou tout au moins le paraisse. Rien n'est plus disgracieux que de percevoir une force dépensée en pure perte. Il est bon aussi, nécessaire même, surtout dans le portrait, qu'il nous montre un minimum de résistance apparente.

A tout prendre, l'art reste avant tout une question de juste milieu, comme le beau d'ailleurs. Un mouvement nous semblera donc d'autant plus aisé qu'il sera la représentation de celui où la vitesse aura pris une valeur moyenne. A ce moment la mobilité du point d'appui devient insensible ; la résistance antérieure ne s'accentue pas encore. Au reste, plus un mouvement est régulier, plus il se montre rigoureusement adapté à sa destination, plus il demeure économique, plus beau il est.

Cela ne suffit pas, cependant, à le rendre absolument gracieux. Il ne le deviendrait même d'aucune façon, si nous y relevions trop de monotonie dans la régularité, trop d'économie dans son développement, trop de netteté dans sa finalité.

Un mouvement trop régulier paraît machinal. Il tient trop à ceux connus sous le nom générique de mouvement nerveux, et qui dominent le sujet. Devant la domination la grâce s'efface. La domination tue la liberté l'action, la fantaisie d'agir, et la grâce vit de liberté et de fantaisie.

Or, à l'aisance physique dont nous venons d'examiner les phases, l'esthétique, nous oblige d'allier tout d'abord la liberté du rythme qui est la première phase de l'aisance morale. Comme elle va nous obliger tout aussitôt de lui allier la liberté dans la finalité. La finalité, en effet, est une loi au moins aussi assujettissante que le rythme, puisqu'elle astreint nos mouvements à se succéder dans un ordre déterminé. Un même mouvement peut nous procurer une impression d'effort ou d'aisance suivant qu'il est mis en jeu par le travail ou la distraction. Que la dépense d'activité soit même dans les deux cas, chaque mouvement sera cependant nettement différencié par l'intention qui lui a donné naissance et le sentiment qui le produit. L'accusation de la finalité suffira pour modifier l'expression produite. Un mouvement incertain ou sinueux, conviendra donc généralement mieux au portrait, parce qu'il ne nous dira rien de précis sur sa finalité, ne nous laissera qu'une impression de caprice, de fantaisie et de liberté et par conséquent de grâce.

De cela il résulte que la grâce n'est point dans l'art une germination accidentelle, une plante parasitaire poussant inopinément et spontanément. C'est une fleur connue, définie, intentionnellement semée et cultivée. Toute d'apparences, la grâce impose au photographe portraitiste un souci immense et constant de l'apparence, des préoccupations artistiques au premier chef et des préoccupations de toutes heures, de toutes minutes, de toutes secondes. « C'est, comme le dit Schiller dans son *Esthétique* c'est une beauté non donnée par la nature, mais produite par le sujet même. » Cette vérité posée, tous les sujets ne pourront fournir la même somme de grâce. A l'artiste de reconnaître ce que chacun peut produire en ce sens. A lui aussi d'en tirer le maximum de l'effet possible. Un corps souple, délié et sain donnera mieux qu'un corps guindé, épais et malingre. Une beauté plastique naturelle et un sentiment inné du rythme et de l'harmonie se prêteront vite et sûrement à tout mouvement gracieux.

Dans cette recherche de la grâce dans l'art, de nombreux écueils dressent leurs aspérités traîtresses. Le plus dangereux de tous, le plus difficile à doubler est celui de la liberté dans le mouvements. Le geste le plus gracieux du monde perd une grande partie de son charme, dès qu'on sent qu'il est fait avec une préoccupation de grâce. Il se trouve entaché d'effort physique et de contrainte morale. C'est plus qu'il

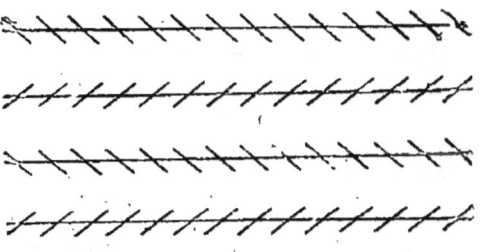

Parallèles coupées par des traits obliques.

n'en faut pour l'amoindrir, parce que le spectateur perçoit, par sympathie, cet effort et cette contrainte et qu'il en ressent fatalement une impression fâcheuse. Ce qui est fait en vue de la grâce, détruit la grâce. Cependant, pour que la grâce saille, il faut que tout soit fait en vue d'elle. Ces termes semblent incompatibles entre eux. Le secret de l'art est justement de savoir les allier sans que l'alliance perce d'une façon trop grossière.

J'insiste sur ces derniers mots qui laissent admettre une pointe de visibilité dans l'alliance, et font que la grâce du mouvement dans le portrait doit rester, pour le spectateur, légèrement intentionnelle.

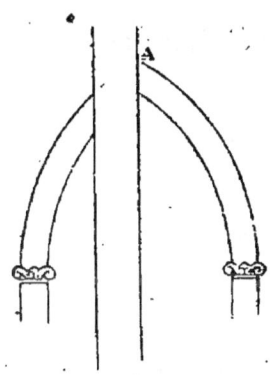

Ogive coupé par deux parallèles.

J'appellerai aussi votre attention sur les phénomènes optiques. Ceux qui, par l'Art en photographie, cherchent à parler à leurs semblables, ne sauraient les méconnaître. Formes, grandeurs, volumes, couleurs, constituent les caractères de la langue commune aux arts plastiques. Or, notre œil n'est pas seulement un instrument d'optique, une chambre noire photographique atteignant le dernier degré de la perfection. Il est essentiellement aussi un organe de sensibilité. Des images formées sur le pourpre rétinien naissent des impressions dans notre cerveau. Le regard, en voyant, va, en quelque sorte, au delà de l'image rétienne. Pour employer une expression de la théorie empirique, l'image commence dans le sens de la *vue* et finit dans l'*esprit*.

Si parfait donc que nous le supposions, le sens de la vue

Lignes égales arrêtées par des angles aigus et obtus

demeure incomplet. Sans le secours du cerveau, il nous trahirait sans cesse. L'image qu'il nous donne n'est-elle pas renversée? Cependant notre cerveau la retourne, au point de départ de l'impression, et nous force à la voir droite.

Malgré ce secours, la trahison a souvent lieu encore.

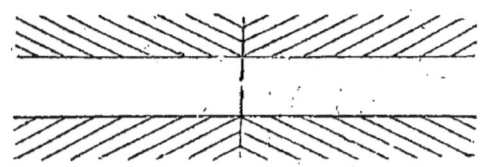

Parallèles coupées par une verticale et des obliques.

L'œil et le cerveau nous font croire à des réalités, alors qu'au demeurant nous nous trouvons en présence d'illusions. « Quand je vois un homme à cinq pas, écrit Voltaire dans sa *Philosophie de Newton*, son diamètre est double, ou environ, de ce qu'il était quand je le voyais à dix pas, et cependant cet homme me paraît toujours de la même grandeur. Ni la géométrie, ni la physique ne résoudront ce problème. » Charles Blanc, le premier qui ait tenté un travail d'ensemble sur les notions les plus élémentaires de l'art, distingue, non sans raison, deux vues : la *vue-sensation* et le *vue-sentiment*. De fait, cette distinction permet assez bien d'expliquer certaines anomalies de l'optique.

Les illusions du costume se rapportent à la *vue-sentiment*.

A mon sens, ce genre de vision constitue une manière d'optique esthétique. Cette optique, que je sache, n'a jamais été condensée en doctrines précises permettant le contrôle matériel des jouissances de l'esprit. Certaines règles néanmoins, se sont infiltrées dans le monde instruit. On sait, par exemple, que, dans le costume comme dans l'ameublement, les rayures verticales tendent à donner l'impression de l'élévation, les rayures horizontales à donner celle de l'abaissement. Quelques aphorismes ont été formulés. Ils ont pris la force d'axiomes, bien que la physique puisse les démontrer.

Toutes les lois de la sensation applicables soit à la perception des grandeurs, soit à celle des couleurs dépendent, en effet, de la limitation de la sensibilité humaine. M. Fechner l'a qualifiée de *loi psychologique*. Désignation heureuse, puisque cette loi correspond à la transformation de l'impression matérielle en sensation consciente.

L'étude de cette loi fait surgir une question des plus intéressantes au point de vue de l'art. J'entends par là l'optique du costume, dont nous pouvons habilement nous servir soit dans le travail du portrait, soit dans celui du sujet de genre.

Tracez sur une feuille de papier quatre lignes horizontales rigoureusement parallèles. Coupez la première et la troisième ligne, par de petits traits obliques allant de droite à gauche. Coupez de même, mais par des traits allant de gauche à droite, la deuxième et la quatrième ligne. Le parallélisme des quatre horizontales semblera cesser aussitôt. Quoi que vous fassiez, votre œil vous les montrera convergentes par paires. (Voir page 220.)

Zöllner a signalé ce fait il y a une quarantaine d'années.

Tracez maintenant une seule horizontale en interrompant, sur un espace de $0^m,2$ à $0^m,3$, ce tracé dans son milieu. Menez deux parallèles obliques aux extrémités de la partie scindée, de telle sorte que l'oblique de la partie à gauche parte de l'horizontale pour s'élever, et que l'oblique de la partie à droite parte de l'horizontale pour s'abaisser. Vous formerez ainsi deux angles dont les côtés se trouveront dans le prolongement l'un de l'autre ou seront parallèles. En les regardant, il vous semblera que si vous prolongiez l'horizontale de droite, ce prolongement passerait au-dessus de l'horizontale de gauche. Inversement, la prolongation

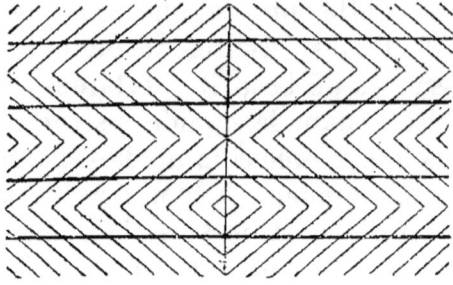

Plusieurs parallèles coupées par une verticale et des obliques

imaginée de l'horizontale de gauche passerait au-dessous de l'horizontale de droite. Par le tracé même que vous en avez fait, ces horizontales sont cependant, en réalité, dans le prolongement l'une de l'autre. De même, les deux obli-

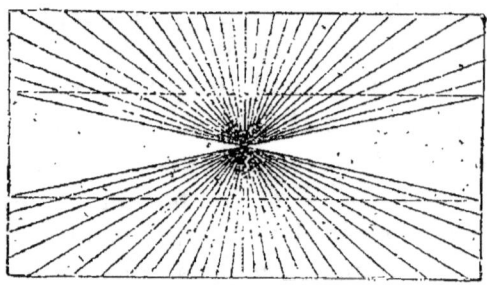

Parallèles et obliques contraires partant d'un même point.

ques tracées parallèlement paraîtront en divergence de ce côté-ci ou de ce côté-là. Cet effet trouve un exemple frappant en architecture. Coupez une ogive par deux lignes parallèles, l'une suivant la médiane, l'autre à droite ou à gauche de cette médiane, à votre grand étonnement la grande section paraîtra enjamber sur la petite. Cette illusion permet de corriger un défaut. En effet, si, par une raison quelconque, on a été obligé de construire deux arcs d'ogive ne rejoignant pas, on peut leur donner l'apparence de se rejoindre par l'addition d'un méneau, élevé sur le côté qui surplombe. (Voir page 220.)

Répétez l'expérience, en formant des angles d'ouvertures

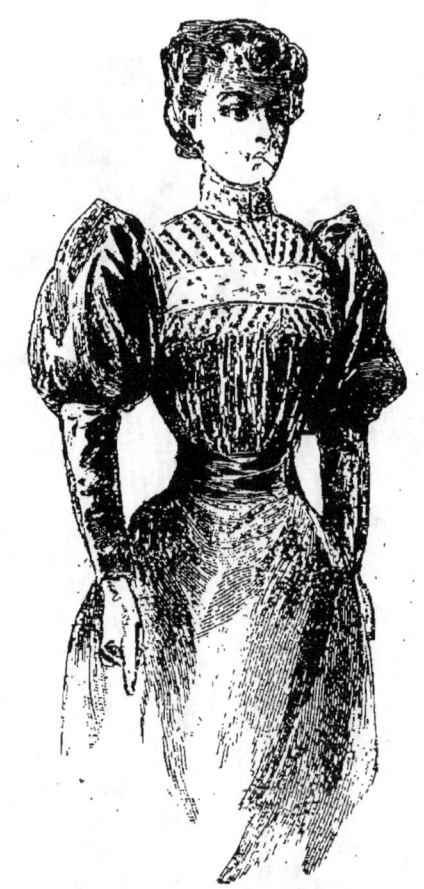

Application des parallèles coupées par des obliques.

différentes, vous constaterez que l'illusion de la grandeur de la déviation reste en rapport direct avec les ouvertures des angles. De plus, si vous mettez en parallèle des angles obtus avec des angles aigus, les effets de déviation seront plus accentués avec les premiers qu'avec les seconds. La détermination de ces éléments essentiels de l'illusion produite, dans le premier exemple, nous permet de rattacher le phénomène qui en résulte à un principe général de psychologie, à savoir que la direction de chacun des côtés d'un angle est déviée vers l'intérieur des côtés de l'angle. Donc,

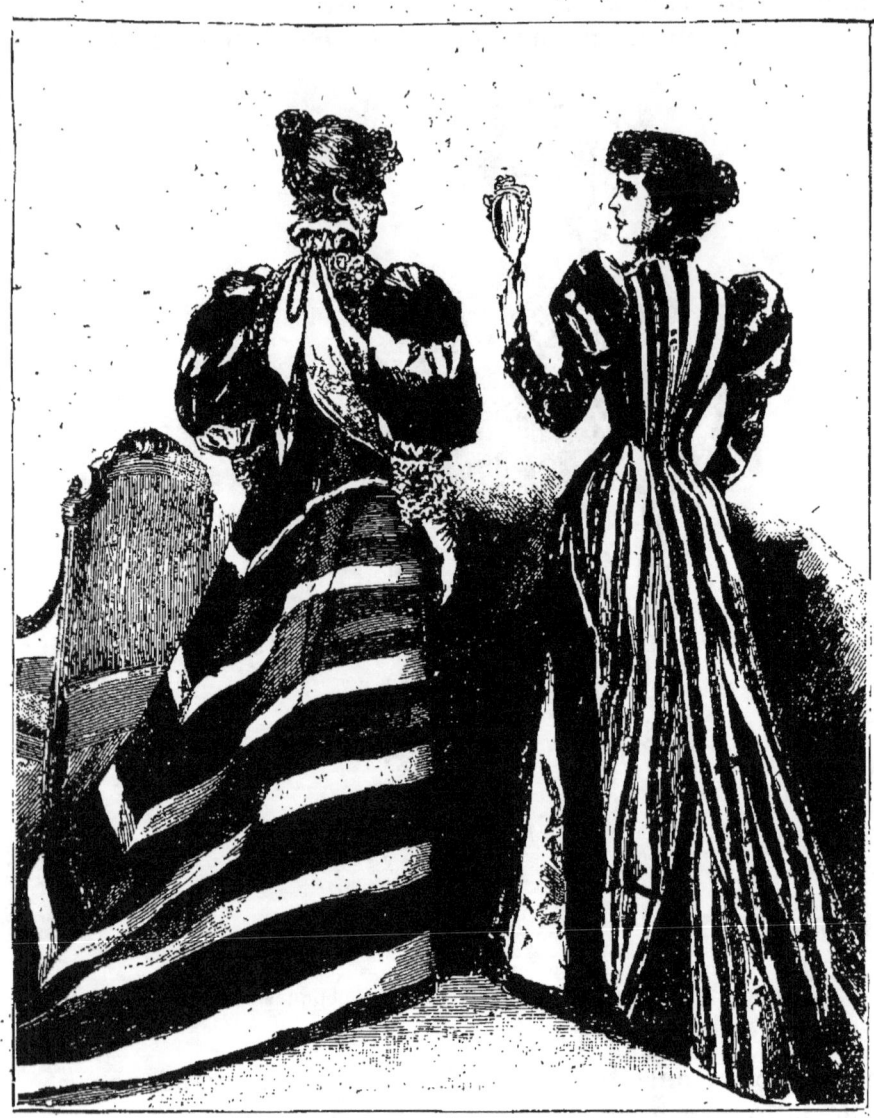

Application des rayures verticales et horizontales.

si nous prenons deux droites égales, que nous arrêtions l'une par des angles aigus et l'autre par des angles obtus, la première droite semblera plus courte que la seconde. (Voir page 221.)

La déviation, d'ailleurs, existe aussi bien pour le parallélisme que pour la continuité. Deux lignes parallèles et égales, terminées par des obliques en sens contraire, vous le démontreront aisément. Si vous multipliez ces obliques sur toute la longueur des parallèles, vous accentuerez encore l'illusion.

Allons plus loin.

Coupons, en leur centre, deux horizontales parallèles, par une verticale. Sur la première, à droite de la verticale, traçons des obliques de droite à gauche, et à gauche de la verticale, des obliques de gauche à droite. Au-dessous de la seconde horizontale, traçons, à droite et à gauche de la verticale, des obliques en sens contraire des premières. Les deux parallèles horizontales paraîtront beaucoup plus espacées auprès de la verticale qu'à leurs extrémités. (Voir page 221.)

Voulez-vous augmenter considérablement l'effet.

Au lieu d'une paire de parallèles, prenez-en plusieurs, et formez avec les obliques des angles dont les sommets reposeront sur la médiane fictive séparant ces paires. Ce dessin ressemblera à un parquet dit en point de Hongrie. Il se produira pour l'œil un gonflement énorme le long de la verticale. Les parallèles courberont. Pour détruire l'illusion, il vous faudrait regarder le tracé en tenant la feuille de papier bien horizontalement, à la hauteur de l'œil. De face, impossible de la détruire. Vos raisonnements auront beau faire, ils resteront en parfait désaccord avec l'impression ressentie par l'œil. (Voir page 223.)

Vous pouvez encore obtenir une vision analogue en traçant des obliques en sens contraire, partant d'un seul et même point situé sur la médiane fictive séparant les deux parallèles. Vous formerez ainsi, pour ainsi dire, le tracé de deux éventails ouverts, l'un droit, l'autre renversé, réunis par leur pointe. (Voir page 223.)

Très grand est le parti que l'on peut tirer de cette illusion dans le costume. Sur la poitrine d'une jeune fille, encore un peu grêle, placez, à hauteur d'aisselles, une bande d'une couleur plus claire que le ton général de l'étoffe de la robe, posez diagonalement et en sens contraire, en dessus et en dessous de cette bande, des galons d'une tonalité claire aussi, de façon à former une manière d'empiècement. Vous verrez aussitôt la poitrine se gonfler, donner à votre œil la sensation de rotondités charmeuses, que l'âge ou la nature a refusées au sujet. (Voir page 224.) Par cette légère supercherie, et tout en restant vrai, vous donnerez de la grâce à votre modèle, partant au portrait que vous désirez en obtenir.

Les rayures verticales, disais-je au début de cette observation, tendent à donner l'impression de l'élévation; les rayures horizontales à donner celle de l'abaissement.

Revenons sur ce phénomène de la *vue-sentiment*, le plus commun de tous, celui que, sciemment ou inconsciemment, femmes et hommes appliquent, à tout bout de champ, dans leur manière de se vêtir. Peut-être cette idée opposée, éveillée en nous par des lignes, vient-elle de l'architecture ? Dès notre plus tendre enfance, notre œil a vu des maisons et des édifices. En suivant les colonnes et les murs, notre regard monte et prend dans la verticalité le sentiment de l'élévation. Au contraire, en suivant les soubassements et les plates-bandes, il reste dans le même plan et prend la sensation de l'étendue. Il se peut. Quoi qu'il en soit, le phénomène existe. A telles enseignes même que, de deux bâtons d'égale longueur, l'un fiché en terre et l'autre couché sur le sol, le premier nous apparaîtra beaucoup plus grand que le second. Lorsque, dans un lycée de Paris, un professeur de mathématiques apprend à ses élèves à calculer le diamètre de la circonférence circonscrivant un polygone régulier, en connaissant la dimension d'un des côtés de ce polygone, il lui arrive souvent de prendre pour exemple le grand bassin octogonal du jardin des Tuileries. Le calcul fait, l'élève demeure stupéfait en constatant que les tours de Notre-Dame pourraient être couchées dans ce bassin. C'est, matériellement, un frappant exemple de l'illusion d'optique.

Si donc, dans un groupe ou dans un sujet de genre, il vous faille, pour équilibrer l'harmonie de l'ensemble, agrandir telle figure ou diminuer telle autre, il sera bon d'habiller les personnages en conséquence. A la courte, vous appliquerez la dominante des verticales; à la longue, celle des horizontales. Vous obtiendrez ainsi une illusion de l'effet cherché, sans gêner l'attitude ni le mouvement, ni les proportions du sujet. Prenez deux femmes exactement de la même taille et du même embonpoint, habillez-les selon cette règle, mettez-les à côté l'une de l'autre, et vous constaterez immédiatement entre elles une différence de taille sensible. (Voir page 225.)

Cette supercherie rencontre également son emploi dans

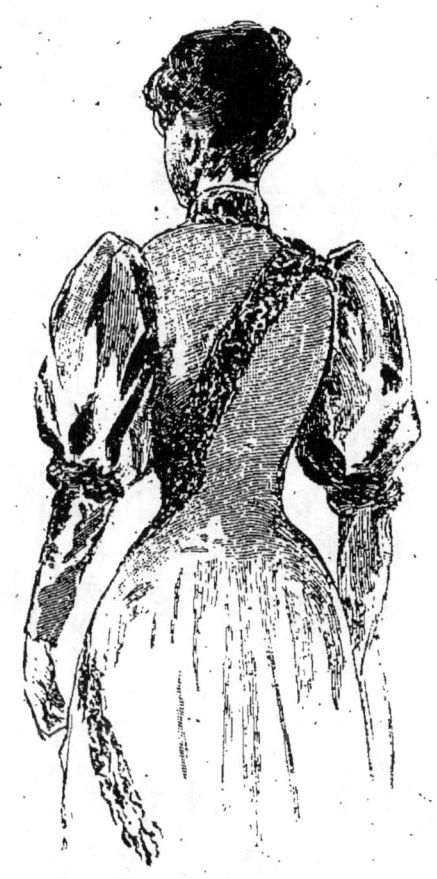

Application de la diagonale.

le portrait, soit que le modèle se trouve court ou long pour la plaque employée.

A côté des dominantes verticale et horizontale, nous possédons la dominante oblique.

Dans le paysage surtout, je l'ai démontré dans la partie de ce volume qui traite du paysage, il existe une dominante oblique qui convient très bien à la composition de l'ordonnance générale. C'est la diagonale. Elle donne naissance à

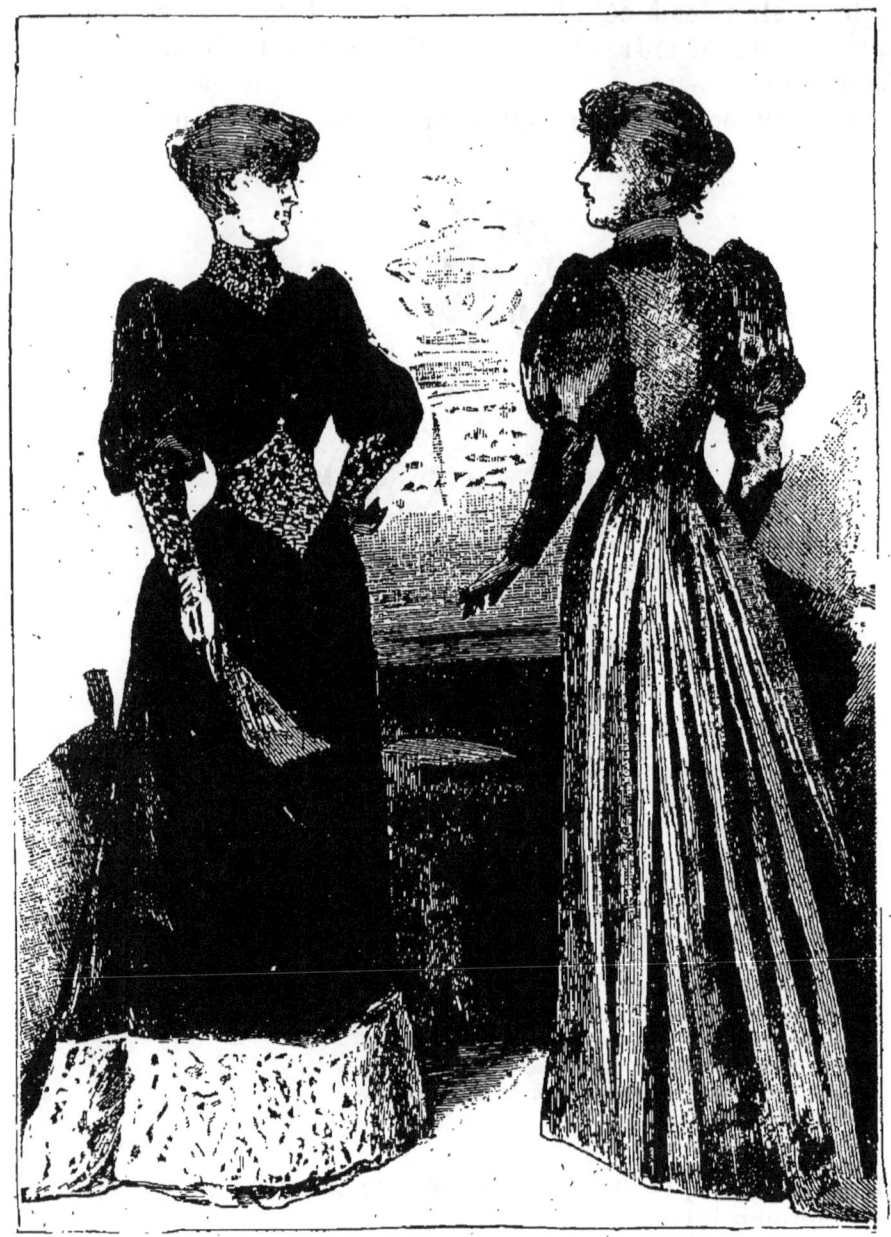

Application de la division et de l'indivision.

une impression d'affaissement, de chute lente. Aussi, lorsqu'on ordonnance un tableau, en lui donnant la diagonale pour dominante, doit-on contre-balancer cet effet de chute et d'affaissement par l'emploi d'une opposante. Si donc, au point de vue du costume, nous employons la diagonale sans opposante, nous obtiendrons infailliblement l'effet d'affaissement. Vous vous trouvez, par conséquent, en possession d'un moyen pour rectifier, dans votre modèle, certaines déviations provenant d'une mauvaise tenue habituelle ou d'une désagréable plaisanterie de la nature.

Prenons, par exemple, un cas assez commun : la déviation des épaules produite, à l'école, par l'accoutumance d'écrire dans une position anormale. Je dis l'exemple commun. Il l'est, en effet, au premier chef. Examinez attentivement les jeunes filles les plus charmantes, les hommes les plus séduisants, susceptibles de passer sous votre regard. Vous demeurerez étonnés en constatant combien rarement leurs épaules demeurent dans la stricte horizontalité. Peu ou prou, il y a déviation, et déviation acquise par une tenue défectueuse durant la période scolaire. Si vous avez à faire le portrait de l'une de ces jeunes filles, il vous sera facile, par l'optique du costume, de remédier à cet inconvénient et d'obtenir une photocopie dans laquelle l'œil le mieux exercé ne parviendra pas à le discerner. Pour cela, garnissez diagonalement son corsage d'une bande plus claire ou plus sombre que la robe, en partant de l'épaule surélevée pour aller à la hanche opposée. Il y aura sensation d'affaissement. Notre vue-sentiment ne verra pas la déviation reconnue par notre vue-sensation. Si même la ligne déviation, au lieu de se trouver dans l'épaule, se trouve dans la colonne vertébrale, vous corrigerez ainsi l'erreur de la nature. (Voir page 228.)

En outre des lignes pures et simples, nous avons aussi à considérer dans le costume l'intéressante question de l'indivision.

« Nous sommes ainsi faits, écrit un auteur contemporain[1], que l'idée de grandeur est pour nous inséparable de l'idée de mesure ; ce qui est indivis nous semble toujours trop petit. C'est là une deuxième loi psychologique de la sensation aussi importante que la loi de Fechner. On peut la démontrer par une foule d'exemples. Deux lignes de même lon-

---

1. Auguste LAUGEL : *L'Optique et les Arts*, page 85.

gueur, l'une divisée en un certain nombre de parties égales, l'autre indivise, la seconde paraît la plus courte. »

Dans certains cas, ceux relatifs surtout à de très grandes surfaces, le physicien peut avoir raison. Notre regard complètement dérouté éprouve un besoin de mesure, de rapport, de comparaison, d'une échelle en un mot. Autrement on ne saurait vraiment admettre que la division correspondît à la grandeur. Mathématiquement, moralement, stratégiquement, socialement, diviser c'est amoindrir. Comment les lois de l'optique peuvent-elles être en si complète discordance avec les lois de l'esprit? Si elles le sont en réalité, ce n'est pas ici le lieu de le démontrer, il y a donc une illusion d'optique amenant aux conclusions contraires. Au point de vue esthétique, le seul qui doive nous occuper actuellement, un sujet indivis nous apparaît toujours plus grand qu'un sujet divisé.

Prenez deux hommes de même taille. Sur les épaules de l'un, jetons une longue pelisse tombant en plis droits jusqu'au ras du sol; sur les épaules de l'autre, agrafons un manteau de même dimension, de même longueur, mais formé par une succession de pèlerines, un manteau dit à la Garrick. L'homme vêtu de ce manteau paraîtra plus petit et plus gros que le premier. En d'autres termes, le sujet indivis l'emportera en grandeur sur le sujet divisé. Ce phénomène, d'ailleurs, rentre dans celui des verticales qui rehaussent par leur répétition et des horizontales qui rabaissent par leur répétition également. Le matin, en peignoir simple et uni, une femme sera pour votre œil plus grande que dans la journée alors qu'elle portera un costume ajusté; plus grande aussi avec une robe ajustée, mais unie, qu'avec une robe arrêtée au cou par un empiècement, clair ou foncé, par un corselet à la taille, par une bande au bas de la jupe. (Voir page 229.)

Dans notre vie moderne, pratique mais étriquée au point de vue du costume, pourquoi gardons-nous pour certains corps d'État quelque chose du vêtement antique? Pourquoi les prêtres portent-ils une soutane? Pourquoi les magistrats et les professeurs revêtent-ils la toge? Pourquoi dans les salons royaux et impériaux les femmes portent-elles le manteau dit de cour? N'est-ce pas parce que ce genre de vêtement entraîne avec soi, par son indivision même, une idée de grandeur propre à rendre celui qui le porte plus majestueux et plus imposant?

Voyez les peintres. Pour faire saillir la majesté d'un souverain, s'ils ne vont pas toujours, comme ils y sont allés bien souvent, jusqu'à le transformer en empereur romain, ils le drapent dans le fameux manteau d'hermine.

Et les statuaires? Leur œuvre, faite pour être vue de loin et dans l'immensité écrasante du plein air, a besoin du secours de toutes les illusions d'optique : aussi cherchent-ils, par tous les moyens possibles, à masquer notre rapetissant costume moderne par quelque manteau ou quelque draperie, amoindrissant, sinon détruisant l'effet désastreux de la division.

Cette grandeur optique et morale, ajoutée par l'indivision à la figure humaine, trouve encore une augmentation dans l'ampleur.

Un petit fait de la vie courante nous montre cette illusion dans tout son jour. Il a trait à l'époque du carnaval. Par ennui, lassitude de gens blasés ou conscience plus profonde de la dignité humaine, nous ne nous masquons presque plus ou nous nous déguisons très peu. Néanmoins, ce très peu suffit pour nous conduire à remarquer combien une femme paraît diminuée lorsqu'elle se travestit en homme et combien un homme paraît grandi lorsqu'il revêt un costume féminin. Au demeurant, l'illusion saisie par notre vue-sentiment s'accorde avec la réalité perçue par notre vue-sensation.

Géométriquement, en effet, l'oblique est plus longue que la perpendiculaire. En face d'un homme en pantalon, notre regard parcourra la perpendiculaire abaissée de la ceinture jusqu'au sol où ses pieds reposent; en face d'une femme de même grandeur et en jupon, notre regard parcourra l'oblique menée tangentiellement au jupon depuis la ceinture jusqu'au sol.

Ce second parcours étant plus long que le premier, l'erreur d'optique et l'illusion de sentiment en naîtront.

Rapprochez ce phénomène de la taille de la femme assise il y a quelque trente ans sur le trône de France, vous aurez de prime coup l'explication complète de la fameuse crinoline. Toutefois, cet effet esthétique de l'ampleur consistant à procurer le sentiment d'agrandissement ne saurait être illimité Cette même crinoline l'a démontré. En augmentant sans cesse le rayon de ses cerceaux, on en est arrivé à dépasser le but, à écraser au lieu d'élever. La femme écrasée a écrasé la crinoline.

Physiquement, l'homme étant en hauteur approximativement cinq fois plus haut qu'il n'est en largeur, présente une silhouette dont la dominante reste franchement l'élévation. Pour concourir à cette élévation, l'ampleur ne doit donc pas altérer la configuration naturelle du corps humain. Or, en exagérant l'ampleur, cette altération aura lieu. L'excès produira l'impression d'étalement. Il faudra, pour y remédier, agir sur le sens de la hauteur, à la manière des dames du xviiie siècle qui surélevaient leur coiffure pour contre-balancer l'élargissement produit par les paniers et les bouffants.

Le véritable photographe, désireux de faire œuvre d'art, ne saurait, pas plus que le peintre, ignorer, méconnaître, ou perdre de vue ces illusions d'optique. Elles appellent d'une façon toute spéciale son attention sur le costume de ses modèles. Dans l'arrangement d'un groupe, dans la composition d'un sujet de genre, il devra les avoir constamment présentes à la pensée. Sans donner d'entorse à la nature ni à la vérité, elles lui aideront à corriger un défaut, à mettre en valeur une qualité, à contre-balancer de trop grands contrastes, à détruire une parité trop monotone. En un mot l'optique du costume, bien entendue, le mènera à une grande délicatesse d'expression.

Il me reste encore à considérer un point très important dans l'étude du portrait, c'est la *simplicité*.

« O jeune homme, ne pouvant la faire belle, tu l'as faite riche[1]. »

Cette exclamation navrée, lancée par Apelle à l'un de ses élèves qui avait peint Hélène parée d'une quantité de bijoux, ne revient-elle pas souvent à votre esprit ou sur vos lèvres devant bon nombre de portraits? J'entends, de véritables portraits représentant le sujet au moins jusqu'aux genoux

---

1. Saint Clément d'Alexandrie : *Le Pédagogue*, livre II, chap. xii.

et non de ces simples têtes sur fond, dits en vignette, qui ne demandent pas au photographe grand effort artistique, en dehors de l'éclairage de la tête. J'admets que celui-ci vaille qu'on le compte. Toutefois, lorsqu'il ne s'adresse qu'à la tête en vignette, il se simplifie étrangement. Tout autre est l'effort du portraitiste quand il doit envisager non seulement cet éclairage, mais encore la position de l'ensemble, la tenue des mains, l'arrangement des draperies, le choix des accessoires. Aussi est-ce dans le portrait en trois quarts de la hauteur du sujet que toute sa science se développe, que tout son art se fait jour. C'est un critérium certain de ses connaissances esthétiques.

Que doit être un bon portrait? La ressemblance d'une personne en même temps qu'une page d'histoire contemporaine. Voilà ce que la logique indique et en même temps ce que prouve l'étude des grands maîtres du portrait.

Pour ne citer que trois noms de maîtres, mais trois noms inoubliables, prenons le Titien, Léonard de Vinci et Holbein.

Le Titien s'occupe peu des détails. Le clair-obscur l'attire et il en fait grand usage. Il accuse nettement ses lumières et ses ombres. Afin de bien juger ses portraits, il faut ne les voir qu'à une certaine distance. Ils apparaissent alors dans un relief puissant qui les fait saillir hors du cadre. Ce trait tout particulier des portraits du Titien constitue une des caractéristiques du talent du maître. Caractéristique tellement saisissante qu'elle a sauté aux yeux de ses contemporains, qui nous l'ont signalée. Témoin cette lettre de Marie de Hongrie au sujet d'un portrait de Philippe II envoyé à Marie Tudor : « Si est-ce qu'elle (la reine d'Angleterre) verra assez par icelle sa ressemblance, la voyant à son jour et de loin, comme sont toutes les peintures dudict Titien que de près ne se recognoissent[1]. »

Des détails, Léonard de Vinci s'en préoccupe moins encore. Ce qu'il cherche, c'est l'enveloppement de son personnage dans une sorte d'ombre mystique étonnamment faite pour adoucir les reliefs, fondre les contours, harmoniser l'ensemble. Pour lui, l'œil est tout. La vie y réside.

---

1. Papiers d'État de Granville, tome IV, page 150.

Malgré l'adoucissement, le fondu, l'harmonie de son ombre enveloppante, cette vie étincelle dans le regard avec une telle intensité, que le portrait semble réellement vivant et que l'on a comme la sensation de la circulation du sang sous la peau.

Dix minutes de contemplation soutenue et le personnage en chair et en os est évoqué, sort de son cadre, se tient devant nous comme une personne naturelle. Voyez la *Joconde*.

Quand à Holbein, il procède par une opposition très nette d'une vive lumière et d'une ombre obscure. Son beau portrait d'Érasme, au musée du Louvre, en montre un exemple frappant.

Ainsi, en considérant ces trois maîtres, résumant assez bien l'art du portrait au XVIe siècle, nous nous trouvons en présence d'une très grande parcimonie de détails et de deux systèmes relatifs à l'éclairage. Ce n'est pas à ces maîtres qu'on dira : Ne pouvant la faire belle, tu l'as faite riche.

Donc, d'une part, opposition vive entre la lumière et les ombres; de l'autre, lumière éclatante dans l'œil avec un enveloppement mystérieux de l'ensemble. En photographie, ceci me semble le plus souvent préférable à cela. Au moins jusqu'au jour où nous aurons à notre disposition la chromophotographie. Par cela même qu'elle ne dispose que du blanc et du noir, la photographie actuelle accuse plus encore toutes les oppositions d'ombre et de lumière. Il faut une grande science de développement et le choix judicieux d'un révélateur pour rester opposé sans devenir brutal ni dur. Cette science s'acquiert ; ce choix peut être fait. Un mélange d'iconogène et d'acide pyrogallique, par exemple. Nous le verrons dans le troisième livre de ce volume. Toutefois, les portraits à vives oppositions gardent cette particularité signalée au sujet du Titien : ils demandent à être regardés dans leur jour et de loin. Cette dernière exigence se prête mal à nos photocopies, à cause de leurs proportions généralement restreintes. Tout au contraire, pour en mieux saisir les détails, on se plaît à les regarder de près. Mieux vaut donc, en tant qu'éclairage, viser aux procédés de Léonard de Vinci.

Mais en dehors de l'éclairage, ce qui frappe chez les maîtres que j'ai cités, c'est la simplicité, due à une connaissance profonde de l'art de la parure et du vêtement.

Certes, en ce qui concerne la netteté du motif, dont je vous ai entretenu au prologue, il peut être bon, utile, nécessaire, de donner une place de quelque importance aux accessoires, d'obliger les draperies, les meubles, le costume, à venir concourir à l'ornement du portrait. Le photographe peut, en ce sens, donner libre carrière à sa fantaisie et à son goût dans la recherche de ces ornements. Cependant là se pose la grosse question de la simplicité. Si les grands peintres, en général, ont admis et voulu cette simplicité, il il est, dans l'histoire du portrait, une époque où on l'a totalement répudiée. J'ai nommé l'époque de Louis XIV. Tous les artistes d'alors regardaient comme véritablement esthétique de représenter leur modèle entouré de mille et un objets propres, selon eux, à mieux faire connaître ses habitudes, ses occupations journalières ou préférées, le milieu dans lequel il avait coutume de vivre. Je ne saurais contester que ce genre ait produit en France des œuvres d'une beauté remarquable. Exemple : les toiles de Largillière et de Rigaud. Le regard demeure étourdi devant cet amoncellement de draperies, ce surchargement d'accessoires, sur lesquels la lumière coule caressante ou s'arrête chatoyante. Toutefois, ce ne sont là, au demeurant, que des tours de force, des trompe-l'œil où le portraitiste se complaît à faire montre de l'habileté de son pinceau. Le photographe, lui aussi, peut parader de la sorte par un jeu bien compris des stores et des écrans de son atelier.

Quoi qu'il en soit, j'en demande bien pardon aux mânes des artistes du siècle de Louis XIV, mais je ne suis pas de leur avis. Oh ! mais pas du tout ! Si excellente que puisse être en soi leur méthode, elle est souvent néfaste. Elle l'est même toujours dès qu'on la pousse à l'extrême. Or, l'extrême se présente comme l'abîme inévitable, quasi forcé, de cette manière de comprendre le portrait. Ils n'ont, d'ailleurs point fait école. L'impulsion donnée par eux a été vite frappée par la réaction.

A tout prendre, le portrait historié demeure condamnable. Pour établir la netteté et la vérité de son motif, un véritable portraitiste ne saurait avoir besoin de ces artifices qu'il doit laisser au sujet de ce genre. Si, pour une cause quelconque, il juge bon de les admettre, il faut que cette admission soit faite sous la condition expresse de laisser ces accessoires au rang secondaire. Leur nom même indique ce rang. Aussi ne saurais-je trop m'insurger contre les tendances que l'on a, dans l'espèce, à trop mettre le tout au point, en employant pour le portrait des objectifs présentant une grande épaisseur dans la surface focale, c'est-à-dire, pour me servir de l'expression courante, d'objectifs à foyer profond. Le modèle seul doit être au point. Le manque de netteté optique des accessoires contribuera à mettre en relief le portrait en lui-même. Que nous importe la fidélité mathématique des meubles, des tentures et des menus objets qui l'entourent! Il suffit qu'ils y soient, si l'on a jugé nécessaire de les y mettre, pour nous faire connaître les habitudes du modèle, ses occupations préférées et le milieu dans lequel il vit Mais cette suffisance ne saurait impliquer la même vérité de rendu que celle exigée par le modèle, que l'on veut représenter fidèlement, dont on veut faire le portrait en un mot. Lui seul doit attirer et retenir en premier le regard. Si vraiment les accessoires qui l'entourent doivent concourir à sa compréhension, il suffit amplement qu'on en soupçonne la forme. Ce ne sont que des notes explicatives, et les notes se renvoient à la fin du volume ou se mettent modestement en caractères plus petits que le texte et en bas de la page.

Un portrait, ai-je dit, doit être la ressemblance d'une personne en même temps qu'une page d'histoire contemporaine. Comment peut-on allier ces deux qualités avec la simplicité?

Et d'abord, il peut paraître étrange à quelques esprits qu'il soit question de ressemblance dans un portrait photographique. Les lignes du modèle ne sauraient, semble-t-il, donner autre chose qu'un portrait ressemblant. Pourtant la ressemblance parfaite est, en somme, assez rare. Phénomène que l'on constate aisément en faisant défiler sous les yeux d'une personne une série de portraits de gens qu'elle connaît. Il lui faudra en voir beaucoup avant de s'écrier : « Comme c'est ressemblant! » Cela provient de deux choses : d'une part, la manie que l'on a de se croire obligé de corriger l'image par une retouche, à tort et à travers, qui ne vise qu'à effacer les rides ou les défectuosités de la peau; d'autre part, le manque d'art apporté le plus souvent dans l'obtention d'un portrait, ce qui fait qu'on ne cherche qu'à bien mettre au point, pour rendre tous les détails des traits, des cheveux, de la barbe et des vêtements sans se préoccuper le moins du monde du côté *moral* du sujet.

Sans ce côté moral la ressemblance ne saurait jamais être parfaite. J'irai même jusqu'à dire : c'est surtout et avant tout celle-ci qu'il faut viser. L'agencement et l'éclairage du modèle aussi bien que le choix des accessoires doivent lui être subordonnés. Il faut qu'un portrait représente l'homme *tout entier* et non une partie de cet homme figurée par les contours extérieurs de sa nature physique. Tâche difficile pour un peintre, plus difficile encore pour un sculpteur qui ne possède point les ressources charmeuses du coloris et se trouve obligé de restreindre, forcément beaucoup, le nombre et le choix des accessoires. Quant au photographe, combien de fois n'ai-je pas entendu dire que cette difficulté devenait pour lui une impossibilité. « La photographie rend les traits, mais la physionomie jamais. C'est pourquoi un portrait photographié, vierge de retouche, ne peut être vraiment ressemblant ! » Cette banalité court de par le monde avec une allure d'axiome. Eh bien, ceux qui, en la répétant, aident à sa course, à sa propagation, se montrent de parfaits ignorants des procédés du photographe. S'ils sont photographes eux-mêmes, ils méconnaissent leur art ou ils retardent. Aux temps où il fallait soumettre le modèle à une ou plusieurs minutes de pose, je reconnais parfaitement la presque impossibilité où se trouvait l'artiste de saisir la physionomie. Elle se montre, en effet, très variable même sur les visages les plus placides. Aujourd'hui il en va autrement. Avec un anastigmat Zeiss 1 : 6, 3, par exemple, muni du diaphragme 1 : 9, deux à trois secondes de pose suffisent dans une simple pièce bien éclairée[1] pour obtenir un phototype très harmonieux. Ceci correspond à l'instantanéité, si l'on opère en plein air et à une pose

---

1. Soit un appartement avec châssis vitré de 1m,50 sur 2m,50. le modèle à 1 mètre de ce châssis, un développement bien conduit et un révélateur laissant de la transparence aux noirs du phototype.

minime dans un bon atelier. Le photographe peut donc saisir la vérité morale de son modèle, si fugace soit-elle. Cette vérité, jointe aux qualités purement pittoresques offertes par la nature physique, donne l'expression d'ensemble, la ressemblance en un mot. Or, avant tout, la ressemblance d'un portrait doit être et être telle que quiconque qui l'examine puisse dire sans même connaître l'original : « Voilà, certes, un portrait qui doit être ressemblant. »

Remarquons en passant que l'école française du portrait, à quelque époque qu'on la considère, a toujours fait preuve d'une pénétration singulière, d'une intelligence profonde et savante de la physionomie et du caractère du modèle. C'est ce qui surtout la rend remarquable et la recommande à la postérité. Derniers venus dans cette école, les photographes ne sauraient moins faire que leurs aînés, d'autant plus que l'instrument de leur art leur permet de saisir les personnes dans le mouvement de la vie, dans l'emportement des passions même, et, en tous cas, de fixer le regard qui reflète l'âme et reste la composante primordiale de l'expression dans le portrait.

Donc, tout en restant simple dans le décor, le portrait peut et doit être parfaitement ressemblant par l'accusation du côté moral, par la vie du regard. Il nous reste à voir comment il peut, en restant simple encore, remplir la seconde condition du programme, c'est-à-dire représenter une page d'histoire contemporaine.

Au premier abord la chose paraît difficile et l'on est tenté d'admettre les tendances des portraitistes du siècle de Louis XIV. En examinant la question un peu plus à fond, cette difficulté s'évanouit. Les constantes variations de la mode ne sont-elles pas là pour nous aider à préciser la date de l'œuvre, tout en gardant la simplicité que l'art réclame et exige? Elles sont plus que suffisantes quand il s'agit d'un portrait de femme. D'une année sur l'autre — j'allais dire d'une saison sur l'autre — coiffure et vêtement changent presque totalement. La mode paraît varier moins en ce qui concerne notre sexe. Cependant, prenons une tête d'homme, rien absolument que la tête, soit sous le premier Empire, soit sous la Restauration, soit sous le règne de Louis-Philippe, soit sous le second Empire, soit maintenant, nous verrons qu'elles diffèrent totalement rien que par l'agencement de la coiffure et la coupe de la barbe. Sans le plus petit accessoire elles constituent, chacune en soi, une page d'histoire contemporaine.

Point n'est besoin donc d'accumuler les accessoires, point n'est besoin surtout de se préoccuper, outre mesure, de la parure, ni de multiplier les bijoux. Nous pouvons parfaitement éviter d'encourir l'amère critique formulée, il y a quelque deux mille ans, par Apelle. Cherchons à faire vrai et beau en nous imposant de faire simple. Nous pouvons même fort bien concilier cette simplicité avec l'art de la parure.

V

FONDS ET ACCESSOIRES

La manière des premiers photographes. — Sans fonds, trop de fonds. — Deux points à noter. — L'étude des grands maîtres. — Le fond demi-circulaire. — Les fonds peints. — Où doit être placée leur ligne d'horizon. — Prohibition des fonds de paysage. — Les accessoires caractéristiques. — Les fonds russes ou à la Rembrandt. — Comme quoi Rembrandt n'a rien à voir ici. — Combinaison de la lumière diurne avec la lumière artificielle. — Portraits sur fonds blancs ou en vignette. — Nécessité de l'appui-tête.

Parmi les nombreuses fautes qui accompagnèrent les débuts de la photographie et qui ont longtemps fait douter de sa compatibilité avec l'art, il faut citer les fonds, ou plus justement l'absence des fonds dans le portrait. Les photographes semblaient prendre à tâche, sinon tenir à honneur de faire détacher une tête sur... rien du tout. C'était ou un blanc immuable, ou une teinte absolument unie. Il en résultait que la figure se découpait en arêtes vives sur la photocopie positive, presque aussi durement que si elle avait été, en effet, découpée et collée sur une feuille de papier.

Hélas! les premiers photographes étaient si peu artistes ou pensaient si peu à l'art! Ils ne voyaient dans la photographie qu'un moyen commode et rapide de livrer à leur clientèle une suite de portraits à bon marché et avec ressemblance garantie, s. g. d. g. Ils n'avaient d'autre préoccupation que d'obtenir, plus ou moins correctement, les traits de leurs modèles.

Je me plais à penser, peut-être à tort, qu'ils auraient bien ri si l'on se fût avisé de leur démontrer que les maîtres n'agissaient point de cette manière. Pour un peu, ils auraient traité ceux-ci de vieilles perruques, leur manière de vieux jeu, soutenant avec orgueil que la photographie, par sa brutale vérité, était le dernier mot d'un art qui devait renvoyer, qui renvoyait même la peinture, aux amusettes puériles des civilisations à peine sorties du maillot. Un photographe plus artiste de tempérament, ou plus soucieux de mettre à profit les leçons données par les maîtres de la peinture, se fût-il imaginé de donner à ses fonds une gradation rationnelle de lumière et de l'ombre? Il serait tombé aussitôt sous le ridicule. Ses confrères n'auraient pas manqué de lancer sur lui un haro énergique. Il serait revenu à ses portraits sans fonds, avec l'humilité écœurante de l'humble honteux faisant amende honorable, s'écriant aussi haut que sa tête aurait pu en porter : « Grâce ! mes bons amis, grâce ! je me suis trompé !... La photographie est la photographie, et vous êtes ses prophètes !... *Meâ culpâ! meâ maximâ culpâ!...* »

Cette révolte, qu'un photographe de la première heure n'aurait pas eu l'audace de tenter, le goût du public l'a tentée. Alors, comme il convient dans toute bonne révolution, on a commencé par sauter à pieds joints dans les extrêmes.

Aux portraits sans fonds succédèrent les portraits agrémentés de fonds chargés, encombrés de tant et de tant d'accessoires que les figures, au lieu de rester la partie principale de l'œuvre, devinrent le dernier. Je dirais presque même le moins soigné de ces accessoires.

A peine pensait-on à lui, en admettant qu'on y pensât.

Mais que de jolis détails! Que de belles cheminées bien garnies! Que de luxueuses tentures! Que de lourdes draperies! Que de sculptures fantastiques sur ces amas de meubles! Que de tapis chauds! Que de lambris ornementés! Que de rochers! Que de sites enchanteurs! Que de palmiers! Que de fougères!... Le magasin le mieux garni du plus vaste et du plus riche théâtre du monde semblerait d'une pauvreté désastreuse si on l'opposait à la réunion de tous les accessoires relevés d'après les photographies d'il y a trente ans. Mais qu'y faire? Ce passage brusque du tout à l'extrême est pour ainsi dire la loi imprescriptible de toutes les révolutions. Brûlons ce que nous adorions, adorons ce que nous avons brûlé! Après... nous réfléchirons.

La réflexion est venue. Avec elle les idées sensées, les appréciations justes, les tentatives raisonnables, la compréhension du beau sans exclure celle du vrai. On a compris et on comprend, que les maîtres de la peinture méritent bien d'être pris en considération que les leçons offertes par l'examen de leurs œuvres gardent, quoi qu'on en dise, une saveur primordiale. Dans leurs œuvres, toujours jeunes, on se complut à remarquer qu'un fond présentant des gradations raisonnées de lumière et d'ombre, des effets d'enfoncement atmosphérique, concourt à la beauté du portrait au lieu de lui nuire. On comprit qu'il servait à le mieux mettre en relief, à le faire valoir. On reconnut enfin que dans un portrait la partie principale, la partie qui réclame toute l'attention, tous les soins, toute la science de l'artiste était le portrait lui-même, c'est-à-dire la figure humaine qu'il représente.

Donc le fond demeure admis comme une aide, comme une nécessité. Les accessoires restent ce qu'ils sont vraiment, des accessoires.

Voyons la manière d'employer ceux-ci et de produire ceux-là au mieux du possible.

Considérons, dans une galerie, les plus beaux portraits des grands maîtres, nous serons surpris du relief que leurs fonds donnent à la figure tout en restant absolument neutres, c'est-à-dire n'attirant pas l'œil d'aucune manière.

Premier point à noter. Un examen plus approfondi nous montrera, de plus, qu'ils sont généralement ombrés en sens inverse du visage. Second point à noter.

Partant de ces deux notes, nous nous trouverons en droit d'admettre que le meilleur fond à donner à un portrait sera celui dans lequel se fera bien sentir la gradation de la lumière et de l'ombre : la lumière se présentant opposée à l'ombre de la face.

Or le photographe ne possède pas toutes les ressources des peintres pour arriver à ce résultat. On comprend, du reste, que beaucoup d'artistes se soient ingéniés et s'ingénient à combiner sur la toile de fond des effets d'ombre et de lumière pour atteindre un résultat analogue.

Ceux-ci ont préconisé l'emploi d'un jeu de volets, ou de rideaux, permettant de nuancer cet effet par la combinaison de leurs ombres portées.

Ceux-là ont imaginé de mettre, derrière le modèle, un gigantesque cône dont les ombres et les lumières reflétées donnaient le même résultat, tout en laissant au fond une profondeur réelle, rappelant l'enfoncement atmosphérique.

D'autres enfin ont indiqué l'emploi des toiles planes, teintées et dégradées au pinceau.

Tous ces petits trucs sont admissibles.

Le cône surtout offre un excellent effet. Malheureusement il reste peu maniable et exige une grande profondeur d'atelier. Le plus souvent il faut renoncer à s'en servir, bien qu'il mette admirablement la tête en relief par l'opposition naturelle de son côté ombré au côté éclairé du visage et inversement.

Préoccupés de garder ce résultat, tout en rendant l'appareil plus à la portée de tous, quelques artistes ont cherché le mieux dans le bien. M. Adam Salomon me semble avoir trouvé, à peu près définitivement, la solution du problème, avec son fond demi-circulaire, bien qu'il communique toujours un peu une sorte d'effet cylindrique à la photocopie positive.

En principe, ce fond se compose d'un demi-cylindre de $3^m,50$ environ de diamètre et d'une hauteur de 2 mètres à $2^m,50$. Il est tendu d'une toile ou d'un drap de couleur photographiquement neutre, soit chocolat clair. Cela seul suffirait, et je ne crois point qu'il faille une explication détaillée pour démontrer que si le modèle se trouve placé au centre et sur le diamètre de ce cylindre il sera aussitôt entouré d'une lumière douce et diffusée, qui, quel que soit l'éclairage du modèle, se trouvera toujours dans une gradation d'ombre et de lumière inverse de la sienne.

Laissant le modèle à la même place, faisons mouvoir ce cylindre, circulairement autour de son centre.

Qu'arrivera-t-il ?

Ce fond présentera des effets d'ombre et de lumière parfaitement différents d'intensité, mais non moins parfaitement rationnels et vrais. Tourné contre la lumière, il paraîtra plus noir ; en face, il s'éclairera ; mais toujours contrairement à l'éclairage du modèle.

Pour augmenter, si possible, la variété, et surtout l'intensité de ces effets, on peut ajouter à ce dispositif un plafond et des vantaux placés à droite, à gauche et au-dessus. Dans le cas du plein air cette addition me semble nécessaire.

Le vantail supérieur se manœuvre alors à l'aide de cordes passant sur une poulie fixée au sommet d'un poteau vertical, assujetti derrière ce fond et à l'endroit de sa plus grande courbure.

Les vantaux latéraux faits, comme le vantail supérieur, de cadres recouverts d'une étoffe blanche légère, peuvent, suivant leur rabattement ou leur ouverture, contribuer à la régularisation de la lumière ou des reflets. Par conséquent au modelé du sujet.

Bien qu'extrêmement avantageux et plus pratique que le cône, ce dispositif ne laisse pas cependant que d'être encore fort encombrant. Aussi lui préfère-t-on d'ordinaire, pour les petits ateliers surtout, des fonds plans, dégradés au pinceau et placés à 1 mètre ou à 90 centimètres au moins du sujet.

Dans les portraits bustes ou de trois quarts en hauteur, ces fonds peuvent toujours servir. Il en va tout autrement pour un portrait en pied. Ce sera le cas alors de faire appel aux fonds dits artististiques, représentant des intérieurs.

La grande difficulté réside, pour ces genres de fonds, dans le choix de l'endroit où l'artiste devra placer la ligne d'horizon du motif de fond. Naturellement cet horizon doit passer par les yeux de la figure comprise dans le tableau. Photographiquement ceci ne saurait exister qu'autant que l'objectif se trouvera dans le même plan horizontal que les yeux du modèle. Ce cas arrive rarement. Aussi le photographe doit-il le considérer comme très particulier et purement accidentel.

Mieux vaut donc que les fonds soient peints de telle sorte qu'il n'existe, en réalité, aucun horizon nettement défini. On évitera ainsi bien souvent des lignes fausses, qui modifieraient, jusqu'à la détruire, l'harmonie générale.

Pour rendre ces fonds pratiques, il suffira de les tendre sur des rouleaux mus par des poulies, et placés parallèlement en travers de l'atelier, un peu à l'instar des toiles de fond servant à la décoration de la scène dans un théâtre. Comme cela ils pourront être enroulés ou déroulés rapidement, sans gêne, sans prendre de place et suivant les besoins du sujet.

C'est avec de tels fonds et pour de tels portraits que les accessoires deviennent indispensables. Tous sont bons, tous sont utiles, tous peuvent servir, à la condition qu'on ne les entassera pas les uns à côté des autres, mais qu'on fera choix des plus typiques, des mieux en rapport avec le sujet, de ceux qui peuvent le faire valoir et non attirer l'œil par eux-mêmes.

Quant aux fonds représentant des paysages, ils doivent être *systématiquement prohibés*. Pour peu que l'on ait deux grains de sentiment artistique, on comprendra, en effet, qu'on ne peut mettre dans un paysage, qui est le plein air absolu éclairé par la *lumière ouverte*, une figure prise à l'atelier et éclairée par une *lumière serrée*.

Les seuls fonds peints admissibles sont donc ceux qui sont nettement en concordance avec la lumière serrée. Encore ne sont-ils tous que pour des cas particuliers. Lorsqu'il s'agit, en effet, d'une étude de figure en costume moderne, il est préférable de chercher un *fond naturel*, par des agencements de draperies ou de papiers de tenture. Dans tous les cas, quand il doit y avoir portrait et non sujet de genre, noyez les accessoires, les draperies même, et laissez tout l'effet au visage.

A côté de ces fonds, il en existe deux autres complètement opposés d'effet et qui gardent une certaine vogue en photographie. Ils ont du bon, en somme.

Ce sont les fonds blancs et noirs dégradés.

Le premier de ces fonds donne lieu aux portraits dits en *vignette*.

Le second aux portraits dits *à fond russe* que quelques-uns, à cause de l'éclairage qu'ils nécessitent, dénomment à la Rembrandt. Appellation que je n'ai jamais pu m'expliquer, entre parenthèse. Elle n'a dû provenir que d'une ignorance se croyant savante. Il n'y a rien de commun vraiment entre les œuvres merveilleuses de ce génie du clair-obscur et un portrait sur fond russe, c'est-à-dire sur fond noir. Rien absolument rien, je le répète.

Bien que je me plaise à me compter au nombre de ceux qui croient à une progression quasi infinie de la science humaine en général et de la photographie en particulier, je me demande si vraiment l'Art en photographie pourra, non pas atteindre, mais approcher en ses œuvres de celles créées par le pinceau de ce maître dont on a accolé le nom a une production qui le ferait rêver sinon rougir.

Rembrandt ne consacre à la lumière franche guère plus

de la huitième partie de la surface totale du tableau. Pourtant il est loin d'abandonner le reste à une ombre absolue, intense et uniforme. Les clartés émergeant de la partie en lumière rayonnent, ainsi qu'elles le doivent, mettant entre l'œil du spectateur et les ombres claires ou profondes comme une sorte de poudroiement lumineux, dont la résultante donne un sentiment de profondeur et d'éclairage relatif aux parties les plus obscures du tableau. On sent, en un mot, qu'entre telle ou telle portion de ces parties et le spectateur, il s'interpose une couche d'atmosphère, si minime soit-elle, et que chacune des molécules composant cette atmosphère est peu ou prou influencée par le rayonnement du sujet éclairé.

Retrouve-t-on un effet semblable dans les portraits dits à la Rembrandt?

En aucune façon.

A quelques millimètres de la figure, tout se montre d'un noir parfaitement opaque, parfaitement uniforme. La vibration de la lumière cesse, plus ou moins brusquement suivant l'habileté que l'on a mise à dégrader le buste du modèle, mais elle cesse. Donc Rembrandt n'a rien à voir ici. Ceux qui ont lancé cette dénomination déplorable et fausse dans un but mercantile, sans doute, pensant que ce titre pompeux ferait croire à la vérité de leur art, n'ont montré qu'une chose : leur profonde ignorance du talent du maître.

Gardez-vous donc de les imiter, nommez ce genre de portrait : portrait sur fond noir, portrait sur fond russe, ou autrement, mais de grâce ne barbouillez pas de ce noir d'encre l'auréole de Rembrandt.

Pour *approcher* du procédé du maître il faudrait que la dégradation de la lumière fût constante depuis le sujet éclairé jusqu'aux bords extrêmes de la plaque.

Cela peut-il avoir lieu?

Je ne dis pas non, mais à la condition de se livrer à des combinaisons d'éclairage, de fonds et de dégradateurs auxquels on ne semble pas avoir songé jusqu'à ce jour.

Pour l'artiste curieux, patient, amoureux de son art, il existe là tout un champ d'expériences encore inexplorées. Surtout en se servant du soleil à l'atelier et aussi, peut-être, de la combinaison bien entendue de la lumière diurne et de la lumière du magnésium. A l'heure présente on ne fait vraiment que le portrait sur fond noir.

Bien que je tienne le fond noir cru pour peu artistique, bien qu'il donne au sujet quelque chose de plâtreux, de bla-

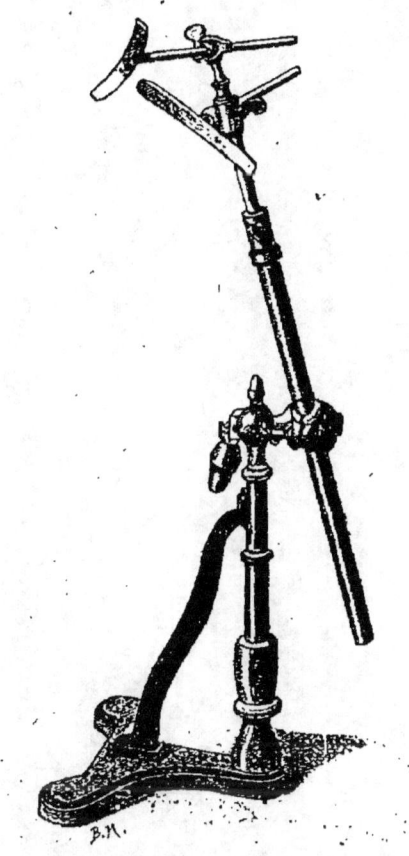
Appui-tête avec appui-reins et articulations.

fard, je crois d'autant plus de mon devoir de vous indiquer comment on procède pour l'obtenir, que cette indication peut, en somme, servir de point de départ aux études que vous seriez tenté de faire pour approcher de cette luminosité dans le clair-obscur dont Rembrandt avait le secret.

Lorsqu'on se sert d'une chambre noire à soufflet tournant, par conséquent conique, on adapte à l'intérieur de la chambre et dans l'axe de l'objectif un simple tube de cuivre, de fer-blanc ou de carton, dans lequel s'engage exactement un autre tube glissant, à frottement doux, comme s'engagent

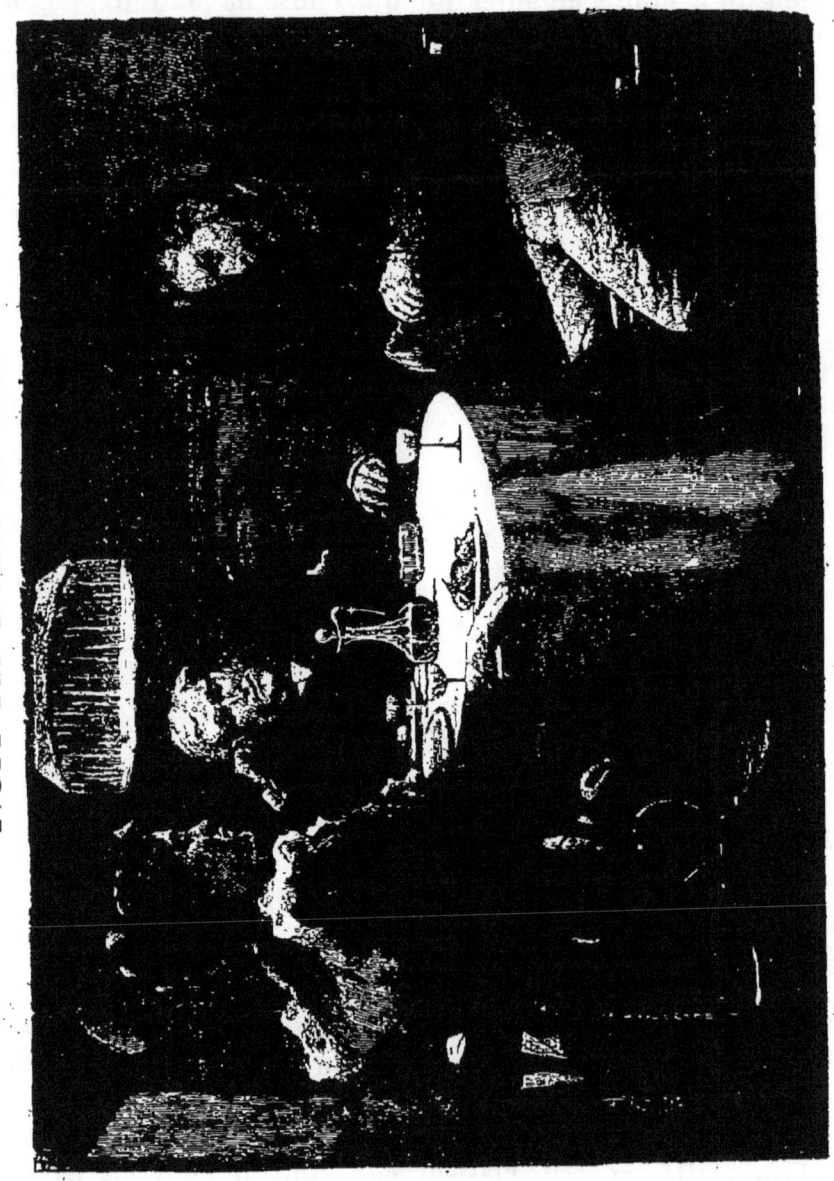

ÉTUDE DES EFFETS DE NUIT

Emploi de la lumière artificielle combinée avec la lumière diurne.

et glissent l'un dans l'autre les tubes concentriques d'une longue-vue. A l'extrémité externe de ce second tube vous adaptez un dégradateur Persus, ou simplement un rectangle de carton évidé suivant la forme de ce dégradateur.

Je préfère même ce dernier système. Les lames de verre qui contiennent entre elles le dégradateur Persus présentent, en effet, des milieux réfringents qui enlèvent à l'image de sa clarté, de sa netteté, et nécessitent une augmentation du temps de pose. Donc mieux vaut le carton évidé ou alors le dégradateur Persus allégé de ses lames de verre [1].

Suivant que l'on éloignera ou que l'on rapprochera ce dégradateur de la face postérieure de l'objectif, la partie dégradée se trouvera diminuée ou agrandie, et la dégradation se montrera moins ou plus nettement arrêtée sur l'image.

Le fond mis derrière le modèle sera d'un noir absolu et uniforme. Le portrait viendra alors dégradé de lui-même sur la plaque et l'on n'aura pas besoin, lors du tirage des photocopies positives, de se servir de caches ni de contre-caches.

Dans le cas où l'on emploie une chambre noire carrée, cas qui est généralement celui des chambres noires spécialement construites pour l'atelier, il suffira de prendre un carton de la grandeur des plis extérieures du soufflet et de l'évider en son centre suivant la forme de la dégradation que l'on veut donner à l'image.

Pour opérer avec une dégradation plus ou moins grande, on n'aura qu'à encastrer ce carton dans l'un des plis du soufflet plus ou moins rapproché de la partie postérieure de l'objectif.

J'ai parlé aussi de la combinaison de la lumière diurne et de la lumière artificielle. On peut avec elle, à condition qu'elle soit savamment employée, obtenir de véritables effets à la Rembrandt.

« Le procédé, dit le capitaine C. Puyo, qui s'est fait avec une grande maîtrise l'apôtre de cette combinaison, consiste essentiellement à exposer le sujet choisi à la lumière du jour pendant une durée notablement inférieure au temps de pose exact; on donne ainsi un éclairage général atténué aux parties qui doivent rester dans l'ombre et l'on demande uni-

---

1. Voir : *La Pratique en photographie*.

quement les grands blancs à l'éclair magnésique, que l'on fait partir dès le début de l'exposition ; les demi-teintes se trouvent naturellement obtenues par la juxtaposition des deux lumières.

Le seul point délicat du procédé est le dosage de la lumière diurne ; l'on comprend que les quantités de lumière provenant des deux modes d'éclairage combinés doivent être entre elles, dans un rapport exactement déterminé pour que l'effet soit juste ; c'est ainsi qu'en pratique une variation d'une fraction de seconde dans le temps de pose doit fausser complètement l'effet. S'il y a manque de pose, aucun détail n'apparaît dans les blancs du cliché ; s'il y a excès, ces détails se montrent avec une intensité trop grande et les grands noirs donnés par l'éclair magnésique ne peuvent, dans le développement, conserver une avance suffisante. »

Au demeurant, un exemple sert mieux que toute autre chose pour élucider une théorie. Supposons donc que nous veuillions obtenir un motif éclairé par une lampe, un de ces petits tableautins d'intérieur qui font rêver aux veillées hivernales. La première chose que nous aurons à faire sera de fixer sur notre lampe, non allumée, une lampe au magnésium, munie d'un tuyau assez long pour aller rejoindre la chambre noire, et mettre ainsi la poire qui le termine à la portée de la main de l'opérateur. On dissimulera ce tuyau le long du pied de la lampe ou de toute autre façon. Quant à l'instrument lui-même, il devra se trouver masqué par l'apposition d'un grand abat-jour semi-opaque, muni d'un support métallique et largement ouvert par le haut. Toutefois, cette ouverture devra être fermée par un disque de métal plat ou légèrement concave. Il importe, en effet, que l'éclair magnésique ne dépasse pas l'abat-jour, afin de ne point produire de faux reflets. D'autre part, il servira non seulement de réflecteur, mais encore arrêtera et conservera, adhérentes à sa surface, les menues parcelles de poudre non brûlées, ce qui empêchera la production de la fumée si désagréable dans l'emploi de l'éclair magnésique. Dans tous les cas, pour produire cet éclair, vous devrez vous servir d'une poudre très fine et minutieusement tamisée.

Il va de soi que les accessoires, les fonds et les draperies demandent à être disposés avec goût, afin qu'ils puissent s'enlever, sans crudité, les uns sur les autres et présenter une infinie variété de nuances.

Si vous disposez d'un atelier, vous devrez tout d'abord éteindre ou supprimer même presque totalement le jour venant du haut dont les effets, dans l'espèce, ne sauraient concorder avec ceux donnés par les rayons émanants de la lampe. Pour garder l'harmonie générale du tableau et toute vérité à la composition, il convient d'employer seulement une lumière assez proche de l'horizontale et frappant normalement le plan du tableau. Ceci montre que l'atelier n'est pas absolument nécessaire pour ce genre de travail. Une pièce quelconque, bien éclairée, suffit amplement.

La lumière horizontale diurne devra encore être diffusée par des stores, des rideaux ou des ecrans, de manière à produire un éclairage uniforme. Contrairement à ce qui a lieu d'ordinaire pour un portrait, nous devons tendre à effacer tous les contrastes, voire à atteindre à la platitude, tout en laissant à cet éclairage général assez d'intensité pour que nous puissions donner pratiquement à l'exposition de la plaque le temps suffisant.

Il est évident, en effet, que la durée de cette exposition ne pourra être inférieure au temps nécessaire pour ouvrir l'obturateur, faire partir l'éclair et refermer l'objectif. Si, tenant dans la main gauche la poire de l'obturateur, dans la main droite celle qui correspond avec la lampe, on exécute successivement et sans arrêt les trois mouvements en question, on obtiendra une durée de pose voisine d'une seconde et qui sera sensiblement constante.

Le temps de pose devant être, pour un effet de nuit, de $1/10$ à $1/12$ environ du temps de pose exact, on voit que l'intensité de l'éclairage du motif et le diaphragme employé devront être tels que ce temps exact soit de douze secondes au moins. On voit également qu'une variation d'une fraction de seconde dans la durée de l'exposition pourra avoir une grande influence, en faussant le rapport du travail chimique de la lumière magnésique (lequel est constant) au travail produit par la lumière diurne. Or, la justesse de l'effet résulte de la justesse de ce rapport.

Dans ces conditions, il paraît préférable, dans la pratique, de prendre le contre-pied de la méthode ordinaire et de se servir d'une durée d'exposition constante, soit une seconde, en faisant varier l'éclairage et le diaphragme.

Ce changement de diaphragme n'a pas une grande influence sur l'effet produit par l'éclair magnésique, tant que l'on n'arrive pas à des ouvertures très petites. On peut affirmer qu'avec des ouvertures moyennes les parties directement éclairées par la lumière du magnésium sont toujours surexposées. Il sera bon de tenir compte de cette remarque au moment du développement.

De tout ce qui précède, nous pouvons donc déduire la règle suivante : « Le sujet étant placé, diminuer la lumière du jour et l'ouverture du diaphragme de façon que le temps de pose soit évalué à douze secondes (plus ou moins suivant l'effet à obtenir) et exécuter, sans interruption, les trois mouvements visés plus haut. »

Quant au développement, il devra être conduit de telle sorte que les grandes lumières se montrent très vigoureuses, mais sans empâtement, et avec tous leurs détails. Il sera bon d'employer le pyrogallo-iconogène et l'une des méthodes que j'indique, dans ce volume, au chapitre du développement artistique.

Il nous reste encore le portrait sur fond parfaitement blanc. Il n'est guère plus admissible que le portrait sur fond absolument noir, attendu que la tête s'y dégage avec la vigueur désespérante d'un découpage. Pour faire admettre ce genre de portrait, dit *en vignette*, il demeure de toute nécessité que le fond ne soit pas d'un blanc uni mais légèrement jaunâtre, de façon à laisser à la dégradation une tonalité aussi légère que possible, si l'on veut, mais réelle autour de la tête. La difficulté et le suprême de l'art consiste à dégrader cette tonalité de telle sorte qu'elle vienne se fondre, sans marque visible, dans la blancheur environnante.

C'est là où l'on doit avoir recours surtout aux caches, contre-caches et dégradateurs[1].

Pour la photographie du portrait il existe un petit appareil nécessaire, indispensable à mon sens.

J'ai nommé l'*appui-tête*.

---

1. Voir : *La Pratique en photographie*.

D'aucuns, je le sais, nient l'importance de ce petit instrument.

D'autres vont même jusqu'à le condamner.

Pourtant et malgré la rapidité du procédé au gélatino-bromure, il peut rendre service dans quelques circonstances, surtout dans un mouvement arrêté et lorsque la pose offre des difficultés, un certain degré de tension.

Dans ce cas, quand la pose est bien ce qu'elle doit être,

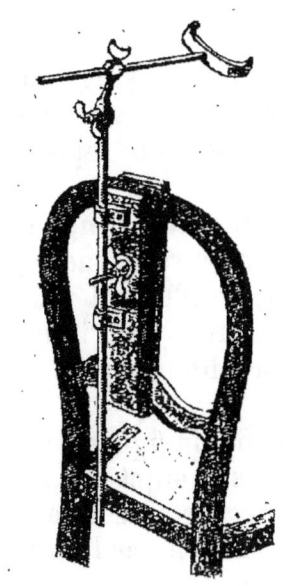

Appui-tête s'adaptant à une chaise.

l'éclairage satisfaisant au mieux du possible, faites jouer les articulations de l'instrument et amenez l'appui au contact de la tête et des reins, ou de la tête seulement suivant le cas. Loin de se sentir martyrisé par ce contact, le modèle remerciera cette aide improvisée et ne songera plus, même inconsciemment, à se raidir. Le mouvement de la pose et l'expression du visage resteront ce qu'ils doivent être, ce que vous avez voulu qu'ils soient.

Tel est le secret de l'appui-tête. Secret peu compliqué et qui, une fois connu, rend au sujet lui-même, cet instrument plus agréable qu'ennuyeux, et le fait désirer plutôt qu'appréhender.

VI

GROUPES ET SUJETS DE GENRE

Définition du sujet de genre et du groupe. — Groupe formant un ensemble de portraits. — Le groupe en plein air. — Un mot de David. — L'horizon et le point de vue dans le groupe. — Le geste et l'attitude. — Solécisme des membres. — L'unité dans le geste. — L'éloquence du geste et la beauté du mouvement. — Le travail mental. — Imaginer, c'est inventer. — L'invention peut être considérée comme une manière neuve de concevoir. — L'illustration dans l'avenir. — Nécessité des modèles.

Dans un tableau quelconque, paysage ou intérieur, lorsque la figure domine en nombre et en grandeur, le tableau perd la qualité typique du décor qu'il représente pour devenir *sujet de genre*.

Dans le sujet de genre il faut distinguer le sujet de genre proprement dit : scène de mœurs, scènes épisodiques, scènes voulues, etc., et le groupe, affectant plus particulièrement une agglomération de certains individus : types, amis, familles, etc., etc., dont la photographie tient avant tout à donner le portrait.

Par cette définition même, la figure dans le groupe prend plus d'importance que dans le sujet de genre. Cette importance exige forcément une certaine science de composition dont je vais essayer de vous exposer les règles primordiales, l'esthétique particulière.

Dans le groupe, proprement dit, deux cas se présentent :

1° Le groupe n'est que la réunion de quelques types, dont la dominante est le portrait de ces types mêmes.

2° Le groupe présente l'agglomération d'un certain nombre de sujets dont la dominante reste plus particulièrement le souvenir d'une scène spéciale ou d'attitudes d'un mouvement. Souvenir d'une heure de villégiature, ou d'une partie de campagne.

Dans le cas des portraits, l'artiste ne doit guère admettre plus de quatre à six individus dans le groupe, étant données les dimensions, relativement exiguës, de la plaque photographique. Le groupement peut ainsi avoir lieu sous la lumière serrée de l'atelier.

La difficulté de ce genre de composition réside dans l'embarras où l'on se trouve de mettre chaque figure dans le relief qui lui est particulier. Aussi dans celui où l'on est de ne sacrifier aucun visage tout en les subordonnant tous à l'effet général. Difficulté d'autant plus grande que la rigoureuse perspective, présentée par l'appareil photographique, impose, pour ainsi dire, à l'artiste, la nécessité de placer toutes ces figures presque dans un seul et même plan, de façon que tel visage n'offre pas, par rapport à tel autre, un volume exagéré.

Je néglige la question de netteté. Les objectifs actuels possèdent, en effet, de si grandes profondeurs de foyer, que les figures peuvent être mises à des plans divers sans déséquilibrer la mise au point de l'ensemble.

Tant que les différences de volume entre les têtes ne seront pas trop disgracieuses, on pourra obtenir une certaine variété dans l'ensemble en les distançant les unes des autres et surtout en ne les mettant pas dans les mêmes plans horizontaux.

J'estime que les groupes de cette nature, surtout lorsqu'ils réunissent des personnages autres que des enfants, se présentent mieux en coupant les sujets à la hauteur des genoux. Ils forment alors un assemblage de portraits de trois quarts en hauteur.

Les accessoires jouent dans l'espèce un rôle primordial. Placés en avant, ils facilitent les mouvements naturels de la pose, en évitant tout naturellement le disgracieux provenant de la coupure brusque produite par la délimitation du champ du tableau.

Dans le cas d'un groupe nombreux, mieux vaut opérer en plein air. Le temps de pose s'y trouve abrégé. Par conséquent diminués les risques d'insuccès causés par le déplacement de l'un des modèles.

L'espace dont on dispose étant aussi moins limité, l'artiste peut donner plus d'air à son ordonnance, et l'encadrer dans un décor plus complet, bien approprié à l'ensemble ou à la scène dont toutes les personnes deviennent, dans leur entier, acteurs ou comparses.

Le groupe en plein air demeure certainement le plus intéressant pour le véritable artiste. Il y trouve l'occasion d'y

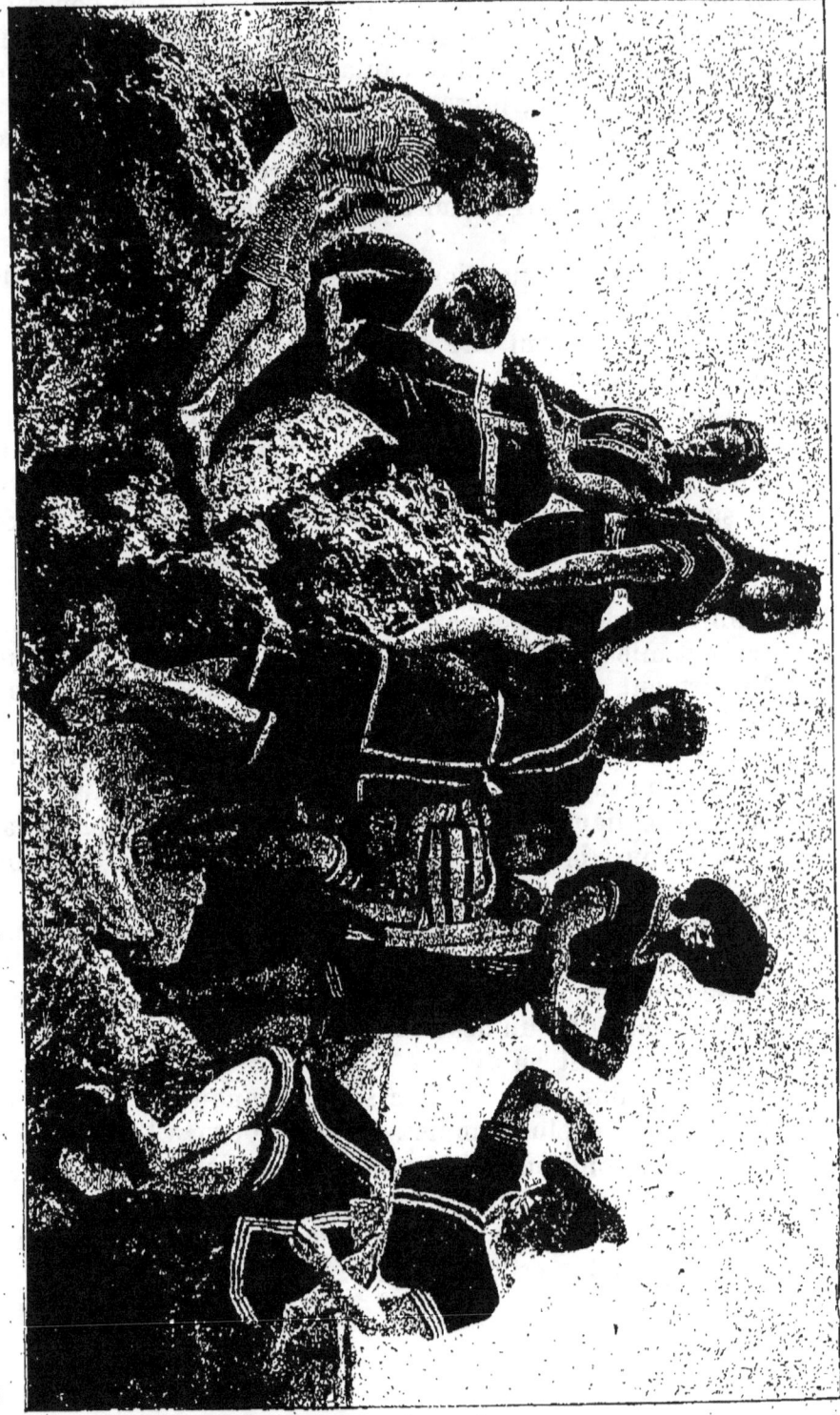

Avant l'heure du bain. (Phototype de l'auteur.)

développer toute sa science de compositeur, toutes ses aptitudes personnelles, originales, de tirer parti de la conformation du terrain, de l'architecture ou de la végétation environnante, en ayant soin d'éviter le papillotement produit par des arbustes à feuilles luisantes.

Il faut cependant reconnaître que l'artiste le plus artiste se voit souvent, dans l'espèce, très empêché par ses modèles eux-mêmes, dont beaucoup se croient plus forts que lui ou veulent faire de l'esprit. Jamais personne ne saura mieux qu'un photographe, et pour cause, combien il existe de ces gens mal élevés qui veulent à tout prix paraître spirituels et ne montrent par cela même qu'une sorte d'inintelligence. Pire espèce de gens au demeurant : celle des sots vaniteux.

Tout comme le paysage, le groupe doit présenter, de prime abord, une parfaite unité. Ici comme là, l'unité reste le grand secret de l'ordonnance. Or qui dit unité, nous l'avons vu, dit un certain caractère dans le choix des grandes lignes et l'adoption absolue d'une dominante précise restant dans le caractère de celle-ci.

Nous connaissons les différentes dominantes horizontales, verticales, diagonales. Ce que j'ai dit à leur sujet pour le paysage s'applique au groupe. Il nous reste à voir la composition en pyramide. Je l'ai réservée pour ce chapitre. C'est surtout au groupe, en effet, qu'elle s'applique le mieux.

Jamais disposition n'eut plus de partisans que celle-ci. Il fut même un temps où artistes et critiques d'art ne voyaient que par elle et ne voulaient qu'elle. En toutes choses les excès ne valurent et ne valent jamais rien. Si bonne en soi que se présente l'ordonnance pyramidale, si nombreuses et si variées que soient les ressources qu'elle offre à l'artiste, il ne faut pas oublier cependant qu'elle est formée en deux dominantes au lieu d'une, et que ces deux dominantes : l'horizontale et la verticale, sont absolument contraires.

Il devient donc de toute nécessité de tenir compte de ce fait dans l'ordonnance pyramidale et d'éviter avec soin que ces deux dominantes, fatalement indiquées, offrent la même valeur. Dans ce cas elles se nuiraient, se balanceraient, se détruiraient. Le sentiment que l'artiste aurait voulu donner à son sujet n'apparaîtrait plus. L'œuvre serait veule et sans signification. Suivant l'impression à donner, l'artiste doit donc choisir franchement entre les deux dominantes de l'ordonnance pyramidale et donner plus d'importance à l'une qu'à l'autre.

Horizontale ou verticale, choisissez! L'une doit quand même dominer l'autre.

D'ailleurs, je le répète, horizontale, verticale, oblique ou pyramidale, l'ordonnance d'un groupe aussi bien que celle d'un paysage doit, avant tout, rester *une*.

Comme l'écrit Montabert dans son *Traité complet de pein-*

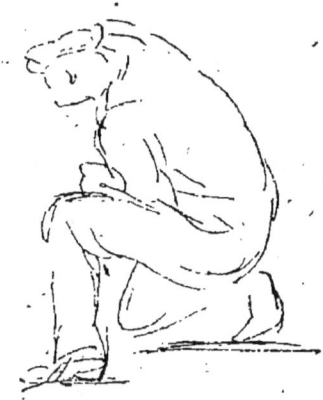

Croquis d'un mouvement arrêté.

ture, il ne faut pas dire à l'artiste : composez pyramidalement, bouchez les trous, craignez les vides, évitez les angles et les parallèles, recherchez les contrastes, il faut lui dire : composez suivant votre sentiment, mais, quelles que soient vos combinaisons, ramenez les groupes, les lignes, les masses, les directions, les dimensions, à l'unité que vous avez choisie, que vous avez sentie.

Aussi bien que dans le paysage, aussi bien que dans le portrait, les places de l'horizon et du point de vue ont leur importance dans le groupe. Ici comme là, ces places dépendront du sujet de la scène à faire valoir.

« D'autres peintres, disait David, savent mieux que moi la perspective, mais ne la sentent pas aussi bien. »

Si paradoxal que semble ce mot, il est foncièrement vrai. L'artiste ne doit pas plier son sentiment à la perspective, mais se servir des lois rigoureuses de celles-ci pour mettre son sentiment en relief. Cette détermination, qui demande un grand travail de dessin de la part du peintre, n'est qu'un jeu pour le photographe qui peut rapidement et à sa fantaisie déplacer son objectif, élever ou abaisser sa chambre noire, donner même à celle-ci telle place plutôt que telle autre.

La conception plus ou moins immédiate de l'horizon, du point de vue, de tout l'ensemble d'un groupe est, pour ainsi

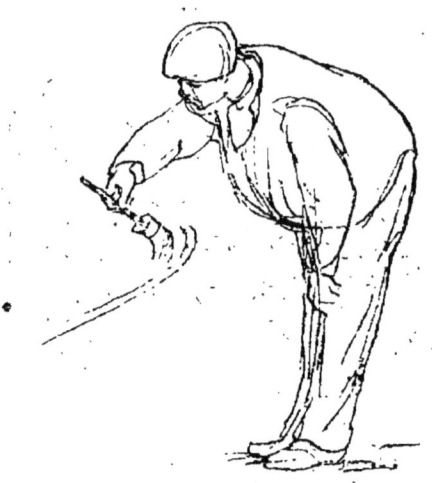

Croquis d'une attitude.

dire, le critérium des facultés et des connaissances artistiques d'un photographe, surtout lorsque ce groupe doit constituer plus que le souvenir d'une partie quelconque, mais un véritable tableau de genre. Dans ce cas, en effet, l'artiste peut et doit développer toute sa science d'ordonnance, toutes ses connaissances de l'attitude, du geste, du mouvement.

Dans le groupe et dans le sujet de genre où les figures ne gardent pas une importance suffisante, il est certain que le geste demande à être pris en grande considération par la nature multiple de son expression. Individuel toujours au point de former, sous le nom de tic, la caractéristique d'une personne, il est typique pour chaque nation, particulier à chaque climat, spécial à telle idée et constamment modifié par le tempérament de celui qui l'exprime. Désirs, craintes, sentiments bons ou mauvais, toutes les sensations que l'homme éprouve il les rend par le geste. C'est une expression naturelle, plus naturelle même que la parole, car tous les êtres vivants comprennent le geste qui, perfectionné et combiné, forme le langage mimique dont les règles furent mises, par Platon, au rang des qualités et des vertus utiles.

A quelque époque lointaine que remonte un monument plastique de l'antiquité, nous y verrons que l'artiste, par la seule puissance du geste, reproduit toute son intention. Déjà les anciens considéraient donc le geste comme le moyen d'indiquer l'expression.

Cette considération ne fit que croître. Les statuaires grecs, toujours consciencieux dans leur art, allèrent jusqu'à remarquer que la tête seule, si expressive qu'elle fût, ne frappait point les regards, ne commandait pas l'attention avec autant de puissance que le mouvement général de la statue, que sa pose, en un mot.

Or cette pose, attitude rendue expressive par le geste, doit toujours parler à la pensée en conservant deux qualités absolues: la vérité et la beauté.

Il ne faut pas qu'en composant un groupe le photographe fasse prendre à l'un ou à l'autre de ses personnages, pour un besoin linéaire quelconque, telle attitude ou tel geste contraire au sentiment général du groupe ou particulier de ce personnage. Son œuvre s'en trouverait gâtée. En dépit de l'harmonie de son éclairage, en dépit de la grâce de ses lignes, il pourrait entendre résonner à son oreille cette apostrophe ironique, que les Athéniens lançaient à un mauvais mime : « Evohé! tu fais un solécisme avec le bras! »

D'ailleurs, la plus grande force significative du geste réside dans la vérité; elle en est l'éloquence. Aussi, tout en demeurant absolument vrai, absolument sincère, le geste ne doit-il laisser au spectateur aucun doute sur le sentiment qu'éprouve le personnage qu'il a sous les yeux.

Quant au caractère de beauté, le geste le présentera toutes les fois qu'il se soumettra à la loi d'unité, loi nécessaire, nous l'avons vu, pour la production d'une œuvre d'art; loi non moins indispensable pour donner la grâce et la beauté aux mouvements du corps humain.

Cette unité dans le mouvement est fondée en grande partie sur des lois de pondération.

En effet, un geste, simple ou composé, exécuté par un membre, exige, pour demeurer gracieux et vrai, le concours immédiat d'un autre membre. Voyez ce qui se passe dans la vie courante. Soulevez-vous de terre un fardeau avec votre bras droit? Le bras gauche s'élèvera horizontalement. Vous mettez-vous en marche du pied gauche? Aussitôt le bras droit se mettra en avant. Tout cela s'opère inconsciemment, machinalement. L'artiste doit se donner bien de garde de détruire ou d'empêcher cette pondération sous peine de réduire à néant l'unité, et par conséquent la beauté du mouvement.

Concilier l'éloquence du geste avec la beauté du mouvement, voilà le suprême de l'art. Ce suprême nous devons le chercher dans le groupe ; nous devons le chercher dans le sujet du genre qui, après le paysage, reste le meilleur champ d'opération pour l'artiste photographe.

Non seulement, en effet, les motifs qui défraient le sujet de genre peuvent être surpris à tout moment, dans le plein exercice de la vie contemporaine, mais encore ils peuvent être conçus, inventés, imaginés, pour être ensuite soigneusement exécutés.

Dans le premier cas le photographe doit disposer d'un sens artistique, de connaissances bien acquises et bien mûries, lui permettant d'ajouter à la rapidité de son coup d'œil une sûreté de jugement telle, qu'il voie, de prime coup, le tableau dans la scène en vue, et qu'il lui suffise de faire jouer l'obturateur de son appareil.

Dans le second cas, le photographe procède comme le peintre et compose mentalement son tableau.

Ceci est un peu bien en dehors des habitudes photographiques. Je connais, pour ma part, bon nombre de soi-disant amoureux de la chambre noire qui resteront bouche bée en lisant ces lignes. Eh quoi! penser à un tableau! Raisonner ce que l'on doit faire le lendemain! La belle histoire! Justement la photographie est faite pour l'imprévu!

Pour l'imprévu, certes. Je n'y contredis point. Pour l'imprévu seulement, je le nie.

C'est en considérant la photographie avec cet exclusivisme que vous ferez dire à de bons esprits : « La photographie nous renseigne sans nous toucher comme œuvre

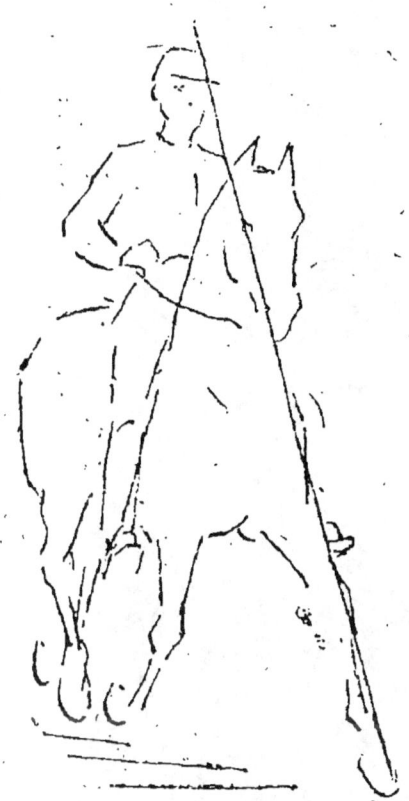

Croquis d'un mouvement.

d'art, parce qu'elle ne fait aucun choix dans les traits de son modèle. »

Or, le but de cet ouvrage est d'essayer de montrer le plus nettement possible que le photographe peut faire œuvre d'art. Cet essai, je l'ai tenté dans chaque chapitre. Chaque chose ayant trait à la photographie a été envisagée à ce point de vue. Donc si je démontre que le photographe peut se livrer, suivant sa fantaisie, suivant son imagination, à un

ÉTUDE DES SUJETS DE GENRE

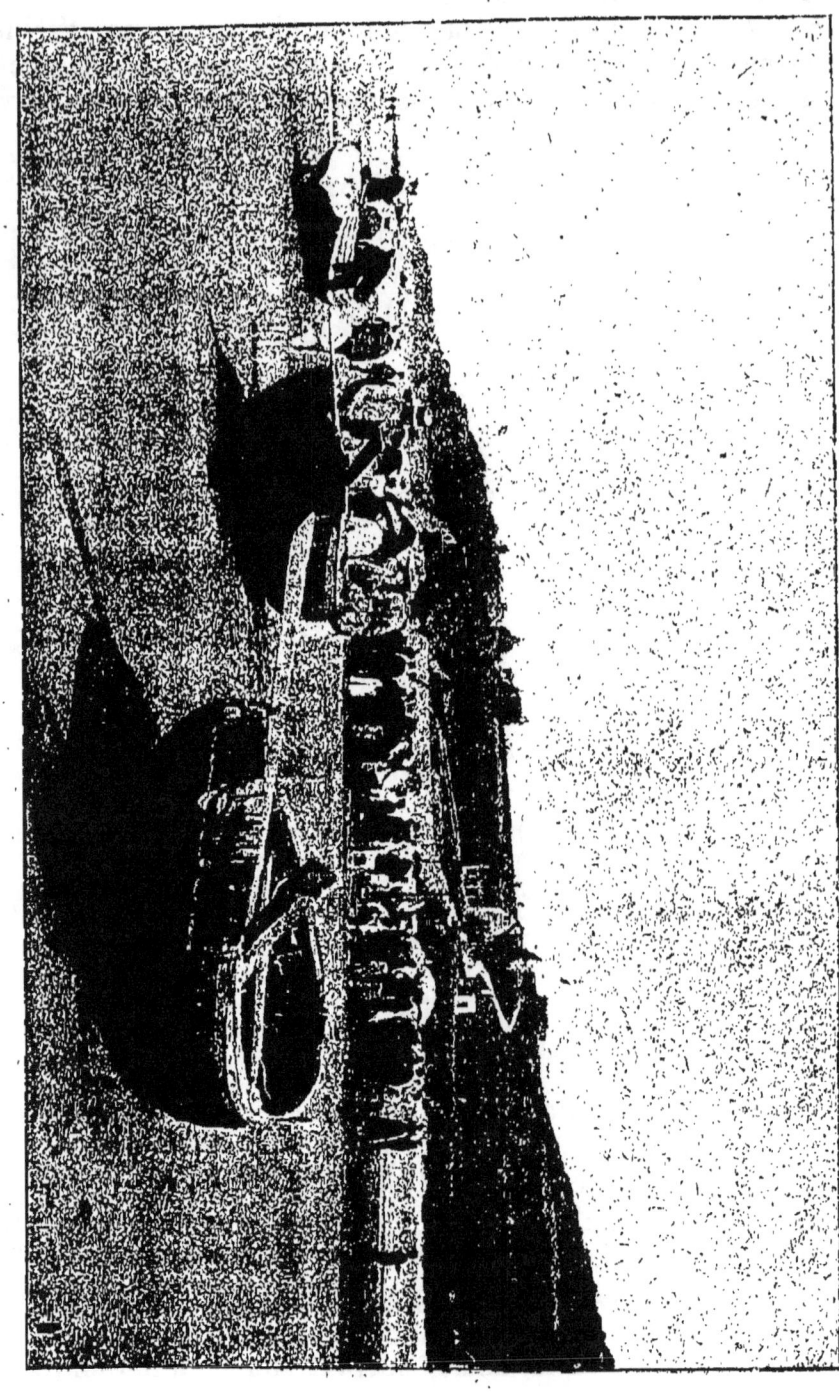

Après-midi dominicale sur la plage de Bénerville-sur-Mer. (Phototype de l'auteur.)

choix dans les traits de son modèle, j'aurai démontré, une fois de plus, que la photographie est un art.

Au demeurant, le sujet de genre se prête merveilleusement à l'établissement de cette preuve. Vous avez vu le matin un site enchanteur, bien pondéré, bien éclairé, vous en avez même tiré une épreuve. Le phototype négatif se trouve superbe de netteté et de finesse. Tout en l'examinant par transparence, vous commencez à trouver cependant qu'une figure ferait bien ici, qu'une autre ne gâterait rien en étant mise là.

Un travail mental s'opère déjà dans votre cerveau.

Si alors vous savez dessiner, vous prendrez une feuille de papier, un crayon. En quelques traits, vous tracerez le croquis de votre paysage. En quelques traits encore, vous silhouetterez la figure rêvée.

Le travail mental, aidé par le travail manuel, se développera, je dirais presque à l'infini. D'un paysage que vous rêviez simplement animé, peut-être en arriverez-vous au sujet de genre.

C'est, je ne le dissimule pas, une grande ressource pour le photographe que de savoir dessiner et surtout *croquer*. En quelques lignes il indiqué, à l'échelle voulue, le mouvement et le volume de ses personnages ou de ses groupes : homme accroupi, cavalier au trot, marin goudronnant son bateau, gens de campagne embricolés à la charrette, portefaix, bateliers,... que sais-je? Il peut même composer un groupe de toute pièce, le mettre à l'effet, sachant que le décor qu'il lui donne est à tel endroit et qu'à telle heure il sera éclairé comme il le désire.

En opérant ainsi, et il le peut toujours, le photographe en arrive à faire une sélection dans le choix de ses sujets aussi bien que dans celui de ses modèles. Par conséquent son œuvre fera plus que de renseigner, elle pourra toucher comme œuvre d'art. Ce que je voulais démontrer. Le photographe peut donc créer son tableau, l'inventer absolument comme le peintre, c'est-à-dire traduire par des images ses sentiments.

« Inventer pour le peintre, dit en effet Charles Blanc, c'est *imaginer*, c'est voir apparaître devant ses yeux les personnages ou les choses qu'il évoque dans son imagination, sous l'empire d'un sentiment qui l'anime ou d'une pensée qui l'obsède. Ici la grandeur de la peinture est tout d'abord attestée par la première de ses lois, qui est de choisir, oui de choisir les sentiments ou le théâtre de l'action, le caractère de la nature environnante et l'accompagnement des

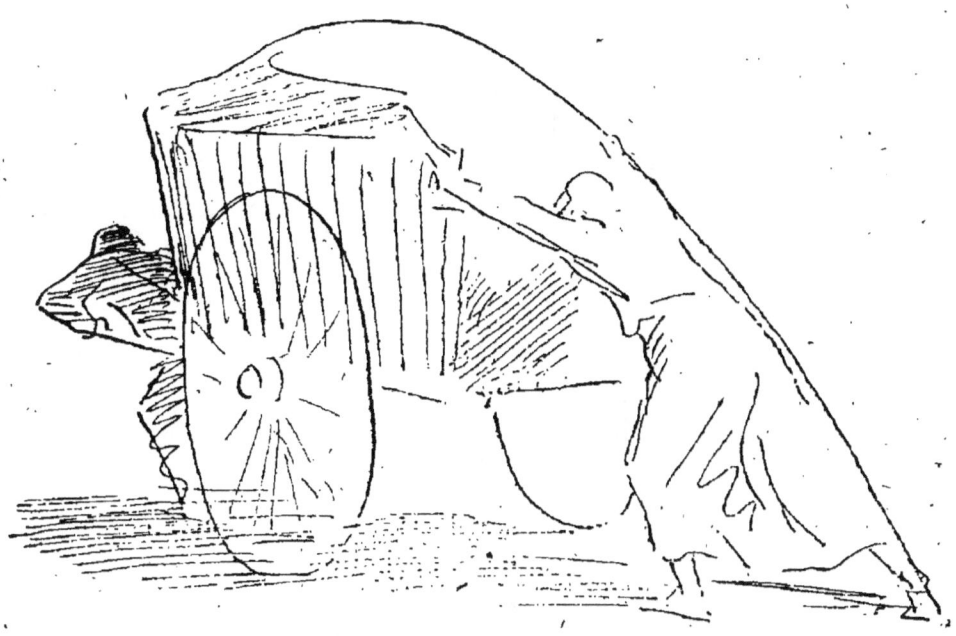

Croquis d'un ensemble.

choses. Le poète, l'écrivain ne connaissent pas de monstre odieux, *qui par l'art imité ne puisse plaire aux yeux*, parce que les yeux auxquels parle la poésie sont les yeux de l'esprit ; mais le peintre des spectacles ignobles ne les raconte pas. Il les montre, et comme il n'a qu'un instant pour les montrer, ces images nous heurtent sans précautions, sans préface, elles ne sont pas seulement ignobles, elles sont brutales ; elles nous dégoûtent à l'improviste. C'est donc la première loi de la peinture que d'écarter les sujets hideux ou repoussants.

« Bien des gens, il est vrai, affectent de penser que tous les sujets sont bons et qu'il n'y a rien d'ignoble en peinture ; qu'il n'y a pas de goinfres, de *magots* que l'esprit de Teniers ne rende acceptables ; qu'il n'est pas de goujats immondes sous le pinceau de Brauwer, et qu'Ostade a su nous intéresser à des paysans difformes, ou plutôt informes, qui dansent dans un cabaret avec la délicatesse d'une ronde d'ours...; mais si l'on en convient, il faut ajouter que les peintres ne

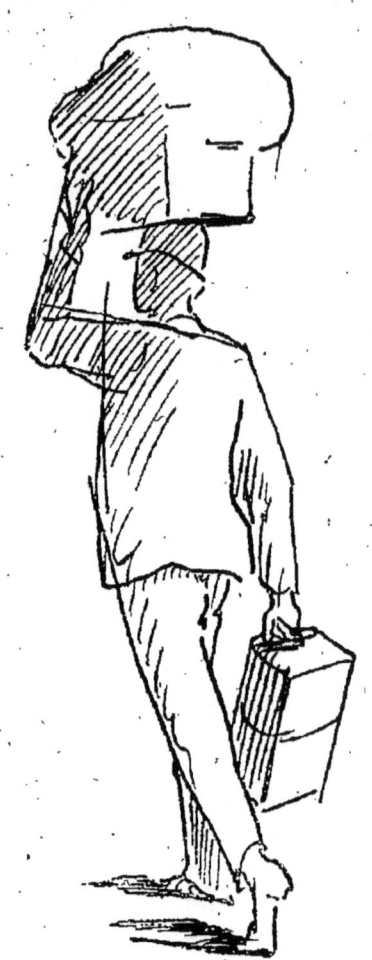

Croquis d'un mouvement mis à l'effet.

sont pas ignobles quand ils n'ont pas l'intention de l'être, ou bien quand leurs représentations sont relevées par une pointe de satire. Lorsque Brauwer va chercher des truands dans leurs bouges pour imiter leurs grimaces horribles et leurs rouges trognes, lorsqu'il les représente avec tant de sympathie vomissant du vin et des injures, il emploie un talent plein de chaleur, de finesse et d'harmonie à se faire pardonner ce qu'il voulait nous faire admirer.

« Dès qu'il choisit un sujet de peinture, l'artiste doit songer aux moyens *pittoresques* et se défier des beautés littéraires qui l'auraient séduit dans les livres ou dans les récits qui l'auraient inspiré Ce qu'un peintre doit emprunter d'un poète, ce n'est pas ce qu'il aura lu dans ses poésies, mais ce qu'il y aura *vu;* c'est l'idée vivante et agissante; c'est le sentiment quand il devient mouvement.

« Je suppose qu'un peintre veuille exprimer ce qu'il aura entendu dire ou ce qu'il aura pensé lui-même, que Voltaire est la personnification du XVIII° siècle, que tout procède de son génie et que tout va s'y absorber; qu'il est le centre d'où partent et où aboutissent tous les rayons de la philosophie. Comment s'y prendra-t-il pour donner une forme pittoresque à une idée aussi métaphysique, aussi abstraite? Un artiste, qui excelle à inventer, a résolu ce problème de la façon la plus heureuse, la plus admirable, dans un des cartons qui lui avaient été commandés par l'État, en 1848, pour la décoration monumentale du Panthéon français; ce carton représente *l'Escalier de Voltaire.* On y voit monter et descendre tous les philosophes du temps, tous les grands de l'intelligence (à l'exception de Rousseau qui, dans le XVIII° siècle, fut le précurseur du nôtre). Placé au plus haut de l'escalier, Voltaire reconduit un visiteur, d'Alembert, auquel il remet un article pour *l'Encyclopédie.* Sur les premières marches, Diderot attend la fin des adieux pour emmener d'Alembert. De la sorte sont formulées en vives images, en figures parlantes, des spéculations de l'esprit qu'on aurait pu croire étrangères à la peinture, et c'est par ses moyens propres que la peinture les a exprimées, en les rendant visibles, en leur donnant un corps.

« Dans cette même série de cartons où abonde l'invention pittoresque et qui devait former une histoire universelle et palingénésique du genre humain, l'auteur, Paul Chenavard, avait consacré une des plus grandes compositions à peindre les obscurs commencements du christianisme, lorsque le dieu nouveau sapait sourdement la puissance de la Rome païenne Cette vaste scène est divisée en deux zones horizontales. Dans la zone supérieure, remplie de soleil, passe le pompeux et bruyant cortège d'un césar triomphant, avec ses licteurs, ses officiers, ses trophées, ses prisonniers vaincus, ses aigles et ses éléphants. La zone inférieure, au contraire, obscure et silencieuse, représente les premiers chrétiens en prière dans les catacombes, qu'ils ont creusées, comme une tombe, sous les pas du triomphateur, et dans lesquelles viendra bientôt s'effondrer l'empire romain. Il est impossible de raconter plus clairement, plus vivement, l'histoire par le langage figuré de l'art, langage muet qui se dessine et se grave dans la mémoire des peuples en traits ineffaçables, comme cette éloquence de l'orateur athénien qui laissait dans le cœur ses aiguillons.

« C'est une qualité rare chez les peintres que l'invention : elle est rare même chez les grands maîtres. Léonard de Vinci, ce génie chercheur, profondément curieux, et voué à toutes les inquiétudes de son art, conseillait à ses élèves de regarder parfois attentivement les taches accidentelles des vieux murs, des pierres jaspées, les veines du marbre, les nuages, comme pouvant offrir à une imagination paresseuse des combinaisons singulières de lignes et de formes, et des motifs inattendus. Le plus souvent, lorsqu'ils inventent, les peintres ne font que trouver, *invenire*, dans la Fable, la poésie, la religion, l'histoire, des sujets déjà inventés par des poètes, déjà illustrés et consacrés par la tradition. Comme si l'imagination était une faculté plutôt septentrionale et germanique, il n'y a eu guère d'inventeurs puissants qu'Albert Dürer et Rembrandt. Du reste, on est convenu de regarder comme une invention du peintre toute manière neuve de concevoir un sujet connu.

« Pourquoi les hommes du Nord sont-ils plus inventifs? Peut-être parce qu'ils sont plus habitués à la vie intérieure, à se recueillir, à réfléchir. Il n'est que la solitude pour faciliter cette attention prolongée ou cette méditation persistante et profonde, qui sont la source des grandes pensées, parce que, échauffant peu à peu l'esprit, elles finissent par y allumer l'enthousiasme. De même qu'un avare trouve sans cesse des occasions d'acquérir, parce que toujours il y pense, de même l'artiste peut trouver continuellement à enrichir son esprit, s'il y pense toujours. La méditation est justement ce qui manque aujourd'hui à nos peintres. Impatients de produire, pressés de vivre, jaloux de suivre la marche haletante d'une civilisation qu'emporte la vapeur, ils ne se donnent pas le temps de méditer, et cela dans un art où tous les hommes de génie ont travaillé comme s'ils n'avaient pas eu de génie.

« La peinture, disait Michel-Ange, est une muse jalouse ; « elle veut des amants qui se livrent à elle sans réserve, « sans partage. »

« Encore une fois, soit qu'il invente ses motifs, soit qu'il

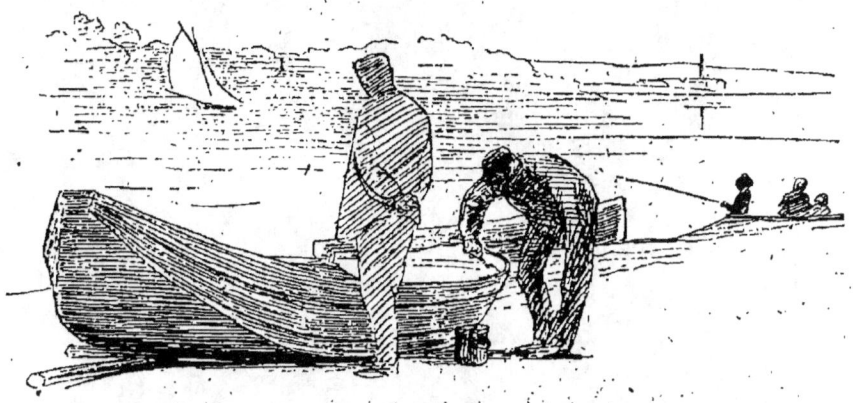

Croquis d'un ensemble général mis à l'effet.

les découvre dans un poète, soit qu'il les renouvelle des anciens, le peintre doit les concevoir en vives figures, et les tirer de l'obscurité vague où l'imagination les apercevait, pour les appeler à la lumière, à l'évidence. S'il n'est pas le premier créateur de sa pensée, il doit la créer une seconde fois en rendant pittoresque ce qui était poétique, en faisant un spectacle de ce qui était une idée, un sentiment ou un songe [1]. »

Est-ce que ces pages, dues à la plume savante d'un de nos rhéteurs d'art les plus réputés, ne peuvent s'appliquer au photographe ?

Si vraiment.

Je ne vois point, en effet, ce qui pourrait bien empêcher celui-ci d'inventer ses motifs, de les découvrir dans un

---

1. Charles Blanc, *La Grammaire des Arts du Dessin*, Paris, Renouard, 1883; in-8°, pages 493 et suivantes.

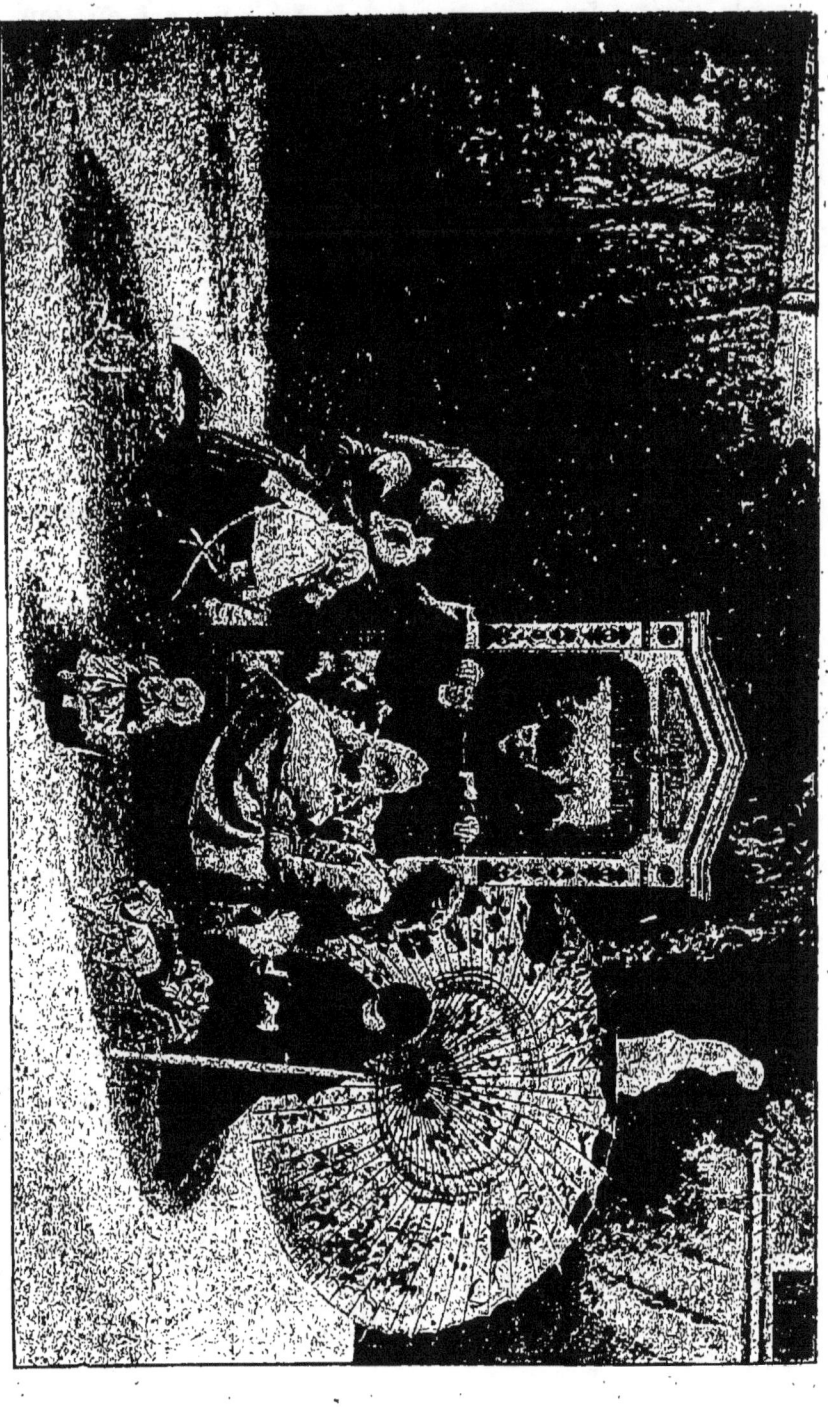

« Maintenant nous allons jouer pour mesdemoiselles les poupées. » (Phototype de l'auteur.)

ÉTUDE DU SUJET DE GENRE

poète, ou de les imiter d'un maître. Le sujet de genre, en dehors de celui qu'une scène de rue nous présente, tout fait peut être conçu de pied en cap.

Voulez-vous même connaître mon sentiment à fond?

Je suis convaincu que, dans l'avenir, l'illustration du livre se fera par la photographie et que l'illustrateur composera les scènes qu'il voudra photographier pour son illustration. Je vous entends objecter : il faudra des modèles ! Eh ! le peintre n'en a-t-il donc pas ? Qui vous empêche d'agir comme lui ? On dirait, ma parole, que dans la photographie on ne doive subir aucun sacrifice. Ce n'est point ainsi que l'on fait de l'art.

Pour se livrer au sujet de genre, aussi bien en peinture qu'en photographie, il faut des modèles. A vous de les choisir, de les éduquer, de les habiller, de les grouper.

VII

ANIMAUX

Rapports entre le genre et les animaux.
Possibilité pour le photographe d'obtenir les animaux comme on l'entend.
Physionomie des êtres et des choses. — De la classification et de la
hiérarchie des genres. — Comment on doit juger une photographie.
Beautés spéciales aux différents genres. — Les règles esthétiques aident
à la liberté de l'artiste au lieu de l'entraver.

Par la composition, par l'invention ou par le choix du motif, le tableau dit d'animaux ressemble un peu, beaucoup même au sujet de genre. Cependant il en diffère totalement par l'essence des individus qui le composent.

Chaque animal, en effet, possède non seulement sa structure propre, mais encore ses mœurs particulières, ses coutumes personnelles. L'étude complète, approfondie, des animaux suffirait presque à elle seule pour absorber une vie d'artiste photographe. Cette étude ne manquerait pas aussi de l'illustrer.

Si l'on a abusé, si l'on abuse du portrait humain, au delà vraiment des limites permises, si l'on a marché et si l'on marche à grand pas dans la voie du paysage on se tient, à l'égard des animaux, sur une réserve prudente. Pourtant le procédé au gélatino-bromure d'argent, permettant les instantanéités, a détruit à peu près complètement la grande difficulté matérielle consistant dans le peu de stabilité des modèles.

Les objectifs à grande profondeur de foyer sont encore venus donner, par une mise au point facile, plus de liberté au photographe. Aujourd'hui, il lui est loisible, pour ainsi dire, de dresser sa chambre noire dans le décor qu'il a choisi conforme à son goût, conforme à l'éclairage désiré, puis, sa mise au point faite sur un repère ou sur un plan médian, sa plaque sensible substituée à la glace dépolie, il peut, avec le concours d'un compagnon, grouper ses modèles, susciter l'expression ou l'attitude qu'il veut rendre, et aussitôt faire jouer le ressort de l'obturateur.

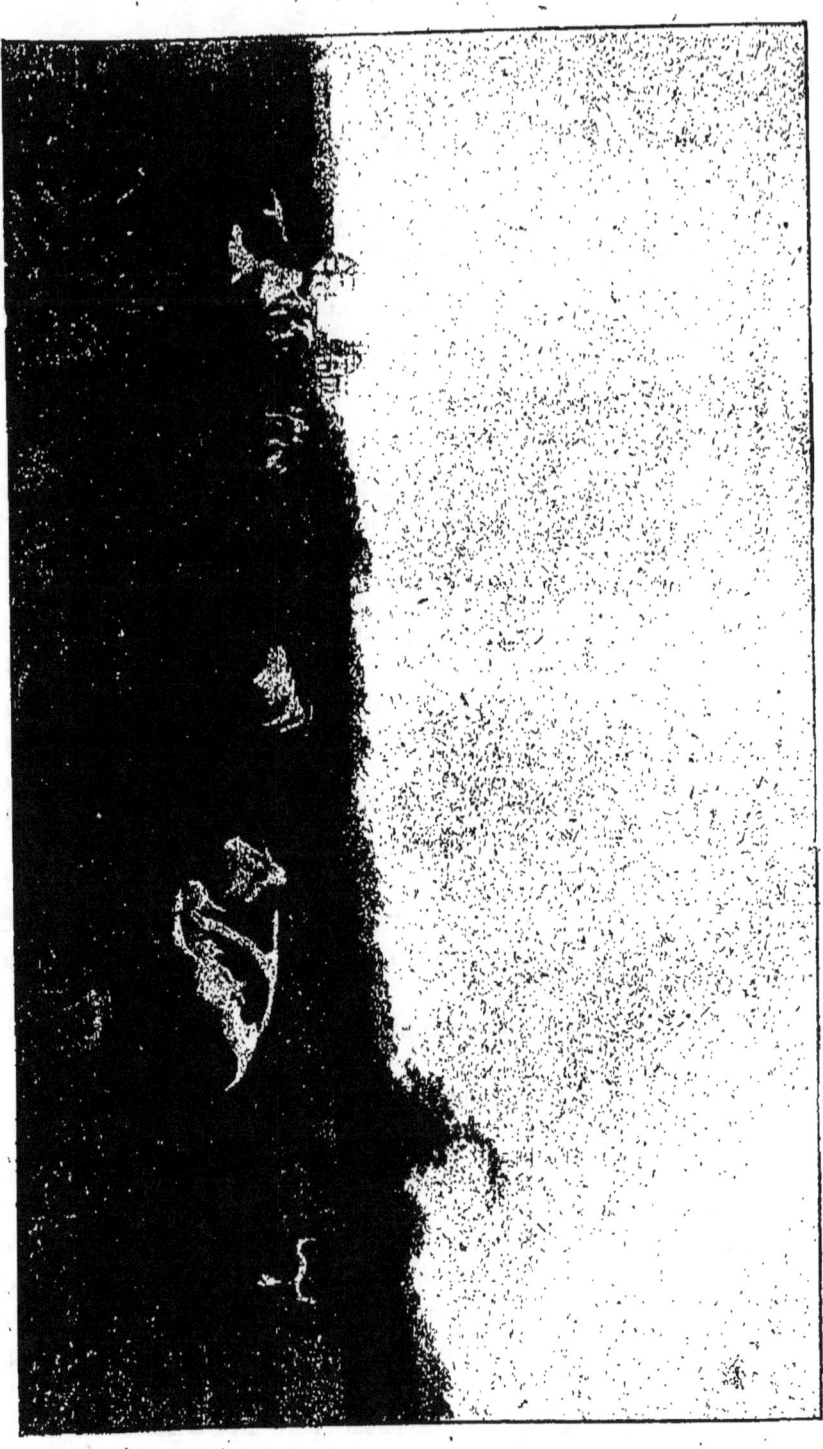

Repos au grand clair du soleil. (Phototype de l'auteur.)

ÉTUDE DES ANIMAUX

Avec de l'adresse, de la patience et l'occasion aidant, il est parfaitement possible d'obtenir de fort jolis tableaux.

Toutefois, comme il s'agit toujours d'instantanéités dans l'étude des animaux, les petites détectives à main, rendront des services absolument inappréciables. J'irais presque à dire que ce n'est qu'avec elles qu'on fait bien ce genre d'études. Dans tous les cas, c'est avec elles qu'on a la possibilité de prendre un plus grand nombre de motifs, et n'oubliez pas que l'agrandissement rend la petite épreuve éminemment artistique.

Qui n'a admiré en ce genre les œuvres bien vivantes de Charles Jacques?

Examinez-les, méditez-les. Elles vous enseigneront beaucoup au point de vue de l'ordonnancement et de l'éclairage. Mais surtout, et ceci demande une étude très longue et très minutieuse, appliquez-vous à étudier chaque animal suivant le procédé que je vous ai indiqué pour le visage.

On ne fait pas des œuvres d'art de but en blanc, par hasard et sans connaissances préalables.

Quelles que soient les productions de la nature, il existe une harmonie constante entre les forces internes et les signes extérieurs de ses productions. Cela depuis l'être le plus infime jusqu'à l'être le plus important, à quelque règne qu'il appartienne. Le minéral, le végétal possède sa physionomie particulière tout aussi bien que l'animal. Cette physionomie lui est propre et le distingue de tout autre.

Or, toutes ces physionomies un artiste soucieux doit les étudier pour savoir celle qu'il doit choisir afin de concourir à l'expression générale de son tableau. Lisez la nature, lisez les œuvres des naturalistes, confrontez ces lectures-ci avec ces lectures-là, vous apprendrez à voir sûrement, vivement, et par conséquent à saisir d'un seul coup d'œil l'ensemble susceptible de produire l'œuvre d'art.

Cet ensemble est une manière de traiter les animaux, manière la plus complète, la plus naturelle, la plus charmeuse peut-être qui soit. Elle n'est point la seule, cependant. On peut certes prendre un seul animal pour sujet principal. Celui-ci, alors ne nous intéressera pas seulement par son attitude générale, mais par le détail de son individu.

Dans ce cas nous devons connaître les dessous de la bête aussi bien que pour le portrait nous devons connaître les dessous du visage. Étudiez-les donc avec ferveur.

Et maintenant que je touche au terme de l'œuvre entreprise, ne résulte-t-il pas de tout ce que vous venez de lire que la photographie soit un art susceptible de lois esthétiques, comportant des genres différents, dont chacun demande des aptitudes spéciales, compatibles entre elles, mais souvent inconciliables chez le même artiste. Tel qui excellera dans le paysage fera un mauvais photographe de portrait ou un médiocre animalier.

Partant de là on pourrait se demander si, dans l'Art en photographie, il existe une sorte de hiérarchie des genres, comme on a des tendances à l'admettre pour la peinture.

A mon sens, ici comme là, une classification des genres, par ordre d'importance, me paraît tout à fait illusoire et surtout dénuée de fondement sérieux. Plutôt donc que de chercher à ranger les genres dans un ordre qui, si rationnel qu'il paraisse, amènerait fatalement des contestations, mieux vaut, ce me semble, mettre en relief les différentes espèces de beauté dont chacun d'eux est susceptible. Il ne faut pas oublier, en effet, que si chaque genre présente des difficultés qui lui soient propres, exige des études qui lui soient particulières, ces difficultés sont plus facilement vaincues et ces études plus naturellement approfondies par certains tempéraments d'artistes que par d'autres.

Laissons donc chacun opérer suivant ses aptitudes sensorielles, sans chercher à le pousser, par une hiérarchie dans les genres, à faire ce qu'il ne connaît pas ou ce qu'il connaît moins bien, sous prétexte que ceci semble, d'après une classification arbitraire, plus estimable que cela.

Comme tout ce qui est représentatif, la photographie nous procure une satisfaction spéciale, provenant de ce plaisir que fait naître en nous une imitation quelconque, qui reste, peu ou prou, à la portée de tout être humain civilisé ou non, et émeut notre âme par l'entremise du sens de la vue. Quel que soit le sujet représenté, nous devons, de prime abord, nous demander, en présence d'une photocopie positive, si elle constitue une œuvre photographique. En d'autres termes, si elle est bien faite, au point de vue technique J'en-

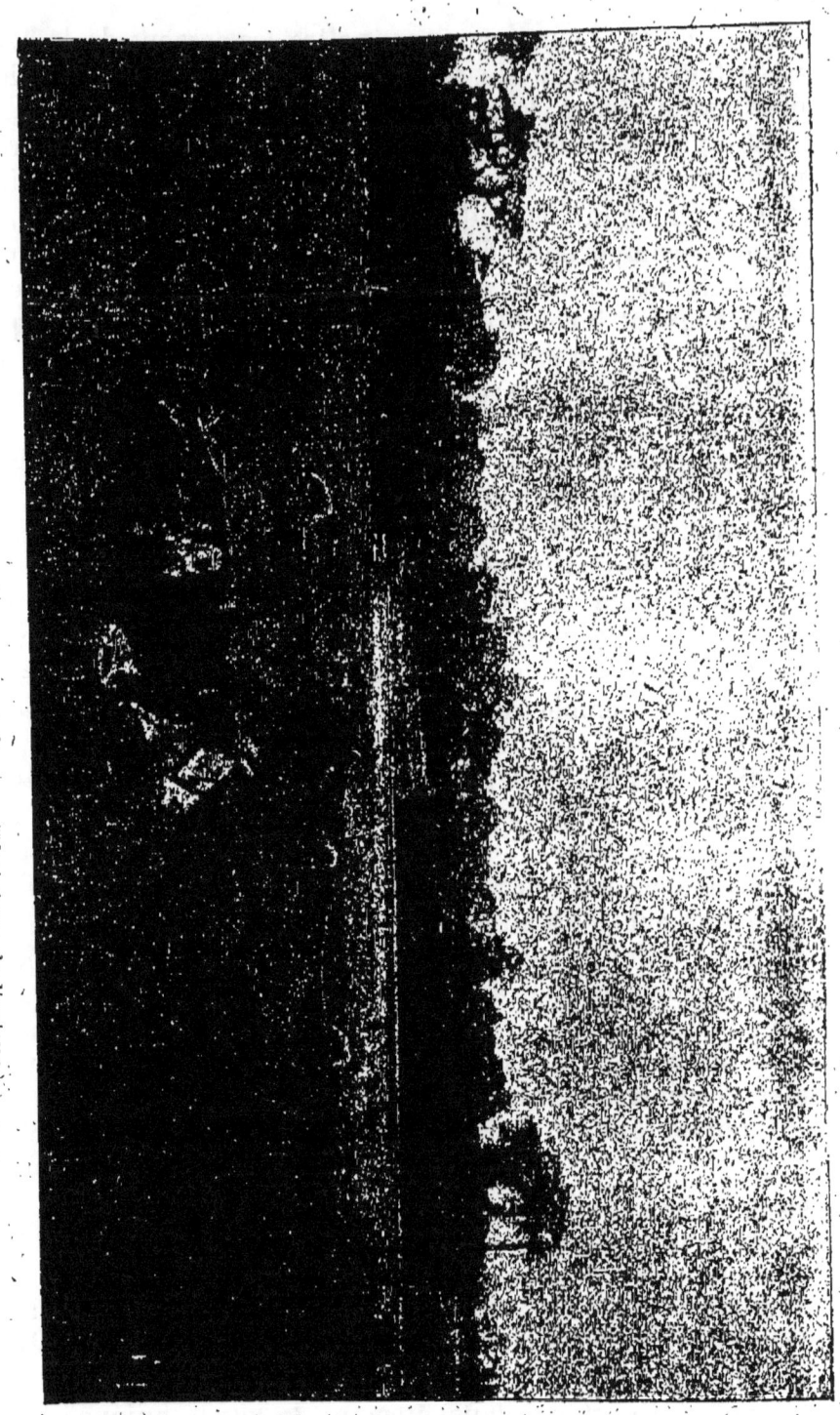

Le repas au crépuscule du soir. (Phototype de l'auteur.)

ÉTUDE DES ANIMAUX

tends qu'elle soit digne de notre attention par la justesse de son ton, par la finesse de son rendu.

Impression inconsciente et sensuelle au premier chef, mais impression nécessaire.

Comment, en effet, s'attacher à une œuvre et la juger, si notre vue ne se trouve pas sollicitée, retenue, captivée, par cette première impression?

D'ailleurs cette justesse de ton, cette harmonie générale n'est-elle pas implicitement due au choix du motif?

La sentir, n'est-ce pas reconnaître que le motif a été bien choisi?

Donc, si une photocopie positive charme notre regard et que nous la retenions dans notre main pour la voir plus longuement, le motif choisi se révèle à nous, tout de suite, comme une résultante naturelle de la première impression ressentie.

De l'examen du motif ressort la beauté décorative de l'ensemble, et par conséquent la beauté de l'ordonnance linéaire, sans laquelle la beauté décorative ne saurait exister. Or, si les lignes qui la composent restent inhérentes au sujet, elles n'en demeurent pas moins très indépendantes, en ce sens que ces lignes ne peuvent former un ensemble décoratif, qu'autant qu'elles ont été ordonnancées suivant les règles de l'art et du goût.

Faites succéder dix photographes devant le même motif, vous aurez dix photographies différentes, que vous pourrez classer par ordre de beauté dans l'ordonnance linéaire. Pourtant les dix opérateurs auront eu à leur disposition le même sujet, par conséquent les mêmes lignes. Les différences entre les œuvres dépendront du tempérament de chaque artiste et de ses connaissances esthétiques.

A la première impression causée par la tonalité de l'œuvre, par sa couleur pour ainsi dire, et après l'examen du motif, succède l'examen de l'œuvre qu'elle représente. Alors les règles esthétiques spéciales à chaque genre trouvent là leur application toute naturelle. Suivant l'ordonnance poétique du tableau, l'artiste aura produit une œuvre d'art plus ou moins intense, plus ou moins remarquable et sans que l'on ait à considérer si le genre choisi demeure inférieur ou supérieur à tel autre.

Puérilité que cette hiérarchie des genres !

A chacun son idéal. Le but visé est d'exceller en un genre sinon en tous.

Dans tous les cas, n'oubliez point que la photographie est un art véritable, un art qui a sa place toute marquée à côté des autres arts. A vous, qui avez eu la patience ne me lire jusqu'au bout, à vous d'aider cet art à se faire la place la plus large possible, en mettant en pratique ou en venant augmenter les connaissances esthétiques que j'ai essayé de grouper dans cet ouvrage.

Loin d'entraver les libertés de l'artiste, les règles d'art, si inflexibles qu'elles paraissent dans leur rigueur, aident à ces libertés. Ne délivrent-elles pas l'artiste des tâtonnements et des incertitudes, qui sont les véritables entraves de tout talent ?

A entraves détruites, essor prochain.

FIN DU LIVRE DEUXIÈME.

LIVRE TROISIÈME
LES MOYENS D'ART

I

LE DÉVELOPPEMENT ARTISTIQUE

Principes d'un développement artistique.
Le pyrogallo-iconogène. — Sa formule et son mode d'emploi. — Action du bromure dans le développement. — Le développement à deux cuvettes. — Nécessité d'une méthode spéciale pour l'instantanéité. — Le voile de sous-exposition. — Développement lent en cuvette verticale. — Ce que doit être cette cuvette. — Constitution d'un bain révélateur type. — Maximum et minimum. — Règles à suivre. — Du moment où le développement doit être arrêté. — A quel moment doit-on développer les instantanées.

Bien que je me sois étendu assez longuement sur le développement[1], il y a cependant lieu d'y revenir au point de vue purement artistique, aussi bien en ce qui concerne les épreuves posées, de tous les genres d'art, que des épreuves instantanées. A ce point de vue celles-ci demandent encore plus d'attention que celles-là.

J'ai essayé, étudié, pratiqué tous les révélateurs lancés ou qu'on lance. Travail intéressant, mais au demeurant un peu bien stérile. Que ce révélateur-ci développe plus vite ou plus lentement que ce révélateur-là, je l'accorde; que l'un exige pour l'obtention d'une bonne photocopie positive des phototypes négatifs plus ou moins intenses, je l'accorde encore; mais que tous ces nouveaux venus soient très supérieurs à l'acide pyrogallique ou pyrogallol, en tant que résultats obtenus, j'avoue humblement que je reste encore à le constater. J'ajouterai de plus qu'aucun n'a la souplesse de celui-ci. Or la souplesse est une condition d'art.

En partant de ce principe, j'ai voulu voir cependant si le

[1] Voir : *La Pratique en photographie*

développement au pyrogallol ne pourrait devenir meilleur en le complétant par les qualités que présentent d'autres révélateurs. Cette étude m'a semblé fort intéressante dans le cas surtout des instantanées. Lorsque l'on pose, le phototype harmonieux, ainsi que je l'ai démontré, peut assez facilement s'obtenir toujours par une *surexposition* plus ou moins longue suivant l'accentuation du sujet. On atteint même ainsi à l'orthochromatisme. Dans le cas de l'instantanéité nous n'avons jamais que de la *sous-exposition*, ce qui amène presque fatalement aux phototypes heurtés. Pour détruire ces oppositions trop violentes entre les lumières et les ombres, il fallait donner une certaine transparence aux noirs du phototype. L'iconogène me semblait tout indiqué, puisque sa plus grande caractéristique est de présenter des noirs très clairs. De plus il fouille aussi bien que le pyrogallol et, comme lui, laisse à l'argent déposé un grain extrêmement fin, alors que le grain de l'argent déposé par l'hydroquinone est gros et empâté. J'ajouterai encore que l'iconogène semble encore mieux fouiller les *ombres sous-exposées* que ne le fait le pyrogallol.

De plus le carbonate de soude ne donne pas dans le développement à l'acide pyrogallique des résultats identiques à ceux du carbonate de potasse. Celui-ci fouille plus profondément et intensifie à la manière de l'ammoniaque, alors que celui-là fouille moins, mais donne beaucoup plus de douceur. J'ai donc songé aussi à allier, en parties égales, les carbonates, en tenant compte toutefois des équivalences.

Pour une plaque 13×18 un bain normal à l'acide pyrogallique comprend à peu près :

```
Eau. . . . . . . . . . . . . . . . . .  100 cm³.
Acide pyrogallique. . . . . . . . . .   0 gr. 5.
Carbonate de soude ou de potasse . .   0 gr. 5 à 2 gr.
Sulfite de soude anhydre. . . . . . .   1 gr. 8.
```

Par bain normal, j'entends celui qui doit agir sur une plaque normalement posée et représentant un sujet normalement en valeurs. Il s'agit donc de combiner l'iconogène, le pyrogallol et les carbonates de façon à constituer un bain normal, tels que les révélateurs et les alcalis y entrent approximativement dans les proportions ci-dessus. Pour atteindre ce but voici les solutions auxquelles je me suis définitivement arrêté :

A.	Eau chaude ayant bouilli	400 cm³.
	Solution de sulfite de soude anhydre à 15 p. 100.	600 —
	Iconogène	15 grammes.
B.	Solution de sulfite de soude anhydre à 15 p. 100.	100 cm³.
	Acide pyrogallique	5 grammes.
C	Eau chaude ayant bouilli	100 cm³.
	Carbonate de potasse.	15 grammes.
	Carbonate de soude.	31,5.

On remarquera que, quelle que soit l'eau employée, je la fais toujours préalablement bouillir pour la débarrasser des gaz qu'elle contient et qui nuiraient à la bonne conservation des solutions.

Pour la composition d'un bain normal destiné à développer une plaque 13 × 18, je prends :

Eau	75 cm³.
Solution A	20 —
Solution B	5 —
Solution C	5 —

Un léger calcul vous montrera que les proportions des constituants sont sensiblement les mêmes que dans le bain à l'acide pyrogallique ordinaire. Si l'on a des phototypes trop denses, on peut augmenter la dose d'iconogène, ou celle de pyrogallol si les phototypes sont trop faibles. C'est donc une ressource de plus que dans le développement ordinaire. Les épreuves négatives obtenues par ce procédé sont très brillantes, étonnamment modelées dans les noirs. L'intensité et la tonalité de ceux-ci sont telles que toutes les nuances de ce modelé viennent sur les photocopies et avec un très beau relief.

Le fixage se fait dans le bain d'hyposulfite de soude ordinaire. Cependant, dès que la couche laiteuse du phototype a disparu, au lieu de laisser le phototype dans ce bain je préfère le plonger dans un second bain d'hyposulfite de soude un peu plus dilué que le premier et additionné d'environ 5 cm³ de bisulfite de soude liquide du commerce par 100 cm³ du bain. Le brillant du phototype est plus beau et les transparences des noirs sont plus accusées.

Il va de soi que, suivant les besoins, on peut toujours employer avec un bain normal une solution de bromure de potassium à 10 pour 100 ou de bromure d'ammonium de préférence. Ceux qui veulent bien me lire savent que je suis toujours partisan de cet emploi. Avec l'acide pyrogallique aussi bien d'ailleurs qu'avec l'inconogène, les bromures alcalins agissent à double titre : ils retardent l'arrivée de l'image et empêchent la montée des voiles avant l'achèvement complet du développement.

Je ferai remarquer que c'est à ce manque de voile, en d'autres termes à la grande clarté obtenue dans les ombres par l'addition du bromure, qu'on a dû de croire, et que j'ai cru longtemps moi-même, sur la foi des traités, que le bromure rendait le phototype heurté. Je me suis depuis longtemps convaincu de l'inanité de cette croyance. Le bromure retarde surtout la venue des parties très exposées, et permet, par conséquent, pendant ce temps, aux détails des ombres de monter. Il tend donc plutôt à l'harmonie qu'au heurté. Dans le développement des instantanées effectué avec le pyrogallol seul ou le pyrogallo-iconogène, que je préfère à tout autre développement, parce que l'iconogène fouille peut être mieux encore, je le répète, que l'acide pyrogallique les détails dans les ombres, je suis d'avis d'employer le bromure à des doses relativement assez fortes pour éviter justement la dureté de l'image produite par l'instantanéité même et ramener le phototype à l'harmonie. Le développement est alors extrêmement long ; on peut, pendant une heure et plus, le laisser agir sans qu'il soit besoin de le surveiller, mais on est récompensé par la pureté, le détail et l'harmonie du phototype. Notez bien que je parle de l'acide pyrogallique et de l'iconogène, car, à part l'oxalate ferreux, les bromures alcalins ne se conduisent pas tout à fait de la même façon avec les autres révélateurs.

Mais revenons à notre pyrogallo-iconogène. Je viens de vous donner la composition d'un bain normal pouvant être applicable aussi bien au paysage qu'au portrait. Toutefois j'estime que, pour le paysage, on peut réduire à 10 cm³ la quantité de la solution A, alors que pour le portrait on la portera à 30 cm³ en réduisant les solutions B et C chacune à 3 cm³. Au demeurant vous pouvez faire varier tous vos constituants suivant vos besoins en vous souvenant de la façon dont chacun d'eux agit, façon que je vous ai indiquée[1], en vous parlant du développement à l'acide pyrogallique et à laquelle vous pouvez ajouter que la solution d'iconogène intensifie sans empâter les noirs.

Si le développement à l'acide pyrogallique, partant celui au pyrogallo-iconogène est d'une souplesse extrême, et que l'on puisse modifier à loisir, sa constitution, pour obtenir plus sûrement tels ou tels effets, je ne dissimule pas que ces dosages savants exigent un certain tact provenant de l'habitude et dont les commençants ne peuvent être, de prime saut, en possession.

Il ne me semble donc pas inutile de leur indiquer une méthode de développement artistique que j'emploie toujours lorsque je me trouve en présence d'une plaque dont j'ai omis de noter les conditions d'exposition, ou d'un développement qu'un ami me prie de lui faire sans que je connaisse ces mêmes conditions. Je veux parler du développement à deux cuvettes. Cette méthode a l'avantage de s'appliquer à tous les révélateurs en deux solutions, aussi bien qu'à tous les genres d'exposition.

Vous prenez deux cuvettes A et B, d'une propreté absolue. Dans A vous constituez un bain de développement dans lequel n'entre que le révélateur ; dans B un second bain dans lequel n'entre que l'alcali. Théoriquement cela suffit. Pratiquement il est bon d'ajouter à A 3 à 5 centimètres cubes de B et vice versâ.

Prenons donc notre pyrogallo-iconogène que je tiens pour un révélateur excellent en tous points. Soit aussi une plaque 13 × 18 à développer.

Dans A vous verserez 100 cm³ d'eau de dilution, 20 cm³ de la solution d'iconogène et 5 cm³ de la solution de pyrogallol.

Dans B vous verserez 100 cm³ d'eau de dilution, 5 cm³ de la solution de carbonate.

---

[1]. Voir : *La Pratique en photographie*.

Ces doses peuvent être augmentées si l'on désire se servir des mêmes bains pour plusieurs plaques. Dans l'espèce la chose se peut sans inconvénient.

Cela fait, vous prenez 5 cm³ du bain A et dans un autre récipient 5 cm³ du bain B. Vous mettrez en B ce que vous avez prélevé de A et en A ce que vous avez prélevé de B.

Vous plongez alors votre plaque en A. Avec une pose exacte les grandes masses de lumière ne tardent pas à apparaître. Vous retirez alors la plaque et la plongez, sans la laver, dans B. Les grandes lumières apparaîtront vite mais ne pourront devenir opaques à cause de la petite quantité de A contenue dans la gélatine. Vous laisserez le phototype en B jusqu'à l'obtention complète de tous les détails de l'image. Si alors, en la regardant par transparence, elle ne vous paraît pas assez intense vous la replongerez en A jusqu'à l'arrivée de l'intensité nécessaire.

On peut, avec ce procédé, arriver presque sûrement à l'effet désiré en évitant toute trace de voile.

Le phototype manque-t-il de pose? ce qui est toujours le cas de l'instantanéité, la quantité de révélateur contenu dans la gélatine ne suffit pas à l'activité de B. On replonge alors la plaque quelques minutes dans A et on la remet ensuite dans B. Cette opération peut se répéter plusieurs fois, jusqu'à l'obtention complète des détails dans les ombres La plaque est-elle trop surexposée? La légère quantité de B qui se trouve dans A est suffisante pour que le phototype se développe tout seul dans ce premier bain.

Ainsi, quelles que soient les conditions d'exposition, un débutant peut, assez aisément, avec cette méthode de développement à deux cuvettes, obtenir une révélation artistique de l'image latente, et n'avoir jamais de voile quand il a soin surtout de recouvrir ses cuvettes avec un carton.

Mais si ces méthodes sont excellentes dans tous les cas, ma pratique journalière m'a démontré qu'il en est encore une qui les surpasse au point de vue spécial de l'instantanéité.

Il n'y a pas à le nier, la photographie instantanée est entrée victorieusement dans nos mœurs. Elle et la bicyclette sont, à l'heure présente, les deux grandes séductrices qui nous ont subjugués et nous subjuguent. A tout prendre, je n'y vois pas grand mal. Bien au contraire, si l'on veut se soumettre intelligemment à leur joug. Bon nombre de motifs artistiques et presque tous les grands effets de lumière, les plus artistiques de tous les motifs, ne se prennent bien qu'avec l'instantanéité. Pourtant, je l'avoue, j'ai dit et écrit souvent que l'épreuve instantanée devient impropre à l'art par la difficulté où nous nous trouvons de la développer de telle façon qu'elle se montre harmonieuse dans son ensemble. Si donc, dans l'état actuel des outils que nous possédons, nous arrivons à récupérer cette harmonie, l'instantanéité nous donnera des résultats vraiment artistiques de premier ordre. Or, toutes les expériences que j'ai faites d'une façon continue, pendant deux ans, m'ont amené à conclure qu'un développement lent, très lent même des instantanées, nous conduit à l'harmonie de l'épreuve.

Depuis longtemps déjà je me suis nettement convaincu, à propos des posées qu'un développement lent, très lent, est, en tous points, préférable à un développement rapide C'était une indication. Elle a été suggérée à d'autres esprits. En Allemagne, en effet, le Dr Meydenbauer constatait qu'en laissant agir un révélateur très dilué pendant plusieurs heures, sur une plaque très nettement sous-exposée, il obtenait de la sorte beaucoup plus de détails dans les ombres qu'en employant un révélateur concentré, ou tout au moins à dose reconnue normale. Le Dr Neuhauss confirmait ces résultats. Tous les deux opéraient avec l'acide pyrogallique, qui est et reste au demeurant le plus parfait des révélateurs que nous possédions.

En France, notre regretté commandant Fourtier, dont j'ai tenu toujours en haute estime les travaux photographiques, reconnut la vérité de ces faits en faisant usage de l'hydroquinone. Un révélateur dont on s'est engoué, bien à tort cependant. Les plus sincères n'hésitent pas à le reconnaître aujourd'hui; et pour ce qui est du développement lent, je déclare ne pas être de l'avis de M. Fourtier et j'ajoute que l'hydroquinone reste le révélateur le moins propre à ce genre de procédé.

C'était plus qu'il n'en fallait cependant pour me décider à tenter des essais vers lesquels mon expérience et une secrète intuition me poussaient déjà. Et ces essais je les ai tentés non seulement avec tous les révélateurs connus, mais encore en combinant entre eux certains de ces révélateurs. Je vous dirai tout de suite que ceux qui se prêtent le mieux à ce genre de travail, sont : l'acide pyrogallique, le chlorhydrate de diamidophénol ou amidol, et aussi la pyrocatéchine de synthèse. Comme révélateurs mélangés nous avons l'acide pyrogallique allié à l'iconogène, puis, dans une plus faible mesure, l'iconogène avec l'hydroquinone, la pyrocatéchine de synthèse avec l'hydroquinone ou le paramido-

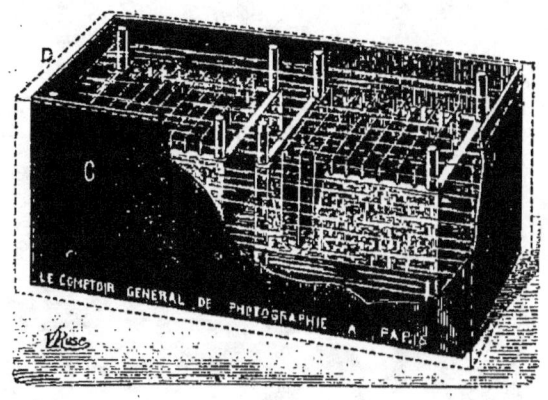

Cuvette verticale pour le développement lent.

phénol. Je dis plus faible mesure, car les développements dans lesquels entre l'hydroquinone ne peuvent dépasser un certain degré de lenteur sans laisser à l'opérateur les craintes de l'obtention du fameux voile jaune de l'hydroquinone, absolument impropre à tout bon tirage.

Mais pourquoi cette lenteur dans le bain, alors qu'il est admis généralement que dans le développement des instantanées on doit remédier au manque d'action de la lumière par une augmentation d'action du révélateur ? D'abord, parce qu'un bain lent, de même que cela a lieu dans la gravure à l'eau-forte, donne plus de douceur et de finesse à l'image. Ensuite parce que dans le développement des instantanées un voile tend toujours à se montrer sur la plaque et à s'y montrer d'autant plus intense que la pose a été plus courte, d'autant plus vive que le révélateur est plus concentré. L'image est à peine dessinée sur la surface sensible que ce voile la recouvre aussitôt, qu'on ne suit plus sa venue, qu'on fixe alors et que l'image finale insuffisamment profonde, manque de détails dans les ombres et présente, en même temps qu'une faiblesse générale, un très grand heurté entre les ombres et les lumières.

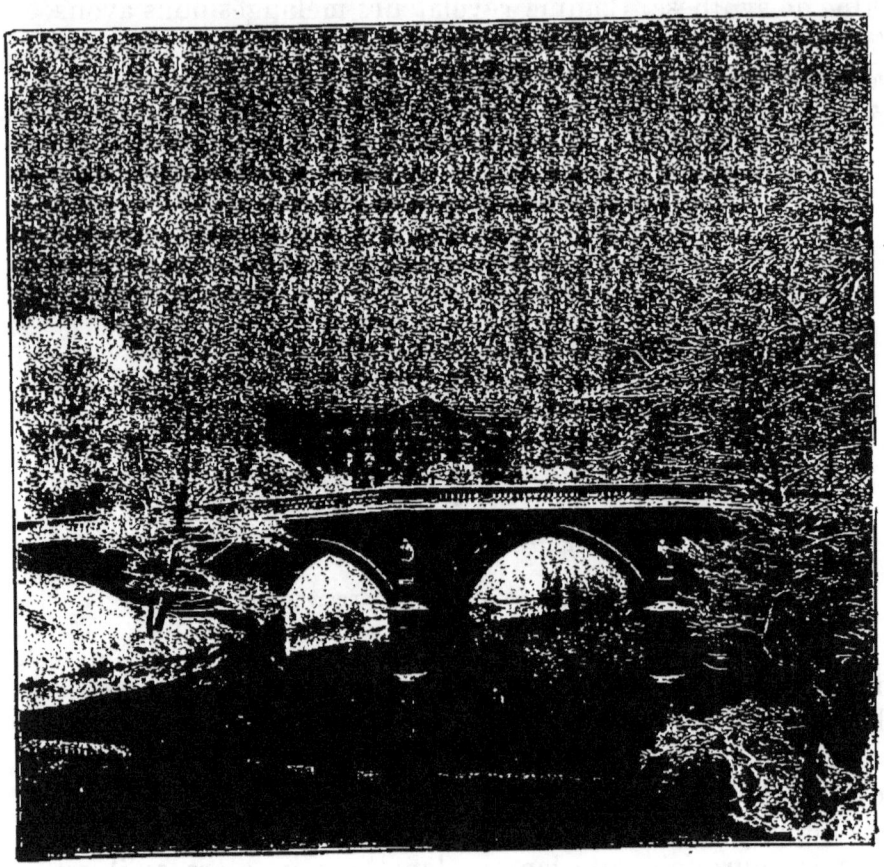

Sujets à grandes oppositions : effet de neige.

Ce voile est connu sous le nom de *voile de sous-exposition*. Il est produit par une certaine quantité de rayons lumineux, traversant l'objectif, diffusés dans la chambre noire après en avoir frappé les parois. Si l'on emploie un obturateur à ouverture centrale, il se trouve encore augmenté par la diffraction produite par le minimum d'ouverture qui a lieu au départ et à l'arrivée, produisant ainsi un éclairage dont l'image ne bénéficie pas. Dans la photographie au poser, l'action du faisceau impressionnant devient assez grande pour primer, jusqu'à les annihiler, ces effets de diffusion et de diffraction.

Voilà vraiment de bonnes raisons militant en faveur du développement lent. Seulement nous développons d'ordinaire avec des cuvettes horizontales. Or si, opérant de la sorte, nous prolongeons notre développement pendant des heures et des heures, nous garderons infailliblement sur la plaque des dépôts gênants, à moins de nous livrer à des balancements de cuvettes qu'il faudra automatiques pour n'être pas écœurants. D'autre part, si chaque plaque nous demande des heures pour nous montrer son image complète, c'est à renoncer, je le reconnais, à développer ainsi des épreuves instantanées, que, par leur facilité d'obtention, nous prenons par douzaines et par douzaines.

Il faut donc abandonner la cuvette horizontale et prendre un autre mode opératoire pour rendre pratique le développement lent. Rien de plus simple. Il suffit de substituer à la cuvette horizontale une cuvette verticale. Par la disposition même de la verticalité et la grande quantité de liquide qu'elle exige, nous pourrons y immerger simultanément plusieurs plaques. De plus, l'insipide balancement nécessaire avec la cuvette horizontale n'existera plus. En effet, par suite des différences de densité qu'il prendra en agissant, le liquide se trouvera dans un mouvement constant de montée et de descente, et il se formera ainsi un brassage continuel et automatique.

On trouve bien dans le commerce des cuvettes verticales destinées au lavage ou même au fixage des phototypes. Je me hâte d'ajouter qu'elles sont tout à fait impropres au développement. D'abord, parce que les plaques n'ont pas entre elles un espace suffisant pour un bon brassage et qu'ensuite ces mêmes plaques ne sont pas assez éloignées du fond pour n'être pas influencées par les résidus chimiques provenant du développement.

Toutefois, pour permettre d'appliquer ce mode de procéder aux photo-jumelles Carpentier si fort employées dans la photographie instantanée, le Comptoir général de Photographie a construit, sur mes indications, des cuvettes verticales propres à un bon travail.

Elles se composent, en principe, de deux cuves en carton durci, noir, et de paniers d'immersion en ébonite également noirs. La plus petite cuve C (voir page 292) contient le bain de développement. La plus grande D, recouverte de toile, sert de couvercle à la petite. Les paniers P^1, P^2 sont munis de rainures verticales dans lesquelles on glisse les plaques. Pour des 4,5 × 6 ou des 6,5 × 9 ces rainures sont séparées, les unes des autres, par une distance de 1 centimètre environ. Ces paniers sont munis, à leurs angles supérieurs et inférieurs, de petits bâtonnets d'ébonite, car il est à remarquer qu'il n'entre pas la moindre parcelle de métal dans la construction de ces cuvettes. Grâce à ces bâtonnets, les plaques se trouvent surélevées du fond d'environ 3 centimètres, et le liquide du bain peut les dépasser d'une couche égale aussi à 3 centimètres. Pour les 6,5 × 9, chaque panier présente *neuf* rainures; et *six* pour les 4,5 × 9. Donc, dans le premier cas, on peut développer dix-huit plaques à la fois. Or, si nous mettons, je suppose une heure et demie à effectuer le développement, vous voyez que cela correspond à une durée de *cinq minutes* par plaque. Ce qui revient à dire que le développement lent est en somme très rapide.

Avec un peu de pratique, une connaissance de la température au moment du développement, de l'action réductrice du révélateur employé, de la rapidité des plaques et de l'éclairage du motif on peut combiner son bain de telle sorte qu'il mette une nuit à agir, et l'on peut ainsi dormir tranquille... tout en travaillant. Je vous conseille cependant de ne pas débuter, par cet extrême, dans la pratique du développement lent. Ignorants de toutes les conditions que je viens d'émettre, vous marcheriez infailliblement vers des insuccès dont le plus commun serait une métallisation complète de vos plaques. A tout prendre, d'ailleurs, si la lenteur est bonne, une lenteur par trop grande n'est pas meilleure, ou du moins jusqu'à présent ne me semble pas telle. Réglez votre bain pour qu'il marche, en été, entre une heure et demie ou deux heures et demie. En hiver, ce même bain, si vous ne le chauffez pas, vous mènera entre quatre et cinq heures.

Pour ne pas vous laisser indécis entre un trop grand choix de formules, je vous en indiquerai seulement une, celle d'ailleurs dont je me sers pour ainsi dire couramment.

Pyrosulfite carbonaté. — Vous faites préalablement les solutions suivantes :

A. Eau chaude bouillante et ayant bouilli. 1,000 cm³.
   Sulfite de soude anhydre. . . . . 150 grammes.

Laisser refroidir et filtrer soigneusement.

B. Solution A froide. . . . . 100 cm³.
   Acide pyrogallique. . . . . 5 grammes.

C. Eau distillée . . . . 100 cm³.
   Bromure de potassium. . . . . 10 grammes.

D. Eau chaude ayant bouilli . . . . . . 100 cm³.
   Carbonate de potasse. . . . . 15 grammes.
   Carbonate de soude. . . . . 31,5 —

Ces solutions faites, le bain de développement sera composé dans les proportions suivantes :

Eau froide ayant bouilli . . . . Quantité suffisante.
Solution A . . . . 90 cm³.
Solution B . . . . 30 —
Solution C . . . . 3 à 5 —
Solution D . . . . 3 à 15 —

Pour augmenter la durée d'action, on peut prendre le maximum de C et le minimum de D; pour la diminuer, prendre le minimum de C et le maximum de D. Je me sers couramment du maximum de C et de 9 centimètres cubes de D. — Pour des épreuves en belle lumière, on a dans l'espace de temps que j'ai indiqué plus haut, le maximum d'intensité.

Au demeurant, voici certaines règles sur lesquelles doivent se baser le développement lent.

Une pratique constante du développement à l'acide pyrogallique m'a démontré que 0,3 grammes d'acide pyrogallique sont nécessaires, mais suffisants, pour arriver à révéler normalement, à bonne intensité, une image 13 × 18. C'est le minimum de la quantité qu'il faille employer.

Afin que le bain ne tache pas les doigts en jaunissant trop vite, on retarde sa coloration par une assez forte addition de sulfite. Cette action retardatrice est encore augmentée par une addition faible de l'alcali employé.

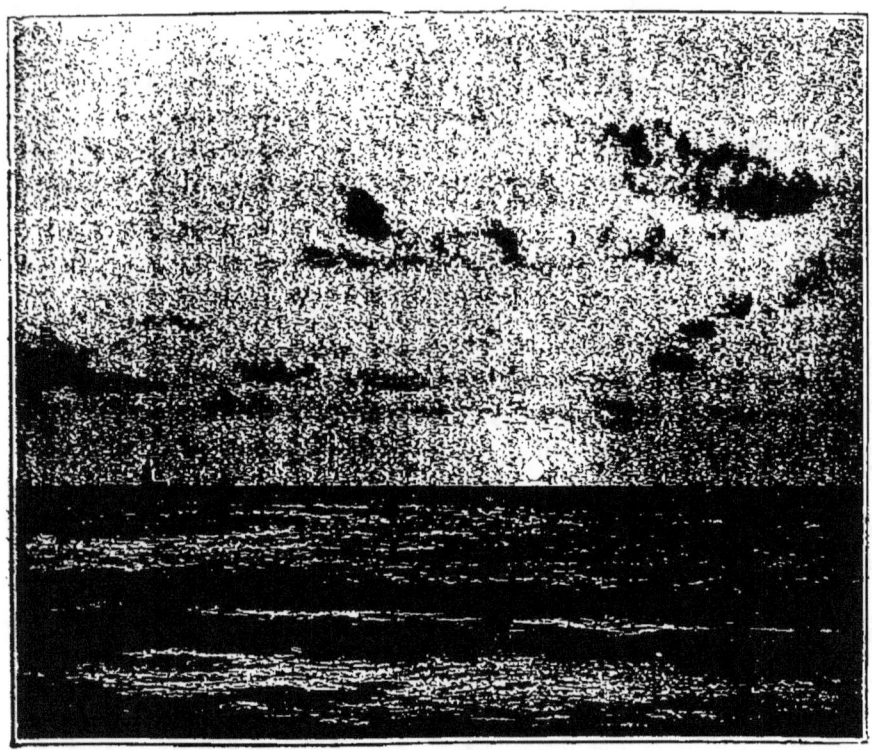

Sujets à grandes oppositions : Le soleil dans le champ du tableau.

En outre, en ajoutant du bromure l'action retardatrice est encore augmentée et, en plus, on empêche la montée du voile, partant on conserve la pureté des blancs.

Pour une plaque 13 × 18 on combinera donc un développateur au minimum de force composé selon la formule ci-dessous :

Eau froide ayant bouilli. . . . . Quantité suffisante.
Solution A. . . . . 14 cm³.
Solution B. . . . . 6 —
Solution C. . . . . 1 —
Solution D. . . . . 3 —

On obtiendra ainsi une grande transparence dans les noirs, un grand éclat dans les blancs, et une parfaite harmonie dans l'ensemble, ce qui est, somme toute, le *desideratum* à réaliser.

Or, si nous considérons que dix-huit plaques 6,5 × 9 correspondent, comme surface sensible, à celle donnée par quatre plaques et demie 13 × 18, nous pourrons combiner notre bain lent minimum pour un chargement complet de photo-jumelle 6,5 × 9 en multipliant par 4,5 les quantités précédentes ; soit donc :

Eau froide ayant bouilli.	Quantité suffisante
Solution A.	63 cm^3.
Solution B.	27 —
Solution C.	4,5 —
Solution D.	13,5 —

D'autre part, si nous considérons que pour conserver toutes les qualités ci-dessus énoncées de transparence dans les noirs, de clarté dans les blancs et d'harmonie dans l'ensemble, on ne doit pas sensiblement dépasser 0,5 grammes d'acide pyrogallique pour une plaque 13 × 18, on pourra établir un bain *à peu près maximum* avec les quantités :

Eau froide ayant bouilli.	Quantité suffisante.
Solution A.	105 cm^3.
Solution B.	45 —
Solution C.	7,2 —
Solution D.	22,5 —

Toutefois, dans le cas du développement simultané de dix-huit plaques en cuvette verticale, la quantité d'eau étant très grande, on peut, sans inconvénient, forcer encore ce maximum et porter à 3 grammes la quantité totale d'acide pyrogallique employé. Dans ces conditions, on aurait comme bain, que je considère comme un maximum :

Eau froide ayant bouilli.	Quantité suffisante.
Solution A.	140 cm^3.
Solution B.	60 —
Solution C.	10 —
Solution D.	30 —

Donc, vous pourrez modifier, comme vous l'entendrez, votre bain, tout en vous tenant dans les limites extrêmes que je viens de vous donner.

Avant chaque opération, la cuvette et ses paniers d'immersion devront être lavés, essuyés et frottés avec beaucoup de soin, et vous emplirez, jusqu'à 3 centimètres du bord supérieur, la cuvette, ne contenant pas les paniers, avec de *l'eau froide ayant bouilli.*

S'il s'agit d'un développement de plaques $6,5 \times 9$, on continuera la préparation du bain de développement en versant dans la cuvette 90 cm³ de la solution A, en employant par exemple la première constitution de la formule indiquée. Remuer avec un agitateur de verre pour obtenir un parfait mélange.

Verser ensuite 30 cm³ de la solution B. Remuer avec l'agitateur. Introduire dans le bain 6 cm³ de la solution C. Remuer avec l'agitateur. Compléter avec 9 cm³ de la solution D Remuer avec l'agitateur pendant quelques minutes.

J'appelle tout particulièrement votre attention sur ces agitations successives du bain avant l'introduction d'un nouveau constituant. Il importe que le mélange des différents produits soit rigoureusement fait. Les plaques qu'on immergera dans le bain se trouveront ainsi régulièrement attaquées.

S'il s'agit de plaques de $4,5 \times 6$, la cuvette étant plus petite, les constituants devront être introduits, toujours en nous servant du même exemple de formule, dans les proportions suivantes : Solution A 60 cm³; solution B 20 cm³; solution C 4 cm³; solution D 6 cm³.

Le bain étant ainsi constitué, on y plongera successivement les paniers d'immersion. On prendra ensuite, une à une, les plaques exposées, en ayant soin de les frotter vigoureusement avec le tampon de velours et de les blaircauter ensuite. Elles seront introduites, une à une, dans les rainures des paniers, et on imprimera successivement à chaque panier un petit mouvement de va-et-vient de bas en haut, pour détacher les bulles d'air qui auraient pu se former sur la surface des plaques.

Il est d'une bonne pratique que les plaques soient mises toutes dans le même sens, c'est-à-dire que la *face géla-*

tinée de l'une se trouve en regard de la face verre de l'autre.

La cuvette est ensuite revêtue de son couvercle, et l'on peut sortir du laboratoire et vaquer à d'autres occupations.

Des épreuves prises en été par un beau soleil, dans le plein du jour, atteindront leur *maximum* d'intensité dans un espace de temps variant entre deux heures et demie et trois heures et demie, suivant les différents degrés actiniques des tons qui se trouvent dans le motif.

Des épreuves prises dans les mêmes conditions, en hiver, et développées à la température ambiante pourront exiger une immersion de quatre à cinq heures pour arriver au même résultat.

Dans les deux cas, la durée d'action du bain sera réduite d'au moins moitié si l'on emploie la dernière constitution de la formule, celle indiquée comme maximum.

Les épreuves pourraient, à la très grande rigueur, être laissées ainsi dans le bain pendant l'espace de temps indiqué. Toutefois, par des considérations de température, le brassage automatique du liquide pourrait se faire irrégulièrement au grand dam des épreuves qui présenteraient des stries. Aussi est-il préférable, une demi-heure après l'immersion totale, ou un quart d'heure dans le cas de la formule au maximum, de rentrer dans le laboratoire, de découvrir la cuvette et de retourner les plaques, en mettant en bas le côté primitivement en haut.

Suivant l'émulsion, même avec des plaques de même marque, l'image ne se présente pas toujours de la même façon : tantôt on ne la voit plus sur la surface gélatinée, et il faut suivre sa venue au dos de la plaque, où elle se montre de plus en plus nettement ; tantôt on la suit tout le temps de l'opération sur la surface gélatinée et l'on ne voit rien ou presque rien au dos. Dans tous les cas elle peut, pour ainsi dire, être suivie continuellement par transparence. Toutefois, lorsque le dos de la plaque sera uniformément gris et que les arêtes apparaîtront comme noircies, on doit, si l'on n'a pu suivre l'image d'une façon ou de l'autre, considérer le développement comme poussé à fond.

Il y a lieu de procéder aux opérations de l'achèvement du phototype, c'est-à-dire au fixage et à l'alunage.

Le mieux est de faire également ces opérations dans des cuvettes verticales. A leur défaut on peut se servir de cuvettes horizontales divisées en compartiments.

L'achèvement d'un phototype, dans les meilleurs conditions possibles pour la durée, la douceur, la pureté et l'éclat de l'image demande deux bains de fixage successifs et un bain d'alunage. Le premier bain de fixage débromure la plaque. Le second enlève l'hyposulfite double d'argent qui a pu se former dans le premier et qui est une des causes de détérioration ultérieure. De plus, il continue à fond la débromuration et dégage les grands noirs de tout empâtement. Le bain d'alun réduit l'hyposulfite dans une certaine mesure, éclaircit les grands blancs, enlève les légers voiles et tanne suffisamment la gélatine pour qu'on puisse se dispenser de vernir le phototype pour le protéger contre l'humidité. Il est bon de noter cependant que le bain d'alun rendrait très difficile, le cas échéant, les opérations consistant à renforcer ou à affaiblir le phototype.

Le premier bain de fixage se fait avec une solution aqueuse d'hyposulfite de soude à 25 pour 100. Le second bain de fixage s'obtient en faisant une solution aqueuse d'hyposulfite de soude à 20 pour 100 à laquelle on ajoute 5 cm^3 de bisulfite liquide pur par chaque 100 cm^3 de la solution.

Le bain d'alun se compose d'une solution aqueuse d'alun de potasse à 6 pour 100, additionnée de 3 cm^3 d'acide acétique cristallisable pour chaque 100 cm^3 de la solution.

La plaque retirée du développement est rincée sous le robinet et mise dans le premier bain de fixage. Dans les grandes chaleurs, pour éviter un décollement possible, ce rinçage peut être remplacé par une immersion de cinq minutes dans de l'eau bien froide.

Sitôt que la grande couche *laiteuse* du dos a disparu, la débromuration est achevée. On remarquera qu'il reste presque toujours, au dos, *une légère teinte opalescente qui persiste*, bien que la débromuration soit complète. Elle n'*influe en rien* sur la transparence du phototype. Alors la plaque est reprise et plongée *sans lavage* dans le second bain d'hyposulfite. Un lavage entre les deux bains aurait pour effet de rendre insoluble l'hyposulfite d'argent formé dans la couche par le passage dans le premier bain. Il faut laisser la plaque dans ce bain dix minutes au moins. Elle peut y être laissée davantage sans inconvénient, l'hyposulfite n'attaquant l'argent réduit par le révélateur qu'après plusieurs heures d'immersion. Après ce second fixage, la plaque est *lavée* et plongée pendant une dizaine de minutes dans le bain d'alun. S'il y avait, en été, trace de décollement, on pourrait diminuer la quantité d'acide acétique contenu dans le bain d'alun.

Aussitôt après on lave le phototype sous le robinet, jusqu'à ce que l'eau coule *uniformément* sur la gélatine sans former de stries, et on le met dans la cuve de lavage, où on l'y laisse à l'eau courante pendant une heure ou deux, ou cinq à six heures si on ne renouvelle pas l'eau de la cuve.

On procède alors, comme d'ordinaire, au séchage.

Il va de soi que si l'on peut développer un chargement complet de photo-jumelle dans le développement constitué comme il vient d'être dit, on peut également y développer un nombre inférieur de plaques. Toutefois, après développement, le bain ne pourra être mis en réserve pour une autre opération, attendu que *les révélateurs très dilués ne se conservent pas*. Donc, pour chaque opération, il faut employer un bain neuf.

Les posées se développent de la même façon que les instantanées. La durée d'immersion dans le bain de développement est moins longue, voilà tout. On peut donc, sans inquiétude, mettre dans le même bain toutes les plaques que l'on a exposées, quelle que soit la durée de leur exposition. Les moins exposées exigeront une plus longue immersion, les plus exposées une plus courte.

On remarquera cependant que *l'apparition totale* a lieu dès le début du développement, attendu que l'image se révèle en même temps dans toute l'épaisseur de la couche, ce qui est la principale cause de sa douceur, de son harmonie et de sa finesse. La *venue totale* consiste donc à surveiller et à ne pas dépasser un bon degré d'intensité, nécessaire au tirage des photocopies.

Si l'on ne veut pas laisser agir le bain d'une façon automatique, ce qui au point de vue de l'art est toujours préférable on fait, dans une cuvette horizontale, un bain semblable au premier, mais dans lequel il n'entrera que 80 cm³ d'eau de dilution au lieu de 3 litres environ. Alors dans ce second bain, dit *normal*, on plongera la plaque dès l'*apparition totale* de l'image, et l'on continuera le développement comme on a l'habitude de le faire, par la méthode ordinaire.

Vous pouvez parfaitement, au lieu d'employer le pyrogallol carbonaté, faire usage du pyrogallo-iconogène en remplaçant, dans les constituants du bain, les quantités indiquées pour la solution de sulfite de soude anhydre par égales quantités de la solution d'iconogène et en diminuant de moitié les quantités indiquées pour la solution d'acide pyrogallique. Du reste en suivant les règles que je vous ai tracées, il vous est facile de composer un bain lent avec le révélateur que vous voudrez.

Je terminerai en vous engageant à ne jamais développer vos instantanées qu'environ quarante-huit heures après les avoir prises. Les vibrations moléculaires de la matière sensible ne s'arrêtent pas ric-à-ric au moment où l'obturateur se ferme. Elles continuent pendant un certain temps encore.

Non seulement, les instantanées traitées de la sorte sont remarquablement fouillées dans les ombres, mais leur point typique est de ne présenter aucun empâtement dans les noirs du phototype. Il en résulte, par conséquent, une harmonie beaucoup plus grande entre les ombres et les lumières, qui, par le fait même d'une courte impression seraient, sans cela, nécessairement heurtées. De plus vous arrivez ainsi à obtenir, en excellente valeur pour un bon tirage, tous les ciels et tous les effets de lumière qui accompagnent ou forment la base de vos motifs.

Ainsi, ce développement a cela de particulier qu'il conserve admirablement les ciels et tous les effets de lumière, et donne un phototype à la fois vigoureux et transparent, donc éminemment propre pour l'agrandissement. Or l'agrandissement est un des meilleurs moyens d'arriver à l'Art photographique.

LES TIRAGES ARTISTIQUES

Nécessité des tirages à la fois artistiques et indélébiles.
Les papiers qui s'y prêtent le mieux. — Le gélatino-bromure d'argent. — Coup d'œil sur les révélateurs à employer. — Le pyrogallol avec ou sans alcali. — Exposition. — Une palette d'un nouveau genre. — Développement artistique des papiers. — Fixage et lavage. — Virages à l'or. — Virages en couleurs aux ferrocyanures d'urane. — Virage noir au bichlorure de mercure. — Virages en couleurs à l'azotate de plomb. — Virage sanguine au cuivre. — Virages colorés des papiers au platine. — La kallitypie. — Doit-on employer la photocollographie?

Il ne suffit pas de constater que l'Art photographique existe, ni d'établir la pratique et l'esthétique générales de cet art. Pour être complet, je dois passer en revue, au moins succinctement, les meilleurs moyens que nous ayons pour atteindre à l'art. Tout d'abord notre attention doit se porter sur l'obtention d'épreuves à la fois artistiques et indélébiles. Ce dernier point a son importance, car il demeure, en effet, parfaitement indéniable que l'auteur d'une *œuvre* quelconque doive chercher à la mettre autant que possible à l'abri des injures du temps.

Quel est donc le mode de tirage qui nous offre une souplesse assez grande pour nous permettre, par des moyens *purement photographiques*, d'obtenir l'épreuve artististique? Quel est donc le support d'images le plus apte à donner à notre œuvre la meilleure chance de durée? Eh bien! j'ai expérimenté tous les papiers dont nous disposons pour nos tirages — ils sont nombreux — et j'en suis arrivé à cette conclusion très nette : *nous devons employer des papiers donnant une image latente développable*. En effet, si, avec un développement bien conduit, *truqué* même, on peut diriger comme on veut l'arrivée de l'image d'un phototype négatif, on pourra, par la même raison, diriger encore mieux celle de l'image d'une photocopie positive, puisque, pour celle-ci, nous aurons toujours été maître de lui donner la pose convenable, suffisante et nécessaire. Pour atteindre ce but, nous avons les papiers au platine, au charbon, aux gommes bichromatées et même, dans certains cas, au ferroprussiate.

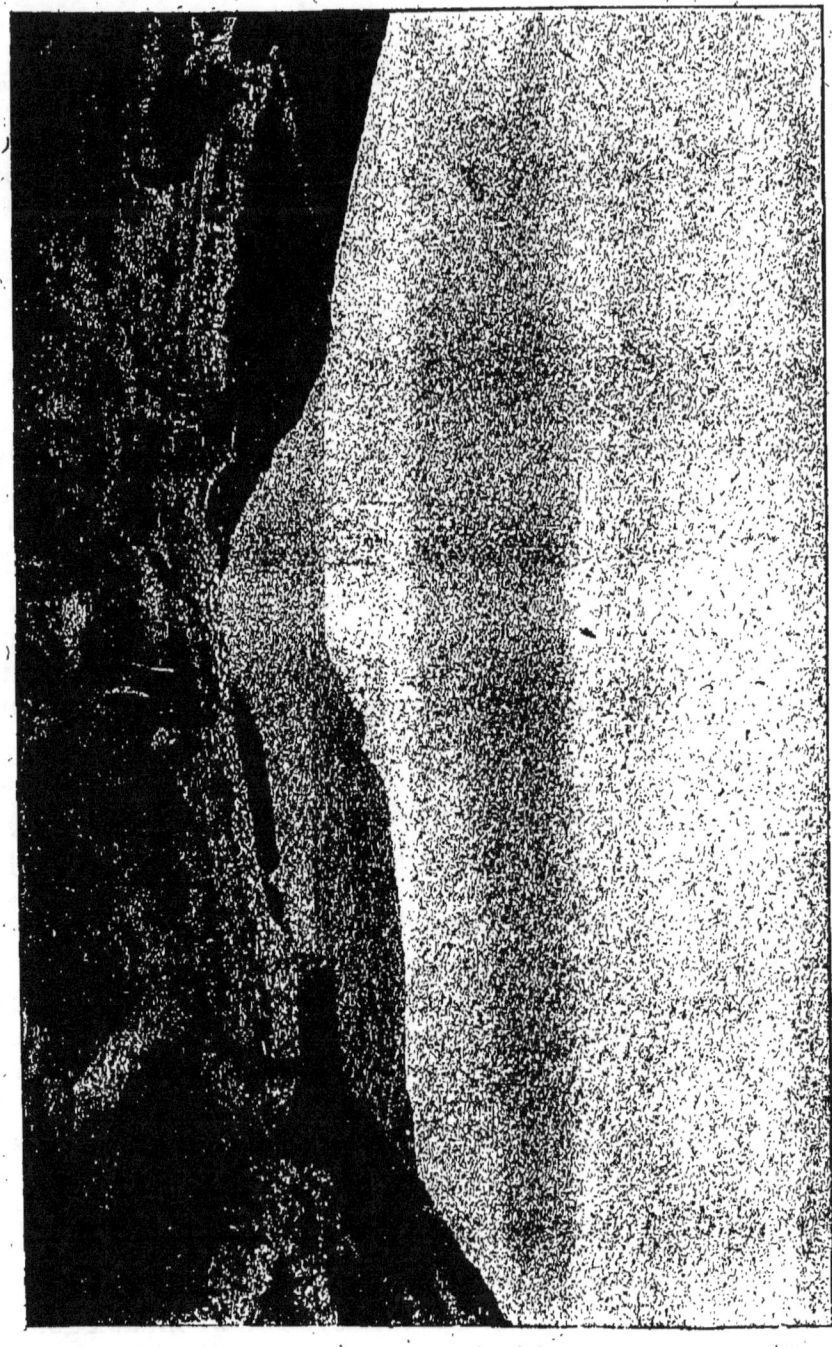

ÉTUDE DU PAYSAGE AVEC ANIMAUX

Dans la baie d'Escalgrain, près Jobourg. (Phototype de l'auteur.)

J'en ai suffisamment parlé pour n'avoir pas besoin d'y revenir[1]. Mais il en est un que j'ai réservé, parce qu'en donnant à l'image pour le moins autant de stabilité que les précédents, il possède sur eux l'avantage primordial de se prêter à l'agrandissement direct. Or, nous allons avoir tout à l'heure à traiter de l'agrandissement, puisque j'ai affirmé que cette méthode présentait la meilleure voie menant à l'art. Nous devons donc étudier plus particulièrement ce papier qui est celui au gélatino-bromure d'argent.

Dans son ensemble complet, cette étude présente bon nombre de points : le révélateur; le développement; le fixage; la nature de l'image formée; ses changements de coloration par des virages aux sels d'urane, de fer, de cuivre, de mercure, d'or, de platine, etc.

Nous commencerons par le révélateur.

Bon nombre d'entre vous ont sans doute été, comme moi, étonnés et navrés en voyant que tous les fabricants de papiers au gélatino-bromure d'argent recommandent invariablement pour leur produit l'oxalate ferreux. En effet, quelques modifications que l'on apporte dans les dosages de ce révélateur, on ne modifie que très peu son action. De plus, il nécessite des lavages prolongés à l'eau acidulée. Ceux-ci, encore si abondants qu'ils soient, n'éliminent qu'imparfaitement les sels de fer contenus dans le papier. Or, ces sels jouent un rôle néfaste dans les opérations subséquentes des virages. L'hydroquinone reste dans l'espèce ce qu'elle est toujours : un révélateur brutal, peu maniable, donnant sec et celui qui, comparé à n'importe quel autre révélateur, donne *le moins de détails dans les ombres*. Le glycin se prête surtout aux reproductions. Le métol, le diamidophénol ou amidol, l'iconogène et le paramidophénol, se valent. Le chlorhydrate de paramidophénol me semble cependant se mettre au premier rang du groupe. Du reste nous les étudierons ultérieurement plus en détail. Pour l'instant, je me contente d'énumérer.

Dans cette nomenclature rapide, nous n'avons pas parlé de l'acide pyrogallique? Seul le Dr Eder a, je crois, insinué, un jour, qu'avec ce révélateur les papiers étaient dévelop-

---

1. Voir : *La Pratique en photographie.*

pables. Personne n'y a pris garde ! Un révélateur qui jaunit les doigts et les phototypes, pensez donc comme il va jaunir le papier ! Erreur ! J'emploie le pyrogallol à longueur d'année et je déclare bien haut, aussi haut que ma tête peut en porter, qu'un *développateur au pyrogallol bien composé reste parfaitement incolore pendant la durée de la révélation*. Par conséquent, le développement ne saurait jaunir ni les doigts ni les phototypes. Ceux qui veulent bien suivre mes conseils apprendront vite que je ne les trompe pas, et ceux qui les ont suivi savent que mes affirmations sont toujours fondées sur mes propres expériences.

Ceci dit, j'ai cherché le meilleur mode d'emploi de l'acide pyrogallique pour le développement des papiers au gélatino-bromure d'argent. Je l'ai employé avec alcali et sans alcali, en opérant sur des papiers de la maison Morgan et Kidd. Dans les deux cas, papier et révélateur m'ont donné des images qui se recommandent par l'éclatante pureté des blancs et la profondeur veloutée des noirs. A telles enseignes qu'une épreuve développée au pyrogallol avec alcali et séchée sur verre dépoli joue, à s'y méprendre, les images données par le papier charbon-velours. Mais, n'oubliez pas ceci : *pour arriver à ce point, il faut, comme avec les autres révélateurs, que la réduction de l'argent soit complète*. Toutefois, quand elle ne l'est point, les demi-teintes fournies par le pyrogallol sont plutôt gris chaud que noir verdâtre.

Je fais les solutions suivantes :

A. Eau chaude ayant bouilli . . . 1,000 cm^3.
   Sulfite de soude anhydre . . . 150 grammes.

B. Solution A froide . . . . . . 100 cm^3.
   Acide pyrogallique . . . . . . 5 grammes.

C. Eau . . . . 100 cm^3.
   Carbonate de soude . . . . . . 15 grammes.
   Carbonate de potasse . . . . . 31,5 —

Pour une feuille 13 × 18, vous prenez : Eau, 100 cm^3 ; solution A, 15 cm^3 ; solution B, 5 cm^3 ; solution C, 2 cm^3, et vous y ajoutez 1 cm^3 d'une solution de bromure de potassium à 10 pour 100. Avec une pose exacte, le développement est complètement achevé en cinq minutes au plus.

Mais, toutes les fois que vous aurez à traiter très artistiquement une épreuve et que vous voudrez faire varier ultérieurement sa tonalité, je vous engage à composer le bain sans alcali *de la manière suivante :*

Eau.	100 cm³.
Solution A.	20 —
Solution B.	10 —

Vous augmenterez la durée de la pose. Vous pouvez même la doubler, ce qui est une grande latitude.

L'image tarde un peu à venir, puis se montre *complète* mais comme nébuleuse, et monte *graduellement*, sans la moindre chance de voile, jusqu'au point où vous voudrez l'arrêter. En effet, si l'image est destinée à des virages ultérieurs, il faut la tenir *en dessous* du ton final. Un développement complet demande de *sept à dix minutes.*

Pour me permettre de vous décrire, en une seule fois, toutes les opérations qui doivent nous conduire infailliblement à l'épreuve artistique, nous prendrons pour exemple un phototype négatif de paysage, très brillant, d'une bonne densité, présentant un beau ciel chargé de nuages et des avants-plans constitués par les verdures extra-sombres de quelques conifères. Le papier sera encore celui de la maison Morgan et Kidd, puisque c'est surtout avec lui que j'ai mené, pendant plusieurs mois, toutes mes séries d'expériences. Phototype et papier sont mis au châssis-presse, puis bien et dûment exposés à la lumière du bec de gaz d'une lanterne munie d'un verre dépoli, pendant une durée variant de trente secondes à une ou plusieurs minutes suivant la densité du phototype employé.

L'exposition terminée, le verre rouge ou jaune remis sur la lanterne, vous prenez deux godets et deux pinceaux bien propres, puis aussi une cuvette remplie d'eau. Dans l'un des godets vous mélangez 100 cm³ d'eau à 2 cm³ d'une solution de carbonate (la solution C indiquée plus haut). Dans l'autre, vous mélangez 100 cm³ à 2 cm³ d'eau d'une solution de bromure de potassium à 10 pour 100. Un pinceau est mis dans chaque godet, et vous placez celui contenant le carbonate à gauche de la cuvette d'eau et celui contenant le bromure à droite. Vous aurez ainsi ce que je nommerai votre palette.

Ces proportions sont absolument modifiables dans le sens que vous jugerez le plus convenable. Ce n'est là qu'une moyenne. En principe, des solutions faibles sont de beaucoup préférables, comme résultat, à des solutions fortes, bien qu'elles exigeront de vous un peu plus de temps dans leur emploi.

Vous remplirez alors d'eau pure votre cuvette à développement et vous immergerez la feuille de papier impressionnée que vous retirerez du châssis-presse. Pendant qu'elle s'y détrempe, vous faites, dans un récipient quelconque, le bain de développement *sans alcali* tel que je vous l'ai indiqué, et vous agitez vigoureusement le récipient pour obtenir un mélange parfait. Vous rejetez alors l'eau de la cuvette de développement. La feuille de papier reste collée au fond de la cuvette. Vous précipitez dessus le bain de développement et vous attendez la venue de l'image.

Comme je vous l'ai dit, celle-ci tarde un peu de venir, puis se montre complète, mais comme nébuleuse. En admettant même que vous n'ayez jamais tiré d'épreuves sur un papier quelconque, avec le phototype employé, vous vous rendrez facilement compte, à cette première apparition de l'image, des parties qui viendront trop vite et de celles qui viendront trop lentement pour une parfaite harmonie. Vous reversez le bain dans le récipient et, avec le pinceau trempé dans la solution de carbonate, vous touchez plus ou moins, suivant le besoin, les parties lentes et, avec celui trempé dans la solution de bromure, les parties rapides. Puis vous projetez sur le tout votre bain de développement mis de côté.

Il va de soi que vous pourrez recommencer l'opération autant de fois qu'il vous conviendra. Si même vous désirez avoir plus de temps devant vous, vous n'aurez qu'à diluer plus abondamment votre bain de développement.

Cependant, toutes les fois que vous aurez touché l'épreuve positive avec l'un des pinceaux, avant de recommencer un second contact, vous devez laver abondamment le pinceau employé dans la cuvette que vous avez placée entre les deux verres. Autrement le liquide contenu dans le pinceau pouvant se colorer, vous risqueriez de teinter les parties touchées. Accident d'ailleurs qui peut également vous arriver si les solutions employées sont trop fortes.

Dans le cas du phototype que nous avons choisi, il vous est loisible ainsi, en conservant l'harmonie complète de l'image, de récupérer entièrement tous les détails de votre ciel et d'empêcher l'empâtement des verdures sombres de vos premiers plans. Vous pourrez encore, comme recours, employer un tour de main mis en vigueur pour le développement du phototype et qui consiste à incliner la cuvette pour ne faire agir le bain que sur certaines parties.

La seule chose qu'il y ait à craindre, dans ce mode de procéder, est de ne pas réduire également l'argent sur toutes les parties de l'image, et, par conséquent, de l'empêcher de présenter une franche tonalité noir brun. Vous n'avez aucun souci à avoir de ce résultat. Nous verrons, tout à l'heure, comment il nous sera facile, par voie de virage, de donner à l'épreuve finale une coloration harmonieuse et uniforme

L'image, une fois venue à point, est légèrement rincée, puis immergée dans une cuvette à fixage contenant :

Eau.	120 cm³.
Solution d'hyposulfite de soude à 50 pour 100.	80 —
Solution de bisulfite de soude du commerce à 37° Beaumé.	10 —

Vous laissez séjourner l'épreuve dans ce bain pendant le temps que vous mettez à développer une seconde épreuve. Vous la retirez alors pour la mettre, *sans la laver*, dans une *seconde* cuvette à fixage, contenant un bain semblable au premier. Ce double fixage a pour but de débarrasser l'image de l'hyposulfite double d'argent, qui est une des vraies causes de détérioration des épreuves en dehors des colles et des cartons. J'appelle votre attention sur le : *sans la laver*. Le lavage, en effet, rendrait insoluble l'hyposulfite d'argent et par conséquent le second bain inefficace.

Vous procédez alors au développement de la troisième image. Quand elle est à point, la première est mise dans la cuve à laver, la seconde est immergée dans le deuxième bain de fixage, et la troisième dans le premier bain de fixage.

Un lavage d'une heure à l'eau courante est amplement suffisant. Les épreuves sont alors égouttées et suspendues pour sécher.

On obtient des résultats analogues en opérant de même avec le développement que j'indique au chapitre suivant : *les agrandissements*.

Il est bon, en été surtout, d'opérer avec de l'eau très froide, pour les fixages et les lavages afin d'éviter tout soulèvement de la gélatine. Je ne saurais, en effet, vous conseiller l'emploi d'un bain d'alun. Il est nuisible, toujours, pour les virages ultérieurs, et nous pouvons avoir besoin de ces virages pour achever notre œuvre ou certains effets spéciaux.

Dans le cas, par exemple, que je viens de signaler, celui où toutes les parties de l'image ne présentent pas une tonalité égale partout, vous pouvez récupérer le ton noir général par un virage à l'or. Toutefois, tous les bains de virage à l'or ne virent pas des épreuves qui ont été préalablement fixées. Ce qui est le cas des nôtres. Ceux contenant du sulfocyanure d'ammonium permettent seuls d'atteindre ce but. Plus ils contiennent de sulfocyanure, plus le ton noir de l'image sera bleuté. Une proportion de 4 pour 100 de sulfocyanure est une bonne moyenne. Donc vous aurez un bain suffisamment énergique avec :

Eau distillée . . . . 1,000 cm³.
Sulfocyanure d'ammonium . . . . 40 grammes.
Chlorure d'or. . . . . 1 —

L'épreuve *une fois sèche* est remise à tremper deux ou trois minutes, puis plongée dans le bain de virage. Elle peut exiger, pour atteindre le ton voulu, de un quart d'heure à trois quarts d'heure. Cette durée dépend de causes difficiles à déterminer : état de l'argent réduit, température, etc., etc. Quand ce virage est achevé, *il faut fixer de nouveau* et laver abondamment.

Nous pouvons encore obtenir de beaux tons noirs, surtout si l'image est un peu faible, en employant le renforcement

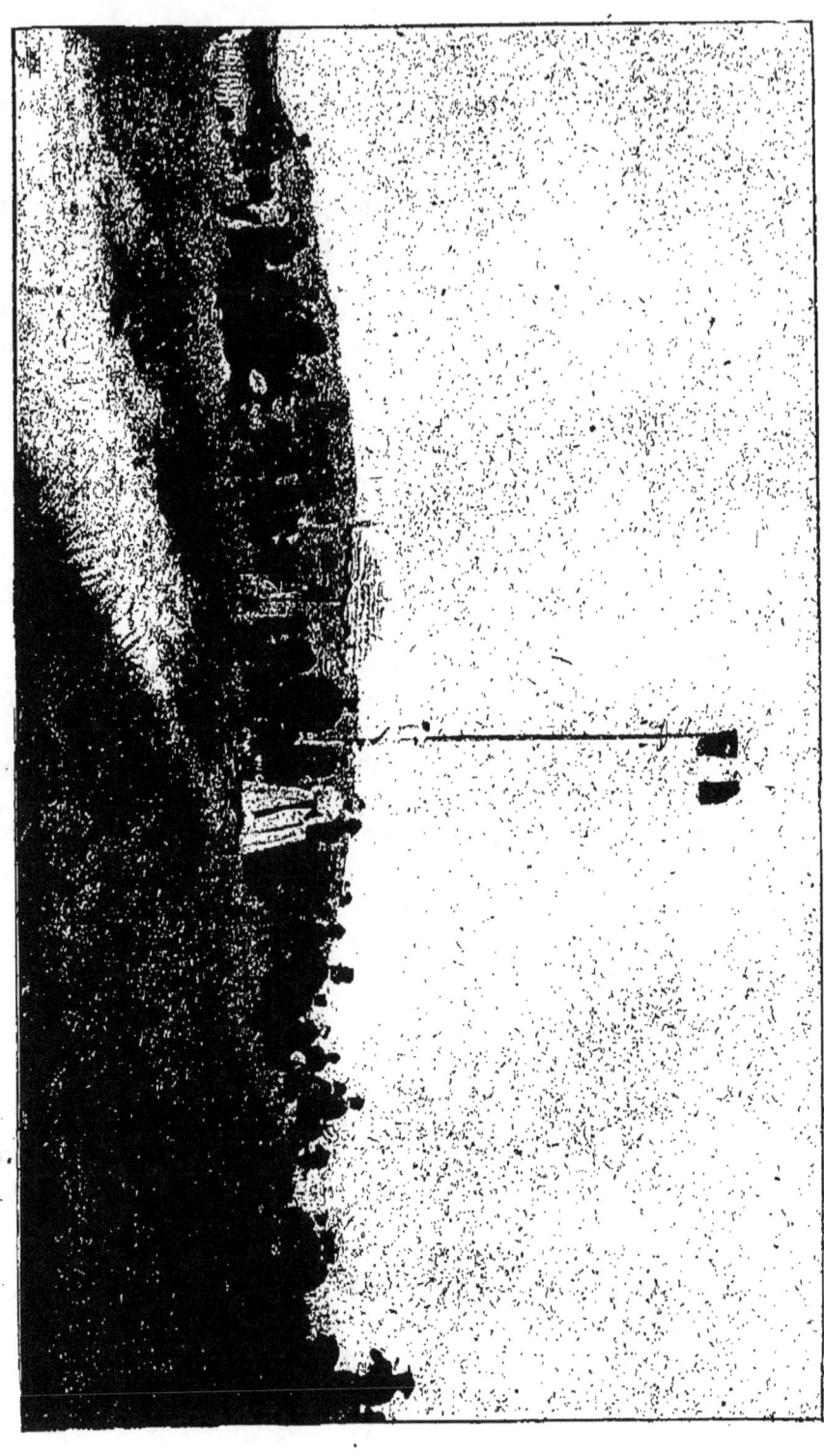

ETUDE DES SCÈNES DE PLEIN AIR

A QUI LA TIMBALE. (Phototype de l'auteur.)

au bichlorure de mercure avec noircissement par une solution de sulfite de soude. Nous le verrons un peu plus loin.

Si nous voulons maintenant obtenir des teintes autres que le noir, nous pouvons employer les virages aux sels d'urane. Voici ceux qui, tout en me donnant de très bons résultats, me semblent les plus pratiques d'emploi.

Vous préparez les trois solutions aqueuses suivantes qui, séparées, se conservent indéfiniment:

A. Solution d'azotate d'urane à. . . . . 1 pour 100.
B. Solution de ferricyanure de potassium (prussiate rouge) . . . . 1 pour 100.
C. Solution de perchlorure de fer sec à . . 10 pour 100.

En mélangeant, au moment de s'en servir, ces solutions dans des proportions déterminées, vous obtenez facilement des tons très différents et très francs :
Brun : 10 parties de A et 1 partie de B.
Brun rouge : parties égales de A et de B.
Rouge orangé : 1 partie de A et 2 parties de B.
Bleu verdâtre : Obtenir d'abord le ton brun et traiter l'image ainsi colorée dans une partie de C et 5 parties d'eau distillée.
Bleu de Prusse : Obtenir d'abord le ton brun rouge et traiter l'image par la solution C sans addition d'eau de dilution.

On peut détruire complètement les colorations à l'urane ou arrêter leur action à l'aide d'un pinceau trempé dans une solution de carbonate de soude à 2 pour 1000.

Vous pouvez vous ingénier, en appliquant ces solutions au pinceau, sur certaines parties de l'image, à obtenir des photocopies polychromes, par exemple le bleu pour les ciels, le vert pour les arbres, le rouge et le brun pour le toit des maisons et les terrains. La délicatesse du procédé réside dans le raccord des teintes.

Après les virages à l'urane, les lavages doivent être peu abondants et surtout courts, sous peine de compromettre la valeur du ton obtenu et désiré. Il est bon aussi d'arrêter avant l'obtention complète du ton désiré, car au séchage ce ton monte en intensité.

Vous pouvez également préparer les deux solutions suivantes :

A. Eau distillée. . . . . 500 cm³.
   Acide acétique. . . . . 28 —
   Azotate d'urane . . . . 2,5 grammes.

A. Eau. . . . . 500 cm³.
   Acide acétique. . . . . 28 —
   Ferricyanure de potassium . . 2,6 grammes.

Séparées, ces solutions se conservent indéfiniment. Comme dans le cas précédent, l'épreuve ne doit présenter aucune trace d'hyposulfite, autrement il se formerait des taches rouges.

On compose le bain de virage en mélangeant A et B en parties égales. L'épreuve y est plongée après avoir été préalablement trempée dans de l'eau pure. Quand le ton désiré est obtenu, on lave jusqu'à l'obtention de pureté complète des blancs. Si, finalement, le ton ne satisfait pas, vous le faites disparaître en passant l'épreuve dans une solution de carbonate de soude à saturation et... vous recommencez.

Je préfère toutefois de beaucoup les variations précédentes à ce bain unique. On atteint moins rapidement, partant plus sûrement, au ton que l'on désire obtenir.

N'oubliez pas aussi que l'azotate d'urane agit toujours un peu comme renforçateur. Il est donc bon que l'image destinée à être virée avec lui soit claire et légère. Donc surexposez légèrement et diluez votre bain de développement. Il en sera de même si vous voulez faire virer au noir par l'emploi du bichlorure de mercure.

Là aussi le lavage après le fixage exige un soin minutieux.

Il faut que l'épreuve ne contienne plus la moindre trace d'hyposulfite. Vous prenez alors un bain de bichlorure de mercure, celui par exemple dont vous avez l'habitude de vous servir pour le renforcement. L'image séjourne dans ce bain jusqu'à disparition complète. Aussitôt après elle, est passée dans une solution de sulfite de soude anhydre à 15 pour 100. On pourrait employer le carbonate de soude dans les mêmes proportions. Toutefois il ne donne pas des résultats aussi sûrs que le sulfite et peut, dans certains cas, détériorer l'épreuve. On obtient ainsi un ton d'un noir violacé assez franc. Ce ton est fortement réchauffé par une immersion dans le bain suivant :

Eau	1,000 cm³.
Solution de sulfite de soude anhydre à 15 p. 100.	2,2 —
Solution de bromure de potassium à 10 p. 100.	10 —

Les tons seront d'autant plus chauds qu'on diminuera le sulfite et qu'on augmentera le bromure. Mais il ne faut pas diminuer la concentration du bain.

Les virages à l'azotate de plomb permettent également bien de modifier la teinte de l'image sur papier au gélatino-bromure d'argent. Je ne vous cacherai pas, cependant, qu'ils sont d'un emploi beaucoup plus délicat que ceux aux sels d'urane.

Dans ce cas, comme dans tous les cas des virages, l'image doit être imprimée faiblement et développée avec tout autre révélateur que l'oxalate ferreux.

L'épreuve sèche est retrempée dans l'eau pendant deux à trois minutes, ensuite dans l'une des solutions suivantes ou dans plusieurs successivement :

Eau	100 cm³.
Azotate de plomb	4 grammes.
Ferricyanure de potassium (prussiate rouge)	6 —

Ce bain blanchit l'image et la rend apte à virer dans les bains qui suivent :

En brun :

Eau	150 cm³.
Sel de Schlippe	10 grammes.
Ammoniaque	5 —

En jaune :

Eau	100 cm³.
Chromate jaune de potasse	4 grammes

En vert : virer d'abord en jaune et tremper dans :

Eau	100 cm³.
Perchlorure de fer sec	10 grammes.

En rouge : virer d'abord en jaune et tremper dans :

Eau	100 cm².
Chlorure de cuivre	10 grammes.

En vert nickel :

Eau	100 cm³.
Chlorure de nickel	10 grammes.

En orange :

Eau	100 cm³.
Iodure de potassium	4,5 grammes.
Bichlorure de mercure	3 —

Les tons rouges donnés par ces différents procédés tendent plutôt vers la terre de Sienne brûlée ou le brun rouge que vers le beau rouge sanguine qui a souvent son charme, pour les portraits surtout. Il semble que les sels de cuivre seuls soient plus aptes à nous les donner que les sels d'urane ou que les sels de cuivre combinés avec les sels de plomb. Voici un des moyens d'opérer avec eux.

Faites les solutions suivantes :

A.	Eau	100 cm³.
	Bichlorure de cuivre	15 grammes.
B.	Eau	100 cm³.
	Ferrocyanure de potassium (prussiate jaune)	5 grammes.
C.	Eau	100 cm³.
	Bichlorure de cuivre	2 grammes.

Vous remarquerez qu'il s'agit cette fois de *ferrocyanure* et non plus de *ferri*. Tout comme précédemment vous remouillez votre photographie durant quelques minutes et vous la plongez dans la solution A. L'image se brouille, blanchit et disparaît. Cette disparition effectuée vous retirez votre photocopie et vous la *lavez à fond* pour la plonger ensuite, quelques *minutes seulement*, dans la solution B. Vous lavez encore *très à fond* et vous immergez finalement l'épreuve dans la solution C. L'image réapparaît formée par des sels de cuivre qui jouent assez bien l'aspect sanguine.

Je n'hésite pas à vous prévenir que si cela est très simple à dire ce n'est pas aussi simple à faire. Pour obtenir une image dont les blancs ne soient pas teintés en rose, il ne faut opérer qu'à une très faible lumière blanche, et mieux encore à la lumière jaune, et ne pas oublier la recommandation de *laver à fond*. En dehors de l'image redevenue latente, il ne faut pas qu'il reste sur ou dans le papier la moindre trace de sels de cuivre, autrement le rosissement des blancs a lieu. Quand on parvient à éviter cet accident on est payé de ses peines.

Toujours est-il qu'avec ces divers procédés vous pouvez obtenir une grande variété d'effets artistiques sur un papier qui est certainement un des meilleurs comme durée et un de ceux de l'avenir, puisqu'il se prête à l'agrandissement direct qui reste un des plus sûrs moyens d'atteindre à l'Art photographique.

J'ai signalé, en dehors du papier au gélatino-bromure, celui au platine comme fournissant des tirages artistiques.

La platinotypie est surtout très en vogue en Angleterre. Il est donc tout naturel que l'on s'inquiète, dans ce pays plus qu'ailleurs, des moyens de faire varier la teinte noire, mais un peu froide et un peu grise, de l'image obtenue par ce procédé. Les virages au ferrocyanure d'urane, que nous venons de passer en revue peuvent être employés, mais il est un virage, celui au cachou, qui amène, dans les épreuves au platine, un changement de teinte très caractéristique, tenant, à la fois, de la sépia colorée et du brun rouge.

Le cachou, très communément employé dans l'industrie, pour la teinture en brun des matières textiles, est facile à se procurer. Donc on peut aisément et sans grands frais tenter l'essai. Ce produit présente une très grande affinité avec tout dépôt métallique de platine. De là, possibilité de faire varier la teinte des images formées par ce dépôt.

En considération de l'affinité très grande du cachou pour l'image platinique, il faut tout d'abord que celle-ci ne présente pas la plus petite trace de voile. Si léger fût-il, le cachou agirait sur lui et donnerait aux blancs de la photocopie une coloration marquée.

Faits à retenir : les anciennes épreuves se virent beaucoup mieux que les épreuves récentes ; l'adjonction au développement, de substances organiques telle que la glucose, le sucre ou le miel, augmente d'une façon sensible le pouvoir absorbant du platine.

Ceci posé, voyons à quelles manipulations nous devons nous livrer.

Nous composerons, tout d'abord, notre bain de développement comme suit :

Eau distillée.	14 parties,
Oxalate neutre de potasse.	7 parties,
Sucre de canne.	1/3 de partie.

Pendant 5 à 10 minutes nous ferons bouillir le tout ensemble, et lorsque ce liquide ne sera plus qu'à 30° C, nous développerons, soit en y plongeant l'image, soit en la faisant simplement flotter.

Notre solution de cachou sera faite avec 7 grammes de cachou finement pulvérisé, mêlé à d'autres matières colorantes, suivant notre goût ou nos besoins, et 14 centilitres d'eau. Ce mélange devra bouillir pendant 3 à 4 minutes. Après refroidissement complet on y ajoutera 3 centilitres d'esprit-de-vin. Dans des flacons bien bouchés, cette solution se conserve très longtemps.

Quand il s'agira de virer la platinotypie obtenue, on portera 60 centilitres d'eau à la température de 35° C, et on y ajoutera 15 à 20 centilitres de la solution de cachou. Cette mixture sera versée sur l'épreuve et l'on aura soin de maintenir sa température jusqu'à l'obtention de la teinte voulue.

Quelques minutes suffisent en général.

Ce virage peut s'effectuer à froid. Dans ce cas, la durée d'action se trouve augmentée, et peut atteindre une heure environ.

Si le virage venait à rougir par trop on y ajouterait un peu d'oxalate neutre de soude ou d'oxalate de potasse.

Puisque nous en sommes aux épreuves sur papier au platine constatons que, même en employant, suivant les cas, le développement à chaud ou le développement à froid, il faut pour la platinotypie des phototypes possédant encore une certaine intensité. Or le papier *kallitype*, tout en offrant les qualités du papier au platine, a sur lui l'avantage de donner des photocopies bien brillantes avec des phototypes de trop mince intensité. Sa préparation est assez facile et à la portée de tous.

On fait, tout d'abord, une solution sensibilisatrice composée de :

            Eau. . . . . 30 cm^3.
            Oxalate ferrique. . . . .   5 grammes.
            Azotate d'argent.   2   —

Avec un pinceau plat ou même simplement avec une touffe de coton, on étend cette solution aussi régulièrement que possible sur le papier que l'on a choisi et, une minute après l'étendage complet, on sèche rapidement devant un bon feu pour empêcher la solution de pénétrer dans le papier. A l'abri de la lumière et enfermé dans un tube contenant du chlorure de calcium, le papier ainsi sensibilisé peut se conserver plusieurs mois.

L'insolation se fait de la même façon que celle du papier au platine, et l'image apparaît également jaunâtre et très faible.

Pour composer le bain de développement on prend 100 cm^3 d'une solution saturée de borax dans laquelle on fait dissoudre 100 grammes de tartrate double de potasse et de soude. Ce bain peut servir pour plusieurs épreuves, cependant il doit être rejeté dès qu'il se colore.

Pour obtenir des tons **bruns il** suffit de diminuer la quantité de borax.

On peut employer, comme retardateur, une dizaine de gouttes d'une solution de bichromate de potasse à 1 pour 100. Au demeurant, l'effet le plus certain de ce retardateur est de conserver la pureté des blancs. Si le phototype dont on tire une photocopie est par trop faible, on peut même porter jusqu'à trente gouttes la dose de la solution de bichromate. Il est possible ainsi d'obtenir une photocopie très brillante alors qu'avec tout autre procédé elle n'eût été que grise et veule.

La durée du développement est d'environ quinze à vingt minutes.

Aussitôt après, on lave dans une cuve dont on change l'eau trois ou quatre fois et l'on plonge, pendant un quart d'heure, dans une solution d'ammoniaque à 1 pour 100.

Après un lavage d'une demi-heure à l'eau courante, vous faites sécher en suspendant, et l'épreuve est bonne à être coupée et montée.

J'aurais bien encore comme tirage artistique à vous parler de celui aux encres grasses avec épreuve primaire sur gélatine bichromatée et connue sous le nom de *photocollographie*. Mais, bien que ce procédé soit actuellement simplifié au point d'être, sans grands frais, à la portée de n'importe quel amateur, j'estime qu'il reste plutôt un procédé industriel par le trop grand nombre d'épreuves *identiques* qu'il permet de tirer.

C'est un des bons procédés de tirages artistiques de l'industrie, mais qui reste, en notre art ce que, dans la peinture, la gravure est au tableau ou au dessin.

III

LES AGRANDISSEMENTS

Qualités de l'épreuve agrandie — Dans quelles limites peut se faire l'agrandissement — Disposition d'une pièce spéciale pour ce travail. — Les châssis amplificateurs. — Amplificateur à bonnettes, à commande automatique et à agrandissements variables. — Nécessité d'une impression plutôt longue que courte. — Tableaux de temps d'exposition. — Comparaison des révélateurs que l'on peut employer. — Les insuccès. — Emploi de la lumière artificielle. — Agrandissements indirects et leurs avantages. — Changement de couleur des épreuves agrandies.

J'ai exposé que le moyen pratique le plus sûr et plus commode d'atteindre à l'Art en photographie était l'agrandissement de l'épreuve normale à deux fois et demie ou trois fois au plus de son diamètre. Mes expériences continues, aussi bien que celles de mes amis lancés dans cette voie ouverte, m'affirment, de plus en plus, dans mon idée. Il est absolument incontestable que si l'épreuve perd un peu cette finesse si chère à ceux qui sont plus photographes qu'artistes, elle gagne en enveloppement atmosphérique, en profondeur, partant en relief et en perspective aérienne. L'épreuve agrandie ne ressemble pas plus à l'épreuve primaire, qu'un large dessin de maître ne ressemble à un *pignochage* de fillette, péniblement amené à l'effet par la pointe du crayon.

On ne saurait toutefois admettre que l'agrandissement soit sans limites. Ces limites mêmes sont assez restreintes, en principe. D'une part le phototype négatif, si net soit-il, n'est pas d'une netteté absolue. Le maximum généralement atteint est d'un dixième de millimètre. D'autre part, l'émulsion au gélatino-bromure d'argent possède un grain qui, grossi par l'agrandissement, peut nuire aussi à la netteté de l'image. Le docteur Eder estime qu'un phototype au gélatino-bromure d'argent ou au collodion humide ne saurait supporter un agrandissement supérieur à 4 ou 6 fois la plus grande longueur linéaire de l'image primaire. C'est même, à mon avis, faire une part trop belle au gélatino-bromure. Trois fois et demie la longueur linéaire est généralement assez. Soit au maximum environ 50 × 60 pour un 13 × 18.

Toutefois on peut tourner la difficulté et augmenter ces limites. Si le gélatino-bromure d'argent donne un grain évalué par le docteur Eder à trois ou quatre centièmes de millimètre, celui du collodion humide n'est plus que de un à deux centièmes de millimètre. Le grain des émulsions au collodio-bromure d'argent est encore plus petit mais

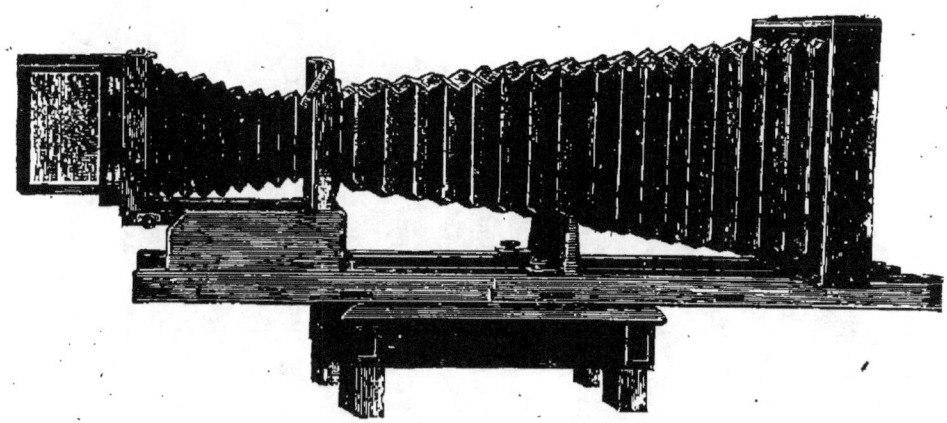

Appareil d'agrandissement s'adaptant à la chambre noire

demeure cependant sensiblement plus gros que celui des émulsions au gélatino-chlorure et au chloro-bromure d'argent, généralement employées pour les plaques diapositives. Notons encore que le grain d'une émulsion au chloro-citrate d'argent est particulièrement petit, et que celui d'une couche albuminée argentifère n'est même pas visible pour un agrandissement au centuple

Donc si nous voulons faire subir à notre épreuve des agrandissements considérables, nous la tirerons d'abord sur des plaques diapositives au chlorure ou chloro-bromure d'argent, avec développement, ou sur une émulsion au chloro-citrate d'argent avec ou sans développement. On pourra même encore employer les papiers en pelliculant la couche sensible après l'obtention de l'image. D'après ce que je viens de dire, il est certain par exemple que le papier au pyroxylo-chlorure d'argent, rendu pelliculable, devra nous donner des résultats remarquables du moment qu'il sera bien couramment et nettement rendu pelliculable.

Au demeurant, je n'ai point à insister outre mesure sur les limites des agrandissements. L'amateur lorsqu'il agrandit ne va guère au delà de 4 à 6 fois l'épreuve primaire. Il reste donc dans les limites données par le docteur Eder

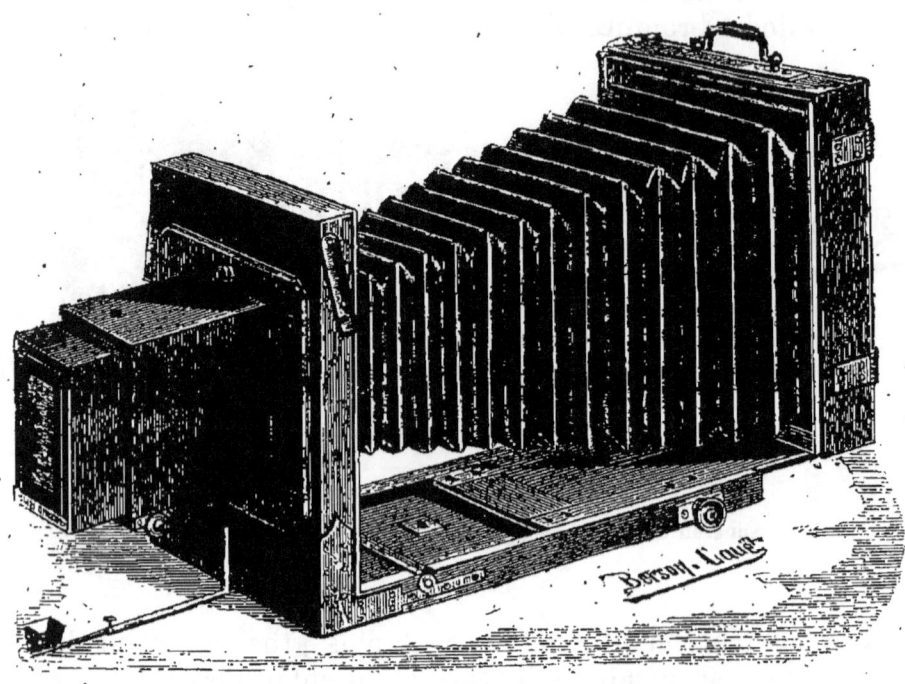

Grande chambre noire constituant un appareil d'agrandissement, avec godet pour brûler du magnésium devant le phototype.

pour l'agrandissement du phototype au gélatino-bromure et emploi de préférence des dimensions fixes en se servant des châssis amplificateurs.

Toutefois, si l'on dispose d'une pièce spéciale, on peut aisément la convertir en chambre d'agrandissement. Pour cela on prend une chambre noire carrée pour le format 18 × 24 munie de son objectif et on ferme hermétiquement les volets de la pièce que l'on possède. Dans l'un de ces volets, nous découpons un carré de la dimension de l'arrière de cette chambre noire et nous encastrons cet arrière dans ce carré, après avoir eu soin, si cet arrière est mobile sur le chariot, de retourner ledit chariot pour que ce soit l'avant qui devienne mobile. Nous montons l'objectif sur sa planchette. S'il s'agit d'un anastigmat qui n'est pas un objectif symétrique, nous le montons en sens inverse de telle sorte que ce soit la partie considérée d'ordinaire comme l'avant, qui devienne l'arrière, en d'autres termes la partie qui se trouve la plus rapprochée du verre dépoli de la chambre noire. Ce sera, en effet, au lieu et place du verre dépoli actuel que vous placerez à l'aide d'un cadre construit *ad hoc* le motif à prendre, c'est-à-dire le phototype que vous voulez agrandir. En face de la chambre noire ainsi montée et bien perpendiculairement à la fenêtre, placez deux rails sur le sol, et faite glisser sur ces rails un cadre vertical portant un verre dépoli. Suivant la distance du phototype à l'objectif et de l'objectif à ce nouveau verre dépoli vous verrez se dessiner sur celui-ci l'image nette et plus ou moins grande du phototype. Si donc vous substituez une glace sensible à ce verre dépoli ou une planchette sur laquelle vous aurez appliqué, à l'aide de punaises, une feuille de papier au gélatino-bromure d'argent, vous laisserez agir la lumière pendant au temps dépendant de l'heure du jour, du mois, de rapidité de la surface sensible, et de l'ouverture de l'objectif, et la surface sensible recevra une image latente agrandie et positive que vous n'aurez plus qu'à développer. Vous pouvez de la sorte faire des agrandissements grandeur nature et au delà. Si vous n'avez pas d'assez grandes cuvettes pour les développer, vous ferez apparaître l'image latente au pinceau, à l'aide d'un bain très dilué. Si encore des arbres ou des murs avoisinants masquent un peu le plein air qui se trouve devant l'ouverture de votre volet, accrochez devant cette ouverture un miroir incliné à 45° pour régulariser l'introduction de la lumière à travers le phototype...

Mais cette installation n'est pas à la portée de tout le monde, et comme je l'ai dit, l'amateur emploie de préférence des châssis amplificateurs, ou des chambres noires spécialement aménagées.

Le châssis amplificateur imaginé par M. J. Carpentier comme complément à ses photo-jumelles donne un *agran-*

dissement direct. En un mot, pour avoir une photocopie agrandie, point n'est besoin en principe de faire une photocopie diapositive du phototype obtenu, ni une photocopie négative agrandie de cette diapositive.

Le châssis amplificateur de la photo-jumelle se compose d'une boîte de bois et d'un tube de métal, dans lequel se trouve fixée une lentille. On place dans le fond de la boîte une feuille de papier au gélatino-bromure d'argent et on l'y maintient plane en posant dessus un cadre de zinc. Le phototype obtenu directement avec la photo-jumelle est placé, gélatine en dessous, dans l'ouverture rectangulaire incisée à l'extrémité supérieure du tube de cuivre. L'exposition se fait à la lumière diffuse et de façon que les rayons lumineux pénètrent le phototype normalement. Pour cela, on dirige le tube de cuivre vers le ciel.

A ce sujet, je remarquerai que si parfaits que soient ces châssis amplificateurs, ils ne donnent l'image agrandie qu'en une seule grandeur nettement déterminée et invariable. Or depuis longtemps nous demandons un châssis amplificateur qui, **tout en demeurant avec des dimensions fixes, puisse nous permettre de faire varie**r le rapport de l'image agrandie à la petite épreuve. Souvent, en effet, des phototypes présentent un centre intéressant avec des alentours qu'on **peut sacrifier sans inconvénient**. Il est donc tout à fait agréable, en faisant le sacrifice de ces alentours, d'avoir le centre intéressant plus grand que ne le donne le rapport immuable des images dans un châssis amplificateur de telle ou telle dimension.

Le problème se posait donc ainsi : construire un châssis amplificateur invariable dans sa forme et permettant néanmoins de faire varier les rapports de l'image.

M. L. Gaumont est arrivé à le résoudre en employant des lentilles additionnelles connues sous le nom de *bonnettes d'approche*.

L'*amplificateur à bonnettes*, à *commande automatique* et à *agrandissements variables* que M. L. Gaumont a construit, affecte la forme d'un tronc de pyramide rectangulaire. Sa base est formée par un châssis de plaque 18×24 à rideau R, et son sommet par une série I d'intermédiaires permettant de mettre dans leurs feuillures, depuis et inclus les phototypes 9 × 12 jusqu'aux 4,5 × 6. Un volet D les recouvre lorsque l'appareil doit être porté à la lumière diurne.

Dans le châssis de la base est une glace 18 × 24 sans défaut, rigoureusement plane sur ses deux faces et sous laquelle on applique la feuille de papier au gélatino-bro-

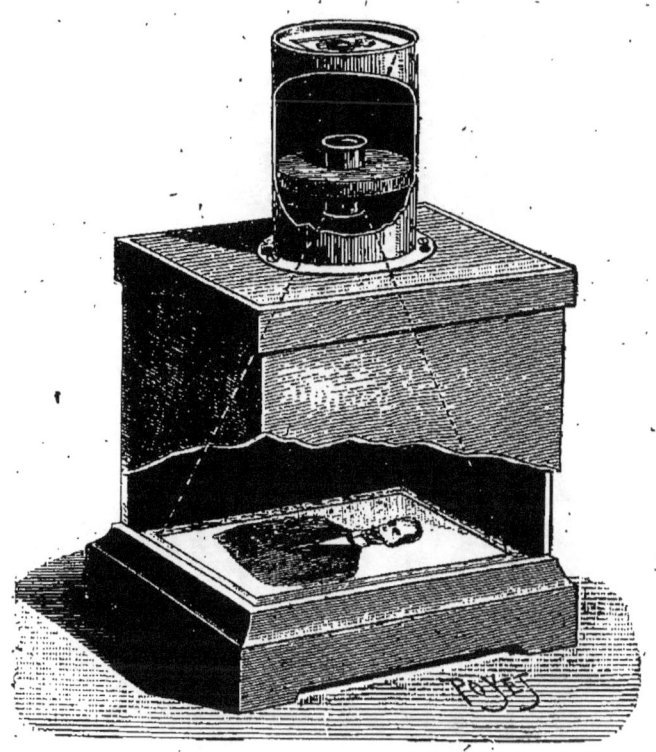

Châssis amplificateur.

mure d'argent. Au dos de la feuille de papier et pour la mettre bien en contact avec la glace, on met une planchette, puis un volet à ressort fermant par trois petits verrous.

La première planchette, au lieu d'être en un seul morceau, est constituée par un cadre intermédiaire muni, dans son évidement, d'une planchette 13 × 18. Ce qui permet, au besoin, de faire une photocopie de cette dimension.

A l'intérieur de ce tronc de pyramide existe une planchette que l'on peut déplacer par un bouton extérieur B et au centre de laquelle est vissé un objectif rectilinéaire O couvrant parfaitement la grandeur maxima des phototypes à agrandir. En même temps des bonnettes munies des diaphragmes correspondants montées sur une lame d'acier L se meuvent quand on agit sur le bouton et viennent, suivant les cas, s'appliquer au centre du diaphragme.

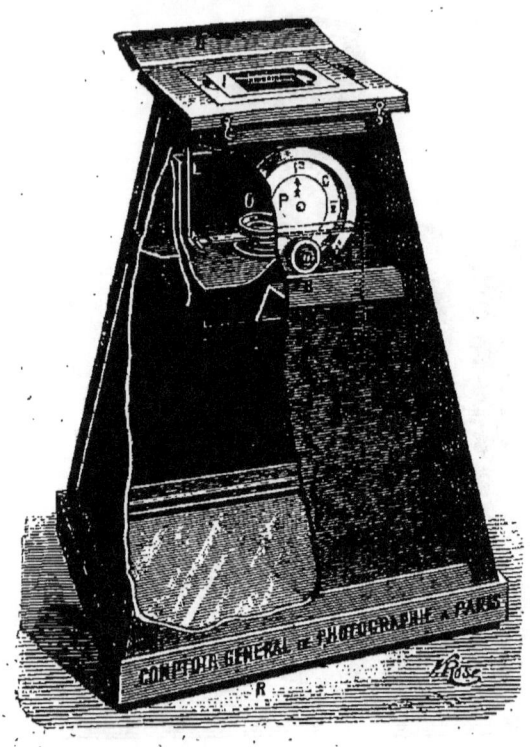

Amplificateur à bonnettes, à commande automatique et à agrandissements variables.

Ce même mouvement du bouton B entraîne encore celui d'un disque extérieur P portant une flèche dans le sens d'un de ses rayons, et qui se meut concentriquement à un cercle gradué C, présentant les différents rapports des images entre elles.

Faisons-nous tourner cette aiguille de façon, par exemple, qu'elle vienne pointer vers le repère portant le chiffre 4 *et que l'on entende le léger bruit d'un déclic,* la bonnette nécessaire et l'objectif se seront déplacés automatiquement aux fins de nous donner une image agrandie, dont les dimensions extrêmes seront, linéairement, quatre fois celles de l'épreuve à agrandir, et nous aurons, de cet agrandissement, toute la partie centrale délimitée aux dimensions maxima 18×24.

Au demeurant, en indiquant les grandeurs des images correspondant aux différents rapports cette disposition permet de se rendre compte tout de suite de ce que l'on peut prendre dans un phototype.

RAPPORTS	DIMENSION DU PHOTOTYPE		
	$4,5 \times 6$	$5,5 \times 9$	9×12
2	9×12	13×18	18×24
2,66	$11,97 \times 15,96$	$17,29 \times 23,94$	$23,94 \times 31,92$
3	$13,5 \times 18$	$19,5 \times 27$	27×36
4	18×24	28×36	36×48

Si l'on veut faire l'agrandissement sur plaque au lieu de le faire sur papier, on mettra la plaque au lieu et place de celui-ci; mais, en refermant le châssis, on supprimera la planchette intermédiaire dont le secours n'est plus nécessaire dans l'espèce, puisque la plaque est plane d'elle-même et d'une épaisseur suffisante.

L'amplificateur à bonnettes, à commande automatique et à agrandissements variables est donc un progrès réalisé dans la pratique des agrandissements faciles. Le seul défaut que je lui reconnaisse, au point de vue de l'art absolu, c'est de ne pas donner à l'image agrandie tout le relief qu'elle pourrait avoir, à cause de l'emploi de petits diaphragmes. Défaut facilement réparable pour un constructeur.

Mais voyons plus à fond la manière d'opérer

Lorsque le phototype, bien et dûment recouvert sur la tranche d'une couche de vernis noir pour empêcher l'intrusion de la lumière diffuse dans la couche vitreuse, partant dans l'intérieur du châssis, sera à sa place, dans l'un des intermédiaires du sommet, *gélatine en dessous;* lorsque le papier au gélatino-bromure, destiné à recevoir *directement* la photocopie, se trouvera étendu dans le châssis de la base, *gélatine en dessus*, maintenu rigoureusement plan par le poids de la glace sans tain, que ce châssis renferme, vous rabattrez le volet du sommet et vous tirerez le rideau du châssis de la base, et, l'amplificateur sous votre bras, vous pourrez sortir du laboratoire obscur, où vous avez fait toutes ces opérations, pour aller tranquillement au dehors procéder à l'insolation.

Afin que cette insolation soit fructueuse, vous devrez tout d'abord songer à bien régler l'entrée de la lumière à travers le phototype. Si cette lumière n'était pas identiquement la même sur tous les points du phototype, il y aurait forcément des inégalités dans l'impression de la photocopie.

Comment donc régulariser cette lumière? Oh! très simplement! Portez l'amplificateur à bonnettes en plein air, *à l'ombre* et à une distance suffisante de tout objet, pour que cet objet ne soit pas compris dans le champ de l'objectif de l'amplificateur à bonnettes, puis posez celui-ci sur sa base, parallèlement au sol et de façon que son sommet regarde le zénith. Au lieu de sortir, voulez-vous travailler de l'intérieur de votre atelier? Vous pouvez diriger obliquement le sommet de l'amplificateur *vers le ciel*. En d'autres termes, le champ de l'objectif *ne doit* embrasser que du ciel. Toutefois, dans cette position, la partie du phototype la plus rapprochée du sol ne recevra pas une lumière égale à celle qui frappera la partie la plus éloignée de ce même sol. Pour annihiler cette différence, il faudra désorienter l'appareil pendant toute la durée de l'insolation.

On obtient pratiquement cette désorientation en tenant l'amplificateur à bonnettes dans ses mains, et en le faisant tourner, sur son grand axe, pendant toute la durée de la pose. Si elle doit se prolonger quelques heures, mieux vaut un autre moyen. C'est celui d'ailleurs qu'il vous faudrait employer bon gré, mal gré, si, dans la position oblique de l'amplificateur à bonnettes, l'objectif de celui-ci rencontrait, dans son champ, des objets opaques, à plans différents masquant tout ou partie du ciel. Le voici : Poser l'appareil horizontalement sur une fenêtre ouverte du côté de l'ombre et de manière que son sommet déborde cette fenêtre, puis placer devant ce sommet un petit miroir regardant le ciel sous une inclinaison de 45°. De cette façon la lumière tombant perpendiculairement du ciel frappera perpendiculairement aussi le phototype négatif. Ceci fait, vous ouvrirez le rideau du châssis de la base, puis le volet protégeant le phototype. Vous le laisserez ainsi pendant le temps nécessaire à une bonne impression, et vous refermerez premièrement le volet du phototype, secondement le rideau du grand châssis. Tout cela est d'une simplicité enfantine, sauf... *le temps nécessaire à une bonne impression.*

Ce dernier point est loin, très loin même d'une simplicité enfantine, au moins de prime abord. C'est justement la connaissance mauvaise ou insuffisante de ce temps nécessaire à une *bonne* impression qui fait dire à ceux-ci, que l'agrandissement est difficile; à ceux-là qu'il ne produit jamais rien de bon, que tout agrandissement est grenu et sans modelé. C'est que ceux-ci et ceux-là ne se sont pas donné la peine d'étudier sérieusement ce temps nécessaire.

Si vous vous souvenez de ce que j'ai écrit au sujet du temps de pose pour l'obtention d'un phototype nettement défini dans toutes ses parties et d'une complète harmonie dans son ensemble [1], vous savez que j'estime ce temps de pose très long par rapport à celui, très court, des épreuves instantanées que nous prenons le plus souvent avec nos petits appareils. Pour tâcher de récupérer la définition nette, en même temps que l'harmonie complète, j'ai préconisé, dans ce dernier cas, le développement lent. Je pourrais peut-être agir de même, dans l'agrandissement, mais je n'en vois nullement l'utilité puisqu'il nous est ici permis de poser aussi longtemps que nous voudrons, et que d'autre part, avec le développement lent on court, plus ou moins, les risques de colorer la gélatine, ce qui peut-être sans inconvénient pour un phototype, mais serait désastreux pour une photocopie.

Si, dans la pratique, j'indique, pour tel sujet pris dans certaines conditions déterminées, une demi-seconde de pose, par exemple, on peut certes prendre, en un soixantième de seconde, le même sujet dans les mêmes conditions et obtenir, par des habiletés de développement, une définition nette dans les deux cas. Toutefois, un œil vraiment habitué aux choses d'art reconnaîtra que l'harmonie n'est pas aussi complète, quoiqu'elle le paraisse, dans le cas de l'instantanéité.

---

1. Voir : *La Pratique en photographie*

li y aura semblance et non identité. Ou bien, si cette identité existe, c'est que les habiletés de développement auront été très grandes et suffisantes pour égaliser les différences de pose.

En d'autres termes, dans toute durée d'exposition, on peut admettre qu'il y a un maximum et un minimum et qu'en opérant entre ces deux limites extrêmes, un bon praticien peut toujours obtenir des épreuves se valant. J'ajouterai cependant que le maximum est toujours ce qui donne la meilleure épreuve avec le moindre effort et la plus grande certitude. Si cela est vrai pour l'obtention du phototype, cela demeure bien plus vrai, si possible, pour la photocopie agrandie.

Trouver le maximum de la durée d'exposition, et largement poser pour ce maximum, puis développer avec un bain faible mais développant très vite, par cela même que la pose a été au maximum, *voilà tout le secret pour faire de l'agrandissement, ne présentant pas de grain apparent, offrant toutes les finesses et toute l'harmonie de l'épreuve primaire.* Cette affirmation, j'en suis sûr, vous cause quelque trouble.

Je m'explique.

Notre phototype est formé de molécules, comme qui dirait d'un assemblage de globules infinitésimaux. En son lieu et place, mettons une plaque de verre et recouvrons toute sa surface de perles colorées. Qu'arrivera-t-il? Ces perles ne se toucheront que par quatre points et laisseront entre elles des espaces vides. Si nous exposons à la lumière, et pendant un temps très court, ce phototype d'un nouveau genre, le papier sensible ne recevra que les rayons qui passeront par les espaces vides. Développons-le. Nous aurons l'image de notre plaque, mais en points. Recommençons en posant davantage. Les rayons passeront et par les espaces vides et par les points tangentiels. Nouvelle image encore en points, mais moins espacés et moins noirs aussi... Continuons à augmenter la pose, nous finirons par obtenir une teinte aussi uniforme d'aspect que le phototype l'est lui-même.

Rappelez-vous la théorie de la surexposition que je vous ai signalée. Elle se résume en ceci : la lumière agissant sur un sel haloïde d'argent détruit, peu à peu, son premier travail au point de ramener, à la longue, la couche sensible à son état primitif et par conséquent au point de la rendre susceptible de recevoir une nouvelle impression.

En suivant l'exemple que j'ai pris, les points provenant de rayons lumineux, passant par l'intervalle de nos perles et leurs parties tangentielles, cesseront de s'impressionner, diminueront même progressivement de valeur par l'augmentation de la pose nécessitée par la traversée des ventres des perles. Donc il arrivera un moment, moment psychologique au premier chef, où tous les points formant l'image positive auront la même valeur, et se fondront, par conséquent, en une teinte uniforme, ne produisant à l'œil *aucune sensation de grain*.

C'est ce moment qu'il faut saisir, c'est le temps que l'on aura mis à l'atteindre, que nous devrons considérer comme la durée de pose nécessaire, utile et suffisante. Déterminer cette durée mathématiquement est chose difficile, quasi impossible. Par bonheur nous ne sommes pas forcés d'arriver à cette justesse mathématique. Une approximation sérieuse suffira à nous donner l'aspect de teinte uniforme, partant sans grain, que nous cherchons. Les illusions d'optique sont là pour nous y aider. Une teinte peut paraître uniforme sans l'être. Les peintres qui raisonnent sur leur art connaissent bien ce phénomène et le désignent sous le nom de *vibration du ton sur ton*. Delacroix l'employa largement. Tels de ses tableaux montrent des ciels bleus d'une parfaite uniformité et d'une intensité de ton considérable. Les débutants, qui, au Louvre, veulent copier ces ciels, essayent vainement toutes les teintes plates imaginables. Ils restent constamment au-dessous du modèle. C'est que Delacroix est arrivé à son effet non par une teinte plate, mais par une multiplicité de touches bleues d'une valeur différente et l'uniformité s'est produite grâce à la vibration du ton sur ton.

En passant, remarquons que cette vibration du ton sur ton ne donne pas seulement l'uniformité optique, mais une intensité très supérieure à toute teinte réellement uniforme. Notre photocopie agrandie acquerra donc son maximum de beauté et de valeur un peu avant la durée maxima de la pose, alors que les teintes ne seront pas encore uniformément mathématiques mais simplement uniformément optiques, c'est-à-dire formées de points assez fondus pour n'être pas visibles à l'œil nu, mais assez réels pour que la vibration des uns sur les autres nous donne la sensation de l'uniformité.

Ceci posé, voyons comment nous pouvons calculer notre temps de pose pour atteindre à ce double but.

Lorsque nous déterminons la durée de la pose, au moment de l'obtention du phototype négatif, nous cherchons à le faire de façon que les *transparences des diverses parties du phototype à obtenir soient inversement proportionnelles aux éclats des parties correspondantes du motif.* Nous devons, pour la définition nette et l'harmonie complète de notre photocopie agrandie, obéir à la même préoccupation.

Or en appliquant à l'amplificateur à bonnettes des calculs semblables à ceux qui nous ont servi pour le temps de pose des phototypes négatifs, on trouve qu'avec le papier Morgan et Kidd, blanc émail, employé dans mes essais de contrôle, et un phototype négatif en bonne valeur, clair et très brillant, susceptible de fournir *une excellente image par un tirage sur papier albuminé, les durées d'exposition maxima seraient, pour les différents rapports de grandeur :*

Rapport 2 durée de l'exposition . . . . . . $8^m 26^s$.
— 2,66 — . . . . . . $13^m 26^s$.
— 3 — . . . . . . $31^m 18^s$.
— 4 — . . . . . . $52^m 33^s$.

Il nous devient dès lors très facile d'en déduire le temps de pose nécessaire pour d'autres surfaces sensibles, en tenant compte de données établies avec l'exposomètre Watkins.

D'après cet exposomètre, si le coefficient de sensibilité de la plaque Lumière étiquette bleue est représenté par 65, nous aurons pour les papiers au gélatino-bromure : Morgan et Kidd, 15 ; Eastman, 6 ; Ilford rapide, 30 ; Anthony rapide, 50. Et pour certaines plaques au gélatino-chlorure : Ilford spéciale, 6 ; Fry, 13 ; Carbutt A, 18. J'ajouterai que mes expériences personnelles m'amènent à donner environ 6 aux plaques Cadett et Neal pour tons noirs.

Ces temps de pose représentent ceux qui sont nécessaires et suffisants au solstice d'été à midi. A toute autre époque de l'année et à toute autre heure de la journée il y a lieu de la multiplier par les chiffres de mes tableaux auxiliaires de pose[1] ou par l'un des coefficients du tableau approximatif ci-dessous :

HEURES		MOIS: E, ciel ensoleillé; N, ciel nuageux; C, ciel couvert.																	
		JUIN ET JUILLET			MAI ET AOÛT			SEPTEMBRE ET AVRIL			MARS ET OCTOBRE			FÉVRIER ET NOVEMBRE			DÉCEMBRE ET JANVIER		
MATIN	SOIR	E	N	C	E	N	C	E	N	C	E	N	C	E	N	C	E	N	C
11	à 1	1	2	3	1	2	3	1,1	2,2	3,3	1,2	2,4	3.6	1 6	3,2	4,8	1,8	3,6	5,4
10	ou 2	1	2	3	1,1	2,2	3,3	1,2	2,4	3 0	1,4	2,8	4.2	1,7	3,4	5,1	2	4	6
9	3	1,1	2,2	3,3	1.2	2,4	3,6	1,4	2,8	4,2	1,6	3,2	4,8	2	4	6	3,5	7	10,5
8	4	1.3	2.6	3,9	1,4	2,8	4.2	1,6	3,2	4.8	2	4	6	3,5	7	10,5			
7	5	1,6	3.2	4,8	1,7	3,4	5,1	2	4	6	4	8	12						
6	6	1,9	3,8	5,7	3	6	9	4	8	12									
5	7	3,6	7,2	10,8	6,5	13	19,5												
5	8	8	16	24															

Je vous ferai remarquer, en outre, que ces temps de pose coïncident avec le développement suivant :

Comme alcali j'emploie toujours le même, c'est-à-dire une

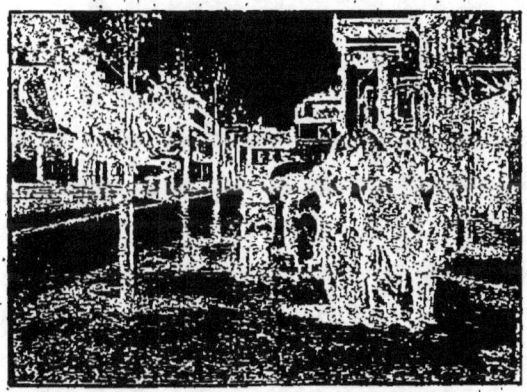

Reproduction d'un phototype négatif
obtenu avec la photo-jumelle 4,5 × 6.

solution de 15 gr. de carbonate de potasse et de 31,5 de carbonate de soude dans 100 cm³ d'eau. Comme révélateur, je me sers de préférence, soit de l'acide pyrogallique, soit

1. Voir : *La Pratique en photographie.*

ÉTUDE DE L'AGRANDISSEMENT

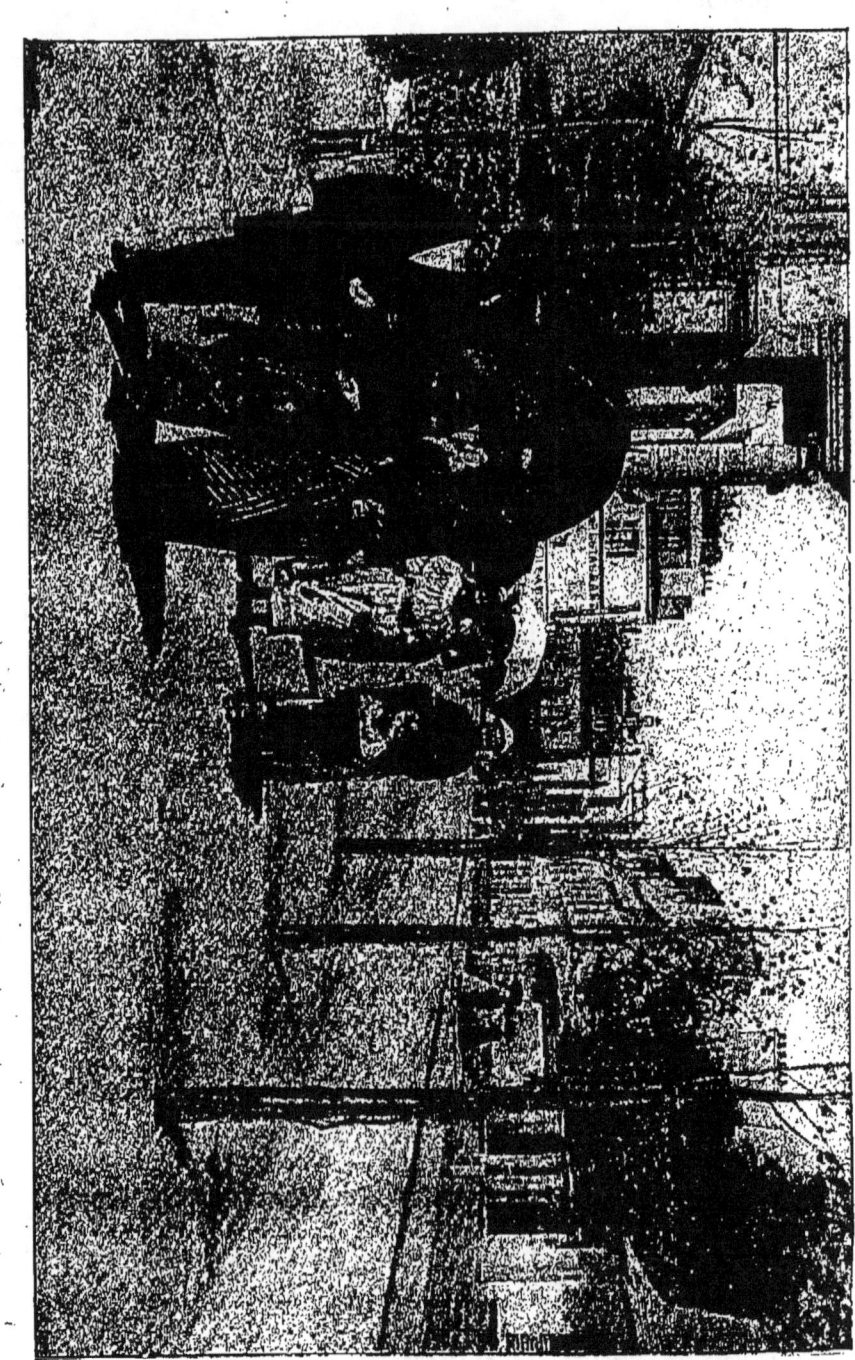

Le retour de la messe. (Phototype de l'auteur.)
Reproduction d'une photocopie du phototype ci-contre, directement agrandie avec le châssis amplificateur.

du chlorhydrate de paramidophénol. Pour le premier je vous ai donné la méthode au chapitre précédent. Pour le second je fais d'abord la solution suivante :

Eau chaude ayant bouilli	750 cm³.
Solution de sulfite de soude anhydre à 15 pour 100	250 —
Chlorhydrate de paramidophénol	5 grammes.

Je compose mon bain de développement neuf avec : eau distillée 50 cm³, solution de chlorhydrate de paramidophénol 50 cm³, solution de carbonate 4 cm³. Quand la pose a été ce qu'elle doit être, il ne faut que deux à cinq minutes pour que l'image soit complètement développée.

Les temps de pose ci-dessus sont pour un phototype d'intensité déterminée. Vous ferez sagement de chercher tout d'abord, dans votre collection, celui des vôtres que vous croirez devoir répondre à mon type et opérer jusqu'à ce que vous en trouviez un, exigeant exactement les temps de pose indiqués. Il vous servira d'étalon par la suite. Quand alors vous devrez opérer avec tout autre phototype, vous le comparerez à votre étalon et s'il n'est pas exactement pareil, ce qui est plus que probable, vous multiplierez le temps de pose par le coefficient.... par le *coefficient nez*. Il faut avoir *du nez*, en effet, pour juger si la pose doit être plus longue ou plus courte que celle exigée par l'étalon. Au demeurant vous verrez si vous avez estimé juste puisque, je le répète, avec le révélateur que j'indique et *un bain neuf*, l'image devra, dans le cas de la justesse, être développée en deux à cinq minutes.

J'arrêterai encore un instant votre attention sur la faiblesse du bain de développement. Vous voyez, d'après les proportions que j'ai indiquées, qu'il n'entre en réalité que 0 gr. 25 de révélateur dans sa constitution. J'aurais pu le faire beaucoup plus fort et diminuer d'autant la durée de la pose. Mais pour toutes les raisons indiquées plus haut je préfère une pose longue avec développateur faible, qu'une pose courte avec développateur fort.

De plus, une autre raison milite en faveur du développateur faible : vous supprimez avec lui le léger grisaillement général qui recouvre trop souvent les photocopies agrandies et qui est dû à la montée d'un voile produit par une action prolongée de cette brouée lumineuse, comme diraient les littérateurs décadents, provenant des infinitésimales poussières ambiantes éclairées par le pinceau lumineux de l'objectif.

Il va de soi que je ne vous impose pas mon mode de développement. Tous les révélateurs, puisque l'on est maître de la pose, donnent de bons résultats, dans l'espèce, quand on sait les manier. Il suffit de combiner leurs constituants de façon à ramener leur force à celle de celui que j'indique. En d'autres termes pour les poses données une durée de développement entre deux et cinq minutes.

Au demeurant voici d'autres formules :

Je n'insisterai pas sur la formule du développement au fer qui est donnée partout. De plus, au chapitre des tirages artistiques, je vous ai déconseillé l'usage de ce révélateur en vous disant le pourquoi. Cependant à ceux qui veulent absolument s'en servir je recommanderai de n'employer le bain de développement que quelque temps après sa préparation, de l'exposer au jour après service et de ne faire usage des bromures que le moins possible.

La solution d'alcali que j'emploie avec tous les révélateurs qui vont suivre est ainsi composée :

A. Eau chaude ayant bouilli. . . . . . . 100 cm^3.
Carbonate de potasse. . . . . 15 grammes.
Carbonate de soude. . . . . 31,5 —

Acide pyrogallique.

B. Solution de sulfite anhydre à 15 p. 100. 100 cm^3.
Acide pyrogallique. . . . . 5 grammes.
Acide citrique . . . . 0,5 —

Pour 100 cm^3 d'eau, on prend 6 cm^3 de la solution B, on y ajoute 14 cm^3 d'une solution de sulfite de soude anhydre à 15 pour 100 et 3 cm^3 de la solution A.

Les blancs restent purs et les noirs prennent une teinte très chaude.

Hydroquinone.

C. Eau chaude ayant bouilli. . . . . . 1,000 cm^3.
    Sulfite de soude anhydre. . . . . . 150 grammes.
    Hydroquinone . . . . 50 —

A 100 cm^3 d'eau nous ajoutons 20 cm^3 de C et 14 cm^3 de A.
Images vigoureuses d'un ton noir chaud. Avec insuffisance de pose, les blancs tendent à jaunir.

Iconogène.

D. Eau chaude ayant bouilli. . . . . . 1,000 cm^3.
    Sulfite de soude anhydre. . . . . . 90 grammes.
    Iconogène. . . . . 15 —

A 100 cm^3 d'eau nous ajoutons 35 cm^3 de D et 10 cm^3 de A.
Images douces et harmonieuses. Quand la pose a été bien déterminée et que la réduction de l'argent peut se faire complètement sans nuire à la pureté de l'image, les noirs sont d'un ton riche.

Paramidophénol.

E. Eau distillée . . . . 1,000 cm^3.
    Sulfite de soude anhydre . . . . 37,5 grammes.
    Chlorhydrate de paramidophénol . 5 —

A 50 cm^3 d'eau nous ajoutons 50 cm^3 de E et 4 cm^3 de A.
L'image se montre rapidement, très brillante, sans le moindre voile. Les blancs sont d'une pureté remarquable, les noirs d'une tonalité riche et profonde.

Métol.

F. Eau chaude ayant bouilli. . . . . . 1,000 cm^3.
    Métol. . . . . 32,5 grammes.
    Métabisulfite de potassium. . . . . 100 —

Dissoudre exactement dans l'ordre indiqué.

A 200 cm^3 d'eau (ou même 400 cm^3), on ajoute 20 cm^3 de F et 12,5 cm^3 de A.

L'image est assez semblable à celle donnée par le chlorhydrate de paramidophénol.

Amidol ou *chlorhydrate de diamidophénol.*

G. Eau chaude ayant bouilli . . . . 1,000 cm³.
Sulfite de soude anhydre. . . . . 60 grammes.
Amidol ou chlorhydrate de diamidophénol . . . . 10 —

Pour l'emploi, on dilue avec 4 ou 8 parties d'eau pour une partie de la solution G. Le résultat est à peu près identique à celui donné par le chlorhydrate de paramidophénol.

Ce dernier révélateur a la spécialité d'épuiser très vite le bain d'hyposulfite de soude qui sert au fixage. Aussi faut-il, lorsqu'on l'emploie, pousser l'image jusqu'à son entière venue, alors qu'avec les autres révélateurs il faut la retirer du développement avant sa venue complète, car elle continue à noircir un peu dans le fixage.

En principe, l'addition d'un bromure alcalin est inutile dans tous ces bains, sauf peut-être dans ceux au fer et à l'acide pyrogallique. Dans ces deux derniers révélateurs il éclaircit l'image et retarde le développement, tandis que dans les autres il éclaircit sans retarder sensiblement.

Quant aux principaux insuccès à redouter on peut les grouper comme suit :

1° *Les noirs sont verdâtres :* la réduction de l'argent n'a pas été faite à fond, soit qu'un excès de pose ait obligé d'arrêter le développement avant la réduction complète ; soit qu'une insuffisance de pose n'ait pas permis de pousser le développement assez loin ; soit qu'on ai employé un bain ayant servi plusieurs fois.

2° *Les blancs sont jaunes :* insuffisance de pose ; mauvais lavage avant le fixage ; bain de développement trop vieux.

3° *L'image est grise et sans relief :* trop ou pas assez de pose. On reconnaît le trop à la rapidité du développement et à l'abondance des détails dans les hautes lumières ; inversement le pas assez donne lieu à un développement prolongé et à un manque de détails dans les hautes lumières.

4° *L'image se développe inégalement :* l'arrivée de la lumière sur le phototype négatif n'a pas été suffisamment égalisée sur toutes les parties du phototype.

5° *L'image présente dans les blancs un léger voile gris général :* pose exagérée ou développement trop prolongé. On y remédie en *passant* immédiatement après le fixage et sans *lavage* l'épreuve dans une solution de 1 pour 100 de ferricyanure de potassium.

Pour opérer à la lumière artificielle avec l'amplificateur à bonnettes, nous le coucherons sur une table et nous l'y calerons de façon que ses plans de base et de sommet soient parfaitement perpendiculaires à ladite table. Contre le phototype et jusqu'à contact parfait, si possible, nous placerons un condensateur. Sur l'autre face de celui-ci, posons un verre dépoli pour mieux régulariser l'entrée de la lumière provenant de la source lumineuse en le mettant à une dizaine de centimètres derrière le condensateur.

Quant à la durée de l'exposition nous prenons, comme unité, le coefficient d'éclairage consigné dans notre formule du temps de pose pour la lumière diurne, nous pourrons établir d'après les travaux des Eder, des Abney et des Vogel, les coefficients de certaines sources lumineuses. Ils seront, par exemple : 9 pour la lampe électrique à arc ; 450 pour la lampe électrique à incandescence d'Edison ou de Swan ; 12,5 pour la lumière oxyhydrique ordinaire ; 1,25 pour la lumière d'un fil de magnésium plat de trois dixièmes de millimètres de largeur ; 562,5 pour une lampe à huile ordinaire aussi bien que pour une lampe à pétrole mèche ronde ; 250 pour un bec de gaz papillon ; 4,500 pour une bougie de stéarine.

Ces coefficients ne sont exacts qu'autant que la source lumineuse est placée à *un mètre* du phototype et sans qu'il y ait entre elle et lui interposition de condensateur. Vous ne devrez donc pas les prendre tels quels pour multiplier par eux les valeurs données pour l'exposition à la lumière diurne. Il vous faudra les diminuer, en tenant compte du rapprochement de la source lumineuse, de la loi des carrés des distances et de la puissance du condensateur.... Toutes choses qu'on ne peut vraiment pas déterminer à priori.

Tous ce que je viens de dire ne concerne que l'agrandissement direct sur papier.... ou sur plaque, car dans ce dernier cas il suffit de substituer une plaque au papier, de tenir compte dans l'exposition de la sensibilité relative à celui-ci à celle-là. Mais il peut vous sembler agréable de tirer des photocopies sur tout autre papier que celui au gélatinobromure ; soit sur celui au platine, soit sur celui au charbon-velours, pour ne parler que des inaltérables et des artistiques. Dans ce cas il faut faire de l'agrandissement *indirect* c'est-à-dire obtenir une photocopie négative sur verre, agrandie, au lieu d'une photocopie positive sur papier. Il ne saurait y avoir dans ce travail de quoi vous embarrasser. Il suffit, en effet, de tirer par contact, comme pour la projection, une photocopie diapositive de la petite épreuve et de la mettre dans l'amplificateur à bonnettes au lieu et place du phototype négatif. Là cependant, plus encore, si c'est possible, que dans l'agrandissement direct, n'oubliez pas qu'une longue pose et qu'un développement faible vous donneront le minimum de grain.

L'agrandissement indirect possède encore un avantage sérieux, c'est que, dans les manipulations qui exigent la confection de la photocopie négative agrandie, on peut obtenir une copie modifiée de l'image primaire. Celle-ci est-elle dure? Vous exagérez la pose pour l'obtention de la petite photocopie diapositive, et si vous avez eu soin d'ocrer le dos de celle-ci avant le tirage, vous aurez, sans la moindre trace de voile, une épreuve douce et harmonieuse, pour constituer la photocopie négative agrandie. Votre phototype est-il trop faible? Vous opérez d'une façon inverse, et la sous-exposition vous donnera une épreuve plus ferme et plus accentuée pour constituer la photocopie négative agrandie. Il vous est loisible encore, au moment où vous retirerez la photocopie diapositive du bain de fixage, d'atténuer ou d'enlever même telles parties que vous jugerez trop denses ou d'un mauvais effet. Vous pourrez même vous livrer à tous les effets de dégradé et de vignettage que vous vous voudrez. Il suffit pour cela de mélanger, à parties égales, une solution à 1 pour 100 de ferricyanure de potassium et une solution à 1 pour 100 d'hyposulfite de soude, puis de traiter, au pinceau, les parties à affaiblir, à faire disparaître ou à dégrader, en lavant vivement après chaque effet obtenu. Cette méthode peut servir à recouvrer ou à aviver les hautes lumières qui pourraient être un peu grisaillées, comme nous avons vu qu'on les retrouve, dans le virages à l'urane, par l'eau carbonatée.

Maintenant, pour conclure, que doit-on employer de préférence? La lumière du jour ou la lumière artificielle?

Je n'hésiterai pas une seconde : *Employez la lumière du jour tant que vous le pourrez.* Laissez l'autre à ceux qui ne savent pas développer un bon phototype. La lumière artificielle est, en effet, dans l'agrandissement, la providence des mauvais phototypes ; comme dans le tirage par contact, les papiers aristotypiques sont aussi leur providence. Suivant la nature de la source qui l'a créée la lumière artificielle possède une coloration propre : bleu-vert avec l'arc électrique, jaune avec la lampe à incandescence et le gaz, jaune verdâtre avec le pétrole, bleu violet avec le magnésium, vert avec les calcaires incandescents. Ces différentes colorations agissent différemment sur le bromure d'argent, et aucune n'atteignant à la blancheur absolue de la lumière diurne au plein du jour ne saurait remplacer celle-ci, qui par cela même qu'elle est d'une blancheur relativement absolue reste la seule susceptible d'interpréter, avec exactitude, la véritable gradation des teintes du phototype. Un très bon phototype a toutes les chances possibles de donner une mauvaise photocopie agrandie, c'est-à-dire manquant d'harmonie, si on le soumet à la lumière artificielle. Le gaz et le pétrole poussent au heurté ; le magnésium à l'affadissement. Les lumières électrique et oxhydrique donnent également des agrandissements heurtés quoique à un degré plus faible que le gaz ou le pétrole. Or si les unes durcissent, un phototype mou gagnera avec elles ; si les autres affadissent, un phototype dur gagnera également avec elles.... Providence ! vous dis-je ! Providence !.... Mais si vous avez souci de votre art et si vous voulez et ne devez employer que de bons phototypes, laissez de côté la lumière artificielle. Contentez-vous, au cas où il y aurait un peu de faiblesse dans l'un deux, de mettre entre le ciel et le phototype un verre finement dépoli, mais à une distance du phototype qui soit au moins d'une dizaine de centimètres pour que l'objectif ne vienne pas saisir le grain de verre et le consigner sur la photocopie.

Avant de terminer je vous rappellerai que si vous avez fait de l'agrandissement indirect sur papier au gélatino-bromure, vous pouvez toujours modifier la coloration de l'image par un des procédés que je vous ai indiqués au chapitre précédent.

IV

LES PROJECTIONS

La magie de la projection.
Quelles sont les meilleures plaques à employer. — Impression par réduction et par contact. — Bordage du phototype. — Images claires et brillantes par l'emploi de l'anti-halo. — Le révélateur. — Effets du bromure d'ammonium et de la durée de l'exposition sur la couleur finale de l'image. — Colorations chimiques et colorations manuelles. — Montage des épreuves de projection et indication du sens vrai. — Lanterne de projection et différentes lumières employées.

En faisant de l'Art en photographie, il est évident que, par satisfaction personnelle ou amour-propre d'auteur bien pardonnable, vous tâcherez à faire voir vos œuvres au plus grand nombre de parents, d'amis ou même de simples connaissances. Or, il n'est pas douteux que la projection soit l'unique magicienne capable de vous faire atteindre, de prime coup, à la réalisation de ce programme. La projection demeure, en effet, la seule méthode susceptible, au moyen de la lanterne, de montrer des photographies à un grand nombre de personnes, pouvant en même temps examiner *la même épreuve*, dans les meilleures conditions possibles. De son chef, une petite épreuve qui ne mesure que 6,5 × 9 pourra, étant projetée avec une puissante lanterne, donner naissance à une image mesurant 3 m. × 4,5 m. tout en conservant, à la perfection, les menus détails de la petite épreuve. Menus détails qui sont présentés, au reste, par la photocopie diapositive, mieux que par n'importe quel autre mode de tirage

Si vous voulez écouter les doléances de quelques vieux praticiens qui, avec l'entêtement sénile des gens qui se sont toujours refusés à admettre, donc à suivre le progrès, ils vous diront que pour faire une bonne diapositive de projection il faut préparer des plaques au collodion ou à l'albumine. Ils ajouteront même que si, pour le phototype, la gélatine est très inférieure au collodion, elle est inférieure encore à cette infériorité dès qu'il s'agit de diapositive. Eh bien ! je le déclare très haut, quand on veut développer lentement et avec intelligence un phototype sur gélatino-bromure, on arrive à toute la légèreté, à toute l'harmonie et à toute la finesse de l'image donnée par le collodio-iodure, et l'on bénéficie, en plus, de toute l'épaisseur de la gélatine qui donne une variété plus infinie aux demi-teintes et un relief bien plus considérable à l'image. C'est faute de comprendre la façon de développer l'image latente que la différence entre les deux procédés semble exister. Il en est de même pour les diapositives. Avec un développement bien conduit, les images données par le gélatino-chlorure d'argent sont infiniment supérieures, quoi qu'on dise, à celles fournies par le collodio-chlorure ou l'albumino-chlorure, supérieures pour les mêmes raisons que celles précédemment énoncées. Toujours la question du développement bien et intelligemment conduit ! J'irai même jusqu'à affirmer que plus la couche de gélatine est épaisse, plus belle est l'image donnée. Il faut alors un bon éclairage, j'en conviens. Mais l'électricité n'est-elle pas là !

Je vous conseille donc, pour vos diapositives, de ne faire emploi que de plaques au gélatino-chlorure. Quant à la marque, choisissez et comparez. Toutefois, comme je ne saurais raisonner d'une façon utile, sans préciser, je vous dirai que, pour ma part, je préfère employer la marque Cadett et Neal, certain, par expériences prolongées, que tous les faits dont j'ai à vous entretenir s'appliquent admirablement à cette marque.

D'après les décisions des Congrès photographiques, les plaques destinées aux diapositives mesurent $8,5 \times 100$. Je ne suis pas fanatique de ce format pour bien des raisons. Mais il importe peu dans l'espèce. Ce format est. Prenons-le donc. D'autant mieux que les petits phototypes, depuis le $4,5 \times 6$ jusqu'au 9×12 inclus peuvent être directement tirés, par contact, sur les plaques $8,5 \times 100$. Quant aux épreuves supérieures à 9×12, on peut les tirer par réduction en se servant de l'amplificateur à bonnettes dont je vous ai parlé au chapitre des agrandissements, et qui est reversible, ou en tirant par contact une portion d'épreuve de la grande, en se servant d'un châssis spécial et très commode construit par la maison Jonte.

C'est par contact qu'on opère le plus souvent. Le mieux consiste à se procurer des châssis-presse spéciaux à chaque format, dont les bords, par conséquent, mordent sur les bords de la petite épreuve, et permettent ainsi d'éviter la diffusion de la lumière sur la tranche de la plaque. Cette diffusion, très réelle, amène fatalement un léger voile. Donc, au cas où vous ne posséderiez pas un châssis spécial à la dimension de votre phototype, et que vous fussiez, par exemple, obligé de vous servir d'un châssis-presse 9×12, vous devrez, tout d'abord, passer une couche de vernis noir sur la tranche du phototype, ou border celui-ci, avec une bande de papier aiguille ou de papier d'étain. Vous n'aurez plus à craindre alors les rayons obliques qui viendraient, sans cela, frapper sur la tranche du phototype, se propager dans la masse de son verre-support, se réfléchir sur sa face arrière, comme sur un miroir et amener avec un léger voile général sur la diapositive, une bande noire accusant très nettement les contours de l'image.

Au reste, avant d'effectuer l'exposition à la lumière, il est bon, je dirai plus, il est nécessaire de se livrer à une opération préliminaire.

Vous connaissez ce phénomène d'irradiation photographique vulgairement désigné sous le nom de halo[1]. Il se présente, d'ordinaire, sous trois espèces nettement définies. Dans le cas qui nous occupe, celui de la projection, nous n'avons à prendre en considération qu'une seule espèce: celle relative au débordement lumineux qui se verra sur la diapositive au voisinage immédiat de tous les contours des grands blancs du phototype se détachant sur un fond très obscur ou, inversement, de tous les grands noirs se détachant sur un fond très clair. Si le phénomène se montre nettement visible dans le cas de grandes plages lumineuses, il le sera moins, mais il existera cependant, dans tous les cas où il y aura un noir franc à côté d'un blanc pur, c'est-à-dire, en somme, dans toutes lignes ou nuances qui doivent concourir à la formation de l'image finale.

Or, M. Drouet a rappelé et démontré, à la Société française de Photographie, qu'en recouvrant l'envers de la plaque diapositive avec une mixture ayant pour base de l'ocre rouge et de la dextrine, les rayons diffusés se trou-

---

[1]. Voir: *La Pratique en photographie.*

vaient absorbés et ne venaient plus agir, en retour, sur la surface sensible. Donc, la photocopie diapositive gagnera, du coup, en transparence, en brillant et en finesse.

Cet anti-halo formé de parties égales d'ocre rouge et d'eau, d'une demi-partie de dextrine et d'un dixième de partie de glycérine, s'étend, sur le dos de la plaque diapositive, avec un large pinceau et en évitant de former les stries.

Pour ne pas maculer votre châssis-presse avec de l'anti-halo qui ne sèche pas instantanément, prenez donc un morceau de papier buvard rouge, et appliquez-le au dos de la plaque recouverte dudit anti-halo.

Ceci fait, introduisez votre phototype dans le châssis, gélatine en dedans, mettez dessus la plaque ocrée, gélatine contre la gélatine du phototype, refermez votre châssis et glissez-le dans votre poche.

Enlevez alors le verre rouge et, à 1 mètre du verre dépoli blanc, présentez votre châssis à la lumière, durant un temps qui variera entre 45 secondes et 2 ou 3 minutes, suivant l'intensité du phototype employé. Nous reparlerons, tout à l'heure, de la durée de l'exposition.

L'exposition terminée, glissez de nouveau votre châssis dans votre poche, replacez le verre, rouge ou jaune, dans les glissières de la lanterne et enlevez tout d'abord l'anti-halo. C'est la chose du monde la plus simple. Avec les doigts vous arrachez la feuille de papier buvard, puis de la main gauche, vous prendrez la plaque et vous la tiendrez horizontalement, gélatine en l'air, au-dessus d'une cuvette remplie d'eau. Avec un chiffon ou une éponge, constamment retrempé dans cette eau, vous enlèverez la mixture, vous essuierez avec un linge fin et vous immergerez la plaque, parfaitement propre, dans le bain de développement. C'est certainement beaucoup moins long à faire qu'à indiquer.

Quel est le révélateur employé?... Tous ceux, en somme, qui servent au développement du phototype. Cependant, comme il s'agit ici d'une épreuve transparente, ceux qui laisseront le plus de transparence aux noirs de l'image devront être préférés. Dans tous les cas, il sera bon que le bain de développement que l'on forme avec l'un quelconque des révélateurs pour les phototypes, soit, pour les photocopies diapositives, assez sensiblement additionné d'eau.

Puisque je vous ai indiqué de préférence pour les phototypes le développement l'acide pyrogallique, prenons l'acide pyrogallique pour le développement des diapositives. Les solutions seront les mêmes que celles déjà données au chapitre du *développement artistique*, sous la rubrique : pyrosulfite carbonaté.

Mettez dans la cuvette 40 cm³ d'eau, 16 cm³ de la solution de sulfite de soude, 4 cm³ de la solution d'acide pyrogallique, 2 cm³ de la solution de bromure à 10 pour 100 et 3 cm³ de la solution de carbonate. Toutefois, j'estime préférable, pour des raisons dont nous aurons à parler tout à l'heure, que la solution de bromure soit faite avec du bromure *d'ammonium* au lieu et place du bromure de potassium.

Quand l'image est très nettement visible au dos de la plaque, dans toutes ses parties, vous pouvez considérer le développement comme poussé à fond, et par conséquent fixer, comme à l'ordinaire, dans un bain neutre d'abord, dans un bain acide ensuite. Le renforcement étant pratique mauvaise en matière de projection, et comme mieux vaut toujours recommencer une épreuve qui aurait besoin d'être renforcée, vous pouvez, sans inconvénient alors et même avec avantage, passer la diapositive dans un bain d'alun.

Avant d'aller plus loin, je vais aborder les deux points que j'ai laissés en réserve : c'est-à-dire la durée d'exposition et l'emploi du bromure d'ammonium de préférence au bromure de potassium. Au demeurant les deux questions sont connexes.

La durée de l'exposition a une grande influence sur la valeur finale de l'image. En général, les manuels de projection enseignent qu'il faut faire cette durée d'exposition la plus courte possible. Dans quel but ? Pour obtenir des épreuves dépourvues de tout voile, donc brillantes et limpides. Mais à ce jeu-là on court les risques de constater que les diapositives ne présentent pas les demi-teintes légères du phototype, ou si elles les présentent, ce sera avec une si mince épaisseur qu'elles seront trop vivement transpercées par la lumière de la lanterne et ne donneront pas sur l'écran récepteur de traces suffisamment sensibles. De là, cette impression, presque constante, que nous donne la projection : Images formées de noirs et de blancs qui ne sont pas reliés entre eux par des modelés suffisants. Impression bien faite pour permettre à tous ceux qui ont le plus petit sentiment artistique de déclarer que la projection n'est qu'un vulgaire effet de lanterne magique. De fait, avec cette méthode d'exposition courte, les meilleures œuvres perdent à la projection le meilleur de leurs qualités.

Or pourquoi une exposition courte empêche-t-elle le voile et donne-t-elle des diapositives brillantes? Parce qu'elle ne laisse pas à l'irradiation photographique le temps de se produire. Mais nous avons vu que nous pouvions justement empêcher l'irradiation par l'emploi de l'anti-halo. Donc si, avec l'anti-halo, l'irradiation ne se produit pas, nous pourrons augmenter sensiblement la durée de l'exposition, avec la certitude de conserver nos diapositives sans voile, brillantes et limpides. Par conséquent nous pourrons aussi obtenir, sur lesdites diapositives, les teintes les plus menues du phototype en valeur telle que la lumière de la lanterne ne les absorbera pas, et qu'elles apparaîtront très nettement sur l'écran récepteur.

C'est sur cette augmentation de la durée d'exposition que vous devez porter toute votre attention. A durée courte, deux diapositives d'un même phototype sont sensiblement égales en valeur, que l'une ait été recouverte d'anti-halo et que l'autre n'ait pas subi cette opération. Augmentez la durée : Vous verrez cette égalité disparaître et devenir la plus parfaite des dissemblances.

Donc, l'anti-halo nous permet d'augmenter franchement durée de l'exposition et l'image finale s'en présente plus parfaite.

C'est quelque chose, beaucoup même, pas tout cependant.

La durée a encore une influence très caractérisée sur la coloration de l'argent déposé constituant l'image diapositive. Cette coloration se montre toujours variable d'un phototype à l'autre. Vous savez que même dans le tirage des photocopies sur papier, même avec le secours d'un virage à l'or, le ton final de l'image dépend beaucoup du ton du phototype employé[1]. Cette variation se présente encore plus sen-

---

1. Voir *La Pratique en photographie*.

sible dans les photocopies obtenues par développement. Ce qui est le cas des photocopies diapositives.

Donc, modification de la teinte finale suivant le phototype employé, modification aussi suivant la durée de l'exposition, et nous sommes très maîtres, avec l'anti-halo, de

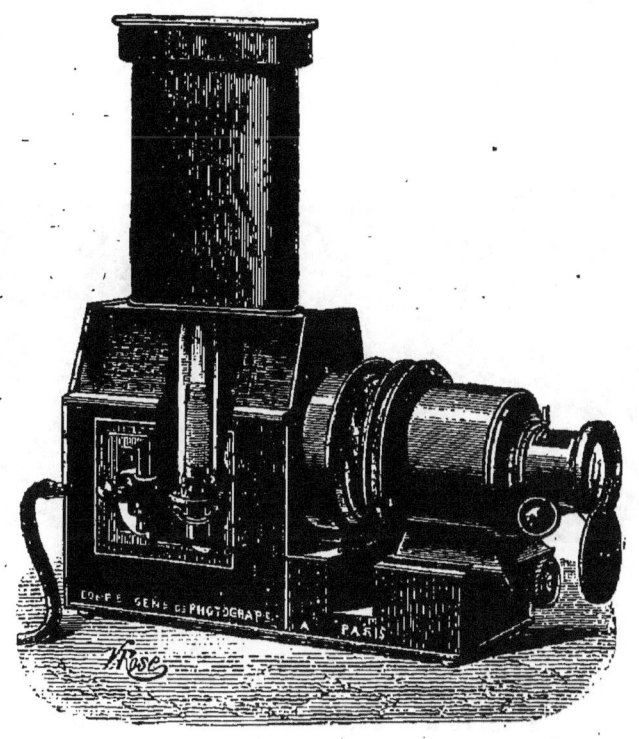

Lanterne de projection avec bec Auër.

faire varier cette durée. Employons par exemple une plaque pour diapositive, dite à tons noirs, donnons à l'exposition une durée nécessaire et suffisante, l'image positive se présentera en tons noirs. Répétons la même expérience dans les mêmes conditions, mais décuplons la durée de l'exposition, ce que nous pouvons tenter sans crainte avec l'antihalo : l'image positive apparaîtra en tons rouges, tons qu'elle gardera si on ne la laisse dans le bain d'hyposulfite que le temps strictement nécessaire pour la débromuration. Il est, en effet, bon de remarquer que si nous prolongeons l'immersion dans le bain d'hyposulfite, l'image, rougie par excès de pose, tendra à revenir à la coloration noire. Je suis obligé d'avouer humblement que je ne connais pas de théorie expliquant ce phénomène. Il reste donc, pour l'instant, un simple fait d'observation.

Et maintenant que, dans l'un ou l'autre cas, nous prolongions la durée du développement, en diluant le bain et en lui ajoutant de fortes doses de la solution de bromure, la coloration de l'image tendra de plus en plus vers les tons chauds, embrassant toute une gamme allant du noir jus-

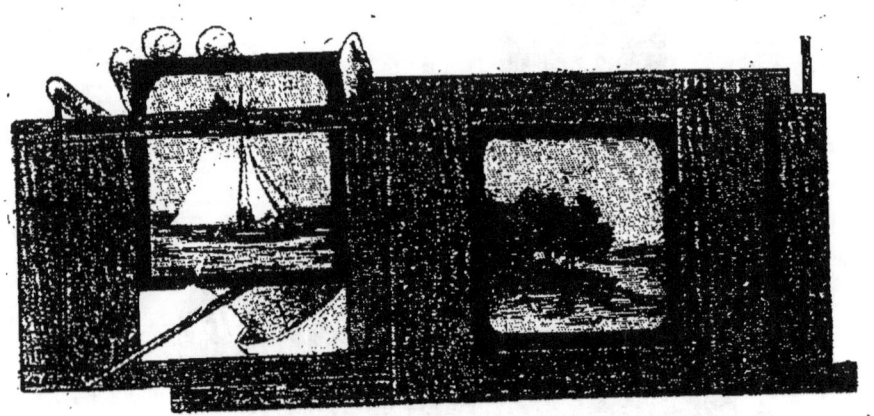

Châssis pour projections.

qu'au rouge cerise, en passant par la sépia naturelle, la sépia colorée et la terre de Sienne brûlée. J'irai plus loin. Les variations de cette gamme se trouvent encore multipliées — au moins dans le cas du développement à l'acide pyrogallique — quand le bain de développement contient de l'ammoniaque, soit qu'on emploie celle-ci comme alcali au lieu et place des carbonates de soude et de potasse, soit que l'on substitue à ceux-ci ou à l'un de ceux-ci du carbonate d'ammoniaque, soit encore que l'on remplace le bromure de potassium par du bromure d'ammonium.

Dans ce dernier mode de procéder, notre odorat constate la présence de l'ammoniaque dans le bain, ammoniaque provenant de la décomposition du bromure d'ammonium.

Comme l'ammoniaque est un agent de développement poussant au voile avec la plus grande facilité, dès qu'il dépasse certaines limites dans le bain, je préfère, pour ma part, agir avec le bromure d'ammonium, sûr ainsi de ne pas dépasser ni même d'atteindre ces limites.

Voilà les moyens très faciles et très certains d'obtenir par le développement et par la durée de l'exposition de superbes diapositives à tons chauds.

Au demeurant, les colorations de l'image finale peuvent encore être modifiées par des virages à l'or ou aux ferrocyanures d'urane. Vous n'avez qu'à employer toutes les méthodes que j'ai indiquées pour le papier au gélatino-bromure d'argent dans le chapitre des *tirages artistiques*.

On peut encore, manuellement, transformer la coloration monochrome en colorations polychromes. Toutefois, dans l'état actuel des choses, c'est-à-dire avec l'emploi du gélatinochlorure d'argent, on ne saurait se servir sûrement de l'aquarelle avec des couleurs à la gomme ou à l'albumine. Autrefois, avec des plaques au collodion ou à l'albumine, l'aquarelle demeurait possible : avec la gélatine, il surgit de grosses difficultés. Dès que l'eau se trouve en contact avec elle, il se forme presque invariablement des ampoules qui gênent et compromettent le travail. Je préfère donc vous conseiller d'opérer avec des couleurs au vernis. Il va de soi que vous vous adresserez, dans l'espèce, à des couleurs éminemment transparentes. Une demi-douzaine de couleurs primaires suffisent. Voici, cependant, l'indication d'une palette très complète :

Indigo — Bleu de Prusse — Terre de Sienne naturelle — Terre de Sienne brûlée — Brun garance — Laque jaune de Gaude — Orange de Chine — Rose d'Italie — Rose brun — Rose garance — Carmin cochenille — Pourpre garance — Laque cramoisie — Teinte neutre — Noir d'ivoire — Bitume de Judée.

Vous pouvez prendre ces couleurs en poudre, les broyer à l'essence et les délayer avec un beau vernis blanc, vernis copal additionné d'essence de térébenthine, par exemple; c'est ce qu'il y a de mieux, ou bien encore vous pourrez vous servir des couleurs en tubes, vendues toutes préparées dans le commerce pour la peinture à l'huile. Vous les délaierez, bien entendu, avec du vernis.

La diapositive doit être plutôt *teintée* que coloriée, en

une touche franche mais sobre qui ne puisse, dans aucun cas, enlever le moindre détail à la photocopie. Pour être sûr d'un meilleur rendement sur l'écran de projection, je vous conseille de vous livrer à ce travail le soir seulement, en mettant derrière le verre dépoli du pupitre à retouche, sur lequel vous travaillerez, la lumière dont vous devez vous servir dans la lanterne de projection ou travailler sur l'abat-jour opale d'une suspension. Vous aurez ainsi en valeurs et en nuances, les teintes telles qu'elles se présenteront sur l'écran de projection.

Gardez-vous de la poussière. C'est l'ennemie jurée de toute peinture au vernis. Elle s'attache à lui avec une facilité désespérante. Invisible à l'œil, elle revêt sur l'écran de projection des proportions désastreuses.

La diapositive obtenue, il faut la *monter*. Il y a nécessité absolue pour que l'épreuve soit à l'abri de tous les éraillements et puisse être manipulée sans danger. Ce montage consiste à poser sur le côté gélatine un cache de papier noir, fenestré à la demande du motif, c'est-à-dire présentant le meilleur encadrement pour une bonne esthétique. Sur ce cache vous posez un verre mince, blanc et d'une pureté irréprochable, puis vous réunissez immuablement les deux verres, en collant sur leurs rebords une bande de papier noir ou de taffetas gommé.

Lorsqu'on montre à un groupe d'amis ou à un public de conférence des vues projetées sur un écran, il arrive, je puis dire invariablement, de petits accidents qui amènent les spectateurs à rire aux éclats et surexcitent les nerfs de l'opérateur dépité de manquer son effet. Le plus commun de ces accidents est le renversement de l'image. Tout à coup, nous voyons apparaître sur l'écran des personnages, têtes en bas et jambes en l'air, des inscriptions à l'envers, des objets qui, manifestement devraient être à droite et qui se trouvent à gauche. Celui qui regarde peut encore s'amuser, mais celui qui montre ne s'amuse plus du tout. Ne s'agit-il pas de son œuvre, par conséquent d'un certain point d'honneur à la bien montrer, à la faire valoir de prime coup. Rien de plus aisé de parer à ces accidents. Soumettez-vous aux résolutions des Congrès photographiques, c'est-à-dire à coller au bas du cache et à droite un petit disque de papier blanc. Au-dessus de ce disque, collez également sur le cache une petite bande de papier, formant ainsi un I pointé et renversé, et inscrivez sur cette bande la désignation du motif que représente la photocopie. Sur la bordure opposée

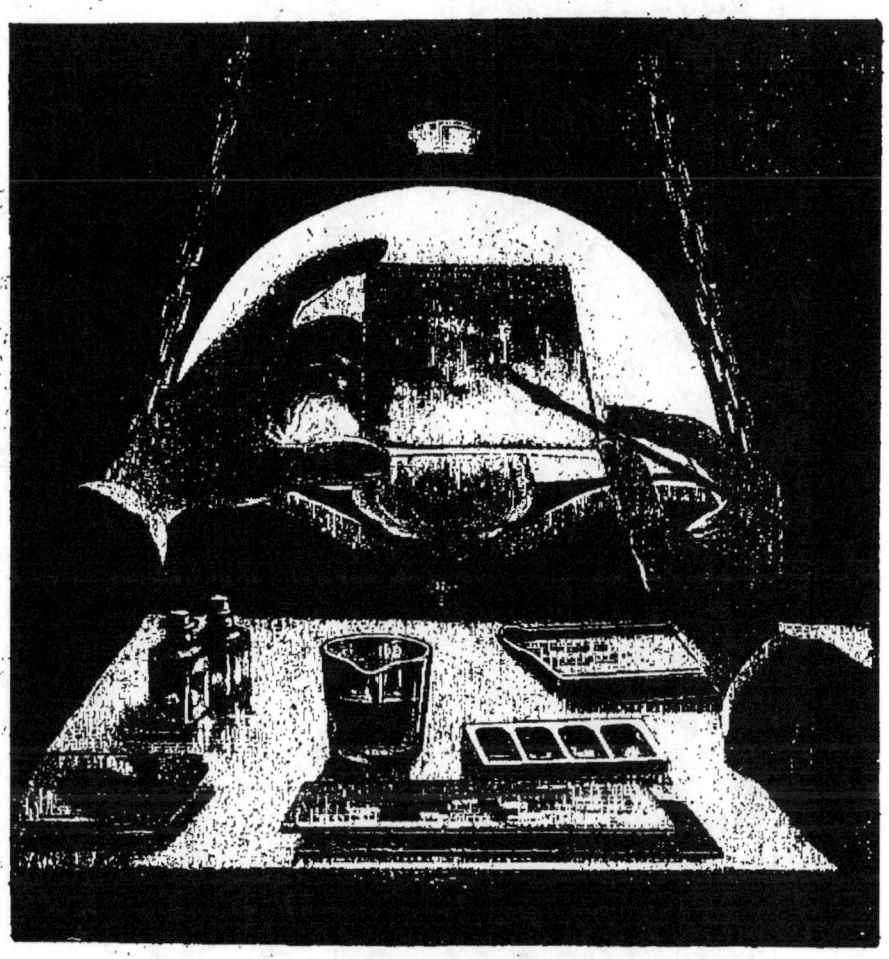

Coloriage des photocopies diapositives.

du cache collez encore une autre bande portant le nom de l'auteur du motif. Ce sera seulement lorsque toutes ces choses seront faites que vous achèverez de monter la diapositive par l'apposition du verre protecteur et le collage des bandes sur les rebords.

Encore un mot à ce sujet. Les épreuves de projection

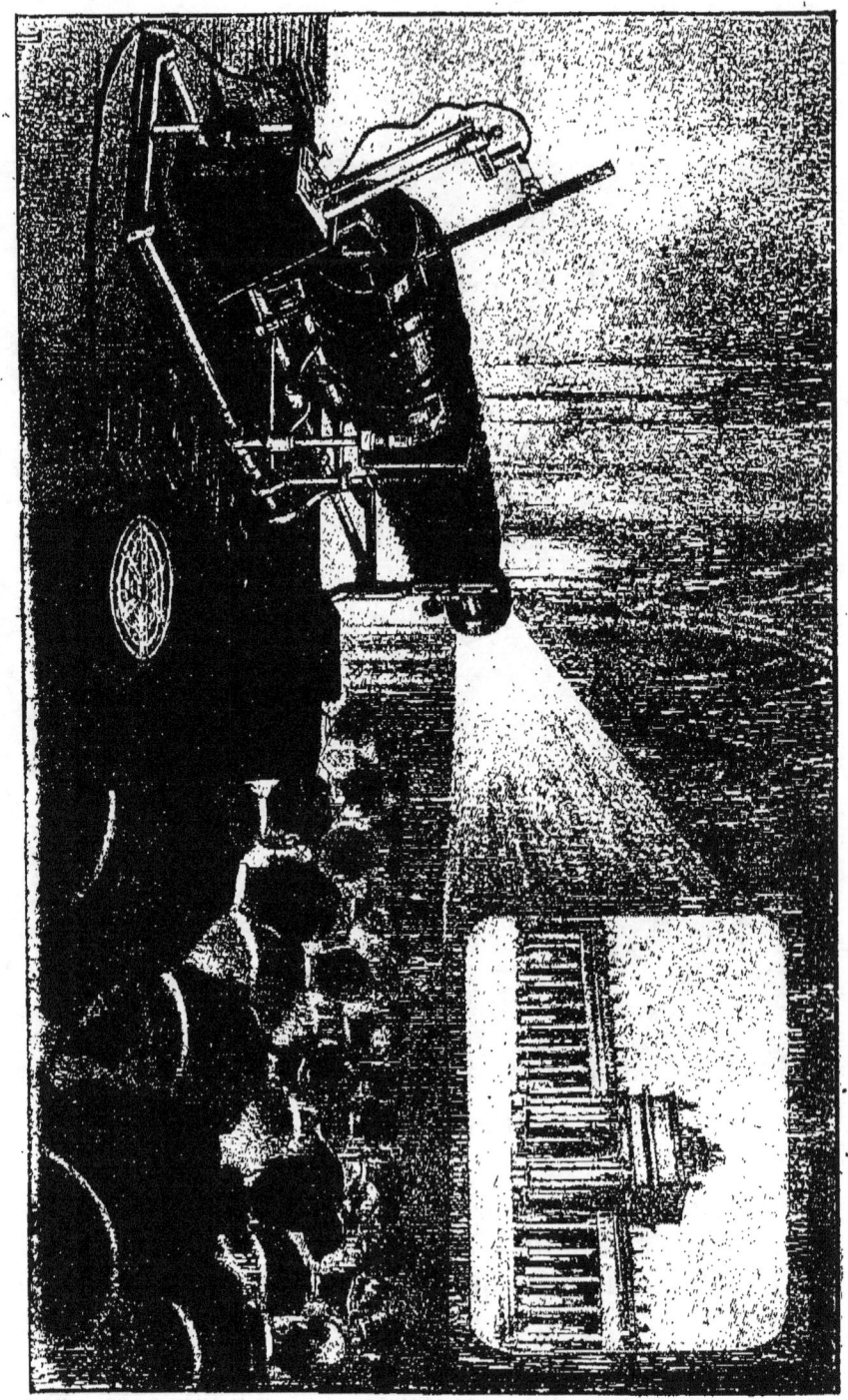

L'appareil monté.

L'ÉLECTRICITÉ DANS LA PROJECTION

constituent le plus souvent des séries dont les images doivent être mises, dans un certain ordre, sous les yeux des spectateurs. On se donne la peine de les classer soigneusement. Ce classement prend un certain temps. L'opérateur chargé du maniement de la lanterne le bouleverse presque toujours de fond en comble. Voici un moyen simple et pratique d'obvier à cet accident.

Après classement, les épreuves sont tenues verticalement les unes contre les autres, en paquet. On trempe alors un

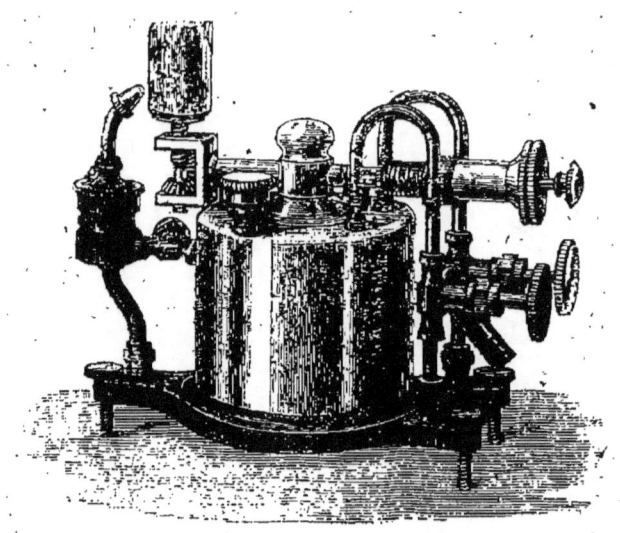

Le multi-saturateur de M. Molteni.

pinceau dans de la gouache blanche et l'on trace un large trait allant du coin gauche de la première photocopie de la de la série au coin droit de la dernière. Ce trait sera aisément visible dans l'obscurité relative d'une pièce de projection. Or, comme il a été tracé en diagonale et qu'il passe sur la tranche de chaque épreuve en un endroit différent, la discontinuité de la ligne fera ressortir, au premier coup d'œil, toute interversion produite dans la série. En reconstituant la diagonale on rétablira l'ordre. Ce moyen de vérification présente encore l'avantage de ne jamais obliger l'opérateur à recommencer le travail minutieux du classement.

Maintenant que vous voilà en possibilité de vous nantir d'autant de belles épreuves diapositives que vous aurez de beaux phototypes, il ne vous reste plus qu'à tendre sur la muraille un bel écran de calicot d'une blancheur immaculée, encollé ou non, avec addition de blanc d'Espagne. Il importe peu si la trame du calicot est fine et serrée.

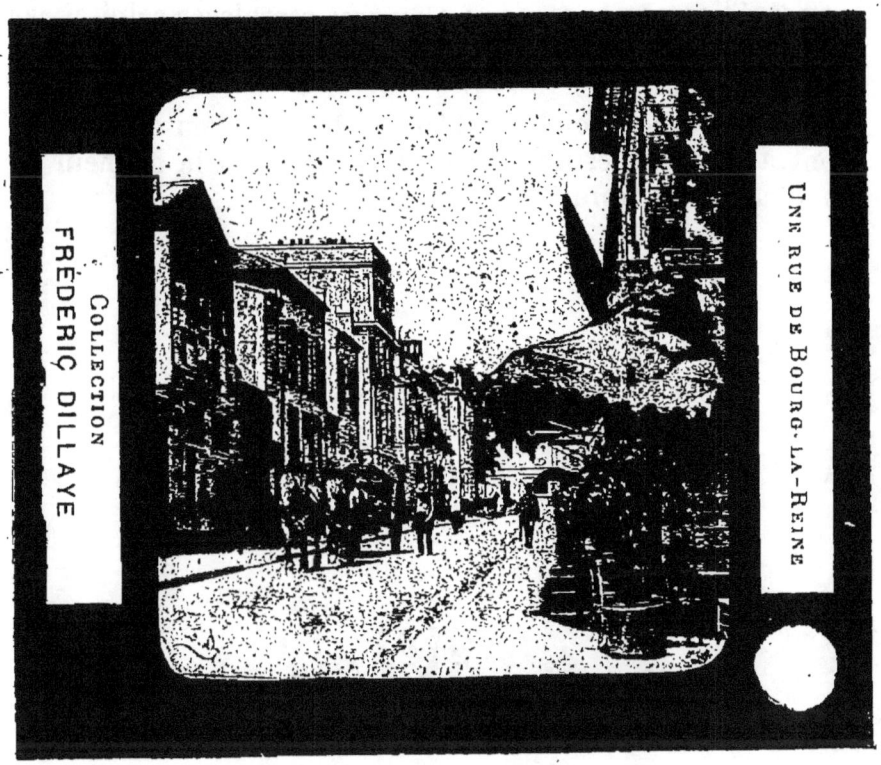

Montage des tableaux pour projections.

Quand je dis, il ne vous reste plus, je me trompe car il vous reste encore à allumer la lanterne.

Si vous avez le gaz à votre disposition vous pouvez alors remplacer l'infâme lampe à pétrole à quatre ou cinq mèches, qui empuantit les invités et enfume les lambris dorés des salons par un simple bec de gaz Auër. Il suffit pour cela de se procurer un support, que l'on trouve dans le commerce, pour adapter ledit bec à ladite lanterne. L'éclairage sera au minimum égal à celui donné par la lampe à pétrole. A mon avis même, je le tiens pour supérieur. Dans tous les cas plus de réglage à faire, plus d'enfumement de lambris ni de tableaux, plus d'empuantissement des invités, plus de chaleur congestionnante pour le lanterniste.

Désirez-vous une clarté plus grande, vous emploierez la lumière de Drumond dans laquelle le gaz se combine avec l'oxygène. Au cas où vous tiendriez à cette lumière et que vous ne possédiez pas le gaz, vous pourrez remplacer celui-ci par l'éther, en employant, sans le moindre danger, le multisaturateur Molteni.

Quant à l'électricité, je n'en parle pas. Peu d'amateurs l'ont à leur disposition, mais lorsqu'ils ont le bonheur de l'avoir rien ne saurait la remplacer.

V

LA PHOTOSTÉRÉOGRAPHIE

Un moyen d'art pour les petites épreuves conservées en vraie grandeur. — La vision binoculaire. — Excellence des chambres noires à main. — De l'écartement des deux objectifs. — Dimension des plaques à employer. — Comment se présentent les images sur une seule et même plaque. — Nécessité de les transposer. — Châssis transposeur. — Le stéréoscope inverseur. — Montage des photocopies diapositives.

Un des bons moyens d'art, surtout lorsqu'il s'agit de petites épreuves que l'on veut conserver dans leur vraie grandeur, est la photostéréographie.

Parmi les questions physiologiques très délicates qui dessinent leurs arabesques de points d'interrogation autour de la nature humaine, les phénomènes de la vision binoculaire ne sont pas les moins importants. Chacun de nos yeux formant une chambre noire spéciale, possède un axe optique particulier. Quand nous regardons un objet les deux axes se dirigent à la fois vers ce même objet. Il va de soi, d'une part, que si l'objet est très rapproché, les axes forment un angle assez grand qui diminue à mesure que l'objet s'éloigne jusqu'au point de devenir nul au moment où l'objet atteint l'infini. D'autre part, nos yeux, à cause de leur position respective et de leur distance mutuelle, regardent forcément de deux stations différentes et ne voient pas exactement le même objet sous le même aspect. Pourtant nous n'avons pas la sensation de ces deux actions distinctes. Les impressions s'accordent et ne nous signalent qu'un seul et même objet.

C'est là un phénomène physiologique, analogue à celui qui nous fait paraître droites les images renversées que reçoit notre rétine. Toujours est-il que la vision binoculaire existe et qu'on ne saurait la nier. Que l'on ferme alternativement un œil, puis l'autre, en visant le même objet, on se convaincra de plus que, s'il existe deux impressions, elles sont en outre essentiellement différentes, et que ces différences dépendent de la distance qui sépare l'objet du spectateur.

Ce défaut d'identité dans les impressions, remarqué depuis longtemps déjà par un de nos maîtres qui savait voir, Léonard de Vinci, a été rappelé et démontré, ce siècle-ci, par M. Wheatstone. Une expérience très simple donne facilement la preuve de leurs assertions. Regardez avec un œil seulement un objet placé très près d'un mur. L'objet et le mur paraîtront presque en contact. Au bout de quelques minutes ouvrez brusquement l'autre œil. L'objet semblera se détacher tout à coup et vivement du mur. On aura immédiatement la sensation d'un espace libre existant entre l'objet et le mur. Il y aura relief. Donc le relief s'accuse par la vision binoculaire, c'est-à-dire par deux perspectives juxtaposées d'un même objet. C'est la base du stéréoscope, instrument qui permet de placer sous les yeux d'un observateur deux perspectives d'un même objet, de façon qu'elles se fondent et ne nous donnent que la sensation d'un même objet très accentué en relief.

L'exactitude nécessaire entre ces deux images ne peut s'atteindre dans le dessin direct que par une application mathématique des lois de la perspective. Aussi est-il tout naturel qu'on ait cherché à l'obtenir par la photographie. De là la chambre noire stéréoscopique, c'est-à-dire munie de deux objectifs disposés de telle sorte, qu'ils constituent, pour ladite chambre noire, une véritable vision binoculaire.

Les images obtenues ainsi, placées dans un stéréoscope, ne peuvent manquer de nous donner l'impression de l'enveloppement atmosphérique. Aussi ne me semble-t-il pas douteux que la photographie stéréoscopique ne soit, aussi bien au point de vue de l'amusement que de l'art, un des termes de la photographie de l'avenir en tant que petites épreuves conservées en vraie grandeur.

La difficulté consiste à obtenir des objectifs rigoureusement bien appariés, écartés d'une façon rationnelle, pouvant être obturés exactement dans les mêmes conditions de temps et dans les mêmes parties à la fois. Ajoutez encore que pour obtenir le mieux dans les effets de lumière ou de mouvement, il faut que les constructeurs adaptent ces objectifs à des chambres à main permettant l'instantanéité et la mise au point immédiate.

Depuis quelque temps la question s'étudie chaque jour et déjà s'accroît le nombre des chambres noires à main stéréographiques et pratiques.

Toutefois on n'est pas encore nettement d'accord en ce qui concerne l'écartement des deux objectifs. La longueur de cet écartement présente, en effet, toutes les proportions d'une question capitale. L'écart moyen des yeux de l'homme mesure $0^m,065$ à $0^m,070$. Il semblerait donc tout naturel que les épreuves stéréoscopiques dussent être faites avec des objec-

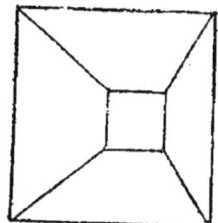 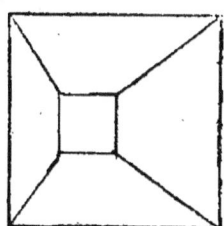

Effet de la vision binoculaire.

tifs présentant ce même rapport dans leur écartement et possédant une distance focale proportionnée au grossissement du stéréoscope employé pour regarder ces épreuves. Toutefois cette vérité stricte ne nous donne pas toujours entière satisfaction. Comme dans toute question d'art il faut allier, dans une certaine mesure, la réalité rigoureuse avec un peu d'exagération dans un sens ou dans l'autre. Ces sortes de compromissions s'imposent presque constamment à l'artiste. Or, en photostéréographie d'aucuns se refusent à admettre un écartement des objectifs supérieur à celui des yeux de l'homme, soit donc $0^m,065$ à $0^m,070$. D'autres, au contraire, sous prétexte d'augmenter l'effet de relief réclament un écartement beaucoup plus grand. Quelques-uns vont même jusqu'à demander à cet écartement de varier proportionnellement à la distance qui sépare les objectifs du sujet à reproduire !

A mon sens, les uns et les autres se trompent. Je ne saurais trop le répéter, la loi du juste milieu doit toujours primer toutes les autres en matière d'art. A quoi bon demander un écartement variable suivant l'éloignement du sujet? La vision binoculaire normale superpose, sans différence appréciable, tous les objets situés au delà de 200 mètres. Le

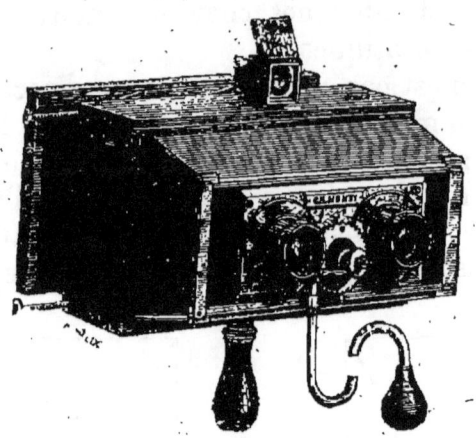

Chambre photostéréographique Monti. — Ouverte.

relief ne peut plus exister. Pourquoi chercherions-nous à donner aux lointains de notre œuvre un effet stéréoscopique que notre vision n'est pas habituée à percevoir? D'ail-

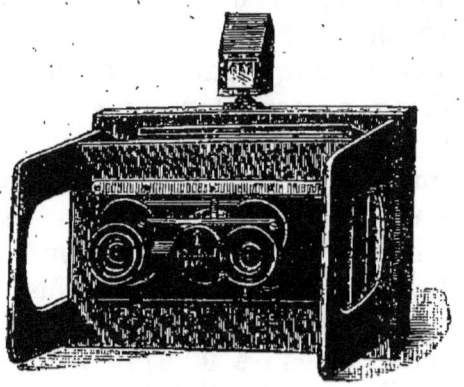

Chambre photostéréographique Poulenc.

leurs la photostéréographie, comme le stéréoscope dont elle relève, convient réellement aux sujets rapprochés ou tout au moins dont les premiers plans se trouvent à quelques mètres seulement de l'opérateur. Voilà un principe qu'on devrait écrire en grosses lettres sur le verre dépoli de la chambre noire afin de ne pas le perdre de vue dans le choix du motif.

Du reste, pour en finir avec cette question, l'expérience démontre que les meilleurs résultats sont obtenus avec un écartement des objectifs n'excédant pas les deux tiers de la distance focale de ceux-ci. Or si l'on considère : 1° que la distance moyenne de la vue distincte est de $0^m,30$; 2° qu'une épreuve n'est vue dans ses proportions vraies qu'autant qu'on la regarde d'une distance égale à la longueur focale l'objectif qui a servi à l'obtenir; 3° que l'effet grossissant

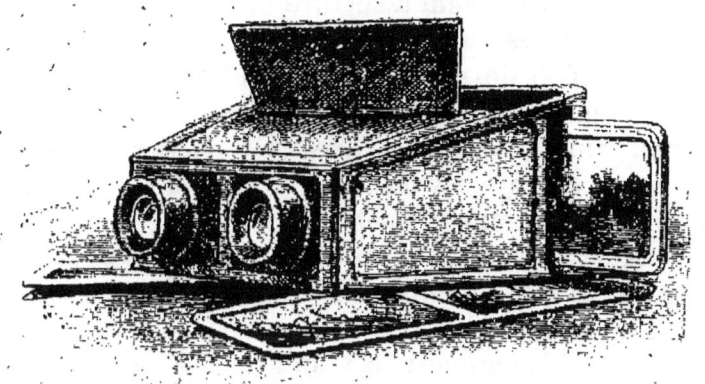

Stéréoscope de Brewster.

des lentilles du stéréoscope est d'environ 2,5, on en déduit cette conclusion : Pour obtenir des épreuves photographiques *conformes aux règles de la perspective* nous devons employer des objectifs présentant une distance focale de $0^m,30 : 2,5 = 0^m,12$. Un léger excès en plus ou en moins demeure admissible sans compromettre le résultat, puisqu'il n'est tenu compte, dans ce calcul, que d'une moyenne de la vision. En effet, des objectifs de $0^m,10$ répondraient à une vision de $0^m,25$; d'autres de $0^m,14$ à une vision de $0^m,35$. Or, $0^m,25$ et $0^m,35$ peuvent être considérés comme les deux points extrêmes de la vision distincte; par conséquent $0^m,10$ et $0^m,14$ comme les deux points extrêmes de la distance focale des objectifs destinés à la photostéréographie. Donc en prenant les deux tiers des objectifs moyens, nous devons avoir entre les axes des objectifs un écartement de

$0^m,12 : 2/3 = 0^m,08$, ce qui dépasse de peu l'écartement maximum des yeux humains. Mais retenez-le bien : On ne saurait, au point de vue de la vérité ni de l'art, le dépasser beaucoup plus, soit par exemple, $0^m,09$ pour allier, dans une bonne compromission, la réalité rigoureuse avec une exagération restant artistique.

Quant aux dimensions des plaques à employer en photostéréographie, on peut admettre sans grand inconvénient celles qui mesurent 9×18. Alors, dans ce cas, j'admettrai encore, comme je viens de le dire, que l'on force encore un peu l'écartement des objectifs pour le porter à $0^m,09$, pour que chaque objectif soit nettement au centre de l'élément correspondant. Les résolutions du Congrès de 1891 fixent, en effet, à $0^m,085$ sur $0^m,170$ le format des épreuves montées. Elles adoptent les dimensions $0^m,066$ sur $0^m,070$ pour les vues élémentaires comprenant, par leur réunion, l'épreuve stéréoscopique, en laissant entre ces vues un intervalle de $0^m,004$ de façon à obtenir un écartement de $0^m,070$ pour les centres des deux images. Avec la grandeur maxima 9×18, toutes ces dimensions peuvent être obtenues sans un sacrifice par trop considérable d'une partie de l'image.

Ceci posé, voyons comment ces images se présentent dans l'appareil photostéréographique. Prenons des bateaux en pleine mer. Notre figure 1 nous les montre tels qu'ils apparaissent à nos yeux. L'image 1 marquée G est vue par notre œil gauche ; l'image 2 marquée D par notre œil droit Chaque objectif de la chambre photostéréographique renverse l'image qu'il reçoit. Par conséquent les images seront perçues sur le verre dépoli, ainsi que l'indique la figure 2. Nous devons remarquer toutefois que l'image *perçue* ne se trouve pas absolument identique à l'image *reçue*. La glace sensible se substituant à la glace dépolie, l'image sera, en effet, *reçue* en avant du verre sur la face gélatinée. Il faudra, pour avoir réellement cette image, et l'avoir redressée, rabattre de haut en bas la plaque sur son grand axe inférieur. Les bateaux nous apparaîtront alors avec leur proue dirigée vers la droite, alors que dans la perception directe elle est dirigée vers la gauche. Mais si nous rabattons de nouveau la plaque, en la faisant pivoter cette fois de droite à gauche sur son petit axe, nous la percevrons par transparence et telle qu'elle sera sur la photocopie positive, comme l'indique la figure 3. Nous voyons que les images

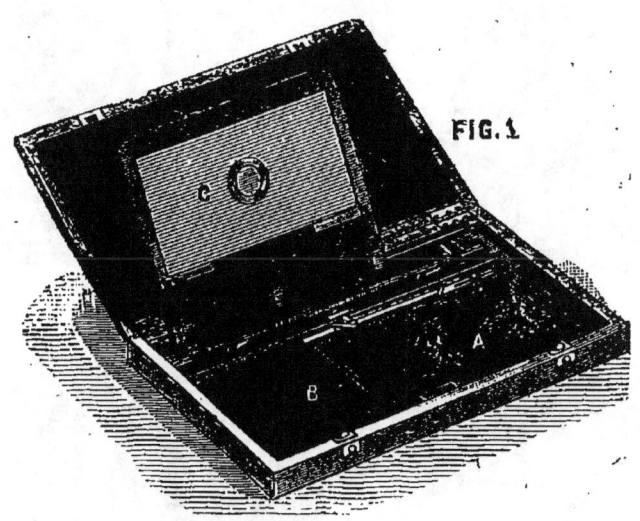

Châssis transposeur de M. Ch. Monti.

en ayant été renversées dans la chambre noire ont été aussi transposées. En d'autres termes, la vue de gauche G nous

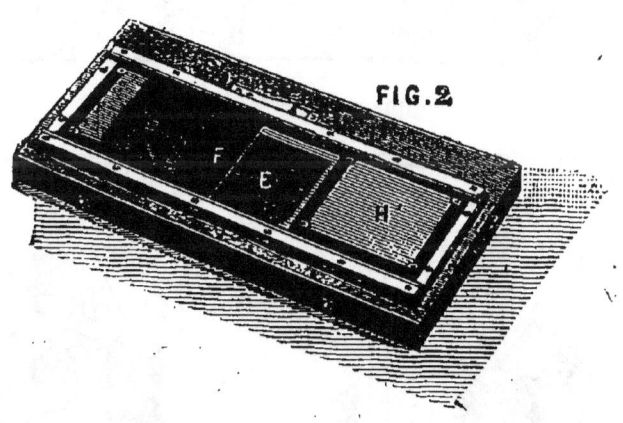

Châssis transposeur de M. Ch. Monti.

apparaît de face comme étant l'image perçue par l'œil droit; la vue de droite D comme étant celle perçue par l'œil gauche. Pour que ces images se retrouvent dans leur posi-

NÉCESSITÉ DE LA TRANSPOSITION

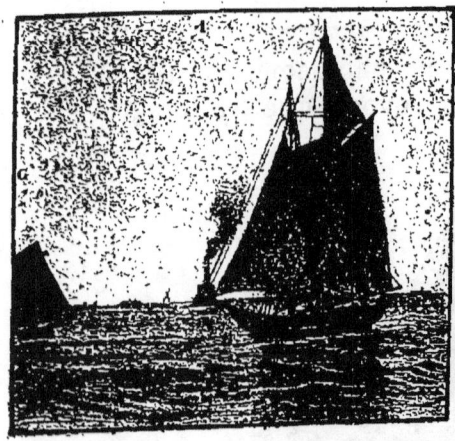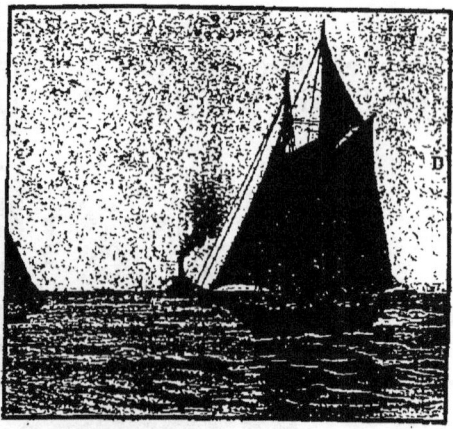

1. — Images *directes*.

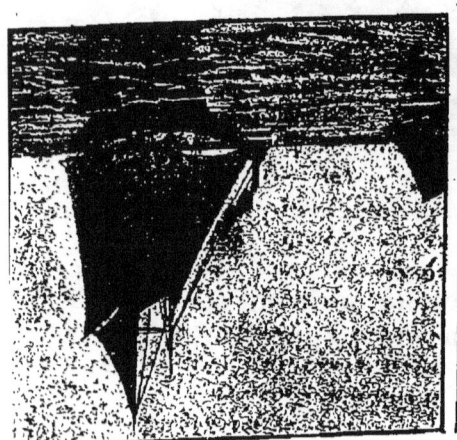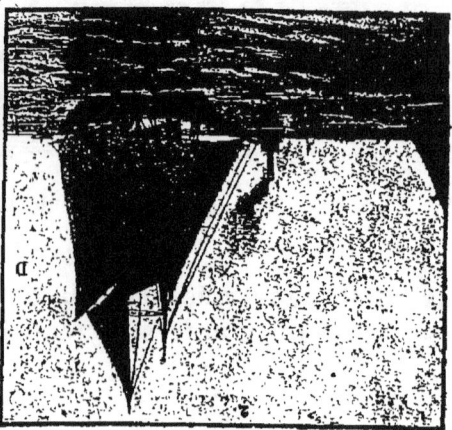

2. — Images *renversées*.

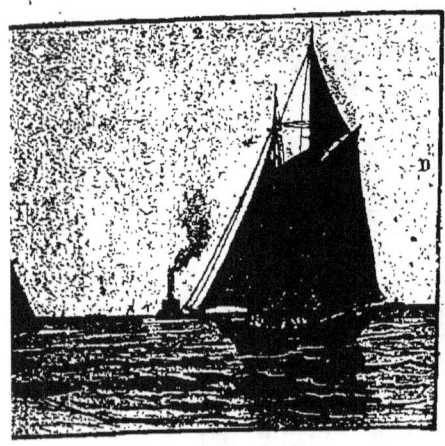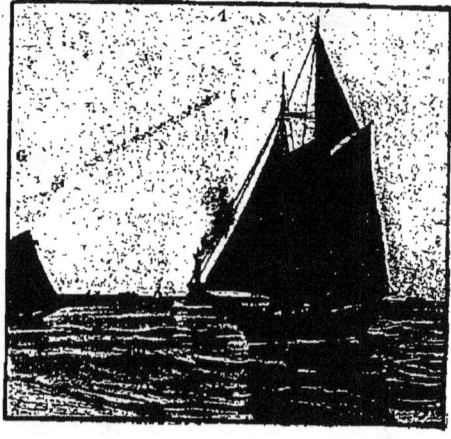

3. — Images *inversées*.

tion respectivement naturelle, il faudra donc couper la photocopie de façon à remettre D et G dans la position où les montre la figure 1.

Lorsqu'il s'agit d'une photocopie sur papier sensibilisé, rien de plus simple : on coupe l'épreuve double au calibre en prenant soin de faire passer sur les mêmes points de chaque image l'un ou l'autre des grands côtés. On plie l'épreuve par le milieu, on sépare les deux images et on colle à gauche celle de droite et à droite celle de gauche.

Mais les épreuves photostéréoscopiques sont beaucoup plus belles par transparence que par réflexion. Aussi préfère-t-on les tirer sur glace au gélatino-chlorure que sur papier sensibilisé. L'exposition et le développement se font comme pour les diapositives de projection, mais en poussant cependant à une intensité un peu plus grande la tonalité générale de l'image. Pour éviter le phénomène de la transposition, il devient donc nécessaire de couper préalablement le phototype. Méthode délicate, ennuyeuse. Résultat encombrant et susceptible dans la suite de donner naissance à des erreurs. Pourtant cette manipulation s'impose inéluctablement. Voudrait-on s'y soustraire? La photocopie obtenue sans transposition des images ne donnerait plus dans le stéréoscope la sensation du relief. L'effet stéréoscopique se trouverait donc détruit. Que dis-je? entièrement renversé. Les saillies deviendraient des creux; les creux des saillies. Combinées suivant une résultante unique, les deux images nous présenteraient, par cette résultante, l'impression absolument contraire à l'impression cherchée. Au lieu d'une statue qu'on aurait voulu représenter, par exemple, nous verrions le moule de cette statue. Nous n'aurions plus de la *stéréoscopie*, mais de la *pseudoscopie*.

Pour obvier à ces divers inconvénients et rendre tout à fait pratiques les tirages sur verre des épreuves diapositives photostéréoscopiques, M. Ch. Monti a eu l'heureuse idée de construire un châssis spécial. Plus n'est besoin de couper le phototype ni de lutter contre les difficultés complexes d'un repérage soigneux. Avec ce petit instrument, la transposition se fait facilement, sûrement, proprement et rapidement. A l'aide d'un mécanisme fort simple, l'écartement et la hauteur des images se règlent à l'avance et restent exactement les mêmes pour tous les tirages.

Dans le cas des images sur verre, on peut cependant éviter la transposition en employant, pour regarder les images, un stéréoscope spécial, dit inverseur, et inventé par MM. de J. Carpentier et Gaumont. Dans ce cas, au lieu de placer l'épreuve de façon que la gélatine soit en face des oculaires, on la place de telle sorte qu'elle regarde le verre dépoli.

Le montage des épreuves sur verre se fait en tous points de la même façon que celui des diapositives pour projections. Seulement on doit employer un cache à double ouverture, présentant chacune les dimensions du Congrès ci-dessus indiquées et séparées entre elles par une bande de $0^m,004$.

Je ne saurais trop vous recommander ce moyen d'art pour les petites photographies, mais je vous le recommande surtout sur verre.

La photostéréographie sur papier est considérablement inférieure à la photostéréographie sur verre.

FIN DU TROISIÈME LIVRE

ÉPILOGUE

LES COULEURS

Une date mémorable. — Propagation de la lumière. Onde et longueur d'onde. — L'interférence. — Ventres et nœuds. — Action de l'interférence dans la couche sensible. — La surface réfléchissante et le châssis à mercure. — Vision des couleurs sur la plaque. — Mode opératoire. Les idées de M. Otto Wiener. — Couleurs d'interférence et couleurs d'absorption. — Surfaces chromosensibles. — État de la question.

Le jour où les couleurs seront *directement* obtenues en photographie d'*une façon courante*, notre art aura fait sans doute un grand pas. Mais ce jour n'est encore qu'à son aube naissante, en ce qui concerne la pratique. M. Gabriel Lippmann cherchant la solution du problème en dehors des

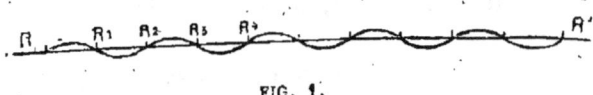

FIG. 1.

travaux de ses prédécesseurs, qui avaient obtenu les couleurs sans pouvoir les fixer, s'est appuyé sur des théories entièrement physiques, sur des considérations très ingénieuses, et a cherché à réaliser des résultats que ces théories et ces considérations lui permettaient d'espérer.

Ce qui fait la force de cette découverte, proclamée dans la séance, désormais mémorable, du 2 février 1891, c'est que les couleurs obtenues restent *fixées* au grand clair du jour. Point capital, acquis à la science, et qui fait que l'obtention des couleurs en photographie ne peut plus rester classée au rang des grandes utopies scientifiques semblables à la quadrature du cercle ou au mouvement perpétuel.

La lumière se propageant en ligne droite, prenons, par exemple, R, R' (*fig.* 1) comme étant la direction d'un rayon lumineux. La vitesse de ce rayon, indépendante de sa couleur, diffère suivant le milieu traversé. Dans l'air elle est environ de 300,300 kilomètres par seconde. Par transmission de proche en proche, chaque molécule d'éther composant ce rayon se trouve successivement animée d'un mouvement vibratoire perpendiculaire à ce rayon. La première molécule effectue, par exemple, son mouvement vibratoire de R en R_1, puis revient en R pendant que la seconde va de R_1 en R_2. La troisième, par conséquent, ira de R_2 en R_3, pendant que la seconde retournera en R_1. Ainsi de suite jusqu'à R'.

On nomme *onde* chaque mouvement d'aller et de retour d'une même molécule. Elle constitue donc une oscillation

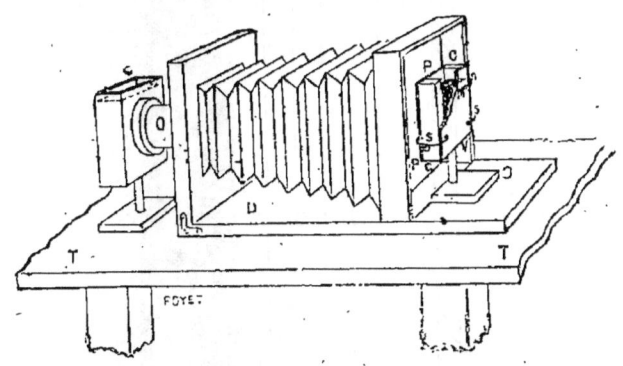

FIG. 2. — Ensemble de l'appareil pour la photographie des couleurs.

C cuve à faces parallèles contenant les dissolutions d'hélianthine ou de bichromate de potasse.
D chambre noire.
O objectif.
B support de la cuve à mercure.

P plaque sensible.
CC bandes de caoutchouc.
V fond de la cuve.
M mercure.
SS pinces.
T table.

complète. Le temps nécessaire à la production de cette oscillation complète se nomme *longueur d'onde*, longueur variant avec chaque couleur du spectre.

Vous remarquerez, d'une part, qu'à chaque demi-longueur d'onde correspond l'écart minimum de deux molécules d'éther; d'autre part, que chaque partie vibrante est en retard sur celle qui la précède. Il résulte que ces retards, en s'ajoutant, donnent lieu de remarquer qu'à côté d'une molécule il en existe toujours une autre vibrant en sens contraire. A distances paires de demi-longueur d'onde elles vibrent dans le sens primitif; à distances impaires, dans le sens inverse. De là ce curieux phénomène : *deux rayons de même couleur, émanés de la même source, produisent des vibrations qui peuvent tantôt s'ajouter en produisant des maxima de lumière, tantôt se détruire en donnant des minima de lumière, c'est-à-dire de l'obscurité.*

Une légère différence dans le chemin parcouru suffit, par conséquent, pour que les mouvements vibratoires soient ou en concordance ou en discordance. Si donc nous admettons un instant que, par un artifice quelconque, nous puissions transmettre simultanément à une même molécule d'éther

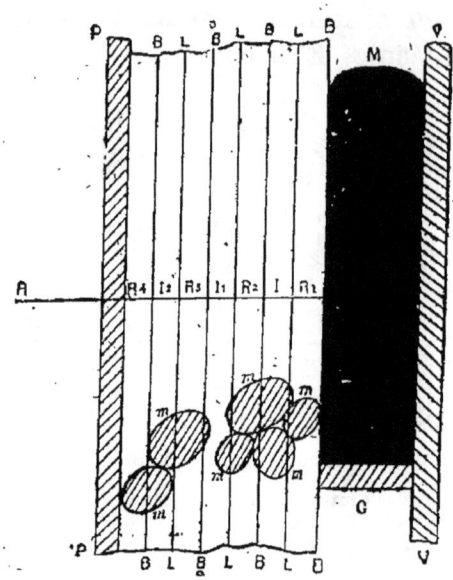

Fig. 3. — Coupe du châssis creux pour démontrer l'action de la lumière dans la couche sensible.

PP support de verre de la couche sensible.
SS couche sensible considérablement amplifiée.
C bande de caoutchouc.
VV fond de la cuve.
RR_4 direction du rayon lumineux venant de l'objectif.

$I_1 I_2$ points de concordance ou maxima de lumière.
$R_1 R_2 R_3 R_4$ points de discordance ou minima de lumière.
mm molécules de bromure d'argent.
LL lignes des maxima.
BB lignes des minima.

deux vitesses oscillatoires, parties à des époques différentes de la même source, la molécule subira une vitesse résultante, supérieure ou inférieure aux vitesses composantes, suivant le sens de celles-ci. Il y aura alors *interférence*. L'ensemble des points minima et maxima prend le nom de *franges d'interférence*.

Or dans ces variations de vitesse deux cas se présentent : ou la différence du chemin parcouru est exactement égale à une longueur d'onde ou à un multiple entier pair de deux longueurs d'onde, alors les deux vitesses composantes sont identiques et forment, au point déterminé, un maximum d'éclairement; ou cette différence est égale à une demi-longueur d'onde ou à un multiple entier impair de la demi-longueur d'onde, alors les deux composantes sont inversement identiques, c'est-à-dire égales et en sens contraire, et

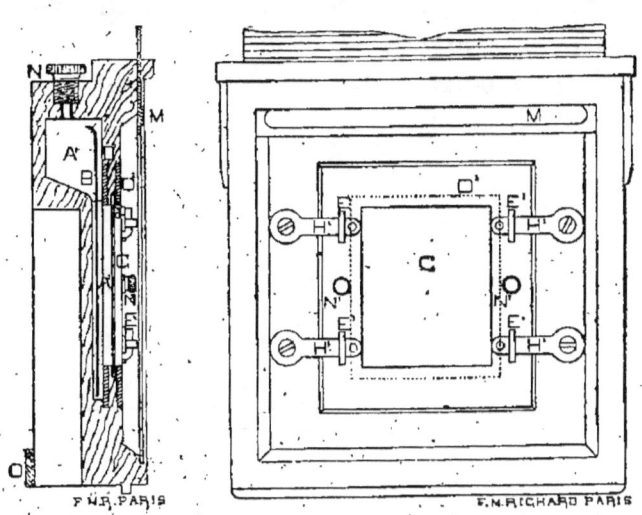

Le châssis à mercure *Contamine*.

par conséquent s'accumulent pour donner le minimum d'éclairage ou l'obscurité.

Le point où la lumière est maxima prend le nom de *ventre*, celui où elle est minima le nom de *nœud*. Ces ventres et ces nœuds alterneront, séparés entre eux par des intervalles égaux, par conséquent à un quart de longueur d'onde.

Il va de soi que ce qui existe pour un rayon unique existe également pour tous les rayons composant un faisceau. Par conséquent, les nœuds et les ventres réunis formeront des plans nodaux et des plans ventraux.

Ceci posé, si nous étendons sur la surface réfléchissante une matière sensible, le phénomène d'interférence, que nous venons de voir, se produira dans l'intérieur même de cette couche et elle se trouvera impressionnée seulement dans le voisinage immédiat des plans ventraux. Le problème de la reproduction photographique de l'interférence sera alors résolu.

Pour atteindre ce but, M. G. Lippmann a construit une sorte de châssis creux ou cuve (*fig.* 3) avec deux plaques de verre garnies de bandes de caoutchouc et consolidées avec des pinces. Dans l'intervalle laissé libre il a versé du mercure destiné à fournir la matière réfléchissante. La plaque antérieure de la cuve a été recouverte d'une substance sensible *mise en contact* avec le mercure.

Un de mes correspondants, M. Contamine, m'a commu-

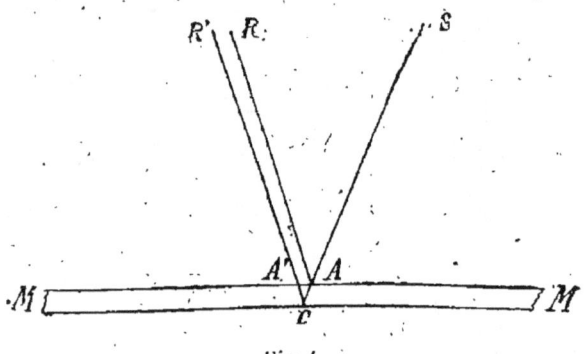

Fig 4.

niqué, pour la pratique, le plan d'un châssis à mercure qui a été construit par le Comptoir général de photographie. Il comprend : 1° un réservoir A^1 placé à la partie supérieure ; — 2° une chambre à mercure A^2 communiquant avec A^1 et séparée en deux par une lame de fer ou d'acier B ; — 3° un bouchon N pour la vidange du mercure ; — 4° un cadre de fer D encastré dans le corps du châssis et portant quatre saillies E^1 E^2 E^3 E^4 portant chacune, en son milieu, une échancrure à plan incliné dans laquelle vient se loger une des clefs H^1 H^2 H^3 H^4 ; — 5° un cadre D^2 semblable à D^1, mais percé de lumières suffisantes pour le passage des saillies ci-dessus indiquées et pourvu de deux boutons N^1 N^2.

Une épaisseur de bois, évidée pour recevoir la plaque sensible, sépare les deux cadres D^1 et D^2. Un corps souple et élastique garnit cet évidement sur la partie où doit reposer la couche sensible. L'autre côté de la plaque de verre est séparé du cadre de fer D^1 par un ou plusieurs cadres de carton buvard *d*. Un rideau M complète ce châssis.

Pour opérer, on met le châssis à plat, face en dessus, on pousse de côté les verrous H^1, H^2, H^3, H^4, pour dégager le cadre. On retire celui-ci, puis la glace, et on verse sur la plaque de fer une quantité suffisante de mercure pur, sec et bien propre. Le taquet O donne une déclivité à la plaque de fer et le mercure s'écoule dans le réservoir A^1.

La plaque sensible étant placée dans son logement, la surface impressionnable *au-dessous,* on pose sur le dessus le ou les petits cadres *d*, et enfin le cadre D^2 que l'on assujettit en amenant les clefs dans les échancrures à plan incliné des pièces E^1, E^2, E^3, E^4. En redressant le châssis, le mercure du réservoir A^1 s'écoule *derrière* la plaque de fer B, les impuretés surnagent et il n'arrive dans le réservoir A^2 que la partie la plus propre. Cette arrivée se fait lentement, régulièrement et sans amener de bulles d'air, et le mercure se met en contact intime avec la couche sensible. Après l'exposition suffisante et nécessaire, le châssis est remis à plat, le mercure se retire dans le réservoir A^1, et on peut aisément enlever la plaque exposée. En cas de nécessité, le mercure peut s'écouler par le bouchon N.

Le châssis à mercure une fois substitué au verre dépoli, dans la chambre noire que se passe-t-il?

Soit R le rayon arrivant de l'objectif (*fig.* 3, voir page 375). Il aboutit en R^1 à la surface du mercure, se trouve réfléchi par celui-ci et revient par conséquent sur lui-même dans la direction $R_1 R$. Entre le rayon direct et le rayon réfléchi il y a alors interférence. Des franges d'interférence se produisent donc dans l'intérieur de la couche sensible, offrant des minima de lumière aux points R_1, R_2, R_3 et R_4 : c'est-à-dire où il y a discordance de vibrations, et des maxima de lumière aux points I_1, I_2, I_3, etc., c'est-à-dire où il existe des concordances de vibrations.

Aux points maxima, la couche sensible s'impressionne Après le développement elle contiendra ainsi une série de lamelles d'argent réduit. Lamelles transparentes et possédant exactement l'épaisseur nécessaire pour reproduire, par *réflexion, la couleur incidente qui leur a donné naissance.* Or, plus nombreuses seront les couches, plus vives les couleurs reproduites. Quant à la fixation de ces couleurs, elle demeure complète et illimitée, puisqu'elles sont formées physiquement par réflexion.

Par transparence le phototype est négatif, c'est-à-dire que chaque couleur est remplacée par sa complémentaire.

En un mot la vision des couleurs sur la plaque est due au phénomène des lames minces, auquel les bulles de savon et la nacre doivent leurs colorations.

Soient MM (*fig.* 4, voir page 377) une lame mince ayant l'épaisseur exigée par la couleur agissante, et SA un rayon de lumière blanche frappant la surface de la lame. Une partie de SA se réfléchira en A suivant AR. L'autre partie pénétrera en C. Arrivée à ce point elle réfléchira suivant A′R′ parallèlement à AR. Les rayons AR et A′R′ interféreront entre eux. Or le chemin parcouru par A′R′ sera plus long que celui parcouru par AR de toute la longueur ACA égale à une longueur d'onde de la couleur agissante. Les mouvements vibratoires des rayons AR et A′R′ ne seront plus en concordance, sauf pour la couleur agissante qui dominera à l'exclusion des autres.

Plus la couche aura de lames, plus la pureté et l'éclat de la couleur seront augmentés.

En ce qui est de la vision de l'épreuve en couleurs M. Lippmann a imaginé un appareil spécial. Les épreuves obtenues par la méthode interférentielle ne sont *vues en couleurs* que sous la même incidence qui a fourni l'image. Pour permettre de les voir ainsi, M. Lippmann emploie une lanterne L éclairée par un bec de gaz Auër. En avant de cette lanterne une lentille sert de condensateur et envoie, en un faisceau parallèle, toute la lumière sur l'épreuve soutenue par un support P. En plaçant sur le parcours du rayon réfléchi, entre elle et le spectateur, une loupe G, celui-ci, en mettant son œil contre un œilleton E fixé au foyer de la loupe, verra l'image amplifiée. L'image se lit avec une netteté absolue, se montre avec un brillant parfait et se présente avec une sorte de relief qui donne l'illusion complète quand on remplace la loupe par une jumelle de spectacle.

La formation de lamelles dont je viens de parler montre la nécessité d'employer une substance sensible parfaitement homogène, si les molécules *mm* qui la composent (*fig.* 3) présentaient des épaisseurs supérieures à une demi-longueur d'onde, elles déborderaient sur les couches non impressionnées, rendant les autres discontinues, irrégulières, nulles. On ne saurait donc se servir des plaques du commerce dont les grains de bromure d'argent atteignent et dépassent plusieurs millièmes de millimètres.

Pour son expérience, M. G. Lippmann a étendu sur sa plaques une solution de gélatine dans de l'eau chaude contenant du bromure de potassium, qu'il a sensibilisée, après

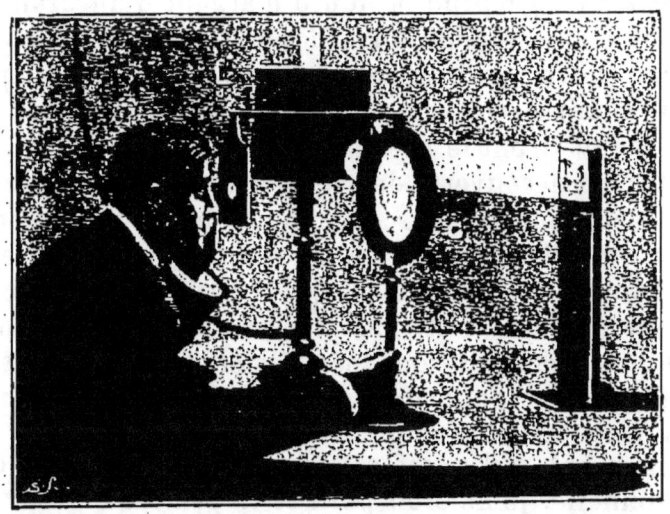

Appareil de M. Lippmann pour regarder les épreuves en couleurs.

dessiccation, en la plongeant dans un bain d'azotate d'argent. Le bromure d'argent qui se forme alors offre toutes les conditions voulues de finesse. Mais pour atteindre le but suprême, il restait à tenir compte de la différence actinique des rayons colorés.

Afin d'arrêter les rayons bleu, violet, vert et ne laisser passer que les rayons rouge et jaune, on place devant l'objectif une cuve de verre, à faces parallèles, contenant une dissolution d'hélianthine dans l'eau. Le rouge et le jaune ayant posé leur temps à peu près normal, on remplace la cuve d'hélianthine par une autre cuve contenant une dissolution de bichromate de potasse, assez concentrée pour ne laisser passer que les rayons rouge, jaune et vert. Après la pose nécessaire au vert, on substitue à cette cuve une autre cuve contenant une dissolution faible de bichromate de potasse, laissant passer les rayons bleus. Après la pose on laisse librement le violet s'impressionner.

Il n'y a plus qu'à développer la plaque suivant un des procédés connus. M. G. Lippmann a employé l'acide pyrogallique additionné de sesquicarbonate d'ammoniaque.

MM. Lumière frères ont repris avec un éclatant succès les expériences de M. Lippmann en se servant de plaques *émulsionnées* au gélatino-bromure d'argent d'un grain très fin. Ils ont même obtenu ainsi des portraits. Mais, malgré tous leurs efforts, malgré les merveilleux résultats qu'ils nous font admirer, ce n'est pas encore demain que nos photographies revêtiront le charme de la couleur.

De fait, si la découverte de G. Lippmann est absolument suggestive et d'une rigueur scientifique indiscutable, on ne peut nier cependant qu'elle ne parvient pour ainsi dire pas à entrer dans la pratique. C'est qu'il y a, dans ce procédé, des plaques à préparer et, qui plus est, des plaques émulsionnées dans des conditions spéciales et orthochromatisées. Difficultés grandes pour un praticien émérite; difficultés quasi insurmontables pour un amateur.

Au demeurant, s'il m'est permis d'émettre ici mon opinion personnelle, je ne crois pas que *la pratique* de la photographie des couleurs nous sera donnée avec la méthode interférentielle de Lippmann. Il y aura, il y certainement autre chose.

C'est sous la conviction d'une idée analogue, sinon identique, que M. Otto Wiener a repris l'examen critique de toutes les expériences qui ont été tentées sur l'obtention de la couleur en photographie. Les travaux d'Edmond Becquerel, Zenker, Seebeck, Poitevin, Lippmann et Lumière ont été passés en revue par lui. Avec la logique claire, simple et convaincante qui caractérise toujours l'exposé de ses expériences, M. Otto Wiener arrive à conclure qu'il existe en réalité deux espèces de photographie des couleurs : celle où les couleurs de l'épreuve sont des couleurs d'*interférence*, par conséquent des couleurs non réelles mais d'*apparence*, et celle où les couleurs de l'épreuve sont des couleurs d'*absorption*, et par conséquent de véritables couleurs *réelles* absolument propres au corps qui a subi l'action lumineuse.

Le mémoire complet de M. Otto Wiener, publié dans les *Annales* de Wiedelmann, porte pour titre : « Photographie des couleurs propres aux corps et mécanisme de l'adaptation à la couleur de la nature. »

Pour ce savant, la couche sensible qu'il faudrait employer pour avoir photographiquement les couleurs *réelles*, et non d'apparence, par conséquent *visibles sous toutes les incidences*, serait une substance noire absorbante, composée elle-même de diverses substances absorbantes et absorbant chacune toutes les couleurs, sauf une couleur donnée et impressionnée par les couleurs qu'elle absorbe. En conséquence, il en faudrait au moins trois, correspondant à trois couleurs simples suffisamment différentes pour pouvoir, par leurs combinaisons, redonner du blanc.

Je rappellerai, pour ceux de mes lecteurs qui aiment à faire autre chose que de la photographie courante, ou qui désirent pousser leurs investigations dans cette voie pleine d'attraits, je rappellerai, dis-je, une des plus anciennes expériences de ce genre, celle de Poitevin.

Poitevin prenait du papier non collé, et l'immergeait durant deux minutes dans une solution de sel marin à 10 pour 100, puis une minute dans une solution d'azotate d'argent à 8 pour 100. Après un lavage rapide, la feuille ainsi préparée était alors plongée dans une solution de chlorure de zinc à 5 pour 100, puis portée et maintenue à la lumière diffuse du jour, jusqu'à ce que la couche impressionnée devînt foncée, dans une certaine mesure cependant. Elle était alors retirée du bain et baignée dans un mélange formé d'une solution concentrée de bichromate de potasse pour deux parties d'une solution également concentrée de sulfate de cuivre. On la pressait alors, pour la faire sécher, entre deux doubles de papier à filtrer. Avant dessiccation complète, ou alors légèrement humectée, on l'insolait sous un vitrail coloré. Les couleurs s'imprimaient par simple exposition et *sans développement*. Malheureusement, Poitevin et ceux qui l'ont imité ne sont pas parvenus à *fixer* ces couleurs. A force de les regarder à la lumière blanche, elles disparaissent petit à petit.

M. E. Vallot, se basant sur ces indications, a réalisé,

en 1896, l'obtention d'une couche chromosensible, d'un autre genre que celle de Poitevin et donnant la photographie des couleurs. C'est une vérification, par expérience, des idées nouvellement émises.

M. E. Vallot prépare les trois solutions suivantes :

- A. Alcool . . . . 50 cm³.
  Pourpre d'aniline. . . . . . 0 gr. 2.
- B. Alcool . . . . 50 cm³.
  Bleu victoria. . . . . 0 gr. 2.
- C. Alcool . . . . 50 cm³.
  Curcuma . . . . 10 grammes.

On mélange ensemble ces trois solutions, et l'on fait flotter le papier sur ce mélange. Ainsi préparé, il ressemble à s'y méprendre à celui préparé au sous-chlorure d'argent violet par le procédé Poitevin que je viens de vous indiquer, au moins quant à la teinte. Quand ce papier est sec, on l'insole pendant trois ou quatre jours sous un écran coloré, un vitrail. A la sortie du châssis-presse, l'épreuve est terminée sans autres opérations.

De l'avis même de M. E. Vallot, le curcuma n'est pas encore le véritable jaune qu'il faudrait employer. Le curcuma est généralement détruit par la lumière plus rapidement que le pourpre d'aniline et que le bleu victoria.

Les images sont plus belles par transparence que par réflexion et, sans être fixes, le sont cependant assez pour être examinées sans danger à la lumière diffuse.

Le fixage est le point à chercher de ces procédés et des autres. Tout est là pour le moment.

Je fais des vœux pour que ce fixage s'obtienne le plus prochainement possible, comme j'en fais pour le *fixage* de toutes les idées que j'ai émises au cours de ce long travail se fasse dans votre esprit pour le plus grand bien de l'Art en photographie.

FIN DE L'ART EN PHOTOGRAPHIE

INDEX ALPHABÉTIQUE

A

Accessoires et fonds, 241.
Acuité visuelle, 142.
Admiration, 193.
Agrandissement direct, 327.
Agrandissement indirect, 344.
Agrandissement menant à l'art, 24.
Agrandissements, 323.
Agréable (de l'), 123.
Aisance, 216.
Ame des photocopies, 32.
Ampleur des effets, 111.
Amplificateur à bonnettes, 327.
Anatomie, son alliance aux Beaux-Arts, 172.
Angle facial, 177.
Animation (de l'), 130.
Animaux, 276.
Anthropomorphisme, 72.
Anti-halo, 348.
Appui-tête, 253.
Art et nature, 11.
Art photographique (ce qu'il doit être), 22.
Atelier, 160.
Atelier (de la disposition de l'), 167.
Attention, 194.
Attitude, son choix dans le portrait, 198.
Attributs esthétiques, 55.
Attributs psychologiques, 55.

B

Beau et ses attributs, 53.
Beauté optique, 56.
Beauté poétique, 59.

Bec Auer pour la projection, 360.
Bouche, 203.
Boussole de l'artiste, 49.
Boussole photographique, 51.
Bromures alcalins leurs effets dans le développement des diapositives), 350.

C

Camaïeu et photographie, 40.
Centre du tableau, 63.
Chambre noire photostéréographique, 365.
Châssis amplificateur, 326.
Châssis à mercure, 377.
Châssis transposeur, 368.
Chromophotographie, 373.
Ciels, 93.
Ciels factices, 102.
Ciels naturels et directs, 99, 103.
Cirro-cumulus, 102.
Cirro-stratus, 102.
Cirrus, 100.
Clair-obscur (ordonnance dans le), 62.
Classification des genres, 280.
Classification des nuages, 99.
Colère (la), 192.
Coloration des diapositives, 351.
Coloriage des diapositives, 354.
Compas du photographe, 60.
Compassion (la), 193.
Composition par le déplacement, 71, 127.
Contrastes, 83.
Corps opaques, 43.
Corps réfléchissants, 44.
Couleur sans couleurs, 50.
Couleurs (les), 373.

Couleurs d'interférence et couleurs d'absorption, 381.
Courage (le), 194.
Cumulo-cirro-stratus, 101.
Cumulo-stratus, 101.
Cumulus, 99.
Cuves servant à constituer des écrans colorés, 158.
Crainte (la), 193.

D

Date mémorable, 373.
Définition de l'art, 40.
Définition du beau, 53.
Définition (nécessité d'une bonne), 88.
Développement artistique, ses principes, 285.
Développement cérébral, 19.
Développement à l'acide pyrogallique des papiers, 308.
Développement en deux cuvettes, 289.
Développement lent en cuvette verticale, 291.
Développement raisonné des ciels, 104.
Développement sans alcali, 310.
Dents, 203.
Désir (le), 193.
Diagonales dans le portrait, 228.
Diapositives, 346.
Dimension des plaques photostéréographiques, 367.
Disposition d'un atelier, 167.
Disposition spéciale pour l'agrandissement, 327.
Dissémination, 43.
Division et indivision dans le portrait, 229.
Dominante horizontale, 59.
Dominante oblique, 61.
Douleurs corporelles, 192.

E

Écartement des objectifs dans la photostéréographie, 364.
Éclairage du portrait, 164.
Écrans colorés, 152.
Écrans pour l'éclairage du portrait, 208.

Effets (les), 110.
Effets de lumière, 110.
Effets de lune, 128.
Effets de neige, 120.
Effets de nuit, 249.
Effets de pluie, 121.
Effets produits par la perspective aérienne, 79.
Ensemble de la face, 181.
Épreuves indélébiles, 303.
Équilibre des masses, 63.
Expression, 189.
Expression (l'), 67.
Expressions convulsives 192.
Expressions expansives, 193.
Expressions oppressives, 192.

F

Face et visage, 172.
Figure (la), 160.
Figure en pied, 207.
Flouistes et nettistes, 23.
Fonds et accessoires, 241.
Fonds russes, 246.
Force, 216.
Format de la photocopie par rapport aux dominantes du sujet, 60.
Forme de l'atelier, 169.
Frayeur (la), 192.
Front (le), 209.

G

Goût (le), 13.
Grâce, 216.
Groupes et sujets de genre, 255.

H

Harmonie et proportion, 69.
Heures propices au photographe paysagiste, 47.
Horizon (de l'), 72.
Horizon surbaissé dans le portrait, 194.
Horizon surélevé dans le portrait, 195.
Horizon surbaissé ou surélevé dans le paysage, 76.
Horizon rationnel, 75.
Horreur (l'), 192.

I

Images directes, renversées et inversées, 369.
Importance des personnages dans le paysage, 131.
Impressions des diapositives, 347.
Insolation (procédé de la double), 103.
Instantanées (limitation des), 139.
Instantanéité (son concours à l'animation mouvementée), 136.
Intelligence (moyens de frapper l'), 32.
Interférence, 375.
Invention (de l'), 267.

J K

Jalousie (la), 193.
Joues, 200.
Kallitypie, 321.

L

Lanterne de projection, 352.
Lèvres, 203.
Le mouvement sans le sentiment du mouvement, 142.
Liberté (de la), 55.
Liberté du mouvement, 220.
Lignes des épaules, 199.
Lignes faciales, 178.
Limitation des agrandissements, 323.
Limitation des instantanées, 139.
Lumière (d'où elle doit venir pour le portrait), 164.
Lumière (son sectionnement), 171.
Lumière artificielle dans l'agrandissement, 343.
Lumière diurne et lumière artificielle combinées, 250.
Lumière ouverte, 163.
Lumière serrée, 164.

M

Magie de la projection, 346.
Mains, 204.
Marines, 120.

Menton, 203.
Mise au point dans le portrait, 208.
Mise en train, 72.
Modèles (des), 275.
Montage des diapositives, 355.
Mouvement suspendu, 204.
Motif (ce qu'on entend par le), 85.
Motifs d'art, 70.
Motif et sujet, 69.
Moyens d'art, 285.
Multisaturateur, 359.
Myologie de la face, 185.

N

Narines, 200.
Nature morte, 149.
Nécessité du sentiment esthétique, 11.
Netteté du motif, 85.
Nettistes et flouistes, 23.
Nez, 200.
Nimbus, 101.

O

Objectif et subjectif, 149.
Ocrage des plaques, 348.
Ombre et lumière, leur éloquence, 163.
Ombre, son tracé géométrique, 48.
Onde et longueur d'onde, 374.
Opposantes, 61.
Optique du costume, 220.
Ordonnance, 55.
Ordonnance en pyramide, 259.
Orientation d'un atelier, 168.
Originalité, 71.
Orthochromatisme, 149.
Orthochromatisation, 151.
Ostéologie de la face, 173.

P

Papier au gélatino-bromure d'argent 307.
Parallèles coupées par des obliques dans le portrait, 224.
Passions, 189.

Paysage (le), 40.
Paysage (il doit présenter le plus de ciel possible), 93.
Perspective aérienne, 46.
Perspective exacte rétablie par l'agrandissement, 27.
Petits diaphragmes, leur prohibition, 80.
Phénomènes de la vision, 44.
Physionomie mobile, 179, 185.
Physionomie passive, 173.
Photocollographie, 322.
Photostéréographie, 362.
Pignochage, 23.
Place de l'horizon, 77.
Plan d'un atelier, 169.
Pleurer (le), 193.
Points brillants, 44.
Point de vision, 213.
Point de vue, 79.
Point d'équilibre, 131.
Points forts et points faibles, 63.
Points de règle, 62.
Points symétriques, 63.
Porte-écrans colorés, 157.
Portrait (le), 196.
Portrait buste, 203.
Portraits en chambre, 214.
Portraits en plein air, 214.
Portraits en trois quarts de la hauteur, 203.
Portraits en vignette, 246.
Pourpre rétinien, 45.
Préface, 7.
Premier plan, 77.
Procédé Lippmann, 373.
Prologue, 11.
Projections, 346.
Propagation de la lumière, 373.
Proportion et harmonie, 69.
Pyrogallo-iconogène, 287.
Pyro-sulfite carbonaté, 296.

R

Raison (moyens de frapper la), 31.
Rappels (les), 63.
Ravissement (le), 194.
Rayures verticales et horizontales, 225.
Reflets, 83.

Réflexion, 44.
Réfraction, 44.
Regard, 187.
Relief de l'image, 80.
Rembrandt (éclairage à la), 247.
Répétitions, 83.
Ressemblance dans le portrait, 237.
Révélateurs employés pour l'agrandissement, 340.
Rire (le), 192.

S

Sectionnement de la lumière, 171.
Sens (moyens de les frapper), 30.
Sens du beau, 13.
Sensations visuelles, leur localisation, 141.
Schémas de la tranquillité de l'affaissement et de l'expansion, 190, 191.
Simplicité dans le portrait, 223.
Simultanéité (de la), 55.
Soleil dans le champ du tableau, 116.
Soleil dans l'atelier, 168.
Soleil sans soleil, 115.
Solidité du premier plan, 78.
Sourcils, 200.
Sous bois, 119.
Soutien des dominantes, 61.
Sublime (du), 123.
Subjectif et objectif, 149.
Sujets de genre et groupe, 255.
Sujet et motif, 69.
Surexposition, 120.
Surfaces chromosensibles, 376.
Stores, 171.
Stratus, 100.
Symétrie du visage, 199.

T

Tableaux, 72.
Temps de pose pour l'agrandissement, 322.
Tempérament artistique, 56.
Tirages artistiques, 303.
Tranquillité (la), 194.
Travail mental, 263.
Tristesse (la), 193.

U V

Unité (de l'), 59.
Variations dans la grandeur des reflets, 83.
Vérités physiognomoniques, 200.
Vibration du ton sur ton, 324.
Virage au cachou des papiers au platine, 320.
Virage des papiers au gélatino-bromure d'argent : à l'or tons noir bleu, 312.
Virage au ferrocyanure d'urane tons sépia, brun rouge et brun orangé, 315.
Virage au ferrocyanure de fer tons verdâtre et bleu, 315.
Virage au bichlorure de mercure tons noirs chauds, 316.
Virage au bichlorure de cuivre tons sanguine, 318.
Virage à l'azotate de plomb tons bruns, verts, rouges et oranges, 317.
Visage et face, 172.
Vision binoculaire, 362.
Vision (phénomènes de la), 44.
Vision des couleurs sur la plaque, 373.
Volume de la tête, 199.
Vue sensation et vue sentiment, 221.

Y

Yeux, 200.
Yeux bleus dans le portrait, 213.

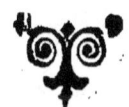

TABLE DES MATIÈRES

L'ART EN PHOTOGRAPHIE

PROLOGUE

Préface 7

ART ET NATURE

Nécessité du sentiment esthétique. 11
Le développement cérébral. 19
Ce que doit être l'Art photographique 22
Le net et le flou. 23
L'agrandissement menant à l'art. 24
Récupération de la perspective exacte. 27
Il faut frapper à la fois les sens, la raison et l'intelligence ... 31
L'âme des photocopies. 32

LIVRE PREMIER

LE PAYSAGE

I

LES JEUX DE LA LUMIÈRE

Définition de l'art. 40
Le camaïeu et la photographie. 40
La photographie reste un art au sens moderne du mot. 43
La dissémination 43
La réflexion 44
La réfraction. 44
Quel est celui de ces trois phénomènes qui prouve la vision ? .. 45

Les points brillants 44
L'œil humain n'est qu'une chambre noire perfectionnée 45
La perspective aérienne. 46
Les meilleures heures pour le photographe paysagiste 47
La couleur sans couleurs. 50

II

LE BEAU ET SES ATTRIBUTS

Définition générale du beau 53
Existe-t-il deux essences différentes du beau ? 54
Attributs psychologiques et attributs primordiaux. 55
Un mot de Corot. 55
La simultanéité 55
La liberté 55
Les aptitudes sensorielles de l'artiste 56
Le tempérament. 56
La beauté optique et la beauté poétique 56
L'unité 59
Les diverses dominantes 59
Des motifs en hauteur et en largeur. 60
Les opposantes. 61
Le point de règle 62
L'ordonnance dans le clair-obscur. 62
Les rappels 63
Points forts et points faibles. 63
L'expression 67

III

SUJET ET MOTIF

Proportion et harmonie. 69
Où est le sujet pour un paysagiste. 70
Différence entre le sujet et le motif. 70
Le photographe paysagiste compose en se déplaçant 71
Comment il peut inventer 71
Élimination et atténuation. 71
L'anthropomorphisme. 72

Le tableau.. 72
Ce qu'on entend par horizon............................ 72
Son rôle dans le tableau................................ 75
Quelle place les maîtres lui assignent................. 77
Le premier plan : ce qu'il doit être................... 77
Comment on obtient le sentiment de la profondeur... 79
Effets produits par la perspective aérienne........... 79
Pourquoi un petit diaphragme détruit le relief de l'image.... 80
Les contrastes.. 83
La répétition... 83
La netteté du motif...................................... 85

IV

LES CIELS

Pourquoi le ciel doit occuper, en général, la plus grande partie d'un paysage.................................. 93
Ce que donne un ciel parfaitement bleu................ 95
Petits moyens employés pour simuler le ciel sur la photocopie. 96
Les phototypes de ciels et l'insolation combinée...... 96
Des différentes espèces de nuages..................... 99
Soins à prendre dans le choix d'un phototype de ciel.. 102
Le ciel naturel direct doit toujours être préféré..... 102
Peut-on l'obtenir?....................................... 103
Méthode de la double insolation........................ 103
Comment on conserve le ciel au développement....... 104
Méthode de l'atténuation locale........................ 109

V

LES EFFETS

Des effets de lumière.................................... 110
Du maximum d'ampleur d'un effet....................... 111
Comment on l'obtient dans la pratique................. 112
Encore et toujours la surexposition................... 112
Impression de soleil sans soleil apparent............. 115
Le soleil dans le champ du tableau.................... 116

Le soleil sous les nuages. 115
Le soleil dans un ciel pur 116
Sous bois. 119
Effets de neige 120
Effets de pluie. 121
Marines 121
Effets de lune 128

VI

L'ANIMATION

Ce qu'on entend par animation 130
Ses divers éléments et ceux dont l'artiste est le plus maître. . . 130
De l'importance que doivent avoir les personnages 131
Points d'équilibre. 131
Petites règles simples. 132
Ce que devient, quand on l'anime, un paysage naturellement
    beau sans animation. 132
Ce que devient, quand on l'anime, un paysage absolument nul
    sans animation 135
Où l'on peut le mieux se livrer aux études de l'animation. . . . 136
Ressources de l'instantanéité pour l'animation mouvementée. . . 136
Limitation des instantanées 139

VII

NATURE MORTE ET ORTHOCHROMATISME

Le subjectif et l'objectif. 149
Ce qu'enseigne la nature morte 150
L'isochromatisme et l'orthochromatisme 150
Le système rationnel et systématique d'un jeu de verres colorés. 151
Les plaques à l'éosine. 151
Emploi combiné d'un verre jaune et de plaques à l'azaline . . . 152
Les plaques à l'érythrosine. 152
Les écrans colorés 157

LIVRE DEUXIÈME

LA FIGURE

I

L'ATELIER

Du paysage et du portrait	160
Ce que permet de tenter le procédé au gélatino-bromure d'argent.	163
La lumière ouverte et la lumière serrée	164
La lumière d'en haut et ce qu'en pensent les femmes.	164
Ce qu'elle est réellement.	165
La lumière d'en bas.	165
La lumière de côté	165
Combinaison de la lumière de côté avec la lumière d'en haut.	166
Le temps de pose à l'atelier	167
La photographie dans une chambre.	167
Le soleil dans l'atelier	168
De l'orientation.	168
De la meilleure forme à donner à un atelier photographique.	168
Les stores	170
Le sectionnement de la lumière.	171

II

FACE ET VISAGE

Alliance des Beaux-Arts et de l'Anatomie	172
Ce qu'on entend par le visage.	172
Ce qui le distingue de la face.	174
Définition du visage donnée par Shakspeare.	174
Des divers éléments de la face et du visage.	175
La physionomie passive	176
L'ostéologie de la face	176
Tête de mort et philosophie	177

L'angle facial 177
La physionomie mobile. 179
La myologie de la face 180
Quelques aphorismes de Lavater. 186

III

L'EXPRESSION

Le photographe doit agir comme les autres artistes 189
Ce que dans les arts on entend par passions. 189
Les signes inconscients de l'art 190
Représentation schématique des trois grandes expressions primordiales 191
Les expressions convulsives 192
Les expressions oppressives 192
Les expressions expansives. 193
Importance de la position de l'horizon 194
Facilité de la caricature 195

IV

LE PORTRAIT

Pourquoi le portrait a tout d'abord prévalu en photographie. . . 196
Le portrait reste le dernier mot de l'art 197
La symétrie parfaite de la tête n'est qu'un vain mot 198
La ligne des épaules 199
Volume de la tête par rapport à la plaque employée. 199
Petites vérités physiognomoniques. 200
Le portrait de trois quarts en hauteur 203
La suspension du mouvement 204
Les mains 205
Les *flouistes* et les *nettistes*. 208
Divers écrans 209
L'éclairage du modèle 212
Les yeux bleus. 213
Le point de vision. 214
Le portrait en plein air 214

TABLE DES MATIÈRES.

Grâce, aisance, force, sentiments moraux.................. 216
L'optique du costume................................... 220
La simplicité dans le portrait........................... 223

V

FONDS ET ACCESSOIRES

La manière des premiers photographes................... 241
Sans fonds, trop de fonds.............................. 242
Deux points à noter................................... 243
L'étude des grands maîtres............................. 243
Le fond demi-circulaire................................ 244
Les fonds peints....................................... 245
Où doit être placée leur ligne d'horizon............... 245
Prohibition des fonds de paysage....................... 245
Les accessoires caractéristiques....................... 246
Les fonds russes ou à la Rembrandt..................... 246
Comme quoi Rembrandt n'a rien à voir ici............... 247
Combinaison de la lumière diurne avec la lumière artificielle.. 250
Portraits sur fonds blancs ou en vignette.............. 253
Nécessité de l'appui-tête.............................. 254

VI

GROUPES ET SUJETS DE GENRE

Définition du sujet de genre ou du groupe.............. 255
Groupe formant un ensemble de portraits................ 255
Le groupe en plein air................................. 256
Un mot de David.. 260
L'horizon et le point de vue dans le groupe............ 261
Le geste et l'attitude................................. 261
Solécismes des membres................................. 262
L'unité dans le geste.................................. 263
L'éloquence du geste et la beauté du mouvement......... 263
Le travail mental...................................... 267
Imaginer, c'est inventer............................... 272

L'invention peut être considérée comme une manière neuve de
    concevoir... 274
L'illustration dans l'avenir.. 275
Nécessité des modèles... 275

VII

ANIMAUX

Rapports entre le genre et les animaux 276
Possibilité pour le photographe d'obtenir les animaux comme on
    l'entend... 276
Physionomie des êtres et des choses 279
De la classification et de la hiérarchie des genres......... 280
Comment on doit juger une photographie 283
Beautés spéciales aux différents genres................. 283
Les règles esthétiques aident à la liberté de l'artiste au lieu de
    l'entraver.. 284

LIVRE TROISIÈME

LES MOYENS D'ART

I

LE DÉVELOPPEMENT ARTISTIQUE

Principe d'un développement artistique................... 285
Le pyrogallo-iconogène............................... 286
Sa formule et son mode d'emploi...................... 287
Action du bromure dans le développement............... 288
Le développement à deux cuvettes..................... 289
Nécessité d'une méthode spéciale pour l'instantanéité...... 290

Le voile de sous-exposition.................... 291
Développement lent en cuvette verticale............ 291
Ce que doit être cette cuvette................... 295
Constitution d'un bain révélateur type.............. 296
Maximum et minimum........................ 298
Règles à suivre............................ 299
Du moment où le développement doit être arrêté....... 300
A quel moment doit-on développer les instantanées...... 303

II

LES TIRAGES ARTISTIQUES

Nécessité des tirages à la fois artistiques et indélébiles....... 304
Les papiers qui s'y prêtent le mieux................ 304
Le gélatino-bromure d'argent.................... 307
Coup d'œil sur les révélateurs à employer............ 307
Le pyrogallol avec ou sans alcali.................. 308
Exposition................................ 309
Une palette d'un nouveau genre.................. 310
Développement artistique des papiers............... 311
Fixage et lavage............................ 311
Virages à l'or.............................. 312
Virages en couleurs aux ferrocyanures d'urane......... 315
Virage noir au bichlorure de mercure............... 316
Virages en couleurs à l'azotate de plomb............. 317
Virage sanguine au cuivre...................... 318
Virages colorés des papiers au platine.............. 319
La kallitypie.............................. 321
Doit-on employer la photocollographie?............. 322

III

LES AGRANDISSEMENTS

Qualités de l'épreuve agrandie................... 323
Dans quelles limites peut se faire l'agrandissement...... 323
Disposition d'une pièce spéciale pour ce travail........ 325
Les châssis amplificateurs..................... 326

Amplificateur à bonnettes, à commande automatique et à agran-
    dissements variables.................................... 327
Nécessité d'une impression plutôt longue que courte........ 333
Tableaux de temps d'exposition............................ 335
Comparaison des révélateurs que l'on peut employer........ 339
Les insuccès... 342
Emploi de la lumière artificielle......................... 343
Agrandissements indirects et leurs avantages.............. 344
Changement de couleur des épreuves agrandies.............. 345

IV

LES PROJECTIONS

La magie de la projection................................. 346
Quelles sont les meilleures plaques à employer............ 347
Impression par réduction et par contact................... 347
Bordage du phototype..................................... 348
Images claires et brillantes par l'emploi de l'anti-halo.. 349
Le révélateur.. 350
Effets du bromure d'ammonium et de la durée de l'exposition
    sur la couleur finale de l'image....................... 351
Colorations chimiques et colorations manuelles............ 353
Montages des épreuves de projection et indication du sens vrai. 355
Lanterne de projection et différentes lumières employées.. 360

V

LA PHOTOSTÉRÉOGRAPHIE

Un moyen d'art pour les petites épreuves conservées en vraie
    grandeur... 362
La vision binoculaire.................................... 362
Excellence des chambres noires à main.................... 363
De l'écartement des deux objectifs....................... 364
Dimension des plaques à employer......................... 367
Comment se présentent les images sur une seule et même
    plaque... 369

Nécessité de les transposer. 371
Châssis transposeur. 371
Le stéréoscope inverseur. 372
Montage des photocopies diapositives. 372

ÉPILOGUE

LES COULEURS

Une date mémorable 373
Propagation de la lumière. 373
Onde et longueur d'onde. 374
L'interférence. 375
Ventres et nœuds. 376
Action de l'interférence dans la couche sensible. 376
La surface réfléchissante et le chassis à mercure 377
Vision des couleurs sur la plaque. 379
Mode opératoire. 380
Les idées de M. Otto Wiener. 381
Couleurs d'interférence et couleurs d'absorption 381
Surfaces chromosensibles 382
État de la question. 383

8225-09. — CORBEIL. Imprimerie CRÉTÉ.

www.ingramcontent.com/pod-product-compliance
Lightning Source LLC
Chambersburg PA
CBHW050153230526
45470CB00001B/69